国家社科基金
后期资助项目
GUOJIA SHEKE JIJIN HOUQI ZIZHU XIANGMU

两次世界大战之间的德国军备问题研究

The Study in the Problem of
German Armament during the Interwar Period

苑　爽　著

中国社会科学出版社

图书在版编目(CIP)数据

两次世界大战之间的德国军备问题研究/苑爽著. —北京：中国社会科学
出版社，2022.4（2023.2重印）

ISBN 978 – 7 – 5227 – 0038 – 0

Ⅰ.①两… Ⅱ.①苑… Ⅲ.①军备—研究—德国 Ⅳ.①E516.18

中国版本图书馆 CIP 数据核字（2022）第 063056 号

出 版 人	赵剑英	
责任编辑	田 文	
责任校对	姜晓茹	
责任印制	王 超	

出 版	中国社会科学出版社	
社 址	北京鼓楼西大街甲 158 号	
邮 编	100720	
网 址	http://www.csspw.cn	
发 行 部	010 – 84083685	
门 市 部	010 – 84029450	
经 销	新华书店及其他书店	

印 刷	北京君升印刷有限公司
装 订	廊坊市广阳区广增装订厂
版 次	2022 年 4 月第 1 版
印 次	2023 年 2 月第 2 次印刷

开 本	710×1000 1/16
印 张	18.25
字 数	328 千字
定 价	99.00 元

国家社科基金后期资助项目

出 版 说 明

后期资助项目是国家社科基金设立的一类重要项目，旨在鼓励广大社科研究者潜心治学，支持基础研究多出优秀成果。它是经过严格评审，从接近完成的科研成果中遴选立项的。为扩大后期资助项目的影响，更好地推动学术发展，促进成果转化，全国哲学社会科学工作办公室按照"统一设计、统一标识、统一版式、形成系列"的总体要求，组织出版国家社科基金后期资助项目成果。

全国哲学社会科学工作办公室

序　言

　　从 19 世纪 70 年代到 1945 年，在这数十年的时段里，德国是一个经常夺人眼球的国家。由于统一后的迅速崛起，冲击了原有的世界霸权格局，世界形势渐趋紧张，直至爆发第一次世界大战。德国在大战中失败投降，受到《凡尔赛和约》的惩罚。该和约的缺陷遭到不少有识之士的抨击，在德国国内则被公开称作"凡尔赛枷锁"。德国戴着枷锁继续前行，利用国际间的新旧矛盾谋求自身的生存与发展，迎来了 20 世纪 20 年代中后期短暂的"镀金铜年代"。然而世界经济大危机来临，镀在德国表面的真金迅速消散，最后连相对廉价的铜都保不住，德国成为经济衰退最严重的国家之一。希特勒上台后，德国很快挣脱"凡尔赛枷锁"，但又立即走上公开侵略扩张的道路，将人类拖入第二次世界大战的血色旋涡。所幸的是，第二次世界大战是一场反法西斯战争，作为正义战争的成果，世界正义力量把德国引上了和平发展的道路。

　　从世界范围来叙述这段历史，学界成果汗牛充栋，已经有了数量惊人的各式成果。令人遗憾的是，从第一次世界大战结束起，德国就丧失了在国际学术界的话语权。英语国家凭借着战胜国的地位和强大的综合实力，至今主导着这个领域的主流观点。在这种话语体系下，读者很容易形成"德国发动了两次世界大战"的思维定式，忽视了第一次世界大战是一场非正义的帝国主义战争，协约国集团中的主要国家不是为了自身的民族独立和国家解放而参战的。当我们把聚焦点从世界集中到德国，发现问题同样存在。被套上"凡尔赛枷锁"的德国是如何应对军备条款的？魏玛时期的德国军备状况究竟如何？由于魏玛体制是一个民主体制，政府更迭较快，一般来说，一朝总理一套班子，新官不承旧政，这些惯例造成了政策措施的频繁"漂移"，更增加了后人进行研究的难度。在德国，这个问题还涉及德意志国民是否遵守国际条约的道德层面，因此投鼠要忌器，制约了研究工作的深入。在我国国内的通史著作中，受篇幅和架构的限制，一般也不会深入到这个领域。进入纳粹统治时期后，德国的扩军备战工作受到更多人的关注，战后纳粹势力又处于受审判被抛弃的地位，因此各国对这个问题的研究力度和成果都比较突出。在我国的"第二次世界大战起源"研究中，德国的军备问题也是一个重要的侧面，因此也有所涉及，但远未达到令人满意的程度。

本书以两次世界大战之间的德国军备问题作为研究对象，为时不晚地弥补了我国学术界在这方面的缺陷，值得肯定。而且，作者在研究过程中，并没有把视野局限在题目所限定的范围内。从纵向看，第一次世界大战结束后的德国裁军议题是战前欧洲普遍的军备竞赛活动和随之而来的裁军谈判的延续，本书没有忽视这一点，试图在前后贯通中找出内在的联系。从横向看，德国的军备问题不仅仅是德国自身的问题，它同国际联盟有关，同曾经热闹一时的以世界裁军大会为载体的世界裁军热潮有关，也同欧洲其他资本主义国家有关。另外，它不仅同美洲的美国有关，也同刚刚走上社会主义道路的苏联有关。所有这一切，作者都把它们纳入关注与思考范围之内，并在著作中给予了详略程度不等的叙述与分析。涉及面拓宽后，对作者的探索和叙述能力是一个较大的考验，本书是不是一份令人满意的答卷，每位读者都可以作出自己的评判。

学无止境，研究工作也无止境，期盼我国学术界有更多的佳作问世。

是为序。

郑寅达

2021 年 1 月

前　言

　　近代以来，受各种利益驱动、多种因素影响，各大国之间的军备扩张与竞赛愈演愈烈，并逐渐成为国际政治舞台上权力斗争最主要的表现形式之一。每次战争过后，世人痛定思痛，裁减各国军备成为防止战争的最主要手段。德国作为近代欧洲崛起的新兴大国曾参与和挑起了两次世界大战，其军备问题自然备受关注。第一次世界大战结束后，限制德国军队、裁减德国军备被视为防止战争、保证战后和平的主要手段之一。为此，英、法、美、苏，以及新成立的国际组织——国际联盟都积极参与，试图解决德国裁军问题。而德国政府在履行裁军义务的同时，重建军队、与苏联秘密进行军事合作，力图重整军备。希特勒上台后，德国相继退出了裁军大会和国联，公开大规模重整军备，战争策源地在欧洲出现。国际社会对德裁军与德国重整军备几乎同时进行，极大影响了两次世界大战之间国际军备力量调整的方向。

　　英、法、美、苏、国联以及德国围绕军备问题展开的一系列合作与争斗一直持续到第二次世界大战前夕，在 20 世纪 20 年代主要表现为裁军问题，到了 30 年代重整军备问题日益突出。德国重整军备被普遍视为国际裁军运动失败的最主要标志，却不能据此推论说裁军失败导致了重整军备，不能因重整军备而抹杀裁军的意义。但德国裁军之举的确蒙蔽了世人，不仅导致各国军备力量松弛，而且扫清了德国重整军备的一系列障碍。国际社会在处理德国军备问题的过程中，拓展了国际关系的内涵，丰富了战后重建秩序、国家重构的理论与实践，深化了世人对战争、对和平的认知。其经验、教训不仅对当时的德国、欧洲乃至全世界都产生了重大影响，而且对于当今世界如何更好地维护和平与发展，如何正确看待裁军、军备竞赛以及中国实现国防现代化都有着一定的理论意义和现实意义。

　　2009 年 9 月 21 日，第 28 个"国际和平日"（International Day of Peace），时任联合国秘书长潘基文向全球发出呼吁："我们必须裁军，我们必须拥有和平。"2017 年的诺贝尔和平奖则授予了非政府组织"国际废除核武器运动"（International Campaign to Abolish Nuclear Weapons）。① 时至今日，裁军仍被视为实现和平的前提条件之一，为制止战争、维护和平，人们从未放弃实现普遍裁军的美好愿望。但正如著名国际关系理论家汉斯·摩根索所说："裁军努力的历史是一部失败多成功少的历史。失败和成功都揭示了裁军作为一种保障国际秩序与和平的方法所提出的根本问题。"② 为解决这个根本问题，世人不懈地探索解决之道。"在一定程度上可以说，军备竞赛与裁减军备的历史始终伴随着近代国际关系史的发展历程。"③

目前，学术界对于两次大战之间的德国军备问题还缺乏比较全面、深入的研究。究其原因，军备问题不仅是一个学术问题，更是一个政治问题，深受当时及后世的国际形势、大国政治左右。学术研究自然受其影响，具体表现为：（1）第二次世界大战的爆发导致世人谴责之前做过的一切裁军努力，包括《凡尔赛和约》的军事条款、召开的一系列裁军会议、达成的裁军协议因此都失去了意义。（2）参与解决该问题的行为主体比较复杂，既包括英、法、美等资本主义国家，也有新生的苏维埃政权，还有新建立的国际组织——国际联盟。这些国家及国际组织都有着各自不同的军备理念、军备政策，并在不同阶段以不同方式参与解决德国军备问题，彼此之间缺乏必要的协调与合作，没有形成稳定持续的政策、措施。学术界对散于国联以及各国的相关档案、文件缺乏系统梳理与全面研究。（3）德国军备问题一方面受两次大战之间特殊的国际形势影响；另一方面，军备问题还与德国国内复杂多变的政局密切相关，从魏玛共和国到第三帝国，德国内部各党派纷争不断，各届政府履行裁军义务、重整军备的政策起伏不定，变动不居。（4）第二次世界大战结束后德国被一分为二，分别被纳入两大阵营，冷战对峙之下，两个德国都重新武装化，之前的军备问题自然被束之高阁，无从谈及。

世人关于裁军问题、重整军备问题的论述早已存在，军事史学者大多集中于战时战略，对于如何构建战后和平不太关注；而研究外交政策的学者则更多专注于和平会议的政治问题，却忽视了裁军、重整军备等军事问题。但第一次世界大战的残酷性、极大的破坏力使得德国裁军问题自第一次世界大战结束后不久即已被关注，到了 20 世纪 30 年代，重整军备问题

---

① 其获奖理由是，致力于激发民众关注核武器所带来的灾难性危害，并创造性地推动缔结有关禁止和消除核武器的条约。

② 〔美〕汉斯·摩根索：《国家间政治：权力斗争与和平》，徐昕译，北京大学出版社 2006 年版，第 429 页。

③ Boyle, Tomas Edward, *France, Great Britain, and German Disarmament: 1919 – 1927*, State University of New York at Stony Brook, PH. D. , 1972, p. vi.

逐渐成为学术研究的热点问题。

　　国外学术界研究两次大战之间德国军备问题的专著比较丰富，但据笔者所掌握的资料，国内能够查到的学术专著、论文并不是很多。首先，关于两次大战之间世界裁军问题的研究。曾担任英国皇家国际事务研究院通讯秘书的历史学家约翰·惠勒–贝内特是一位研究20世纪20—30年代国际关系史的专家，他对第一次世界大战后的裁军问题、重整军备问题一直比较关注。写于1931年的《洛迦诺会议以来的裁军和安全问题，1925—1931年》①一书论述了自洛迦诺会议至世界裁军大会召开之前，欧洲面临的裁军和安全问题，详细论述了洛迦诺会议的过程及后来召开的一系列关于裁军问题、欧洲安全问题的国际会议，记述了会议期间各国的裁军政策以及围绕德国裁军问题进行的外交争斗。惠勒–贝内特认为，裁军取得了一定进展，奠定了日后讨论的技术基础和政治前提。对即将召开的世界裁军大会，他抱有比较积极的预期，但同时也清醒地指出，这一切"仅取决于德国的善意以及法国能够接受的程度"②。1934年，惠勒–贝内特出版了另一部著作《裁军的僵局》③。对刚刚结束的裁军大会，他不无惋惜地写道："世界裁军大会的历史是一个悲剧的故事，它错过了很好的机会，善意的建议被误解。它是我们这代人过去15年所遭受的第二个最大的幻灭。"④ 书中详尽记述了国际裁军会议的缘起、开幕、讨论、休会、复会及最终结束的全过程；重点论述、分析了英国、美国各自提出的裁军计划以及大会因德国代表提出的军备平等权利问题进行的争论。惠勒–贝内特两部著作前后相继，内容上都以裁军问题，特别是德国裁军为研究对象，为后世学者提供了比较系统的资料和权威的论述。惠勒–贝内特的《慕尼黑——悲剧的序幕》对英、法、美的绥靖政策进行了比较充分的论述与分析，书中也涉及各大国重整军备的情况，该书已有中译本。⑤

---

①　John. W. Wheeler-Bennett, *Disarmament and Security since Locarno*, *1925 – 1931*, London: Oxford University Press, 1932.

②　John. W. Wheeler-Bennett, *Disarmament and Security since Locarno*, *1925 – 1931*, p. 353.

③　John. W. Wheeler-Bennett, *The Disarmament Deadlock*, London: George Routledge and Sons, LTD, 1934.

④　第一个最大的幻灭是指第一次世界大战后将建立一个新的、更美好的世界秩序的愿望因巴黎和会而毁灭。惠勒–贝内特回顾了第一次世界大战后协约国试图通过逐步修正《凡尔赛和约》，建立起一个平等、妥协的欧洲秩序，在此基础上容纳一个新德国。为此，协约国尽量满足先是拉特瑙，然后是斯特莱斯曼，直至布吕宁德国历届政府。正因如此才出现了第二个幻灭。参见 John. W. Wheeler-Bennett, *The Disarmament Deadlock*, p. ix。

⑤　〔美〕约翰·惠勒–贝内特：《慕尼黑——悲剧的序幕》，林书武等译，北京出版社1978年版。

英国女学者卡洛琳·J. 基钦的《英国与日内瓦裁军会议：以国际史为视角的研究》[1] 一书从国际史的视角对裁军问题及裁军大会进行了比较充分的论述、分析。她首先回顾了 1919—1934 年期间，裁军问题对欧洲外交产生的影响，接着，论述了裁军会议期间美国提出的《胡佛计划》、德国总理海因里希·布吕宁的态度，分析了"四月悲剧"出现的原因；记述了各国代表为使德国重返裁军大会作出的各种努力；重点论述分析了英国提出的《麦克唐纳计划》以及法国代表的修改意见。结论部分，作者分析总结了英国代表在裁军会议上的失误，认为英国外交存在着试图充当法、德之间"诚实的掮客"的理想主义与现实中不可能成功的冲突，而第一次世界大战后英国历届政府却没有意识到这一点。1925 年张伯伦主导了洛迦诺会议，不幸的是，原本是促进国际关系进步的一系列洛迦诺文件在日内瓦会议期间却严重阻碍了裁军问题的解决。最后，总结英国裁军政策的失败原因及其结果，"裁军会议的失败将是一个无法衡量的灾难，但他们并没有采取真正的行动去阻止灾难的发生"[2]。

曾担任过英国裁军代表罗伯特·塞西尔子爵助理的菲利浦·诺埃尔－贝克既是一位外交官，同时也是一位学者。作为见证者，其著作《第一次国际裁军会议，1932—1933 及其为何失败》[3] 包含了他对会议的提案、插曲及其亲身经历过的一些事件的回忆。该书对世界裁军大会，主要是各国围绕德国裁军问题展开的外交争斗进行了比较详细的阐述，重点论述分析了英国外交大臣约翰·西蒙否决《胡佛计划》的过程及其原因，基本勾勒出世界裁军大会的全貌，为研究德国裁军问题提供了广阔的背景和丰富的资料。

其次，关于德国重整军备的研究。例如，塞缪尔·米查姆的《国防军的兴起：德国军事力量与第二次世界大战》，[4] 该书第一部分详细记述了30 年代德国重整军备的过程，包括希特勒与国防军的合作，装甲师、空军的建立及其扩大、训练，德军占领莱茵非军事区的过程等，为研究德国重整军备提供了比较详实的资料。罗伯特·奥尼尔的《德国军队与纳粹党

---

① Carolyn J. Kitching, *Britain and the Geneva Disarmament Conference: A Study in International History*, Palgrave Macmillan, 2003.

② Carolyn J. Kitching, *Britain and the Geneva Disarmament Conference: A Study in International History*, p. 203.

③ Philip Noel-Baker, *The First World Disarmament Conference 1932 – 1933 and Why It Failed*, Oxford: Pergamon Press, 1979.

④ Samuel W. Mitcham Jr., *The Rise of the Wehrmacht: The German Armed Forces and World War II*, London: Praeger Security International, 2008.

(1933—1939)》① 比较详细地论述分析了希特勒上台后，德国军队从合作
到被控制，直至纳粹化的过程。该书为研究纳粹德国重整军备、蓄谋发动
战争的过程提供了大量可资借鉴的史料。威廉·戴斯特的《国防军与德国
重整军备》② 一书侧重论述分析纳粹德国陆、海、空各军种的发展及其军
事战略。E. M. 罗伯逊的《希特勒的战前政策与军事计划 (1933—
1939)》③ 虽然比较简短，但重点论述分析了希特勒在发动战争之前的一系
列外交政策、军事战略，以及两者之间的相互配合，是一部研究纳粹德国
外交、军事政策的著作。

　　爱德华·班尼特的著作《德国重整军备与西方 (1932—1933)》④ 时
间断限很短，从国际政治角度详细地论述分析了德国重整军备产生的政治
影响；英、法、美在裁军会议上相应的对策及其失败；希特勒重整军备、
谋划战争的过程。克里斯多夫·普利斯的《英国、美国与 1930 年代的重
整军备：失败的代价》⑤ 着重论述英、美两国面对德国重整军备采取的政
策，从经济角度分析英、美出现绥靖政策的原因。格哈特·温伯格的《希
特勒德国的对外政策 (1933—1936 年)》已经有了中译本，⑥ 该书对纳粹
德国的外交政策、重整军备等进行了比较详细的论述，并提供了有价值的
史料资源。詹姆斯·列弗的《绥靖与重整军备，英国 (1936—1939)》⑦
一书论述分析了 30 年代后期英国实行绥靖与重整军备两手政策的失败及
其原因，为研究第二次世界大战前夕英、法、德各大国重整军备政策提供
了一些可资借鉴的观点。迈克尔·哈斯邱的《国防军，1935—1945：希特
勒德国的真实事件与人物》⑧ 以及蒂姆·李普利的《国防军：二战期间的
德国军队 (1939—1945)》⑨ 都包括了大量国防军的数据、图表、地图、

①　Robert J. O'Neill, *The German Army and the Nazi Party*, *1933 – 1939*, London: Cassell, 1966.

②　Wilhelm Deist, *The Wehrmacht and German Rearmament*, St Antony's, 1981.

③　E. M. Robertson, *Hitler's Pre-War Policy and Military Plans 1933 – 1939*, Longmans, 1963.

④　Edward W. Bennett, *German Rearmament and the West*, *1932 – 1933*, Princeton University Press, 1979.

⑤　Christopher Price, *Britain*, *America and Rearmament in the 1930s*: *The Cost of Failure*, Palgrave, 2001.

⑥　〔美〕格哈特·温伯格：《希特勒德国的对外政策 (1933—1936 年)》，何江、张炳杰译，商务印书馆 1992 年版。

⑦　James P. Levy, *Appeasement and Rearmament*, *Britain*, *1936 – 1939*, Rowman & Littlefield Publishers, Inc, 2006.

⑧　Michael E. Haskew, *The Wehrmacht*, *1935 – 1945*, *The Essential Facts and Figures for Hitler's Germany*, London: Amber Book, 2011.

⑨　Tim Riplet, *The Wehrmacht*: *The German Army of World War II*, *1939 – 1945*, New York: Fitzroy Dearborn, 2003.

照片等，为研究纳粹德国军队提供了丰富、生动的图文资料。

再次，关于第一次世界大战后欧洲局势与德国裁军问题的研究。其代表学者是国际军控专家美国学者理查德·舒斯特，其博士论文《裁军的外交政策：协约国对德国的军事控制（1920—1931）》① 专门研究了第一次世界大战后英、法、比等协约国对德国裁军问题的政策、措施。详细论述了英、法、比等协约国销毁德国的战争物资生产能力，削减其军事力量，摧毁其军事要塞的政策及其过程；分析了英、法两国不同的裁军理念，双方既合作又争斗的政策不仅极大影响了处理德国裁军问题的成效，而且拉大了两国之间的嫌隙。《一战后的德国裁军：国际武器核查（1920—1931）》② 是理查德·舒斯特的另一部著作。首先，论述了第一次世界大战后协约国建立的裁军及军控机构、组织制度；接着，详细描述了1920—1922 年协约国核查德国裁军的过程，论述分析了1923—1924 年鲁尔危机及其后重启裁军核查的过程，以及1927—1931 年裁军的结束过程。舒斯特两部著作的内容有些雷同、重复，都从国际政治的角度对第一次世界大战后德国裁军的过程进行了细致的阐述，为研究该问题提供了比较丰富的资料以及可资借鉴的观点。

博伊尔·爱德华的博士论文《法国、英国和德国裁军：1919—1927》③ 也比较详细地论述分析了第一次世界大战后初期法、英等协约国对德国裁军问题的政策、措施。爱德华认为，协约国为了换取德国合作，在裁军问题上的屈服削弱了他们对德国裁军问题的关注。协约国相信实现裁军的希望不在于具体执行《凡尔赛和约》条款，而在于德国内部民主力量的增长。欧洲政治家们对于德国在 20 年代的裁军成效比较满意。但裁军埋下了自我毁灭的种子，因为协约国执行裁军的时间越久，就越有义务修正《凡尔赛和约》军事条款，而德国并不想与凡尔赛体系协调，特别是它的东部边境问题。等到这些问题逐步得到解决之时，重建一个和平、非军事化德国的机会也几乎丧失殆尽。德国裁军的最终结果是促使其在 30 年代建立起一支更先进的国防军，而这正是德国裁军最大的悲剧。④ 研究两次

---

① Richard J. Shuster, *The Diplomacy of Disarmament: Allied Military Control in Germany*, *1920 – 1931*, Clark University, PH. D. , 1988.

② Richard J. Shuster, *German Disarmament after World War I: The Diplomacy of International Arm Inspection 1920 – 1931*, London: Routledge, 2006.

③ Boyle, Tomas Edward, *France, Great Britain, and German Disarmament: 1919 – 1927*, State University of New York at Stony Brook, PH. D. , 1972,

④ Boyle, Tomas Edward, *France, Great Britain, and German Disarmament: 1919 – 1927*, pp. 198 – 200.

大战之间欧洲局势的一些著作也涉及德国军备问题，例如，萨拉·施泰纳的《熄灭的理想：欧洲国际关系史（1919—1933）》[1]、W. M. 乔丹的《英国、法国与德国问题（1918—1939）》[2] 等著作，这里不再赘述。

最后，关于国联处理军备问题，特别是德国军备问题的研究。曾担任过国联副秘书长的英国人华尔脱斯对国联短暂的历史进行过比较全面、客观的记述，其著作《国际联盟史》[3] 是研究国联如何主导解决德国军备问题的重要参考资料。劳合·乔治的曾外孙女牛津大学历史学家玛格丽特·麦克米伦的《缔造和平：1919 巴黎和会及其开启的战后世界》[4] 一书，详细描述、分析了巴黎和会期间英、法、美围绕着包括德国军备问题在内的几个主要问题而展开的一系列争斗及其产生的后果和影响。

1941 年，美国女学者玛格丽特·E. 伯顿出版了《国际联盟大会》。[5] 书中详细记述了国联召开的几次重要会议，为研究裁军、日内瓦会议、德国裁军等问题提供了比较丰富的资料。英国学者 F. S. 瑙思琦的《国际联盟：它的历程与时代（1920—1946）》[6] 中的第六章专门论述分析了裁军问题特别是德国裁军问题。开篇瑙思琦写道，没有任何一个其他的事情比《盟约》第 8 条规定的"必然减缩各本国军备至适足保卫国家安全及共同履行国际义务的最小限度"耗费更多的时间与精力。接着，作者详细记述了国联为解决德国裁军问题进行的各种尝试，总结了国联集体安全体系失败的原因。[7] 最后，简单论述了德国重整军备对国联产生的影响。

另外，一些有关两次大战之间德苏关系的著作也涉及了德国军备问题。苏联著名历史学家亚历山大·涅克里奇的著作《贱民、同伴、掠夺

---

[1]　Zara Steiner, *The Lights that Failed*: *European International History*, *1919 – 1933*, Oxford Uni. Press, 2005.

[2]　W. M. Jordan, *Great Britain*, *France*, *and the German Problem 1918—1939*, *A Study of Anglo—France Relations in the Making and Maintenance of the Versailles Settlement*, Oxford University Press, 1943.

[3]　〔英〕华尔脱斯：《国际联盟史》，封振声译，商务印书馆 1964 年版。

[4]　〔加〕玛格丽特·麦克米伦：《缔造和平：1919 巴黎和会及其开启的战后世界》，邓峰译，中信集团出版社 2018 年版。

[5]　Margaret E. Burton, *The Assembly of the League of Nations*, Chicago：The Uni. Press, 1941.

[6]　F. S. Northedge, *The League of Nations*：*Its Life and Times*, *1920 – 1946*, New York：Leicester Uni. Press, 1986.

[7]　1. 大多数的法国政治家们并不信任日内瓦游戏规则。2. 英国甚至在重新武装的德国即将发动进攻之时也没有表现出将帮助其盟友法国的迹象。3. 国联的主要成员国都负有一定责任，因建议多分歧太大无法达成让每一个国家都满意的协议。参见 F. S. Northedge, *The League of Nations*：*Its Life and Times*, *1920 – 1946*, pp. 113 – 116。

者：德—苏关系（1922—1941）》，在 1996 年由格雷戈里·弗里兹翻译成英文出版。[1] 其中，第一章详细记述了德国国防军与苏联红军进行的秘密军事合作。第二章重点论述德国在苏联境内开办的军事学校、设立的军工厂、建立的军事设施等，为研究德苏军事合作以及德国重整军备提供了比较丰富的资料。R. H. 黑格主编的《魏玛时期的德—苏关系：必要的友谊》[2] 一书包含很多裁军和重整军备的内容，记述了德、苏两个"凡尔赛弃儿"在第一次世界大战后如何从经济合作到恢复外交关系，直至进行秘密军事合作的过程；分析了随着欧洲局势的发展，德苏友谊出现的一些问题；论述了希特勒上台后，德苏友谊结束的过程。该书为研究德苏秘密军事合作、德国重整军备提供了可资借鉴的资料。

爱德华·卡尔的著作《两次大战之间的德—苏关系（1919—1939）》[3]首先阐述了第一次世界大战后的世界革命、波兰问题对德、苏两国关系的影响。接着，论述德、苏签订《拉巴洛条约》的过程，分析了斯特莱斯曼政府在协约国与苏联之间进行协调、平衡的外交政策，以及希特勒上台后德、苏合作的结束。哈维·戴克的《魏玛共和国与苏联，1926—1933：对其脆弱外交关系的研究》[4] 一书重点研究从洛迦诺会议后至希特勒上台前德、苏之间不稳定的外交关系，包含了很多德、苏之间军事合作的内容。库尔特·罗森鲍姆的《共同的命运：德—苏外交关系（1922—1928）》[5]以 20 年代德、苏外交关系为研究对象，对双方军事合作、德国重整军备进行了比较充分的论述。上述著作再加上一些学术论文以及网上相关资料，基本能够梳理出 20—30 年代德、苏军事合作的发展脉络以及德国重整军备的情况。

回顾学术史发现，西方学术界对两次大战之间德国军备问题的研究主要有三个视角：1. 将德国裁军、重整军备作为两个问题分别进行研究；2. 只是对第一次世界大战后某一阶段的德国裁军问题，或者是重整军备问题

① Aleksandr M. Nekrich, *Pariahs*, *Partners*, *Predators*：*German—Soviet Relations*, *1922 - 1941*, New York：Columbia University Press, 1997.

② Haigh, et al, *German—Soviet Relations in the Weimar Era*：*Friendship from Necessity*, Gower：Publishing Company Limited, 1985.

③ Edward Carr, *German—Soviet Relations between the Two World Wars*, *1919 - 1939*, Oxford University Press, 1952.

④ Harvey Leonard Dyck, *Weimar Germany and Soviet Russia 1926 - 1933*, *A Study in Diplomatic Instability*, London：Chatto and Windus Ltd, 1966.

⑤ Kurt Rosenbaum, *Community of Fate*, *German-Soviet Diplomatic Relations*, *1922 - 1928*, New York：Syracuse University Press, 1965.

进行了研究；3. 从第一次世界大战后英、法、美、苏等国外交的角度研究
欧洲局势与德国裁军问题、重整军备问题的关系。上述三个视角的研究既
没有将德国裁军与重整军备作为一个整体进行全面、系统的研究，也没有
梳理清楚从第一次世界大战结束到第二次世界大战爆发前国际社会对德裁
军的过程以及德国在履行裁军义务的同时如何实现重整军备的历史脉络，
对英、法、美、苏等大国的外部因素与德国内部因素的相互作用对军备问
题产生影响的探究比较缺乏，更没有揭示德国军备问题与第一次世界大战
后的和平与发展以及第二次世界大战爆发的内在关联。

　　中国古代政治家、军事家们对于战争的性质、战略谋划的作用认识得
比较深刻，却通常比较轻视武器、装备在战争中的重要作用，表现出重道
轻器的价值取向。受其影响，中国学者对于军备问题的历史研究一直相对
落后。目前，因相关资料比较缺乏与零散，我国学术界对于两次大战之间
德国裁军问题、重整军备问题的研究都比较薄弱，尚未出现专门的学术著
作，只有一些相关的论文涉及该问题。[①] 一些研究 20 世纪 20—30 年代德
国史、世界裁军大会的专著对德国军备问题有所论述。例如，郑寅达的
《第三帝国史》《德国纳粹运动与纳粹专政》《德国史》，陈从阳的《美国
因素与魏玛共和国的兴衰》，鲁静的《美国与 1932—1934 年世界裁军会
议》等。一些研究两次世界大战的论文集、专著对德国军备问题也有所涉
及，例如，齐世荣的《绥靖政策研究》、钮先钟的《第二次世界大战的回
顾与省思》、杜清华的《第二次世界大战与战后国际军备控制》等。

　　现代网络技术为世界历史研究提供了前所未有的资料来源。本书试图
从国际关系史的角度，以德国外交档案、美国外交档案为依据，对两次世
界大战之间德国军备问题进行比较全面、系统的梳理与研究；分析英、
法、美、苏、国联各自主张的军备政策，德国政府履行裁军义务的政策以
及重整军备的政策；探究裁军与重整军备的相互关系、内在规律及其与战
争、与和平之间的辩证关系以及裁军与军备竞赛的未来发展趋势等。

　　本书从文本解读入手，利用《德国外交档案，1918—1945 年》[②] 进行
研究，该档案被西方学术界视为研究两次世界大战之间德国外交政策最全

---

① 鲁静的《第一次世界大战后美国的裁军设想及活动》《美国与 1932—1934 年世界裁军会
　议》《罗斯福时期的美国与世界裁军会议》，赵恒的《简论世界近代史上的军备控制与裁
　军问题》《德国近现代史上的军备控制与裁军问题研究》，杨文华的《汉斯·摩根索裁军
　思想探析》，杜清华的《两次世界大战期间苏联的裁军政策、特点及其后果》等。

② DGFP（Documents on German Foreign Policy, 1918 - 1945: Form the Archives of the German
　Foreign Ministry），London：H. M. Stationery off. , 1959.

面、最权威的第一手资料。令人遗憾的是，在国内只能查阅到有限的几卷，其中，C辑第一卷、第二卷包括有关德国军备问题的原始档案，为研究该问题提供了宝贵的资料。阿尔玛·卢坎斯编辑的巴黎和会历史与档案集《德国代表在巴黎和会》[1]包含一些关于和会期间德国裁军问题的原始档案。罗德里克·斯塔克尔伯格和莎莉·温克勒主编的《纳粹德国原始资料选集》[2]也有一些纳粹德国裁军以及重整军备的原始档案。通过网络也可以查阅到相关资料，例如，Feldgrau.com是一家德国军事历史在线研究网站，[3]该网站主要提供1918—1945年有关德国军队的第一手资料以及相关论文。美国国务院公布的375卷《美国外交档案》[4]等第一手资料在网络上也能查阅到，其中1932年第一卷、1933年第一卷、1934年第一卷中都有大量的世界裁军会议档案。尤里·迪亚克夫、塔基杨娜·巴舒耶娃依据苏联档案摘编的《红军与国防军：德国如何军事化了苏联，1922—1933，以及通向法西斯之路》[5]中有大量关于德苏军事合作的原始档案资料。此外，20—30年代曾经关注、参与该问题的各国外交官、政治家的回忆录、传记、著作等私人文件也为我们提供了比较真实、详细的资料。

本书主要采用文献分析的研究方法，力求准确解读档案资料，在一系列零散的史料之间建立逻辑联系。将历史学与国际关系学、军事学的研究结合起来，使用归纳、总结、对比分析等方法，全面系统梳理、论述分析两次大战之间德国军备问题的缘起、演变、影响，国际社会针对德国裁军问题举行的一系列裁军会议，进行的裁军谈判，制定、实施的一系列裁军政策以及德国的重整军备、扩军备战的过程、结果、影响，对比分析国际社会对德裁军的强硬政策与应对德国重整军备挑战时的软弱表现的深层原因。总之，本书既有经验性研究，如第一次世界大战后国际社会处理德国军备问题的失误之处；又包括批判性研究，分析裁军失败的原因，以及裁军、重整军备和战争与和平的辩证关系；还有建设性研究，国际社会应该如何处理裁军问题、重整军备问题；以及前瞻性研究，揭示裁军、军备竞赛的未来发展趋势。

---

[1]　Alma Luckau, *The German Delegation at the Paris Peace Conference*, Columbia Uni. Press, 1941.

[2]　Roderick Stackeberg and Sally A. Winkle, *The Nazi Germany Sourcebook*, *An Anthology of Texts*, London and New York: Routledge, 2002.

[3]　http://www.feldgrau.com.

[4]　FRUS (Foreign Relations of U.S.), University of Wisconsin Digital Collections, 1917 – 1934.

[5]　Yuri Dyakov, *The Red Army and the Wehrmacht: How the Soviets Militarized Germany*, *1922 – 1933, and Paved the War for Fascism*, Prometheus Books, 1995.

　　学术研究贵在创新，本书的创新之处主要包括如下几点：在研究视角上，将裹挟在国际裁军、重整军备问题以及欧洲关系史之中的德国裁军问题、重整军备问题视为一个独立的研究对象，将裁军、重整军备作为军备问题的两个方面进行系统梳理、综合研究。因为第一次世界大战后国际社会对德裁军与德国重整军备几乎同时进行，这不仅决定了两次世界大战之间国际军备的状况与发展方向，而且对德裁军为德国重整军备扫清了障碍，加速了第二次世界大战爆发的进程。

　　研究内容方面，将德国军备问题与两次大战爆发前特殊的国际背景，特别是与第一次世界大战、第二次世界大战爆发前的国际军备竞赛、裁军问题、欧美大国的外交争斗、各国民众心理等联系起来，探讨德国国内政局以及英、法、美、苏、国联等外部因素对解决军备问题的影响；系统梳理国际社会对军备问题的认知、解决该问题的政策演变过程；论述分析国际社会对德裁军失败的原因以及德国重整军备的过程及其影响；探究裁军、重整军备与战争、与和平的互动关系。除了历史学研究外，还涉及国际政治学、国际法学、军事学、社会学等学科，在研究内容方面有较大拓展。

　　组织材料方面，德国军备问题一方面涉及两次大战之间英、法、美、苏等大国的外交政策、裁军主张、军备政策，本书为此搜集了有关各方资料；另一方面，它更关涉德国国内的政局。"除了德国是唯一例外，欧洲各国都没有把再打一场世界大战看成是赖以解决其面临的任何难题的可设想的答案。局部的战争和冲突、特定的侵略行为或颠覆企图、引起敌对行动的失算——这一切都曾是可设想的，其中大多确已发生了。但如果德国没有采取主动，对于各国当时的人们来说，另一场世界规模的浩劫，仍是不可思议的。……因此，德国对外政策的进程，就成了阐明第二次世界大战起因的明显的资料组织原则。"① 目前，国内还没有关于德国军备问题的德文资料，笔者已经搜集了一些被译成英文的德文档案。

　　结构上，除前言外，全书共分三部分。第一部分即第一章，首先，厘定"裁减军备"与"重整军备"这对既彼此对立，有时又互为因果的概念。其次，分析影响军备力量调整的诸种因素。再次，简述第一次世界大战后，英、法、美、苏、国联与德国军备问题的关系、各自发挥的作用及其政策、措施。最后，简述德国政府的军备政策，其裁军政策、措施很大程度上改变了国际裁军运动的走向，而德国的重整军备政策对第二次世界

―――――――――

　　① 〔美〕格哈特·温伯格：《希特勒德国的对外政策（1933—1936年）》，第2页。

大战爆发前的国际局势产生了重大影响。

第二部分包括第二章至第四章。第二章主要论述分析第一次世界大战爆发前欧洲的军备竞赛、第一次世界大战结束前后国际社会关于德国裁军问题的谈判与规定。第三章主要论述第一次世界大战后初期，英、法等协约国解决德国裁军问题的政策；20年代中后期国联主导解决德国裁军问题的政策、措施；论述分析了20年代德国的军备政策，包括重建军队、与苏联秘密进行军事合作的政策、措施。第四章首先论述分析了世界裁军会议期间，国际社会围绕德国裁军问题进行的一系列外交争斗。其次，论述分析希特勒上台后纳粹政府的军备政策，包括应对裁军问题的政策及其重整军备政策。最后，论述分析面对德国重整军备的挑战，英、法、美的应对政策以及它们各自的重整军备政策；论述分析德国重占莱茵非军事区与战争策源地在欧洲的出现。

第三部分是第五章结语，首先，论述、分析国际社会处理德国军备问题失败的诸多原因；其次，论述第二次世界大战后军备竞赛与裁军运动的发展、演变，分析国际政治、新军事革命对军备竞赛、裁军运动的影响。最后，揭示两次世界大战之间德国军备问题的启示，及其对于中国实现国防现代化的借鉴意义。

目　　录

第一章　两次世界大战之间德国军备的相关问题

历史经验表明，国际军备力量如果要达到一种平衡状态，就需要进行动态调整，或者通过裁减军备，或者通过重整军备。裁减军备与重整军备既彼此对立，有时又互为因果，并与战争、和平都存在着复杂的辩证关系。国际法及国际条约关于裁军问题、重整军备问题的规定，科学技术进步以及各国军方势力集团都对军备力量调整有重要影响。第一次世界大战后，英、法、美、苏以及国联先后参与解决德国军备问题，提出了各自的政策、措施。德国政府在履行一定裁军义务的同时重整军备，不仅在很大程度上改变了裁军运动的走向，而且对国际局势产生了重要影响。

第一节　关于军备问题的理论概述

一　相关概念的界定

一般说来，一支国家正规军队都是由有着武器装备的士兵组成，因此，军备力量主要包括军队编制和军事装备两部分。和平时期，军备的作用是防御、威慑、强制、炫耀。战争期间，军备则在很大程度上决定了一支军队的战斗力，进而决定了一场战争的形态、规模乃至结果。有鉴于此，近代以来世界各国大多积极扩充军队、更新装备，尽力增强本国的军备力量。一个国家军备力量的发展既需要与国力水平相匹配，也会受到外部环境影响；它既是一种客观需求，同时也受主观认识影响。当和平主义观念占上风时，国际社会大多主张裁减军备；当战争阴云密布时，各国大多开始重整军备，进而引发军备竞赛。无论是裁减军备，还是重整军备都是对军备力量的一种动态调整，是军备力量调整的一体两面，既彼此对立，有时又互为因果。

首先，应该明确"重整军备"（Rearmament）的概念。笔者查阅了大量资料，没有找到关于"重整军备"的准确定义。一国进行重整军备大多会引发各国间的军备竞赛，军备竞赛是重整军备的高级阶段，基本涵盖了重整军备的内涵。据此，笔者有时会将"重整军备"与"军备竞赛"等同使用。关于"军备竞赛"（Arms Race），美国学者托德·桑德勒、英国学者基斯·哈特利给出的定义是：所谓"军备竞赛"是指国家（地区）间争相获得相对于对方的国防实力或武器装备优势的互动动态过程。[①]《国际惯例词典》对"军备竞赛"的解释是，相互对立的国家为取得军事优势不断扩充军备，竞相增加军事预算，提升军事装备的数量与质量，谋求将本国的意志强加于对方，或者在发生军事冲突时战胜对方。《国防经济大辞典》对"军备竞赛"的定义比较简洁，是指一个国家或政治集团的军事力量的整顿、准备和竞争。百度百科对"军备竞赛"的定义是：一般是指和平时期敌对国家或潜在敌对国家互为假想敌、在军事装备方面展开的质量和数量上的竞赛。[②] 上述几个概念基本勾勒出"军备竞赛"的内涵与外延。

作为军备竞赛的对立方，则有几个内涵与外延都比较接近的概念。一是"裁减军备"，简称裁军（disarmament）。联合国关于"裁军"的定义是："联合国和其他许多地方广泛使用的一般性用语，涵盖军备调整问题的所有方面，包括军备控制或军备限制，以及根据国际协定或单方面措施实际裁减或消除军备或军队。"[③] 国际法将裁军归纳为三方面内容：（1）根据国际协议缩小或限制国家的军备；（2）彻底废除所有国家的军备；（3）为了对战败国进行惩罚迫使其缩小或废除军备。[④]《军备控制与裁军手册》对其界定如下：裁军是指通过双边或多边国际协定对武器装备或武装力量进行裁减。[⑤] 国防大学战略研究所所长潘振强教授认为，裁军既指削减军事力量（人员装备）的数量，也应指停止武器装备质量上的改进。如果只有前者而无后者，那么削减数量只能是变相的武器更新，没有实际意义。[⑥]

---

① 〔美〕托德·桑德勒、〔英〕基斯·哈特利：《国防经济学手册——全球化进程中的国防》（第二卷），姜鲁鸣等译，经济科学出版社 2011 年版。

② http：//baike. baidu. com/item/军备竞赛。

③ 滕建群：《国际军备控制与裁军概论》，世界知识出版社 2009 年版，第 3 页。

④ 日本国际法学会编：《国际法辞典》，世界知识出版社 1985 年版，第 83 页。

⑤ 刘华秋：《军备控制与裁军手册》，国防工业出版社 2000 年版，第 1—2 页。

⑥ 潘振强：《国际裁军与军备控制》，国防大学出版社 1996 年版，第 1 页。

二是"军备控制"（arms control）。最初，"军备控制"意指为限制军备竞赛（主要是核军备竞赛）制订规则。后来，军备控制措施的范围日益扩大。① 美、英等西方国家大多使用该词语，并将"裁军"的概念涵盖其中。它们对"军备控制"的定义是："国际上对于武器的研制、实验、部署或使用的限制。从广义上说，军备控制含有与裁军相关的概念。"② 我国军方对"军备控制"的界定如下：军备控制是指"通过双边或多边国际协定对武器系统（包括武器本身及其指挥系统、后勤保障和相关的情报收集系统）的研制、试验、生产、部署、使用及转让或武装力量的规模进行限制。"③

三是"军备管制"（regulation of armaments），它一般是指并非对军备进行大规模裁减或废除的国际管制。国际管制的措施包括对军备进行管制、控制、限制、冻结、监督、视察（包括国际视察）和国家之间交流情况等。④

上述定义表明，"裁减军备"与"军备控制"在内容和实质上比较相近，在实践中一些学者经常等同使用这两个术语，因为它们的目的都是减少战争的可能性。有西方学者分析过两者的区别⑤，并提出一些军备控制理论。其实，无论是裁减军备，还是控制军备，其内涵、外延都随着时代发展、军事变革而不断演化，后文还将继续探讨这两个概念内涵、外延的发展、演化以及世人对二者认知的变化。从裁军、军备控制涉及的范围来看，主要包括两类，"一类对军事力量能力（主要指人员和装备）的削减或者限制，另一类则是对军事力量活动的削减或者限制"⑥。

此外，还有一个相关的概念——"裁军运动（Disarmament movement）"。第一次世界大战结束后，饱受战火蹂躏的世人为实现普遍裁军投入了比较大的热情与行动，裁军运动蓬勃兴起。对于何为"裁军运动"学界并没有明确的定义，大多视其为和平运动的一部分。借用熊伟民教授关

---

① 〔瑞士〕约瑟夫·戈德布拉特：《军备控制导论》，中国国际战略学会军控与裁军研究中心编译，军事谊文出版社2004年版，第1页。

② 日本国际法学会编：《国际法辞典》，第335页。

③ 刘华秋：《军备控制与裁军手册》，国防工业出版社2000年版，第1—2页。

④ 日本国际法学会编：《国际法辞典》，第335页。

⑤ 裁军在目标上比军控要远大得多，裁军假设武器会导致战争，因此寻求减少武器的数量作为减少战争可能性的手段；军备控制则是试图通过稳定国与国之间的军事竞争来减少战争的机会，减少相互恐惧。参见 Christopher, J. Lamb, *How to Think About Arms Control, Disarmament, and Defense*, New Jersey: Prentice-Hall, Inc, 1988, pp. 19 – 20。

⑥ 潘振强：《国际裁军与军备控制》，第4页。

于"核裁军运动"的界定[①]，可以大致描述出两次大战之间世界"裁军运动"的内涵与外延，即第一次世界大战结束后，国际社会反对军备竞赛，主张限制军队、裁减军备，争取实现和平的一切思想及其社会实践。伴随着裁军运动、裁军实践的展开，人们对裁军问题的认识也在不断深化。现在越来越多的政治家、学者逐步接受了军备控制思想，并把它作为最终走向全面、彻底裁军的过渡措施。但20世纪20—30年代，世人对裁军问题的认知还停留在裁军层面，尚未形成明确的军备控制思想，因此本书继续使用"裁军"一词，并主要是指普遍裁军，"所有有关国家都参加的那类裁军"，即为解决裁军问题，世界主要相关国家都参与召开的国际裁军会议、谈判、签约并互相监督执行裁军情况。

中国古代政治家、军事家大多比较轻视武器在战争中的重要性，表现出重道轻器的价值取向。据《中国兵书知见录》统计，从先秦至清王朝覆灭，中国共有存世兵书2308部，18567卷[②]，但其中论述兵器的只有《火龙神器阵法》《火攻挈要》《火龙经》《武经总要》等为数不多的几部。受其影响，中国学者对于裁军问题、重整军备问题的研究都比较薄弱。

与此相对照，西方学者的相关研究要丰富一些。伊曼努尔·康德在《永久和平论》一书中指出："常备军应该及时地全部加以废除。因为他们总是显示备战状态而不断地以战争威胁别的国家，所以这就刺激各国在备战数量上不知限度地竞相凌驾对方。同时由于这方面所耗的费用终于使和平变得比一场短期战争更加沉重，于是它本身就成为攻击性战争的原因，为的是好摆脱这种负担。"[③] 20世纪60年代，亨利·基辛格呼吁美国人关注、研究裁军与军控问题，"美国政策中没有比军控更少关注的了，大量的人力、物力投入到战略研究之中，作为其反面，军控研究缺乏应有的关注……要成功进行一场军控谈判之前，我们必须先打理好自己的智力花园"。基辛格接着分析了进行军控研究之所以比较困难的原因是军控缺乏完整的内涵，因为它产生于官员们的争论，得不到任何理论界之外的政府支持，各国领导人在会议上不可能超越分歧及各种迷雾，而且因他们缺乏

---

① 1958—1964年的英国核裁军运动，是一场以中产阶级为主体的颇具影响力的社会运动。运动的基本目标是反对核军备竞赛，主张推迟、禁止甚至完全取消英国和其他国家的核试验，削减核军备。它反映了战后英国社会对核武器和核战争前景的恐惧心理。参见熊伟民《1958—1964年的英国核裁军运动》，《世界历史》2005年第3期。

② 中国兵书有其特定的内涵和外延，一般是指清王朝灭亡（即1911年）以前中国人著的有关军事方面的古籍。参见许保林《中国兵书知见录》，解放军出版社1988年版，第1—3页。

③ 〔德〕伊曼努尔·康德：《永久和平论》，何兆武译，上海人民出版社2005年版，第7页。

经验使问题变得更加糟糕。①

　　国际关系学现实主义大师汉斯·摩根索对裁军问题、军备竞赛曾进行过比较深入的研究，提出的一些独到见解深化了世人对该问题的理解。首先，为什么要裁军？摩根索认为该问题是裁军思想的逻辑起点。摩根索不同意当时流行的裁军哲学，因为它假设"人们之间之所以战斗是因为他们拥有武器"，其逻辑结论就是：如果人们放弃一切武器，则一切战斗便无可能。而在摩根索看来，人们打仗并不是因为他们拥有武器，人们拥有武器是因为他们认为打仗是必须的。

　　其次，摩根索认为国家之所以要武装，即军备竞赛的主要原因有两个：一是出于自卫，二是要进攻别国。从原则上说，所有政治上活跃的国家都参与权力竞争，而军备是权力不可或缺的因素，故每个国家都渴望尽可能实现最佳武装。在军备方面感到劣于 B 国的 A 国，必然寻求至少与 B 国平等，而 B 国也力求增加或至少保持对 A 国的优势。当两国都有一种限制权力竞争而寻求和平方略时，通过谈判而达致削减某些军备的裁军行为就可能出现。因此，从权力政治的哲学出发，摩根索认为裁军是"权力均衡规律在军备领域的必然结果"。②

　　再次，摩根索提醒世人牢记四项区别：裁军与武器管制的区别、普遍裁军与局部裁军的区别、数量裁军与质量裁军的区别、常规裁军与核裁军的区别。他对裁军的定义是："裁军是为了结束军备竞赛而消减或消除某些或全部军备。"而武器管制所涉及的则是"为了创造一定程度的军事稳定而管理军备竞赛"。普遍裁军指的是"所有有关国家都参加的那类裁军"③。

　　最后，关于裁军努力的成败。在摩根索看来，都有赖于如何回答裁军的有关四个主要问题：（1）不同国家军备的比例应是多少？（2）在这一比例之内，为不同国家规定不同类型不同数量的军备依据的标准是什么？（3）一旦以上两个问题得到了解答，那么，从人们所希望实现的军备削减的角度来看，这些答案的实际效果怎样？（4）裁军对国际秩序及和平问题有什么样的影响？④

　　摩根索的研究表明，裁军与军备竞赛是一对彼此对立、此消彼长的军事状态，但两者好像又都在追求同一个目的——安全，或者换个词语——

---

① Christopher, J. Lamb, *How to Think About Arms Control, Disarmament, and Defense*, p. xv.
② 〔美〕汉斯·摩根索：《国家间政治：权力斗争与和平》，第 434 页。
③ 〔美〕汉斯·摩根索：《国家间政治：权力斗争与和平》，第 429 页
④ 〔美〕汉斯·摩根索：《国家间政治：权力斗争与和平》，第 434 页。

和平。无论是出于自卫，还是为了进攻别国，国家必然需要武装，从而引发了国家间的军备竞赛。军备竞赛是更可能升级为战争，还是通过威慑而促进和平？和平主义者大多认为军备竞赛会导致战争，裁军则会带来和平。弗雷德里克·舒曼则认为："事实上，反过来说更准确：只有当和平成为可能时，战争机器才会减少。对冲突的预期导致了军备竞赛，军事力量则源于战争和对战争的预期。"① 对于裁军能否确保和平、保证安全，摩根索没有给出明确答案，只好罗列出几个影响裁军成败的条件。但其研究还是有助于理解裁军问题的复杂性，更有意义的是，他提出，当两国都有一种限制权力竞争而寻求和平方略时，通过谈判而达致削减某些军备的裁军行为就可能出现，因此，从权力政治的哲学出发，得出了裁军是"权力均衡规律在军备领域的必然结果"的论断。

遵循摩根索的思路继续深入研究可以发现，其实，裁军与军备竞赛在很多情况下互为因果。无论是出于自卫，还是打算进攻别国都可能引发国家间的军备竞赛，出现"安全困境"。但有些时候世人并不想要战争，此时，裁军就成为一种必要的选择；或者在因军备竞赛引发一场战争之后，裁军也往往被视为维护战后和平的主要手段。可以说，过度的军备竞赛是导致裁军的一个主要原因。另外，国际社会虽然大力倡导实现普遍裁军，但对于违反裁军规定、不履行裁军协议的国家却缺乏强硬有力的制裁手段，结果实施裁军的国家得不到相应的保证，反而深受其害。因为普遍裁军难以实现，部分裁军反而导致国际军备力量失衡，极有可能引发新一轮军备竞赛，甚至是战争。第二次世界大战前夕的裁军运动就说明了这一点，一些国家在裁减军备，而另一些国家打着裁军的旗号或者利用其他国家裁军的有利时机加紧重整军备、扩军备战，裁军运动半途而废，并埋下了第二次世界大战的祸根。其实，无论是裁军，还是重整军备都只是一个程度的问题，都是对军备力量的一种动态调整，最终将达到一个比较平衡的状态，在动态中趋于稳定。

军备问题不仅是一个军事问题，更是一个政治问题，它涉及英、法、美、苏等国的对欧战略、对德政策。它与第一次世界大战后欧洲局势、各国外交纠缠在一起，被称为"两次世界大战之间最复杂的政治问题"。② 为

① 〔美〕詹姆斯·多尔蒂等：《争论中的国际关系理论》，阎学通、陈寒溪等译，世界知识出版社 2003 年版，第 314 页。

② Andrew Webster, "The Transnational Dream: Politicians, Diplomats and Soldiers in the League of Nations' Pursuit of International Disarmament, 1920 – 1938", *Contemporary European History*, Vol. 14 Issue 04, November 2005, p. 494.

落实《凡尔赛和约》的裁军条款，英、法主导的裁军委员会、国联以及各种裁军会议进行了一系列协商、修改甚至是妥协、让步。但在一系列条约、决议的约束，以及各种组织机构的监控下，德国不仅没有全面履行裁军义务，居然还实现了重整军备的目标，并重启战端，这成为英、法、美、苏以及国联饱受攻击的主要原因之一。

总之，军备本身就是一个错综复杂的问题，一系列因素彼此交织、相互影响，军备力量的调整更是受到诸多因素影响，择其要点包括：国际法及国际条约关于裁军问题、重整军备问题的规定、科学技术对军备力量的影响、各国军方对军备力量调整的态度等诸多主客观因素。通过分析上述影响要素，可以揭示出两次大战之间国际军备问题的现代性、整体性与复杂性。

二　影响军备力量调整的诸种因素分析

（一）国际法及国际条约关于裁军、重整军备的规定

国际法在 16 世纪的萌芽时期关注的一个重要目标就是国家间的战争法则，战争法即战争之道，即战争也要受到法律限制。它主要被用于维持和平，处理诸如战争与和平等问题。"在传统的国际法中，战争构成了解决国际冲突的一种极端形式，但它是一种合法的形式，它仅仅关系到交战国而已。"[1] 近代国际法转变为现代国际法，最重要的内容之一就是宣布侵略战争为非法，侵略战争是一种破坏国际和平的罪行，并以此为根据制定了和平解决国际争端、裁军和军备管制原则，为国际裁军提供了法律依据。

《威斯特伐利亚和约》的出现标志着欧洲形成了近代国际关系体系，它不仅规定了处理欧洲国家关系的准则，还涉及莱茵河两岸炮台、堡垒的拆除，军队的部署，神圣罗马帝国里的参战国的军队和军事组织的解散等有关非军事化的内容。[2] 裁军不再停留在观念、宣传、劝导的范畴，它开始表现为国际性的实际措施，并逐步形成为一种制度和法规。

18 世纪，国际社会逐步接受裁军的理念，裁军谈判越来越规范，开始签署双边甚至多边的"裁军条约"。"裁军条约"是指，国家或国家集团之间为使各方军队或武器的数量和质量削减到某种程度，或为限制或禁止

---

① 〔法〕夏尔·卢梭：《武装冲突法》，张凝等译，中国对外翻译出版公司 1987 年版，第 14 页。

② 《国际条约集（1648—1871）》，世界知识出版社 1984 年版，第 10—33 页。

某种武器的发展、储存和部署，或为彻底销毁某种武器而缔结的国际书面协议。① 据此，裁军成为国际法的一项基本原则，受到法律越来越多的限制与规范。

19 世纪末 20 世纪初，国际法对裁军会议、裁军运动发挥的作用越来越显著。最为典型的例证就是 1899 年和 1907 年召开了两次海牙国际和平会议，签订了一系列公约，以法律的形式规定与限制了国家诉诸战争来解决国际争端的权利。

第一次世界大战结束后，削减国家的军备被普遍认为是维护和平的必要条件。《国际联盟盟约》的序言指出，国联成立的目的是，"为增进国际间合作并保证其和平与安全起见，特允承受不从事战争之义务"。《国际联盟盟约》第 8 条、第 9 条对战后裁军问题进行了比较全面与详细的规定；第 10 条、第 11 条明确了反对侵略的立场，规定防止战争或战争威胁的措施；第 12 条则规定了和平解决国际争端的方法和程序；第 16 条、第 17 条分别规定了对违反盟约的会员国、非会员国进行相应制裁的措施。②

《凡尔赛和约》对德国裁军的规定更加详细，达 55 条之多。③ 通过限制军队人数、武器数量和类型、武装部队的组织结构和训练方式、军备的生产制造、军事设施的地理位置等几项措施试图达到裁减军备、削减军事潜力的目的。更重要的是，《凡尔赛和约》以条款的形式明确规定了裁军在维持战后和平中的作用。20—30 年代的多次裁军谈判、裁军会议都以这些条款为原则进行的。1920 年 5 月，国联设立常设军备咨询委员会。1925 年 12 月，为召开世界裁军会议做准备，设立了裁军会议筹备委员会。《凡尔赛和约》与国联的裁军委员会为国际裁军行动提供了客观依据，使得国际社会处理德国裁军问题有了法律制度与组织机构的保障。1927 年之前，在国联的监督之下，德国履行裁军义务的态度还算诚恳，裁军效果比较显著。

1921 年 11 月，美国主持召开华盛顿会议，在亚太地区建立起战后国际体系——华盛顿体系；同时，英、美、法、日、意签订的《关于限制海军军备条约》规定了五国海军力量的比例，很大程度上遏制了大国之间的海军军备竞赛。

1924 年 10 月，国联第五届大会通过了《和平解决国际争端议定书》（也被称为《日内瓦议定书》）。《日内瓦议定书》在当时被誉为"和平大

---

① http：//baike. baidu. com/item/裁军条约。
② 《国际条约集（1917—1923）》，第 269—273 页。
③ 《国际条约集（1917—1923）》，第 137—154 页。

宪章"，它所确定的仲裁、安全、裁军成为国联标榜的三大口号。1925年10月签订的《洛迦诺公约》暂时调整了法、德关系，战后欧洲秩序进入一个相对稳定时期。

1928年签署的《废弃战争作为国家政策工具的一般条约》（亦称《非战公约》）郑重声明，废弃以战争作为推行国家政策的工具。由此，国家支配武力的权力受到限制。《非战公约》还宣布侵略战争是非法的，但没有区分侵略战争与正义战争，对侵略战争没有提出具体的制裁措施。

1932年，国联在日内瓦主持召开了世界裁军会议，57个国家参会，提出的裁军方案达300余种，但会议取得的实际成果乏善可陈。裁军运动取得的最后一个成果是美、英、法于1936年3月签订的《限制海军军备条约》。此时，局部战争已经在阿比西尼亚、西班牙、中国等地点燃，重整军备成为很多国家的当务之急。

梳理国际法、国际条约推动裁军、反对重整军备的一系列规定可以发现，和平解决国际争端逐步成为现代国际法的基本原则之一，国际法和裁军条约为国际裁军提供了法律依据、制度与组织保障。具体表现为，一是国家支配武力的权力受到限制；二是随着国际法实践的发展，裁军成为国际法的一项基本原则。第二次世界大战后，裁军机制与和平解决争端机制被《联合国宪章》所继承，一并成为支撑联合国集体安全制度的两大支柱。裁军问题被纳入法律范畴，开始重视通过国际协议缩小和限制国家的军备力量。

（二）科技进步对军备力量的影响

公元前3世纪，阿基米德参与了一项由政府资助的竞赛，为政府军设计一种全新的抛石装置。在公元前265年与叙拉古的战争中，该装置取得了摧枯拉朽的效果。美国学者迈克尔·怀特将其视为有文字记载的第一宗军备竞赛的案例。[①] 近代以来，特别是被称为"第二次工业革命"的科技进步极大促进了生产力发展，世界由"蒸汽时代"进入"电气时代"。原有的工业部门如冶金、造船、机器制造以及交通运输、电讯等部门的技术革新加速进行。化学工业是这一时期新出现的工业部门，人们从煤炭中提炼氨、苯、人造燃料等化学产品，塑料、绝缘物质、人造纤维、无烟火药也相继发明并投入了生产和使用。生产力的高度发展使得各国的经济、政治、文化、社会生活都更紧密地联系起来，全球化初现端倪，为爆发世界

---

① 〔美〕迈克尔·怀特：《战争的果实：军事冲突如何加速科技创新》，卢欣渝译，生活·读书·新知三联书店2018年版，第5页。

性战争提供了物质基础和技术可能性。同时，交通、通信技术的发展，使得各国的战争动员速度大幅提高，而外交斡旋的时间变得越来越短。

很多科技进步是率先在军事领域内取得突破的，各式先进的武器被研究、制造出来。欧洲各国政府在重工业基础之上，以科技为导向相继建立了军火工业。19 世纪 80 年代，英国私人军火业者承担了 1/3 以上的军备合作，90 年代提高到 46%，20 世纪初上升到 60%。俄国在大战前夕，官办的军火工厂有 20 余家，8 万多工人。德国有 30 家军工厂，18 万工人，著名的克虏伯军工厂是一家私人工厂。① 军工厂的兴衰与各国军备、战争紧密联系在一起，克虏伯军工厂的发展最有说服力。1816 年底，克虏伯生产出第一炉钢。1847 年，克虏伯制造出第一门大炮。此后，克虏伯成为普鲁士军队的供应商。在普法战争中，法国火炮的数量比德国的火炮数量少30%。克虏伯大炮的射程是法国火炮的两倍，其准确性、散布率和射速也都超过了后者，"粉碎了法国炮手所有的复仇的努力，并将炮弹雨点般地倾泻到步兵集结的战线上"②。以至于战后有人说，与其说德国是由铁和血建立的，倒不如说是由克虏伯大炮建立的。公司淹没在订单之中，克虏伯大炮成为许多国家新的身份象征。

受科技进步影响，战场上军队的机动方式开始向机械化、摩托化过渡，军队通信联络因电报、电话的应用大为改善，总参谋部的出现使得战争指导和作战指挥发生了质的飞跃，战争开始孕育革命性变化。恩格斯在1878 年完成的《反杜林论》中指出："一旦技术上的进步可以用于军事目的并且已经用于军事目的，它们便立刻几乎强制地，而且往往是违反指挥官的意志而引起作战方式上的改变甚至变革。"③ 1893 年，恩格斯在《欧洲能否裁军？》中感叹，现在未必能再找到另一个像军事这样革命的领域。

19 世纪是军事工业和武器装备迅猛发展的时期，军事技术革新的重要标志是枪炮的自动化。在陆战装备上，轻武器、重武器的性能都得到了极大的提升。由于采用无烟火药和从炮尾部装弹，以及螺形门和反后坐装置等技术的改进，这时期产生了一种新型的、半自动型的 77 毫米和 75 毫米的野战炮，射程从 3.8 公里提高到了 8 公里，射速从每分钟 6 至 8 发提高到 5 至 10 发。1883 年，美国人马克沁发明了机枪，经改进后每分钟可射

① 〔英〕艾瑞克·霍布斯鲍姆：《帝国的年代》，贾士蘅译，江苏人民出版社 1999 年版，第399 页；王绳祖：《国际关系史》（第三卷），世界知识出版社 1995 年版，第 355 页。
② 〔美〕威廉·曼彻斯特：《克虏伯的军火：德国军工巨鳄的兴衰》，姜明新等译，社会科学文献出版社 2012 年版，第 146 页。
③ 《马克思恩格斯选集》（第 3 卷），人民出版社 2012 年版，第 551 页。

出 600 发子弹，能够连续射击几个小时，它最先被欧洲国家用来征服殖民地，一挺机枪就可以击溃成百上千的土著军队。第一次世界大战中，各国使用的步枪主要有德国的毛瑟枪、法国的勒贝尔、英国的艾菲尔德、奥地利的曼利夏、意大利的卡尔卡诺，一个训练有素的步兵排能射出与一架机枪同样猛烈的火力，步兵进攻变成了毫无意义的大规模自杀，防守成为最佳的战术选择。

19 世纪末，一种新型的海军军舰——潜水艇出现了。第一次世界大战海战中德国开始使用潜水艇，并重创了协约国舰只。1903 年，莱克兄弟制造的第一架飞机试飞成功，当时虽然还不能直接用于作战，但战场已经向天空延伸。1906 年，英国制造出当时最先进的新型战列舰——无畏舰。其后德国也发誓制造无畏舰，英、德两国的军备竞赛愈演愈烈。大战的燃料已经在欧洲聚集堆积，任何一根导火索都有可能点燃充斥着各种新式武器的军火库。

科技进步带来的军事革命的另一结果是极大提高了武器的破坏力和杀伤力，战争规模更大、持续时间更长。1914 年 7 月，欧洲各国宣战时都以为战争很快就会结束，士兵在告别家人时说，将回家过圣诞节！第一次世界大战中各国煤矿工人使用的地下通道技术被引入战场——堑壕，堑壕周围布满了带刺的铁丝网。精密的防御体系通常纵深达数英里，形成蜿蜒曲折的堡垒迷宫，里面驻扎着大量步兵，有利于防守，而不利于进攻，战事因此陷入了旷日持久的僵局。交战双方每前进一步都要付出极为惨重的代价，以致出现了"凡尔登绞肉机""索姆河战役"之类的恐怖战役。消灭士兵肉体的不再是敌方的士兵，而是机枪、大炮、飞机倾泻而来的枪林弹雨，造成的伤亡已经远远超出了人类身体及心理的承受能力，战争变成了没有意义的屠杀。

1915 年 4 月 22 日，德军在西线比利时的伊普雷首先使用了一种前所未有的新式武器——化学武器。180 吨氯气突然从 5730 个钢瓶中放出来，当巨大的黄绿色云团随风飘向协约国阵地时，驻守在那里的非洲军团很快就全线瓦解。24 日，德军对加拿大军队再次发动了氯气攻击。5 月 31 日，东线的德军在波兰的博里莫地区向俄国军团施放了 264 吨氯气，造成的伤亡达 8934 人，其中 1101 人死亡。9 月 26 日，英国军队也对德军使用了氯气。随后，交战双方都开始使用这种异常恐怖的新式武器，氯气很快被光气取代，光气又被芥子气取代。为了克服风力、风向的影响，交战双方逐步用毒气炮弹取代了钢瓶。第一次世界大战期间，交战国总共生产了13.62 万吨各类毒剂，战场上施放的毒剂量达 11.3 万吨，造成 129.7 万人伤亡，占伤亡总数的6%以上。① 化学武器虽然不能决定战争进程，但造成了巨大的心理恐慌，很多士兵终身残疾，挣扎在无尽的痛苦之中。

第一次世界大战、第二次世界大战都是大规模的现代化总体战争。在总体战中，各国政府的战争目标大多是置对方于死地，力图取得全胜。为此，各个交战国都充分利用现代国家的社会动员机制，短时期就可以建立一支庞大的军队，即便在战争中受到重创，也能补充兵力源源不断地投入战场。骇人听闻的杀戮并不能扼住战争的马达，不计其数的军人、平民、武器、设施、物资、金钱都被卷入其中，难以制动，无法停止。

武器本是战争的一个工具、手段，其过度发展违背了战争的性质以及发动者的初衷。面对如此巨大的物质损失以及恐怖性的人员伤亡，各参战国的民众、政治家、和平主义者都大声疾呼停止战争，停止大国之间的军备竞赛，大幅度裁减各国军备的规模，限制进攻型武器、化学武器、细菌武器的数量，减少军队的人数。他们认为，唯其如此，和平才有可能得以持久维护。科技高速发展的另一个影响是重整军备、扩军备战的速度非常快。以德国为例，第一次世界大战后初期协约国对德国进行了比较严格的裁军，其军备力量被降到三流水平。但经过几年重整军备、扩军备战，德国军队就拥有了当时世界上最先进的武器装备，成为一支拥有超强战斗力的军队。横扫欧洲的"闪电战"再次印证了科技进步对军事的影响，同时也意味着主动进攻更加有利，采取防守将被动挨打。

（三）各国军方对军备力量调整的影响

第一次世界大战是20世纪爆发的第一场现代化总体战争。第一次世界大战后，德国著名的军事将领、军事战略家埃里希·冯·鲁登道夫曾系统阐述过"总体战"思想。② 其要旨就是用战争绑架整个国家，认为"克劳塞维茨的理论已经完全过时了"，军方成为国家意志的代言人，战争凌驾于政治之上。政治成为战争的附庸，当然违背了战争只是政治的一种手段的实质。但在20世纪前半期，一些欧洲国家的军事集团、军方领导人、军事机构、甚至民间的准军事组织等军方、半军方势力对本国政府的内政、外交都发挥

---

① 马继东：《生化武器与秘密战争》，解放军文艺出版社2002年版，第3—6页。
② "总体战"主要内容：1. 现代战争的本质是全民族战争。不仅战争已扩展到参战国的全部领土，卷入战争的人员也由军队扩大到全体民众。2. 民族的精神团结是总体战的基础。为此应当控制新闻舆论工具，利用一切手段进行精神动员。3. 实行国民经济军事化。平时经济战时化，粮食、服装、燃料等重要物资，平时就要大量储备，并应把发行银行置于中央权力之下，力争战争物资自给，扩大军备工业，做好长期战争的准备。4. 国防军的兵力、编成及其使用。5. 要建立独裁式的战争指挥体制。参见〔德〕埃里希·鲁登道夫：《总体战》，戴耀先译，解放军出版社2014年版。

了重大影响。总的来说，军方的影响力主要表现为战时军事专制制度的建立、对民众的心理影响、战后军方对军备力量调整的态度与政策等。

从 19 世纪中期开始，欧洲爆发了几次局部战争，虽然没有引发全面战争，但给世人留下了如下印象：重大的政治问题需要依靠武力才能解决。特别是德意志通过三次王朝战争实现了国家统一，使得所有欧洲国家坚信：大规模的军事力量对于民族生存是不可或缺的。欧洲国家在和平时期不仅要保持庞大的常备军，而且在公民中拥有数百万经过训练的后备军，在全体青年中实行一年、两年甚至三年的义务兵役制已经习以为常。虽然民众并不渴望战争，几乎都希望欧洲和平，但几乎每个欧洲人又都意识到，战争总有一天会爆发。战争的阴云已经进入人心，战争机器虽然没有开动，其轰鸣声已经在人们心中奏响。以至于有人认为，正是民众对未来战争惴惴不安的预期，以及各国大规模的常备军，促成了 1914 年爆发的横跨欧洲的大战。[①]

欧洲各国政府感到长此以往一场战争将不可避免，都大力扩充军备，两大军事集团内部的总参谋部发挥了重要作用，"年复一年不断进行研究和完善的动员和开进，现在如同一部庞大和运转自如的机器一样启动了。"[②] 军事考虑最终影响了政治决策。于是，"在 1914 年 7 月危机中，战争的准备和动员的自动作用极为不幸地限制了政治的活动自由。"[③] 其结果正如英国外交大臣爱德华·格雷所评价的："即使并不准备发动战争，但一旦武人们把战争发动起来时，却都是愿意跟着作战的。"[④]

第一次世界大战期间，军队和军方领导人的地位迅速提高。在德国，军方甚至建立了军事专制制度，军方领导人成为国家内政、外交的决策者，民众将取胜的一切希望都集中在最高司令部。司令部敦促首相恢复无限制潜艇战，首相虽然担心美国参战而不赞同，最后却只能屈服于将军们的意志。对此，克里蒙梭曾挖苦德国道："战争是一件非常重要的事情，不能把它交给将军们去干。"[⑤] 但是随着战争的拖延，一些国家的军方领导

---

① 〔美〕R. R. 帕尔默、乔·科尔顿、劳埃德·克莱默：《两次世界大战——西方的没落？》，陈少衡、周熙安、周鸿临等译，世界图书出版公司 2009 年版，第 2 页。

② 〔德〕瓦尔特·戈利茨：《德军总参谋部：1650—1945 年》，戴耀先译，海南出版社、三环出版社 2004 年版，第 147 页。

③ 〔联邦德国〕卡尔·艾利希·博恩等：《德意志史：从法国革命到第一次世界大战（1789—1914）》（上册），张载杨等译，商务印书馆 1991 年版，第 481 页。

④ 〔美〕科佩尔·S. 平森：《德国近现代史》，范德一等译，商务印书馆 1987 年版，第 419 页。

⑤ 〔联邦德国〕卡尔·迪特利希·埃尔德曼：《德意志史：世界大战时期（1914—1950）》（上册），高年生等译，商务印书馆 1986 年版，第 116 页。

人还是不可避免地影响，甚至取代了政治家的决策，整个国家都被拖入战争的单行道。

第二次世界大战爆发前后，法西斯国家的军事专制制度更是登峰造极，除了历史、文化、政治制度的因素之外，第一次世界大战后的混乱无序为其崛起提供了温床。由于战后传统帝国的崩溃出现了权力真空，新生共和国大多根基不稳，为了应对战后此起彼伏的革命、内战、边界冲突、民族矛盾等，急需拉拢军队稳定政局，军方成为主导性的政治力量。同时，大量军人被裁减、被迫离开军队，而社会却无法安置，出现了大量"准军事组织"。[①] 法西斯在夺权过程中，为大量失业军人"提供了进行秋后算账的机会，去解决一些由 1918 年可耻的战败、假想的布尔什维克革命威胁以及帝国崩溃所引发的问题"[②]。以德国为例，军方对这些准军事组织的态度比较复杂，既利用又防范。准军事组织则一方面试图挑战国防军的权威，另一方面，极度渴望加入其中，以此提高自己的社会地位。准军事组织成为法西斯国家军事专制、扩军备战的重要社会基础。

当然，第一次世界大战结束后也有人痛定思痛，开始反思导致战争的原因。由于饱受其害，更由于时代所限，人们普遍认为大战的根源在于大国之间的军备竞赛，大量存在的军备不仅使战争爆发的可能性大大增加，而且使战争行为实施起来更加便利；武器数量的增加和性能的改进只会带给拥有者虚假的安全感，因为它会引发邻国恐惧，进而诱发军备竞赛。在军备竞赛中受益的只是那些"军工复合体"。"军工复合体"是第二次世界大战后出现的一个名词，其实，早在第一次世界大战之前就已初现端倪，例如，德国的克虏伯与德国军方、政界就构成了"军工复合体"。何为"军工复合体"[③]？解释不一，可以说是军方势力的一种表现。毋庸置疑的是，"军工复合体"往往会鼓动政府发动战争，大炮一响，黄金万两！

---

① 第一次世界大战后，德国出现了大量准军事组织，以至于成为一种文化现象，即"准军事文化"。托马斯·格兰特认为"准军事文化"既包含第一次世界大战结束初期，在德国出现数目众多且独立于政治的准军事组织的现象，也包含准军事组织与政党相互纠结的现象，而更重要的是后者。布鲁斯·坎贝尔则称之为"准军事业文化"。参见张婷梅《冲锋队在纳粹运动中地位的演变》，硕士学位论文，华东师范大学，2010 年，第 5 页。

② 〔德〕罗伯特·格瓦特：《战败者：两次世界大战间欧洲的革命与暴力，1917—1923》，朱任东译，译林出版社 2017 年版，第 250 页。

③ 军工复合体（Militaryindustrialcomplex；Warindustrycomplex），又名军工铁三角（简称铁三角），是由军队、军工企业和部分国会议员、国防研究机构组成的庞大利益集团。作为一个复杂的庞大机构，军工复合体同美欧军方与国会的联系相当密切，因而它实际上操纵着美国与欧洲国家的防务政策。

饱受战火蹂躏的民众为了和平、安全，积极奔走呼号，强烈要求国际社会全面裁军。但裁军首先损害的就是各国军方的既得利益；同时，军方又是裁军计划的具体执行者，任何裁军计划、裁军措施都需要军方的支持与合作才有可能取得实际成效。当战争的阴云再次出现在欧洲上空时，各大国又开始厉兵秣马重整军备，军方的地位与作用再次突出。总之，各国军方对军备力量调整的态度至关重要。两次世界大战之间，德国军方、法国军方、苏联军方对处理德国军备问题都曾发挥过影响，其作用不容忽视。

第二节　两次世界大战之间国际社会处理德国军备问题的政策简述

"对于战争爆发的原因……就所谓远因而言，几乎每一次战争的爆发根源，都可以回溯到上次战争的结束。也就是说，上次战争的'果'会变成下次战争的'因'，这样循环下去，永无已时。事实上，又并非经常如此单纯，不过，专以第二次世界大战而言，这种解释却可以说是相当正确。"[1] 两次世界大战只间隔短短 20 年的时间，交战双方阵营变化不大，并且都是以德国为首的一方战败而结束，以致有人将其视为一次现代版的"三十年战争"，两次大战则分别是上、下两个半场。两个半场之间的"休战期"时间虽然不长，却是一个比较特殊的历史阶段，既有第一次世界大战没有解决而遗留下来的诸多矛盾，又有战后新出现的一系列棘手问题，国际局势风云变幻，各方力量兴起、各种矛盾交织、多种问题错综复杂。为维护和平，人们作出了各种努力，其中，推进德国裁军就是最主要的一个尝试。但对德裁军的目标不仅没有实现，德国居然还重整军备，为第二次世界大战爆发提供了必要条件。德国的军备问题涵盖整个"休战期"，是国际社会必须面对的难题。

为此，英、法、美、苏及国联都作出了各种努力与尝试，相继参与解决该问题。随着国际局势发展变化以及各主导者国力的兴衰，国际社会处理德国军备问题的政策大致可以划分为几个阶段：（1）从停战谈判到巴黎和会。（2）战后初期英、法主导阶段。（3）20 年代中后期国联主导阶段。（4）30 年代初期世界裁军大会时期。（5）希特勒上台之后的阶段。上述

---

① 钮先钟：《第二次世界大战的回顾与省思》，第 6 页。

每一阶段因主导者不同，其政策、理念各不相同，解决军备问题各有侧重。同时，国际形势瞬息万变，各国的外交政策也会有起伏变化，难以达成共识，缺乏持续合作。对德裁军一方面表现得比较强硬、缺乏弹性，另一方面，对德国履行裁军义务状况却没有进行严密监督，缺乏有力的制裁措施，以致德国裁军问题被拖延、遗留下来。及至希特勒上台后，国际社会不仅没有解决裁军问题，面对重整军备的挑战更是表现得软弱无力，自欺欺人，最后只能听之任之。

一 法、英、美、苏及国联与德国军备问题的关系

第一次世界大战期间彪悍的德国军队、强劲的日耳曼战斗精神、雄厚的综合国力都给协约国和美国等参战国留下深刻印象。更可怕的是，战后德国并没有被摧毁，随时具备再次发动战争的巨大潜力，其军备力量自然成为国际焦点问题。第一次世界大战后初期，削弱德国军备、防止德国东山再起是各战胜国共同的要求。"自从斯特莱斯曼时代起，德国和世界其他国家的关系主要就依靠裁军问题的解决。"① 到了 30 年代，德国军备问题则成为国际社会的中心议题。与其密切相关的不仅有法国、英国、美国、苏联等大国，还有新成立的国际组织——国联。如果以德国军备问题为圆心，前三个国家对该问题的关切程度与其国家利益的密切程度恰似三个同心圆依次向外排列。而新生的苏维埃俄国比较特殊，恰似德国突破三个同心圆而打入的一个楔子。20 年代中后期，国际联盟曾力图主导解决裁军问题以彰显其"减少武器数量、平息国际纠纷、提高民众的生活水平以及促进国际合作和国际贸易"的宗旨，但实际上却为各大国进行争斗提供了更加便利的舞台。德国军备问题因此更加复杂、多变、难以解决。

法国与德国军备问题的关系最为密切，位于第一层同心圆。作为战胜国，法国却无力单独对抗德国，导致对其安全保障过度追求。《凡尔赛和约》虽削弱了德国，但鲁尔地区还留在德国人手里，在人口和工业实力方面仍然超过法国；协约国和美国对莱茵地区的占领也是有期限的；法国又失去了俄国这个东方最重要的军事同盟。法国对安全的追求并没有得到全面满足，为此，它设立了三重保障：一是寻求英、美帮助。在签署《凡尔赛和约》的同一天，法国与英国、美国签订了《英国和法国关于未经挑衅

---

① 〔英〕华尔脱斯：《国际联盟史》，封振声译，商务印书馆 1964 年版，第 251 页。

而受德国侵略时援助法国的条约》。① 在建立永久性的莱茵和军事边界的要求遭到盟国拒绝后，法国想通过与战时盟国签订条约来寻求额外的安全作为一种补充。英国议会批准了《英法互助条约》，但美国参议院却否决了《凡尔赛和约》以及所有其他条约，英国的互助义务也因此失效。"对法国来说也许最重要的一点就从凡尔赛体系里给去掉了"。② 二是占领莱茵兰，该地区实现非军事化。但占领莱茵兰有期限，法国不可能无限期驻军。三是迫使德国裁军。实现普遍裁军，特别是德国裁军被法国视为保证其战后和平与安全的最有效措施。"法国的安全需要在军事上维持德国某种程度的不平等待遇才能维持；否则德国在人力与资源上的实力均优于法国，势必会凌驾其上。"③ 基辛格一语道破了德国裁军对于法国安全保障的重要性。

而且，法国认为德国因其浓厚的军国主义精神，实行物质裁军只是裁军的必要前提，而附着于战争机器之上的军国主义精神更需要拆除。据此，法国提出了"精神裁军"概念。"精神裁军反映了法国面对战后挑战的独一无二的视角"，④ 其基本假设是德国的威胁持续存在，《停战协议》《凡尔赛和约》都没有消除德国威胁。为此，战后初期法国在"协约国军事控制委员会"（IMCC）中发挥了主导作用。但法国的"精神裁军"政策没有明确的对象，泛化为反对德国的所有军备、反对德国军备平等权利，在实际操作中无法具体化。更重要的是，它对安全的过度追求使得战后裁军问题困难重重，法国率领波兰、捷克、比利时等小协约国代表多次在国联、裁军会议上反复强调对安全的需求是裁军的一个先决条件。国联成员国因此分裂为两个阵营：一些人认为裁军将带来安全的增加，而另一些人则认为必须先增加安全然后再裁军。法国一直反对德国提出的军备平等要求，并将所有裁军问题的失误都归结为对德"精神裁军"的缺失。到了世界裁军会议时期，由于法国国力衰落，英、美实行绥靖政策等因素的影

---

① 其序言道出了法国认为的不安全因素：鉴于本日在凡尔赛签订的和约所载关于莱茵河左岸的规定最初可能不足以给予法兰西共和国充分的安全和保护；并鉴于英王陛下愿意保证与德国未经挑衅而对法国进行侵略行动时支援法国政府，但以国会同意而且美利坚合众国承担同样义务为条件。参见《国际条约集（1917—1923）》，第 281 页。

② 〔联邦德国〕卡尔·迪特利希·埃尔德曼：《德意志史：世界大战时期（1914—1950）》（上册），第 221 页。

③ 〔美〕亨利·基辛格：《大外交》，顾淑馨译，海南出版社 1998 年版，第 245 页。

④ Andrew Barros, "Disarmament as a Weapon: Anglo—French Relations and the Problems of Enforcing German Disarmament, 1919 – 28", *The Journal strategic Studies*, Vol. 29. No. 2, April 2006. p. 302.

响，法国在裁军会议上孤掌难鸣，其裁军政策、裁军计划没有发挥应有的作用，基本丧失了解决德国裁军问题的主导权。

希特勒大规模重整军备对法国构成了现实威胁，法国一方面忧心忡忡，另一方面，却表现得软弱无力和自欺欺人。此时，法国政府和军方出现了分歧。参谋部表示愿意进行一场防御性战争，只要法国军队愿意打仗，但还有个前提即要得到英国、美国、意大利的适当支持，而政府中只有外交部长保罗－邦库尔一人表示支持军方采取行动。等到德国出兵占领莱茵非军事区时，法国军方首先怀疑自己能否战胜德国军队，虽然他们曾制定过多个战争计划，但精力大多用于修建"马其诺防线"，军队中充斥着大量第一次世界大战后本应淘汰的过时武器。政府则一心要得到英国的明确态度而犹豫不决，恰好大选在即，政府也就趁势放任不顾。"西方国家所奉行的民主的不真实性没有比这一回暴露得更彻底了。"①

英国位于同心圆的第二层。巴黎和会期间，它对德国军备问题的关注程度处于美、法之间，英国虽然不如法国那么迫切，却也赞成德国裁减与限制军备，并与法、美等国共同起草、制订了《凡尔赛和约》关于德国裁军的所有条款。英国对德裁军主要关注于"物质裁军"，强调消除德国的军事装备以及军事力量。第一次世界大战后英国极力防止出现任何一个可能打破欧陆均势的国家，很不幸，法国被视为打破欧陆均势的主要威胁，而德国却被视为平衡法国的重要力量。② 由于国情差异，英、法两国对于德国裁军的侧重也有所不同。英国为向法国施压，便宣布大幅减少地面部队，这向来不是英国国防的主力，但不减少海军，因为海军是其安全之所恃。而德国的工业实力及人口都超出法国太多，法国便完全要仰赖陆军常备军比德国多出许多才安心。英、法因德国裁军政策的差异拉大了英、法间的嫌隙。在 IMCC、国联裁军委员会以及世界裁军会议中，英国一方面与法国进行一定程度的合作；另一方面，抵制法国严格的裁军要求，或明或暗地支持德国。

对于德国秘密重整军备一事，英国基本采取了视而不见的默许态度。一方面，英国比较同情德国的境遇，认为《凡尔赛和约》过分苛刻，应该作出一些修改，据此，承认其军备平等权利；另一方面，尽力保持欧洲大

---

① 〔英〕阿诺德·汤因比：《国际事务概览·第二次世界大战：1939 年 3 月的世界》，郑玉质、关仪译，上海译文出版社 2007 年版，第 261 页。

② 1923 年，英国驻德国大使阿柏依子爵在发给国内的报告中写道："只要德国团结统一，欧洲便可维持或多或少的均势。若德国分裂，法国将以其军队及军事同盟，享有不可一世的军事与政治掌控权。"参见〔美〕亨利·基辛格《大外交》，第 226 页。

陆力量均衡，防止法国过分强大，转而扶植德国。希特勒上台后，德国大规模重整军备，英国不愿意采取武力手段制止，恰逢和平主义运动高涨，民众也不愿意支持政府采取军事行动。政府采取了两手政策，首先是绥靖政策，试图"同法国达成一项共同政策，用法律约束和控制德国的军备"①。英国因此签订了一系列条约、协定力图约束德国，臭名昭著的《慕尼黑协定》即是该政策的代表作；其次才是重整军备政策，只作为绥靖政策可能失败后的一个补充。

第一次世界大战结束后，美国外交决策者从信奉威尔逊的"国际主义"回归到"孤立主义"常态，对欧洲事务采取置身事外的态度，和德国军备问题的关系似乎最为遥远。其实，美国的裁军政策在《十四点计划》中已经阐述得比较明确：充分互相保证，各国军备必须裁减至符合国内安全的最低限度。②巴黎和会期间，美国代表塔斯克·布利斯将军与英、法等国的军方代表就德国裁军问题进行了一系列协商谈判，参与制定了《凡尔赛和约》《国际联盟盟约》关于德国裁军的条款。威尔逊总统为回应对德国实行单方面裁军的批评，给《国际联盟盟约》第五部分增加了如下序言：为使所有各国之军备可以普遍限制起见，德国允诺严格遵守下列陆军、海军及航空条款。③据此，德国裁军与普遍裁军之间具有了类似契约般的关系及道义责任。美国虽然赞成普遍裁军，但随后的共和党政府"回归常态"的孤立主义心理又促使美国政府极力避免承担任何国际义务。

因参议院拒绝批准《凡尔赛和约》，美国关于德国裁军的一系列构想也随之搁置，但裁军问题还是经常被提起。第一次世界大战后美国的裁军政策主要受两个问题影响：一是国内高涨的和平主义运动。④第一次世界大战爆发前，国内就出现了抵制战争、反对参战的和平主义运动。第一次世界大战后历经战火的人们更加确信，世界大战是因为大国之间的军备竞

① 〔英〕约翰·惠勒-贝内特：《慕尼黑——悲剧的序幕》，第254页。
② 齐世荣：《世界通史资料选辑，现代部分》（第一分册），商务印书馆1980年版，第4页。
③ Richard J. Shuster, *The Diplomacy of Disarmament*: *Allied Military Control in Germany*, *1920 - 1931*, p. 36. 另参见《国际条约集（1917—1923）》，第137页。
④ 国外学术界对第一次世界大战后美国和平主义运动的研究比较充分。而据笔者所知，我国史学界研究第一次世界大战后美国"和平主义"运动的学术专著尚未出现。相关的学术论文也不多，代表性成果有：欧阳惠的《试论布赖恩和平主义外交的思想根源》、张淑华的《美国社会改革家简·亚当斯的和平主义思想探析》、熊伟民的《20世纪30年代美国的和平主义运动》、王睿恒的《从积极和平到消极和平——满洲危机与美国和平运动的转折（1931—1933）》、王立新和王睿恒的《"积极和平"：美国的和平运动与一战后国际秩序的构建》等。

赛导致军备过剩而发生，因此，只有裁减与限制军备才能够确保和平。1921 年底，美国主持召开了华盛顿会议，美、英、日、法、意五国就限制海军军备达成了协议。① 在美国的倡导下，1927 年日内瓦裁减海军军备会议、1930 年伦敦海军会议相继召开，裁军运动取得了重大成果。二是受战债与战争赔偿问题影响。美国希望战后欧洲经济特别是德国经济能够得到恢复与发展，唯其如此，德国才能支付协约国的赔款，协约国才能支付美国的战债。有鉴于此，美国支持普遍裁军，反对欧洲国家将钱花费在武器上，从而节省美国纳税人的钱包。

到了 30 年代，美国担心欧洲国家重整军备有可能再次引发世界大战，提出了一系列关于德国裁军的政策、主张，力图主导解决该问题。世界裁军会议期间，美国提出的富有建设性的《质量裁军计划》得到大多数国家的支持，不幸的是，该计划因英国反对而没有通过。当纳粹德国公开大规模重整军备时，美国决策者采取绥靖政策，出现了一系列短视和失误，没有及时制止德国的行为。

作为第一次世界大战后同样被凡尔赛体系排斥的社会主义国家，苏联与德国军备问题的关系最为特殊。在资本主义列强的包围、封锁下，苏联需要寻找突破口，目标就是同样急需盟友、打破封锁的德国。热那亚会议期间，苏、德双方一拍即合，在苏俄代表团驻地拉巴洛签订了《拉巴洛协定》，实现了两国关系正常化，同时开启了两国的秘密军事合作。德国利用德苏军事合作突破了国际社会对其裁军的层层包围圈，不仅在很大程度上规避了《凡尔赛和约》规定的裁军义务、保存了军事实力，而且还实验新式武器，训练军事人员。希特勒上台后，德国开始公开大规模重整军备，制造、实验各种新式武器。

与此同时，苏联正积极筹划与英、法建立欧洲集体安全体系，要求德国国防军关闭所有在苏联的工厂，德、苏之间为期 10 年的秘密军事合作正式画上了句号。苏联政府对于纳粹政府的性质及其大规模重整军备的认

---

① 《美英法意日五国关于限制海军军备条约》，序言写道：美利坚合众国、英帝国、法兰西、意大利和日本深愿努力维持一般和平并减轻军备竞赛所加予的重担。主要内容是：1. 规定五国主力舰总吨位限额为美英各 52.5 万吨、日本 31.5 万吨、法意各 17.5 万吨，即五国按比例 5：5：3：1.75：1.75。2. 禁止建造标准排水量超过 3.5 万吨的主力舰，并不得装置口径超过 16 英寸的火炮。3. 航空母舰的总吨位限额为美英各 13.5 万吨、日本 8.1 万吨、法意各 6 万吨；单舰标准排水量原则上不超过 2.7 万吨，并不得装置 8 英寸以上口径火炮。4. 美、英、日在太平洋地区所占岛屿要塞一律维持现状，不得建立新的海军基地和要塞，但夏威夷群岛、澳大利亚和新西兰等地除外。参见《国际条约集（1917—1923）》，第 741—746 页。

识一直比较清醒，但 1936—1938 年，苏联进行了大规模的"清洗"运动。军队是该运动的重灾区，被清洗的红军军官达 1/10 以上，大批年轻、有才华的指挥官被清洗，很多人的"罪名"是与德国合作，充当德国间谍。

国际联盟作为第一次世界大战结束后新出现的大型国际组织在成立之初就将实现普遍裁军作为主要目标之一，国联主导解决裁军问题不仅可以彰显国联宗旨，而且顺应了战后和平发展的潮流。因此，裁军一度成为 20 年代中后期国际关系、国联外交的关键词。"在 1922 年到 1933 年的十二年中，裁军问题一直是国联的目标和活动中最重要的问题。……不论国联在发展会员国、防止战争、解决争端、促进经济和社会进步等方面取得怎样的进展，舆论和国联最忠诚的支持者们首先要用一种考验来判断它的成就，那就是裁军问题。"[①] 曾任国联副秘书长的华尔脱斯如此评价裁军在国联历史中的重要地位。

德国裁军被视为实现普遍裁军的前提与基础，为此，《国际联盟盟约》对德国裁军问题作出过相关规定，行政院先后成立了常设委员会、混合委员会，曾多次召开会议研究德国裁军问题，并签署了《日内瓦议定书》。德国政府通过加入国联，并成为常任理事国，不仅恢复了大国地位，而且利用国联架空了"协约国裁军委员会"（IMCC），并强烈要求拥有军备平等权利。国联主导的裁军进程表明，参与解决裁军问题的国家越多，意见分歧就越大，问题越变得难以解决。到了 30 年代末期，国联面对德国重整军备的挑战无能为力，国际社会只好另起炉灶，努力构建集体安全体系。国联主导解决德国军备问题没有取得预想的成效，也是其备受诟病的原因之一。

二 德国政府的军备政策简述

无论国际社会制订出多么完美的裁军政策，如果失去战败国的诚意与合作，任何裁军措施都将难以贯彻执行，裁军计划就有可能失败。德国作为被裁军对象，其履行裁军义务、落实裁军措施的态度自然成为裁军问题能否顺利解决的最关键环节。两次大战之间的德国历经魏玛共和国、纳粹德国两个阶段，两个政权对德裁军问题的态度、政策既有所区别，也有相同之处。《凡尔赛和约》关于德国军备的限制激起了德国人的强烈反对，而法国对于安全的过度追求在德国民众看来就是拿破仑扩张主义的复活。因此，抵制《凡尔赛和约》、对抗裁军、反对法国成为战后德国历届政府

---

① 〔英〕华尔脱斯：《国际联盟史》（上卷），第 249 页。

对外政策的基本原则。20 年代初，协约国对德国裁军状况的检查与监督比较严密，德国在抵制裁军义务的同时也被迫采取了一定程度的"履行政策"。

随着德国国力的逐渐恢复以及不断增强，加强其军备力量的欲望自然也随之高涨。因此，德国政府在履行裁军义务的同时，也有计划、有步骤地重整军备，其军备政策主要内容：（1）重建军队。第一次世界大战结束后德国组建起一支少而精的军队。（2）与苏联秘密进行军事合作。自《拉巴洛协定》始，德苏之间的秘密军事合作长达 10 年之久。（3）要求军备的平等权利。"或者协约国裁军至德国的水平，或者允许德国的军备恢复到他们的军备水平。"① 德国要求的军备平等主要是通过裁减其邻国，尤其是法国的军备来实现的。据此，战后德国人坚决要求协约国履行普遍裁军的诺言，如果协约国不按照《国际联盟盟约》规定进行裁军，那么就应该允许德国具有同等的军事力量，德国重整军备因此也是自由的。德国政府通过比较高超的谋略、灵活的外交手段基本达到了目的，很大程度上改变了国际军备调整的走向。（4）公开大规模重整军备。希特勒上台后，重新整军备战已是公开的秘密。

在战争阴云密布的形势下，裁减军备已不合时宜，各国的军事政策逐步调整为整军备战，但速度、规模都落后于德国。历史的吊诡之处在于历史发展的结果往往出乎人的预料，协约国的裁军政策对德国来说竟是一个意外的福音。第二次世界大战初期，德国获得的军事优势是因为它不仅淘汰了大批过时、陈旧的武器，而且原有的精锐部队与时俱进，具备最新的军事思想，能够适应现代科技的迅猛发展。装备精良、机动灵活、战斗力超强的德国国防军出乎意料地崛起了，德国的军备力量再次重返世界一流水平，它发动的"闪击战"数月之内横扫整个欧洲大陆，所向披靡，将昔日的战胜国逐一碾压在战轮之下。

---

① J. W. Wheeler-Bennett, *The Disarmament Deadlock*, p. 8.

第二章　第一次世界大战前后欧洲的军备竞赛与德国裁军问题

第一次世界大战爆发前，欧洲大国之间展开了激烈的军事斗争，包括以英、德海军竞赛为代表的军备竞赛；国际社会进行的一系列裁军谈判；以及各国军方制订的各种军事计划。从第一次世界大战末期到停战谈判，直至巴黎和会期间，协约国、参战国以及德国围绕着裁军问题，特别是德国裁军问题展开了一系列外交合作与争斗，最终形成了《凡尔赛和约》关于德国裁军问题的相关规定。

第一节　第一次世界大战爆发前欧洲的军事斗争

19 世纪末 20 世纪初，欧洲逐步形成两大对立的军事集团，彼此进行了一系列激烈的军事斗争，包括军备竞赛、裁军谈判、各国军方制订的针对敌方的军事战略等，激烈的军事斗争使得战争越来越难以避免。关于第一次世界大战起因的论述可以说是汗牛充栋，西方传统史学往往将责任归咎于新崛起的德国无法抑制的称霸野心。① 而以艾瑞克·霍布斯鲍姆为代表的左派学者则认为，第一次世界大战是根源于一种愈来愈恶化，而且逐渐超出各国政府所能控制的国际形势。② 究其具体原因，"几乎所有调查一战起源的历史学家都认为军备和结盟是主要原因之一"③。我国学术界大多赞同列宁的"帝国主义战争论"，认为第一次世界大战是一场帝国主义战

---

① 西方学术界大多将第一次世界大战的起因区分为远因和近因，或者划分为结构性因素和偶然性因素。总的来说，认为德国统一后打破了欧洲原有的均势，其崛起的势头引发英、法等国的忧虑，而巴尔干半岛的冲突则成为导火索，最终将整个欧洲拖入战争。

② 〔英〕艾瑞克·霍布斯鲍姆：《帝国的年代》，第 405 页。

③ 〔美〕詹姆斯·多尔蒂等：《争论中的国际关系理论》，第 314 页。

争，战争双方都是非正义的。① 在此，笔者不打算探究第一次世界大战究竟应该由哪个国家负主要责任，哪个国家负次要责任，只是试图梳理第一次世界大战爆发前德国、英国、法国、俄国等主要大国之间的外交斗争、军事斗争，从而揭示第一次世界大战前欧洲大国间的竞争既是全球性的，也是局部性的；各列强既制订军事计划，时刻准备着战争，同时又为防止战争做着一系列努力，出现了军备竞赛与裁减军备几乎是同时上演的奇怪景象。

第一次世界大战结束已经一百多年了，而关于这次大战的很多问题至今还有些不可思议，争论不休。各大国好像都是被迫卷入，却不知道自己为何而战，好像只是为了战争而战争，但有一个目的很明确，那就是都要彻底打败对方取得全面胜利。取得全面胜利的"总体战"思维在战前已经形成，军备竞赛为其形成奠定了物质基础和技术条件。

一　第一次世界大战爆发前欧洲的军备竞赛

拿破仑战争结束后，欧洲构建的"维也纳体系"比较成功地维持了近半个世纪的和平。然而，普法战争及其结果导致欧洲国际关系出现重大转折，一个强大的德意志帝国突然在中欧崛起，极大改变了欧洲的权力结构和地缘政治。对其他国家来说，传统中欧的缓冲地带不仅不复存在，而且出现了一个任何国家都没有力量能够单独对抗的潜在威胁。

德意志帝国的缔造者奥托·冯·俾斯麦宰相对于统一后的德国所面临的外交境况比较清醒，运用其高超的外交手段纵横捭阖，在欧洲大陆建立起以德国为中心的"大陆政策"。该政策着眼于欧洲大陆，属于收敛的内向型发展，目的是为德国巩固统一成果构造一个稳定的外部环境。在俾斯麦主政期间，德国外交基本达到其战略预想，不仅处于恰如其分、左右逢源的有利地位，而且还被视为欧洲和平的保障力量。俾斯麦的政策、手段即便高超如此，但本质上仍属于传统的旧式外交思维，在世纪末日益显著的新趋势面前显得有些捉襟见肘，无能为力。

1888 年 6 月，威廉二世登基，两年后新皇帝便罢黜了俾斯麦，转而奉行对外扩张的新政策——"世界政策"。该政策首先明确划分敌友，将俾斯麦的模糊战略明确化。俾斯麦一下台，《再保险条约》即被废止，被舍

---

① 我国学术界一方面赞同列宁的"帝国主义战争论"，认为第一次世界大战是一场帝国主义战争，战争双方都是非正义的。但同时又受西方传统史学的影响，因而经常会写出"德国发动了两次世界大战"的语句。

弃的俄国转而与法国结盟。① 其次，德国与奥匈正式结盟，逐步被奥匈的巴尔干战略所绑架。最后，德国试图与英国结盟的战略失败。② 欧洲逐步形成了两大对立的军事同盟，它们彼此注视着对方，小心翼翼地互相提防着，可能是过于小心，两大同盟的核心国家之间并没有发生引发战争的事件，以至于德国的战略思想家及军事史学家汉斯·德尔布吕克为战前的欧洲局势创造了"干战"这一概念。③

但"战争不只包括会战或作战行动，它还包括一段时间，在这段时间内，双方都明白表现出以会战作为斗争手段的意念"④。德国同法国、英国一样并不想要战争，预见战争的可能性却盘踞在各国政府、参谋部以及民众的心头，他们都不打算放弃打一场欧洲战争的准备。随后，两大阵营的边缘地带——巴尔干地区出现的导火索终于点燃了时刻准备着的欧洲军火库。⑤

在欧洲大国的外交争斗愈演愈烈之际，军备竞赛也逐步升级。其实早在普法战争结束后不久，欧洲大国间的军备竞赛就已经开始，自 1874 年至 1896 年欧洲列强的军费预算大约平均增长 50% 以上。到 20 世纪初，军费又持续上升。1902 年至 1911 年间，英国从 12.1 亿马克增至 14.5 亿马克，法国从 8.2 亿马克增至 10.5 亿马克，俄国从 9.5 亿马克增至 12.8 亿马克，德国从 8.7 亿马克增至 12.5 亿马克，奥匈从 4 亿马克增至 5.4 亿马

---

① 德国随着工业化、城市化发展，需要进口大量粮食，粮食是俄国最主要的出口商品，但俾斯麦为了容克地主阶级的利益对俄国粮食征收高额关税。而法国则看到了机会，为俄国提供了大量资金、技术，通过切实的经济利益有效瓦解了三皇同盟。

② 1907 年 1 月 1 日，英国外交官艾尔·克劳给外交部提交了一份名为《关于英国与法德两国关系现状的备忘录》（简称《克劳备忘录》）的文件。该文件被视为一份有关世纪之交对德国对外政策的最具洞察力、最明智且最准确的分析报告。备忘录对英德关系进行了详细的论述、分析，认为"德国在海上的绝对优势与英帝国的生存是无法兼容的，即使英帝国消失了，最强大的陆上军事力量与最强大的海上军事力量集中在一个国家手中，也将会迫使全世界联合起来以摆脱这种梦魇。"参见吴征宇《〈克劳备忘录〉与英德对抗》，广西师范大学出版社 2014 年版，第 71 页。

③ 〔联邦德国〕卡尔·迪特利希·埃尔德曼：《德意志史：世界大战时期（1914—1950）》（上册），第 19 页。

④ 〔英〕艾瑞克·霍布斯鲍姆：《帝国的年代》，第 392 页。

⑤ 美国学者入江昭认为，第一次世界大战前巴尔干各国由于没有被充分地编入当时欧洲的国际秩序中而经常存在局部战争的可能性。正是巴尔干地区的纷争把大国也卷入其中，成为第一次世界大战的导火索。这显示出五大国之间的秩序终究不能限定边境的不稳定性。参见〔美〕入江昭《20 世纪的战争与和平》，李静阁等译，世界知识出版社 2005 年版，第 24 页。

克，意大利从 2.8 亿马克增至 4.7 亿马克。① 欧洲各国为了占有军队数量的优势，都大力扩充军队。1913 年，法国颁布法令，将服役期从 2 年延长至 3 年，入伍年龄从 21 岁降至 20 岁，使法国常备军征兵增加了 50%。德国在普法战争前的军队人数为 31.56 万人，1890 年达 51.03 万人。②

德国统一后率先完成了第二次工业革命，大量"Made in German"工业品势必要行销全世界，此时的全球贸易体系由英国所主导，而德国又实行贸易保护政策，占领海外殖民地成为一个必然的出路；同时，争取阳光下的地盘，以匹配日益强大的国际地位的大众心理也越来越强烈。为此，德国必须拥有一支强大的舰队，而海军一直是其军事力量的薄弱环节。威廉二世宣称，"一定要掌握住海神手中的三叉戟"。德国开始背离欧陆国家的传统定位，走向了海洋。

1897 年，德国只有 12 艘战舰，而英国是 62 艘，法国 36 艘，俄国 18 艘，意大利 12 艘。同年，蒂尔皮茨将军被任命为帝国海军部国务秘书，提出了建设海军的计划及理由。③ 蒂尔皮茨的建议吸引了威廉二世，同时也引起钢铁、军火巨头们的极大兴趣。单是舰队的装甲一项，克虏伯和萨尔钢铁巨头施图姆每年就各有 500 万马克的利润，而这仅仅是全部收益的一小部分。④ 1898 年 3 月，德国国会通过了第一个海军建设计划，规定了一系列加强海军建设的措施。

德国相继通过 1898 年、1900 年两个海军法案后，英国反应比较冷静，因为此时的第二海上强国是法国，它的建设速度比德国还快。但 1904 年英、法订立协定后，法国停止扩大海军，集中力量装备陆军。英国自然将注意力转向德国，舆论界开始发表文章鼓吹，趁德国海军处于襁褓时期，给予其毁灭性打击。1904 年 12 月，强硬派费希尔男爵担任第一海务大臣，上任初始即削减海军在地中海的任务，加强北海舰队建设，从此开启了英、德海上争霸的时代。1905 年，英国开始建造"无畏号"巨型铁甲舰，

① 王绳祖：《国际关系史（1871—1918）》，第 356—358 页。

② 王绳祖：《国际关系史（1871—1918）》，第 358 页。

③ 1. 德国如果没有全球外交战略，将下降成为二流国家——只有海军才能保证全球外交战略成功；2. 海军建设能发动起爱国主义精神，从而进一步促进国家整合；3. 海军计划能使王室的权威超过议会。为赶超英国，蒂尔皮茨在计算了德、英舰队的建设速度后提出，德国在 20 年内每年建造三艘战列舰，与此同时，英国舰队 90% 需要更替，或者新建。参见 Arthur Marwick, Bernard Waites, *Europe on the Eve of War*, 1900–1914, Buckingham：Open University Press, 1990, p. 82.

④ 〔德〕阿柏特·诺尔登：《德国历史的教训》，矛弓译，生活·读书·新知三联书店 1958 年版，第 9 页。

拥有 10 尊 12 英寸大口径的大炮（旧军舰一般拥有 4 尊大炮），体积更大（吨位是原来战列舰的两倍），外壳超厚超硬，航速也更快。费希尔认为，无畏舰将使德国没有希望进行海军竞赛，因为基尔运河的范围、威廉港入口的宽度和德国的船坞都太小，而且英国预料财政困难的德国不可能拿出这么多钱建造如此昂贵的大型战舰并改建运河和海港。[①]

德国却不甘示弱，第二年国会通过建造新主力舰的法案，规定以后一切新式战斗舰都必须是"无畏号"级的主力舰。帝国议会随之又批准了海军补充法案，根据这项法案，政府将拨款扩大基尔运河和威廉港口，改善船坞设备，建造德国的无畏战舰；将要制造的这些德国战舰以英国无畏舰为榜样，但吨位更大、炮火更强。[②] 基尔运河扩建后无畏舰可以自由来往北海及波罗的海，加强了海军的机动性。1908 年 4 月，德国在海军军备竞赛中又前进一大步，国会通过了第四个海军法案。德国将缩短军舰替换期限，继续建造 6 艘无畏级战舰，战舰的火力、速度、兵力都超过以往，"海军竞赛比的不仅是数量、质量，更是无穷的威慑力及巨额花费"[③]。

1908 年 3 月，英国政府也增加海军预算，决心不惜花掉最后一个便士同德国较量到底。英国政府对于军备竞赛的结论是，"德国的最终目标毫无疑问是攫取欧洲大陆的至尊地位，为此，德国将与我们争夺海上霸主的地位。"[④] 第二次摩洛哥危机后，英国同法、俄两国实施三国海军联防，即英国在北海、法国在地中海、俄国在波罗的海分别对付德、奥两国海军。

欧洲大国陆地上的军备竞赛也同样激烈，战前各国军队的人数都迅速增加。1911 年秋，作为对"阿加迪尔危机"的直接反应，德国陆军部和总参谋部提出将陆军由 595000 人增加到 622000 人，国会以大多数票通过了这一提案。1912 年夏，巴尔干战争爆发后，总参谋部要求增加兵员300000 人，即 3 个军，国会批准增加兵员 132000 人（两个军）。1913 年，德国计划军队再增加 117000 人。战前德国军队人数达到 835000 人（包括海军 73000 人）。[⑤] 针对德国的增兵政策，邻国自然要采取对策。法国宣布

---

① 〔联邦德国〕卡尔·艾利希·博恩等：《德意志史：从法国革命到第一次世界大战》（上册），第 459 页。

② 〔联邦德国〕卡尔·艾利希·博恩等：《德意志史：从法国革命到第一次世界大战》（上册），第 459 页。

③ Arthur Marwick, Bernard Waites, *Europe on the Eve of War, 1900 – 1914*, p. 83.

④ Roger Chickering, *Imperial Germany and the Great War, 1914 – 1918*, Cambridge University Press, 2014. p. 3.

⑤ Walther Hubatsch, *Germany and the Central Powers in the World War 1914 – 1918*, Lawrence：University of Kansas Publication, 1963, p. 13.

实行三年兵役制，从而使法国到 1914 年前新添兵员 160000 人。俄国陆军自 1906 年就在法国资助下进行改组，平时兵员数是德国陆军的两倍，即 1500000 人，比德国和奥匈陆军的总和还多 300000 人。[①]

那么，该如何评价这场军备竞赛以及威廉二世的"世界政策"呢？利奥波德·冯·兰克认为，近代历史的内容在于真正独立的国家和民族个体的大力发展。兰克学派的历史学家把列强体系的思想从欧洲平原转移到全世界，从大陆转移到海上，……那么德国与英国人争夺海上霸权现在看来是合乎历史逻辑的。德国人民认为自己作为欧洲列强体系的成员也能进入世界列强的行列，……德国必须通过扩充海军来弥补自己在自然分量方面的缺陷。[②] 因此，在列强争霸的时代，威廉二世的"世界政策"是合乎潮流的合理诉求，代表了新兴国家的自然发展趋势。德国经济高速发展，大量"Made in German"商品需要销售市场和原材料，开拓海外市场必须加强海军力量。

当然也有不同的声音，接替老毛奇出任总参谋长的瓦德西曾说过："我们被认为在奉行一种'世界政策'，但没有人知道它到底是什么。"[③] 中国国防大学战略研究所的徐弃郁研究员认为，"在一定程度上，所谓的'世界政策'更像是某种政治表态和宣示，缺乏实质性的内容和目标。"[④] 但被大国崛起的荣耀前景所吸引的德国民众无暇静心思考，大多支持国会通过的一系列扩建海军法案。转型中的德国社会到处充斥着"焦虑的爱国热情"[⑤]，热烈追求国家声誉，建设强大海军被视为大国地位的标配。但"问题只在于要建造何种舰艇，想要用它们来达到什么军事目的和政治目的。是用它们作为巡洋舰来保护商船呢，还是为了可能发生的战争而建造和使用呢？……德国将有可能通过舰队的单纯存在和它的分量，不经战争——尽管也估计到会有战争的风险——就上升到世界强国的行列中去，获得'阳光下的一块地盘'"[⑥]。很显然，德国决策者并没有想清楚这个问

---

① 〔联邦德国〕弗里茨·费舍尔：《争雄世界：德意志帝国 1914—1918 年战争目标政策》（上册），何江、李世隆等译，商务印书馆 1987 年版，第 39 页。
② 〔联邦德国〕卡尔·迪特利希·埃尔德曼：《德意志史：世界大战时期（1914—1950）》（上册），第 16—17 页。
③ 徐弃郁：《脆弱的崛起：大战略与德意志帝国的命运》，新华出版社 2014 年版，第 176 页。
④ 徐弃郁：《脆弱的崛起：大战略与德意志帝国的命运》，第 176 页。
⑤ 吴征宇：《〈克劳备忘录〉与英德对抗》，第 18 页。
⑥ 〔联邦德国〕卡尔·迪特利希·埃尔德曼：《德意志史：世界大战时期（1914—1950）》（上册），第 16 页。

题，却被眼前的成果冲昏了头脑，短短几年，德国在非洲、亚洲、大洋洲相继夺取了几块殖民地，一跃成为拥有海外殖民地的真正列强，极大满足了民众对国家威望的心理追求。

海上霸权一直被英国视为其"核心利益"，而维护海上优势的先决条件就是保持欧洲均势。德国在欧陆的崛起已经打破了欧洲均势，同时又表现出向海上强国迈进的强烈欲望。"当然没有一个人想去进攻英国，用武力夺取其海上霸权，……其目的在于促使英国倾向于同德国结盟。"① 但德国大张旗鼓地发展海上力量，扩展海外殖民事业，自然很难实现与英国结盟的战略构想。更主要的是，德国因奥匈帝国而卷入了欧洲核心地区的争斗，极有可能彻底打破维也纳体系所维系的欧陆均势，这突破了英国所能容忍的底线，自然要联合法、俄，逐步形成对德、奥的包围圈。②

二　第一次世界大战爆发前国际社会关于裁军问题的谈判

1893 年 2 月，在德国国会就军事法案进行辩论期间，恩格斯在《前进报》上发表了一组文章，后结集出版了单行本——《欧洲能否裁军?》。恩格斯在文中写道："常备军制度在欧洲已发展到极端，……不是这种制度使各国人民担负不起军费重担而在经济上破产，就是它必然导致一场毁灭性的大战。整个欧洲以空前未有的规模进行武装，已经有 25 年了。每一个大国都力求在军事威力和战争准备方面超过另一个大国。德国、法国、俄国在竭尽全力要超越彼此。……在所有的国家里，几乎完全承担了提供兵员和缴纳大部分赋税的义务的广大居民阶层都在呼吁裁军。"③ 对于战争的结局，恩格斯预测："即将到来的战争的结局将取决于英国。三国同盟在同俄法作战的情况下，只有通过海路才能得到它们所需的大量进口粮食。可是在海上，英国是绝对称霸的。只要英国把自己的船只提供交战的一方使用，另一方就会因粮食断绝而被简单地用围困法攻败。"④ 恩格斯不

---

① 〔联邦德国〕卡尔·迪特利希·埃尔德曼：《德意志史：世界大战时期（1914—1950）》（上册），第 16 页。

② 世纪之交英国对外政策进行了调整，其核心是重建因为德国快速崛起遭到破坏的欧洲均势，实质就是对欧洲大陆实施战略上的"再平衡"，目的是使英国不再仅仅依靠其自身力量，而是依靠一个列强相互制约的均势体系来约束德国的行为。调整的结果是英、法、俄三国彼此协调了因海外扩张引发的矛盾，得以抽身并重返欧洲。参见吴征宇《〈克劳备忘录〉与英德对抗》，第 24—25 页。

③ 中国人民解放军军事科学院：《马克思恩格斯军事文集》（第二卷），战士出版社 1981 年版，第 479—481 页。

④ 中国人民解放军军事科学院：《马克思恩格斯军事文集》（第二卷），第 510 页。

仅提出了富有建设性的裁军建议，而且还预测到英国在战争中将起决定性作用。

　　贝特曼出任德国宰相后，把与英国实现和解作为其外交政策的主导思想。于是，双方试图在海军军务方面达成某种谅解，但因牵扯一系列其他问题谈判进行得非常缓慢。贝特曼表示，如果英国同意缔结一个受第三国攻击时保持中立的协定，他就准备放慢德国建造军舰的速度。英国政府则坚持德国应该无条件削减海军作为改善两国关系的前提。直到 1910 年秋，英国政府才接受放慢造舰速度的设想，但当时进行的英国大选中断了会谈。

　　1911 年，两国仅就交换海军技术情报的可能性进行了商谈。同年，温斯顿·丘吉尔担任了英国海军大臣，开始着手准备对德作战。在北海海域，英国集中了海军 86% 以上的战列舰力量，增设了海军参谋部，造成了一股紧张气氛。1912 年，德国意欲进一步加强舰队的海军法案促使英国政府立即着手同德国进行谈判。1 月 29 日，英国银行家厄内斯特·卡斯尔带着一份经过政府批准的备忘录①到柏林同贝特曼会见。贝特曼回复说，他欢迎英国政府的行动，完全同意备忘录中的各点建议，只是 1912 年德国的新海军预算已经安排完毕。他希望格雷能来柏林谈判。

　　2 月，英国派陆军大臣哈尔丹子爵前往柏林。双方举行了多次关于限制海军竞赛的谈判，蒂尔皮茨寸步不让。最后，威廉二世提出一项建议：首先缔结关于中立的条约和关于殖民地的协定，德国则把海军法案实施期间推迟一年，但海军法案不予削减。② 哈尔丹带着德国新海军法案回国。几天后，格雷对德国驻英大使梅特涅说，在两国都增加海军费用之时，签订政治协议实在是不可能的。3 月 18 日，丘吉尔向议会提出了英国海军预算，规定德国每增加一艘军舰，英国就添造两艘，并大幅增加海军军费，作为对德国新法案的回击。29 日，格雷通知梅特涅：英国已经决定拒绝德国关于中立的方案。③

　　4 月 14 日，德国政府向议会提交了海军法案，随后获得国会批准，

---

① 主要有三项内容：1. 原则承认海军优势对于英国是必要的。德国现今的海军计划及预算不可增加。如可能时，推迟计划，减少预算。2. 英国不干预德国的殖民计划。3. 对于相互保证防止任何一方参加针对另一方的侵略计划或集团的建议，表示欢迎。参见李元明《世界近代国际关系史》，中共中央党校出版社 1987 年版，第 389 页。

② 李元明：《世界近代国际关系史》，第 389 页。

③ 〔美〕悉·布·费：《第一次世界大战的起源》（上册），于熙俭译，商务印书馆 1959 年版，第 238 页。

德、英和解的尝试彻底失败。英、德两国的谈判虽然没有达成任何协议，却刺激了法国，法国趁机要求与英国签订协议。同年 7 月，双方签署了《英法海军协议》，根据该协议，英国把它的战列舰从地中海撤出，转而集中到北海；法国则把它的战列舰从布雷斯特军港转移到地中海，彻底解除了对英国海军的监视。签订协议时，格雷与法国驻英大使交换了信件，阐明了万一战争爆发两国各应承担的义务。[①]

1913—1914 年，英、德之间陆续进行了几次小规模谈判。英国一直忌惮迅猛发展的德国海军，而德国却认为自己变得更强大才能使英国更愿意与其结盟。结盟不成，退而求其次，要求英国承诺在未来的欧陆战争中保持中立。英国没有答应保持中立，但也没有明确宣布将在战争中进行干预，模棱两可的态度使德国产生了错觉。

英、德之间的一系列军事谈判虽未成功，却也是符合时代趋势的举动。此时和平主义运动蓬勃兴起，和平主义者奔走呼吁，在其感召下，国际社会在海牙举行了两次国际和平会议（Hague Peace Conferences）。[②] 1899 年的第一次海牙和平会议由沙皇尼古拉二世首倡，其原因被普遍认为是，沙俄统治集团面对国际军备的技术、财政竞赛难以招架。[③] 对于沙皇的呼吁，各国大多持比较怀疑的态度。然而，威廉二世在给尼古拉二世的电报中也装出一副和平姿态，对沙皇的举动大加赞许。共有 26 个国家参加了会议，会上沙皇为了避免牺牲其炮兵，主张限制步兵，建议禁止、停止使用新式武器和炸药。会议只是就禁止使用毒气达成了一项协议；最后只好笼统地表示希望各国政府考虑，能否就限制陆海军军队数目和军费开

---

① 〔美〕C. E. 布莱克、E. C. 赫尔姆赖克：《二十世纪欧洲史》，黄嘉德译，人民出版社 1984 年版，第 48 页。

② 目前，我国学术界对两次海牙和平会议的研究比较薄弱，论文只有少数几篇，如，石立唢的《沙皇俄国和两次海牙国际和平会议》，吴瑞的《两次海牙国际和平会议的真相》，笑冰、刘昕生的《海牙国际和平会议与国际法发展》，余敏友的《论冷战结束以来解决争端的国际法的新动向——纪念第一次海牙和平会议召开一百周年》，刘长敏的《从承认战争自由到惩治战争犯罪的里程碑——论海牙和平公约与和平解决国际争端原则》。这些论文大多批评两次海牙和会未能阻止第一次世界大战前西方列强军备竞赛，未能阻止第一次世界大战爆发，并将两次海牙和会定为欺骗世人的"一场骗局"。著作方面，对于海牙和平会议的论述和研究主要散见于一些外交史、国际关系史和国际法类著作中。如，王绳祖主编《国际关系史（1871—1918）》、袁明主编的《国际关系史》、刘德斌主编的《国际关系史》、方连庆等主编的《国际关系史（近代卷）》（上下册）、王铁崖等编的《战争法文献集》。

③ B. J. C. Mckercher, *Arms limitation and Disarmament Restrains on War, 1899 - 1939*, London: Praeger Publish, 1992, p. 3.

支达成协议；并规定了召开第二次海牙会议的时间。

德国对于海牙会议以及军备问题的态度很明确。1906 年 8 月 15 日，英国王爱德华七世与威廉二世会晤，威廉向其舅舅说道，自《提尔西特和约》以来，德国因为它的"自主权和军队"才生存下来，德国处于法国和俄国两大军事力量夹缝之中，决不能忽略军事力量。当然，威廉解释说德国军队的目的完全是为了维护和平。随后，皇帝又对英国驻德大使佛兰克·拉塞尔斯说道："如果在下次和会提出裁军问题，我不打算派代表参加和会。"[①]

几周后，当英国陆军大臣哈尔丹去柏林考察德国军队时，德国再次显示出不愿意讨论裁军问题的态度。在与威廉及德国外交大臣会谈时，哈尔丹能够感到两人的敌意和怀疑。哈尔丹向国内汇报道：至于即将召开的海牙会议，德国人害怕讨论军备问题。"皇帝说到海牙会议，相信会议不会讨论裁军，如果讨论裁军，他不会参加。"[②]

1907 年 6 月 15 日至 10 月 18 日，第二次海牙和平会议召开。限制军备问题没有被列入正式议程，8 月 17 日，会议只用 30 分钟时间讨论军备问题，主要由英国代表爱德华·弗莱发言，再次确认了 1899 年第一次海牙会议关于军备的解决方案；又重新审订了第一次会议通过的《关于和平解决国际争端》等三项公约；重新通过了有关中立国问题和海战法规等 10个公约。此外，还通过了两个宣言、一个决议、四个愿望和一个建议。

两次海牙和平会议虽然没有缓和第一次世界大战前欧洲大国之间激烈的军备竞赛，但还是留下了一些历史遗产。其中，国际仲裁制度的确立和国际仲裁法庭的建立为和平解决国际争端奠定了基础；会议开创了国际人道主义法的渊源，为后来的《日内瓦公约》《白里安—凯洛格公约》《巴黎非战公约》等国际公约提供了法理依据。

三 第一次世界大战爆发前德国的军事计划

19 世纪末，面对日益紧张的国际局势，欧洲各大国的参谋部开始制订各自的军事战略计划。普法战争后，法国军方制订了一系列作战计划，并以法、德边界上的四个城市为中心，构筑了一系列堡垒。东南从瑞士的屏障阿尔卑斯山开始，坚固的混凝土堡垒从贝耳福、厄比纳尔、土尔和凡尔登伸展开来。在厄比纳尔和土尔之间设计了一个宽阔的缺口，作为迎接敌

---

① B. J. C. Mckercher, *Arms limitation and Disarmament Restrains on War*, 1899 – 1939, p. 9.

② B. J. C. Mckercher, *Arms limitation and Disarmament Restrains on War*, 1899 – 1939, p. 9.

人进入的巨大陷阱。凡尔登以北约 20 英里是卢森堡、比利时和崎岖的阿登森林。卢森堡、比利时都是中立国,比利时在它和法国之间的边境不设防,但在列日、那慕尔却面向德国设立了防御性据点。1911 年,约瑟夫·霞飞担任总参谋长后开始制定新的作战计划——《第十七号计划》(即《霞飞计划》),新计划放弃原来的守势,主张全面进攻。1913 年 4 月,法国最高军事委员会通过该计划。

从 1905—1914 年的十年间,英法两国的参谋部曾经不断地进行非正式的协商,结果使得英国人自动放弃了几百年来的传统战争政策。英国人的军事组织和思想都已经开始"欧陆化",所以他们未经多少考虑就接受了法国人的计划,愿意接受充当法国左翼附属兵力的任务。[1]

至于德国的军事计划,有必要先简单回顾德国的军事历史。众所周知,德意志帝国脱胎于具有浓厚军国主义传统的普鲁士王国。普鲁士为何普遍被世人认为具有军国主义传统呢?主要是因为其军队在国家构建过程中发挥了不可替代的作用。1618—1648 年的三十年战争期间,勃兰登堡被瑞典军占领,绰号为"士兵国王"的大选帝侯弗里德里希·威廉深刻体会到军队为立国之本。威廉为创立常备军与容克贵族达成协议:允许容克对农民行使警察权和裁判权;容克则同意选帝侯征收"军事税";容克担任常备军的军官。普鲁士的官僚系统靠军队的力量逐步建立起来,军队不仅成为整个国家的中心,而且其服从、纪律、效率、专业化的作风也影响了文官系统、民众,进而奠定了国家的精神基础。以致 18 世纪德意志军人作家格奥尔格·冯·贝恩霍斯特的名言耳熟能详:普鲁士不是一个拥有军队的国家,相反,它是一支拥有国家的军队,国家只是军队的驻扎地而已。由此可见,此时的军国主义是普鲁士的一种高效组织方式,促使其迅速崛起。

拿破仑战争中,法国军队横扫整个欧洲,普鲁士军队受到重创。普鲁士在战败后专门成立了军事改革委员会,进行了一次成效显著的军事改革,其目标是打破弗里德里希大帝建立的贵族垄断的军官制度。此时,普鲁士经济凋敝,只能建立兵力相对弱小的军团,师暂时称为"旅",每个省配一个旅,每个旅都设参谋部,这便是普鲁士军队总参谋部的发端,它在军事史上被认为与装甲舰、飞行器的发明以及战争的机械化同等重要。[2]军事改革委员会领导人冯·沙恩霍斯特上校亲自负责总参谋部的工作,并

① 〔英〕李德·哈特:《战略论——间接路线》,钮先钟译,上海人民出版社 2010 年版,第 134 页。

② John W. Wheeler—Bennett, *The Nemesis of Power*, *The German Army in Politics 1918—1945*, London: The Macmillan Press Ltd, 1953, p. 5.

挑选冯·克劳塞维茨上尉为其办公室主任。

1866 年普奥战争爆发，普鲁士军队的胜利震撼了整个欧洲，普鲁士陆军成为引领世界军事变革的风向标，从尖顶的头盔、带伪装效果的制服，到军队的组织、操练、队列都是很多国家军队的效仿对象。同时也使当时不为人们知晓的总参谋部名声远扬。普法战争后，在国会大厦对面，勃兰登堡门后面耸立起一座由红砖砌成的普鲁士总参谋部（相当于德国总参谋部）办公大楼，在军队中以"红房子"而著称，成为军队的精神象征和培养高级军官接班人的教育中心。1883 年 5 月 20 日，德国内阁颁布一道内阁令，赋予总参谋长直面皇帝的权力，有权每周向皇帝汇报一次，也可随时直接向皇帝呈送报告。由此，总参谋部以及部分陆海军高级将领获得了民主监督之外的自由权力，使得军官集团日后不仅在军事领域，而且在外交、经济领域都发挥了巨大影响力。

统一之后，总参谋长赫尔穆特·冯·毛奇将军预料未来的德国将面对法、俄两线作战，要采取西守东攻的战略，尽快结束战争。到了 80 年代，随着德、俄关系不断恶化，参谋部开始考虑制订两线作战计划。面对法、比难以克服的堡垒，总参谋长阿尔弗雷德·冯·施利芬伯爵，于 1905 年提出了一个通过比利时平原侵入法国的军事计划。该计划针对面临法、俄两线作战的不利条件，采取速战速决的战略方针，它有两个前提条件：一是设想俄国战争动员迟缓，德军在东方先进行防御；二是要尽快拿下法国，德军集中兵力于西线，对法国取得胜利后再回师向东。《施利芬计划》的缺陷显而易见，它将胜利的希望构建于两个假设之上。其后，参谋部对《施利芬计划》进行过几次调整，新任总参谋长赫尔穆特·冯·毛奇（人称小毛奇，老毛奇的侄子）和"总体战"思想的倡导者鲁登道夫中校曾联合制订了《毛奇计划》，试图克服《施利芬计划》的缺陷。但两线作战的难题始终无法避免，于是，先发制人的观点开始在德国军方出现。1912 年 12 月，小毛奇认为，"战争是不可避免的，而且越早越好"[1]。因为据参谋部估计，俄国扩军计划将在 1916—1917 年完成，俄国西部的铁路届时也将完工。另外，为迅速击败法国，德国必须破坏比利时的中立地位，而这极可能导致英国参战。总之，军方的两线作战计划无论怎样调整，都是同时以法、俄为假想敌，其结果自然是两大军事集团都要卷入其中，必然是一场大战。

正当欧洲两大军事集团对峙、各国参谋部军事战略迭出之际，身处边

---

[1] 〔联邦德国〕卡尔·迪特利希·埃尔德曼：《德意志史：世界大战时期（1914—1950）》（上册），第 38 页。

缘地带的巴尔干地区的一声枪响成为引发世界大战的导火索。自 6 月 28 日费迪南大公被刺身亡到各国相继宣战前的这段时间被称为"七月危机"，在此期间欧洲大国为防止战争爆发曾进行过一系列外交协调。但大国都被各自的盟国所捆绑，相互之间很难达成共识，将冲突本地化的努力自然失败。7 月 5 日，威廉二世在给奥皇的答复中明确表示，将忠于盟约，忠实地站在奥匈帝国一边。拿到"空白支票"的奥匈帝国于 23 日向塞尔维亚政府发出了最后通牒。特奥巴登·冯·贝特曼首相表示，希望事件只涉及奥、塞，只有其他列强介入时，德国才介入。此时，充当斡旋者的英国提出两条建议：一是外交大臣爱德华·格雷建议，尚未直接卷入冲突的英、德、法、意在伦敦召开大使级会议，并邀请奥匈代表出席。德国政府拒绝该提议，因为它不愿意将奥地利交付给一个欧洲仲裁机构。[1] 二是德国应该发挥作用促成奥地利与俄国直接进行谈判，限制奥地利的作战目标，以避免俄国出兵干预。对此，德国政府欣然接受，强烈要求奥匈政府将冲突局限于当地。

28 日，为避免第三国干涉，奥匈政府向塞尔维亚宣战。德国政府一直在犹豫，宣称目前只是处于战争危机时刻，再次向英、俄两国发出急电，呼吁将冲突局限于当地。此时，德国决策者对英国还心存幻想，到了 8 月 1 日晚上还误以为英国将保持中立。[2] 等德皇弄明白大使电报的内容后立刻召开紧急会议，贝特曼首相指示参谋长："那么我们就让整个陆军向东线集结！"[3] 小毛奇极力反对，他无法变更已在西线展开的集结行动，因为没有其他备选方案，所有的东线作战计划在 1913 年被下令取消。对此，哈夫纳评价道，"这是真正的玩忽职守，甚至称得上是德国参谋本部的犯罪行为"[4]。

8 月 2 日，德军入侵中立国卢森堡。3 日，未经宣战越过比利时边境。同一天，英国政府宣布保卫法国的北海海岸线，理由是比利时的中立地位受到侵害。4 日，英国要求德国立即停止所有入侵比利时的行动。同一天，德国首相向英国大使解释说，俄国军队已经向德国推进。英国不要因为一

---

[1] Walther Hubatsch, *Germany and the Central Powers in the World War 1914 - 1918*, p. 18.

[2] 1914 年 8 月 1 日晚上 8 点，德皇接到德国驻英大使林克瑙斯基的电报说，当天下午格雷的秘书威廉·泰雷尔爵士对他说，"格雷爵士在内阁会议上提出，即使德国与俄国以及法国开战，英格兰也要保持中立。"为此消息，德皇还高兴地打开香槟进行了庆祝。参见西恩·麦克米金《一战倒计时：世界是如何走向战争的》，何卫宁译，新华出版社 2013 年版，第 275 页。

[3] 〔德〕塞巴斯蒂安·哈夫纳：《从俾斯麦到希特勒》，周全译，译林出版社 2016 年版，第 88 页。

[4] 〔德〕塞巴斯蒂安·哈夫纳：《从俾斯麦到希特勒》，第 89 页。

张没用的中立保证书而卷入一场不可预见的战争。① 此时，贝特曼首相的任何说辞都是徒劳，英、德已经进入战争状态。其实，格雷还在犹豫，但英国海军已经动员，军事因素最终发挥了作用。

　　大战爆发后，所有参战国家都产生了为战争辩护的思想。在德国，"不仅是泛德意志派，也不仅是尼采和特赖奇克（泛德意志主义的历史学家——笔者注）的追随者宣称，德国的思想与西方相比有其特殊性。……德意志民族是原始民族，德意志语言是原始语言。……把战争解释为德意志内在本质的世界性考验。德意志特性的毁灭将会剥夺世界历史的最深刻含义。"哲学家保罗·纳托尔普认为在战争中感觉到"德意志人的日子"日益临近。他认为 1914 年 8 月是奔向道德上的自我实现的开始，以造福于德国和全世界。② 除了极少数和平主义者外，全体德国人民一致支持帝国政府。……对于同英国的谈判"已经失败"这一点，他们毫不犹豫地公开表示非常满意。③ 8 月 1 日，威廉二世宣称，"当国家投入战争时，一切政党应该停止争吵，我们大家都是兄弟"④。在皇帝的感召下，帝国国会各政党达成了名为"国会内党派斗争暂时中止"的政治休战，国会在战争期间将其权力让给了军方。在 8 月 4 日的投票中，原来一直反对政府军事预算的最大反对党社会民主党人一致投票赞成军事拨款。⑤ 民族团结在德国激起了被称为"8 月 4 日精神"的爱国热潮。国会在批准了政府所要求的军事拨款之后就休会了，工会方面则停止了一切罢工。

　　鼓动民族仇恨的宣传运动在德国也像其他交战国家一样展开了。知识分子和学者对协约国展开了猛烈攻击，哲学家马克斯·舍勒在《论思想和目的的军国主义》一文中不仅不驳斥对德国军国主义的指责，反而引以为荣。他把德国的军国主义同德国敌人的军国主义加以区别。他说前者是"德国精神气质"的表现形式，是一件"艺术品"，而后者只是用来对付敌人的一种"功利主义"工具。93 名德国最杰出的知识分子、科学家和艺术家发表了一

---

① Walther Hubatsch, *Germany and the Central Powers in the World War 1914 – 1918*, p. 21.
② 〔联邦德国〕卡尔·迪特利希·埃尔德曼：《德意志史：世界大战时期（1914—1950）》（上册），第 93 页。
③ 〔美〕科佩尔·S. 平森：《德国近现代史——它的历史和文化》（下册），第 426 页。
④ 丁建弘、李霞：《普鲁士精神和文化》，上海社会科学院出版社 2003 年版，第 375 页。
⑤ 社会民主党在议会中的党团发言人宣读了声明："今天我们面临着残酷的战争现实和敌人侵略的可怕威胁，需要决定的不是赞成或者反对战争的问题，而是用什么必要的手段去保卫我们的国家。"同时作出一点保留，"我们谴责一切吞并的战争。我们要求，一旦我们的安全目标实现了，我们的对手愿意媾和了，就结束战争，缔结和约，以便与领邦友好相处。"参见丁建弘、李霞《普鲁士精神和文化》，第 375 页。

项宣言，答复关于德国破坏比利时中立和挑动战争的指责。宣言称："如果我们没有在比利时先下手，那就等于自杀。"他们拒绝了关于德国犯下暴行和违反国际法的一切指责，并得意地宣告"德国军民是一家"①。

德国社会各阶层、团体的战争目标也纷纷出笼，大多具有掠夺性和兼并性。重工业界要求实施兼并政策，以确保原料供给；泛德意志协会提出驱逐东欧原有居民；知识界也亢奋起来，呼吁捍卫德国人的生存、精神和道德的生活；农场主联盟、基督教德意志农民联合会、工业家中央联合会等多个社会团体纷纷向政府请愿，提出了掠夺和兼并性的战争目标。此时，大多数德国人认为，圣诞节前战争就会结束。人们不大懂马恩河战役对阻止德国取得胜利的意义，舆论界也不大了解前线的真实情况。

第二节　第一次世界大战期间国际社会关于裁军问题的谈判与规定

一　第一次世界大战期间关于德国军备问题的谈判

第一次世界大战期间，各参战国都要置对方于死地，取得全面的胜利。为此，第一次世界大战是历史上最残酷、损失最惨重的一场战争，过大的伤亡违背了战争的初衷，也激起各国民众的强烈反对。战争期间，交战双方也曾彼此试探过能否停战，甚至有发出和平照会的举动。自1916年12月，同盟国与协约国就和平建议相互往来了几次外交照会②，终因双方对和平的前提、条件的要求相去甚远没有达成任何协议。与此同时，美国总统威尔逊以"中立"的第三方角色向交战双方公开提出和平建议，呼吁尽快结束战争。然而，协约国、同盟国都表示和平是有条件的。协约国提出了战后赔偿、改组欧洲、领土调整、少数民族、消除普鲁士军国主义等一系列问题。德国军方则坚持以吞并作为战争目标③，他们干扰通过谈判达成和平的努力。在战

---

① 〔美〕科佩尔·S.平森：《德国近现代史——它的历史和文化》（下册），第428—429页。
② 王铁崖选译：《世界史资料丛刊（近代史部分），一九一四——九一八年的第一次世界大战》，商务印书馆1982年版，第76—81页。
③ 德国军方的战争目标包括夺取波兰、俄国波罗的海沿岸省份、法国东部与整个比利时。甚至，这些只不过被看作是大日耳曼帝国的核心领土，最终要扩张到整个阿尔卑斯山以北的欧洲。参见〔美〕塞缪尔·亨廷顿《军人与国家：军政关系的理论与政治》，李晟译，中国政法大学出版社2017年版，第97页。

场上交战双方陷入胶着、难分胜负的困境，和平谈判遥遥无期。

　　但战争的拖延与残酷使得裁减军备、限制使用某些武器再次成为交战双方不得不面对的问题。1917年6月26日，偏安在罗马的天主教教皇贝尼迪克特十五世派特使向贝特曼递交了教皇的一封信。教皇在信中表示愿意进行和平调停，并通过特使传递其主张：解放比利时看作是同德国进行和谈的先决条件。贝特曼没有明确表示放弃比利时，但教皇的外交人员却得到一个印象，德国政府将会愿意作出这样一种让步。①

　　8月1日，贝尼迪克特十五世发出了和平建议："不再像过去那样由于情势而只限于一般言词。我们现在愿意提出更具体、更实际的建议。"教皇解释他的建议"没有任何政治目的，不屈从于任何交战国的提议和利益，而完全是由于我们作为信徒们的共同慈父的最高责任感所激动，完全是由于我们的孩子们恳求我们进行干预和讲出代表人道和理智之声的和平言语的情意所激动。"为此，教皇明确提出："提供一个公正与持久的和平基础。第一，最根本的一点必须是，武装的物质力量让位给公理的道义力量。从而大家按照在维持每一个国家的公共秩序所必要和足够的限度加以确实的规定和担保，对于同时和共同裁减军备，达成一个公正的协议；然后，按照共同协商的规则，并在对任何拒绝将国际问题提付仲裁或拒绝接受仲裁的国家应实行制裁条件下，建立具有和平解决纠纷的高度作用的制裁制度，以代替武力。"② 这是第一次世界大战期间呼吁交战双方裁减军备最明确的一次国际调解，但协约国并没有接受教皇的"慈爱"，认为教皇有意偏袒同盟国而拒绝了和平建议。协约国的态度反过来更坚定了鲁登道夫的决心，"这场战争只能通过胜负来决定"③。

　　11月7日，俄国社会主义革命取得成功。8日，苏俄政府宣布退出帝国主义战争，呼吁尽快结束战争，倡导签订没有割地、没有赔款的《和平法令》。欧洲各交战国早已厌战的民众、热爱和平的各阶层人士对此都报以积极评价和热烈拥护。新生的苏维埃政权为揭露帝国主义战争的本质，决定公开沙俄及临时政府同英、法等国签订的秘密条约。

　　为抵消《和平法令》的巨大影响，美国总统威尔逊于1918年1月8日在国会发表被称为《十四点计划》的演讲，公布了美国的战争目标及和

---

① 〔联邦德国〕卡尔·迪特利希·埃尔德曼：《德意志史：世界大战时期（1914—1950）》（上册），第134页。

② 王铁崖选译：《世界史资料丛刊（近代史部分），一九一四——一九一八年的第一次世界大战》，第100页。

③ 〔联邦德国〕卡尔·迪特利希·埃尔德曼：《德意志史：世界大战时期（1914—1950）》（上册），第136页。

平纲领。随后，李普曼等人对《十四点计划》进行了官方注解。其中，第四点提出了战后裁军的计划：充分相互保证，各国军备必须裁减至符合维持国内安全的最低限度。对于"国内安全"的解释是，显然不仅是指维持国内的治安，而且是指保卫领土、抵抗侵略。如果军备的贮存超过了这个水平，那就违反了此项建议的意志。关于互相的保证是什么，或者判断的标准是什么，从未确定过。有必要采取一个总的原则，然后组织某种国际调查委员会，为执行此一原则而准备详细的计划。①《十四点计划》关于国际军备力量、国际裁军的计划及其解释被纳入后来《停战协定》以及《凡尔赛和约》的裁军条款之中。

1918 年初，德国依然拥有全面的军事优势，特别是俄国爆发革命退出战争之后，德国从此解脱了两线作战的困境，从东线抽调出 33 个师 50 万兵力对西线发动大规模攻势。这场大战被称为"皇帝会战"，试图复活已经停滞的《施利芬计划》。"因为被冠以德皇之名，即使对这场大战持怀疑态度的人也争先恐后参与其中。"② 当皇帝向兴登堡和鲁登道夫授以最高荣誉勋章并且还明确地与滑铁卢的胜利相比照时，德国人民相信已胜利在握。1918 年秋，协约国领导人普遍认为战争可能要拖延至 1919 年，甚至到 1920 年。③ 但德国即将取得胜利的局面立刻化为乌有，因为美国参战了。3 月，大批美军开始前往欧洲参战，与他们同船到达的还有一种比战争死亡率还高的病毒——西班牙流感。④

6 月 24 日，已经与英国秘密接触过的外交国务秘书冯·屈尔曼在国会上说："从这场结盟战争的巨大规模来看……通过单纯的军事决定而不借助一切外交谈判几乎不能期望结束战争。"⑤ 屈尔曼的讲话惹怒了鲁登道

---

① 齐世荣：《世界通史资料选辑：现代部分》（第一分册），第 2—11 页。另参见 FRUS，1919，Supplement 1，pp. 12 – 17. Address of the President of the United States Delivered at a Joint Session of the Two House of Congress。

② 〔英〕菲利普·史蒂文斯：《第一次世界大战史》，许宗瑞译，时代文艺出版社 2014 年版，第 218 页。

③ Richard J. Schuster, *The Diplomacy of Disarmament：Allied Military Control in Germany，1920 – 1931*，Worcester：Clark University，PH. D.，1988. p. 15.

④ "西班牙流感"的疫源地并不在西班牙，当时参战各国严密封锁消息，而西班牙没有参战，所以没有对疫情进行封锁，因西班牙媒体对疾病的报道比较多而得名。1918 年春季，美国得克萨斯州的哈斯克尔县最先爆发流感，由大批美国士兵带到欧洲战场。因人员密集、频繁流动和条件艰苦，流感在战壕里肆意蔓延，交战双方数以万计的军人失去生命。这次"西班牙流感"造成全球约 10 亿人感染，4000 万人死亡，其中大多数是年轻人。据此，有人认为"西班牙流感"也是促成第一次世界大战结束的原因之一。

⑤ 〔瑞士〕埃里希·艾克：《魏玛共和国史（上卷）——从帝制崩溃到兴登堡当选（1918—1925 年）》，第 30 页。

夫，随后他把屈尔曼赶下了台。7月15日，鲁登道夫命令发动第四次攻势，以47个师和强大炮兵在兰斯河两岸投入战斗。此次攻势因有投诚者泄密，两天后便夭折。7月17日鲁登道夫命令中止"大会战"。7月18日，法军向防守马恩河的德军发动进攻，经过一周激战，迫使德军退到马恩河对岸。到7月底，德军继续后退至马恩河附近地带，德军死伤2.5万人，法军则付出了四倍的代价。法军却士气大振，因为15万美军士兵已经到达法国。

8月8日，由英国、澳大利亚、加拿大、法国组成的协约国兵团发动坦克突袭战，突破了德军在圣昆汀的防线。而德国士兵拒绝听从上级命令，甚至企图停止作战，当天德军就损失了650名军官和2.6万士兵。鲁登道夫认识到德国无法获胜了，后来他在回忆录中写道："8月8日是德军在一战中最为黑暗的日子，我们从未败得这么彻底。"① 协约国的军队继续推进，鲁登道夫不得不后撤到"兴登堡防线"。德军在撤退过程中损失了11.5万人，丢失了470门大炮以及难以数计的武器弹药。

奥匈帝国再也支撑不下去了，率先要求以《十四点计划》为基础进行停战谈判。随后，保加利亚、奥斯曼土耳其也提出同样的要求。9月29日，鲁登道夫约请政府总理和外交部长到大本营会商。外交部长冯·海因茨提出，应该通过内政来为停战要求提供帮助，以便争取威尔逊总统的善意。德国必须让人产生一种印象："德国人并非因为军事崩溃已近在眼前，而是由于民主革新的缘故才会在此刻追求和平。"② 鲁登道夫欣然接受该建议，因为他"通过那种方式便无须亲自竖起白旗，反而可以将白旗塞入国会多数派的手中，亦即塞给自己在内政上的敌人"③。在获得兴登堡同意后，鲁登道夫立刻向最高司令部各部门负责人宣布："为了控制幸存的军队，必须进行可以接受的停战和谈。"④

10月2日，冯·德姆·布舍男爵代表最高司令部在会见国会各政党领导人时说道："我们即使还可以继续战斗相当长的一段时间，并给敌人造成严重损失，可是，我们再也不能获胜了。"这些事态"已经促使大元帅和鲁登道夫将军下决心向皇帝陛下建议争取结束战斗，以便使德国人民及其盟国免于遭受进一步的牺牲"⑤。为了获得较好的和平条件，在要求停战的同时，国内政体将要实行民主化，最高司令部要求组织一个基础广泛的

① 〔英〕菲利普·史蒂文斯《第一次世界大战史》，第247页。
② 〔德〕塞巴斯蒂安·哈夫纳：《从俾斯麦到希特勒》，第112页。
③ 〔德〕塞巴斯蒂安·哈夫纳：《从俾斯麦到希特勒》，第113页。
④ 邸文选译：《一九一八年德国十一月革命》，商务印书馆1990年版，第4—5页。
⑤ 〔美〕科佩尔·S.平森：《德国近现代史——它的历史和文化》，第462页。

政府。各政党领导人对于军事失败没有心理准备，而陷入了惊慌。

最后，德国贵族中思想比较自由化的人物——巴登亲王马克斯到柏林接任首相一职，他还没有认识到军事形势已经如此糟糕，军方领导人也没有告诉他要立即进行停战谈判。10 月 3 日，他询问兴登堡，军方的答复是立刻求和。[1] 此时，英军占领了德国的潜艇基地，美、法军队正接近德国本土，在巴尔干的协约国军队正向北开进，直指多瑙河心脏地区。当天夜里，马克斯给威尔逊发出了求和照会，提出邀请所有交战国代表召开和平会议，以威尔逊的《十四点计划》，特别是他 9 月 27 日的演讲作为停战谈判的基础。[2] 德国向美国乞求和平很容易理解，《十四点计划》与协约国野心勃勃的计划相比较不那么可怕；而且美国是"伙伴国"并不是"盟国"。因此，威尔逊是调停交战双方的合适人选，但它忽略了一点，《十四点计划》是以德国全面失败、无条件投降为出发点制定的。

10 月 8 日，美国在答复德国求和的照会中向德国提出了四个条件：1. 无条件接受《十四点计划》；2. 撤出协约国领土；3. 结束非法的陆上、空中的行动；4. 保证签署停战协定的德国政府能够代表德国人民，而不是德国的军事领导人和君主独裁者。在照会中威尔逊特别强调德国必须放下武器，"只要德国的武装部队继续他们所坚持的非法和不人道的行动，……无论美国政府，或者美国政府作为交战者所联合的各国政府，是不会同意考虑停战的"[3]。

德国对此的答复是："这种撤退和停战条件的程度应交由军事顾问判断，而战场上双方实际力量的标准是这一标准的保障安排的基础。"[4] 这表明德国力图继续保持在战场上的军事力量，以此作为战后谈判的砝码。面对德国的抵制，威尔逊提出更明确的要求："考虑的停战仅能是这样的停战，使美国和与美国联合一起的各国能够强制执行任何可能成立的安排，并使德国方面无法恢复战争。……军事顾问向联合对德作战的各国政府提出停战的必要条件，以便充分保护有关各国人民的利益并保证各联合起来

---

[1] Alma Luckau, *The German Delegation at the Paris Peace Conference*, New York：Columbia University Press, 1941, pp. 4 – 5.

[2] FRUS, 1918, Sup. 1, p. 338. The Germany Imperial Chancellor (Max of Baden) to President Wilson.

[3] FRUS, 1918, Sup. 1, p. 343. The Secretary of State to the Swiss Charge (Oederlin). 另参见王铁崖选译《世界史资料丛刊（近代史部分），一九一四——一九一八年的第一次世界大战》，第 142 页。

[4] 王铁崖选译：《世界史资料丛刊（近代史部分），一九一四——一九一八年的第一次世界大战》，第 143 页。

的国家的政府有保障强制执行德国政府所同意的和平细节的无限权力，但以他们认为这种停战从军事观点看来是可能的为限"[1]。

23 日，威尔逊总统宣布，美国已经收到德国政府的保证，德国无条件承认总统在国会演讲中所定的和议条件以及总统在之后的演讲中所阐明的和解原则……德国已经做好讨论实施细节的准备。最后，总统进一步暗示，德国皇帝应该退位。[2] 面对威尔逊总统的强硬要求，德国政府屈服了，并加速了鲁登道夫的下台。26 日，鲁登道夫向德皇辞职，结束了他的军事独裁统治。而兴登堡依然留任，并推荐威廉·格勒纳中将接替鲁登道夫的职务。27 日，德国给美国发去了第四份照会，表示德国的军事势力已经服从于现政府，乞求能够按照《十四点计划》进行停战谈判。[3] 28 日，德国宪法修改付诸实施，其中包括关乎战争、和平以及国际条约的重大问题需要联邦参议会和国会的同意，军队被置于文官的控制之下，为期 4 年的军事专制统治终于结束了。

11 月 4 日，协约国给威尔逊发出照会表示同意进行和平谈判。5 日，国务卿罗伯特·兰辛受协约国委托向德国发出照会，通知协约国对德国的和平条件，表示协约国同意以《十四点计划》作为停战谈判以及和平谈判的基础。美国及协约国同意德国政府的停战请求日后被普遍视为是一个错误的决定，认为协约国军队应该乘胜追击打入德国本土。其实，停战谈判主要出于军事方面的权衡，德国军队开始撤退，却没有被消灭，协约国军队虽然打了胜仗，却是精疲力竭，而且与德国进行停战谈判也能达成协约国的基本目标。

美国与德国发布的停战照会引发了很多人对停战谈判以及裁军愿景的热望，其中，美国驻欧洲军事顾问塔斯克·布立斯将军因错误理解美国照会的真实意图，提出了全面解除德国武装的计划：各联合起来的国家要求敌人的现役陆海军完全解除武装和复员，只留下各联合起来的国家所商定的为维护敌人国内领土的秩序所需的内地警卫队。这当然意味着撤出一切被侵入的领土，而且撤退的是解除武装的而不是带武器的部分武装的人员。这样解除武装的军队不能作战，而且已经复员而不能为了战争的目的而重新集合起来。

---

① 豪斯参与停战协议谈判的过程、结果参见豪斯从 1918 年 10 月 28 日—11 月 3 日连续发给国务卿的几份电报。参见 FRUS, 1918, Sup. 1, The World War, Vol. 1, pp. 405 – 455. The special representative (House) to the Secretary of State。另参见王铁崖选译《世界史资料丛刊（近代史部分），一九一四——九一八年的第一次世界大战》，第 147 页。

② FRUS, 1918, Sup. 1, The World War, Vol. 1, pp. 381 – 383. The Secretary of State to the Swiss Charge (Oederlin).

③ FRUS, 1918, Sup. 1, pp. 395 – 396, The German Secretary of State of the foreign office (Solf) to the Swiss foreign office for President Wilson.

布立斯将军的建议立即遭到英国政府和威尔逊的反对，因为他们并不想完全解除德国武装，"威尔逊赞成在野炮和机枪方面解除武装，但要让德国带着战争荣誉撤去，即敲着鼓，扬着旗而且携带着步兵武器撤去。"其目的是"他们认为德国可能成为反对俄国布尔什维克主义的堡垒"[1]。

第一次世界大战期间，只有新生的苏维埃政权真正实现了裁减军备。列宁曾说，裁军是社会主义的理想，与此同时他又说道，只要资本主义还在坚持，就没有任何实现它的机会。[2] 为退出帝国主义战争，苏维埃被迫接受了德国的和平条件及其相关的裁军规定。[3] 1918年3月3日，苏俄与德国签订的《布列斯特条约》再次确认了上述裁军原则。[4]《布列斯特条约》是第一次世界大战期间唯一一个得到真正实施的裁军计划，虽然它的不平等、苛刻、掠夺性很明显，但它为新生的苏维埃政权赢得了时间，同时也使得和平、裁军的观念在尚处于战争状态的欧洲迅速流传。

二　《停战协议》关于德国裁军问题的规定

10月4日，马克斯首相在国会大厦发表了演讲，谈到裁军问题的政策时，马克斯说，"为了有效地裁军，裁军必须是普遍的，而不是单方面的。"[5] 对德国来说，在即将到来的谈判中只有很小的回旋余地，因为解除武装的规定使德国失去了在军事上抗拒执行《停战协议》的可能性，它只能依据法律行事。谈判代表团曾询问兴登堡是否接受停战条件，兴登堡在答复中建议，德国代表应设法缓和其中几条，最后又说："倘若做不到这几点，尽管如此还

[1] 王铁崖选译：《世界史资料丛刊（近代史部分），一九一四——一九一八年的第一次世界大战》，第143页。

[2] P. H. Vigor, *The Soviet View of Disarmament*, Palgrave Macmillam, 1986, p. 29.

[3] 俄国军队和赤卫队立即撤出爱斯兰和里沃尼亚；如果军队，包括现政府重新组织起来的部分，应立即进行全部复员；黑海、波罗的海和北冰洋的俄国军舰应驶返俄国港口，在我国港口内滞留到缔结全面和约为止，或者应立即予以解除武装。俄国势力范围内的协约国军舰视为俄国军舰；黑海和波罗的海按照停战协定的规定恢复贸易航海。立即开始为此所需的清除水雷工作。北冰洋的封锁线继续维持至缔结全面和约为止。参见王铁崖选译《世界史资料丛刊（近代史部分），一九一四——一九一八年的第一次世界大战》，第123—124页。

[4] 俄国将立即对其军队，包括现政府新近组成的各单位在内，进行全面复员。此外，俄国将使其军舰驶回俄国军港并在普遍性和约订立以前留在港内，或者立即将其解除武装。同四国同盟各国继续处于战争状态的国家所有军舰，如在俄国的权利范围以内，将作为俄国军舰对待。……俄国军队和俄国赤卫队将立即撤出乌克兰领土，撤出爱斯兰地亚和里夫兰地亚、撤出芬兰和亚兰群岛，俄国舰队和俄国海军并将立即撤出芬兰的海港……建筑的亚兰群岛上的各要塞应尽速予以撤除。参见《国际条约集（1917—1923）》，第2—52页。另参见齐世荣《世界通史资料选辑：现代部分（第一分册）》，第12—13页。

[5] Alma Luckau, *The German Delegation at the Paris Peace Conference*, p. 6.

是得接受。"① 这表明兴登堡所代表的军方已经放弃了抵抗。

代表团将谈判的准备工作委托给刚刚接任外交部国务秘书的布罗克多夫－兰曹，兰曹制定外交政策的依据是《十四点计划》。该计划以及威尔逊倡导的国联主张在德国得到了广泛的支持，在德国看来国际联盟和国际裁判权的思想在其政治思想中可以寻找到根源，康德最先对这种思想做过系统的阐述。德国人想象的"国际联盟应该从一开始就对所有的国家开放，这样，战败的德国与战胜国就享有平等的权利了"②。德国试图通过接受《十四点计划》，呼吁协约国在思想上达成共识。这显然对德国有利，德国已经看出协约国的政治家们愿意同它停战，不像有些军人所希望的那样把战争继续下去，直到彻底摧毁德军为止，其原因之一就是政治家们害怕德国布尔什维克化。德国政府当时正是基于上述考虑才同意放下武器的，因此按照德国人的理解，它并不是完全的无条件投降。

10 月 28 日，协约国的军事将领汇聚一堂，研究给予德国的停战条件。英国黑格元帅开出的条件最温和，只要求德国从比利时、法国退出，并交出阿尔萨斯—洛林地区。法国贝当元帅的条件比较严厉，要求德国撤出莱茵河以东、阿尔萨斯—洛林以北地区，这意味着德国需要割让领土。美国潘兴将军提出的条件更加严苛，美国似乎越来越有支配的力量，这是英、法不愿意看到的。

11 月 7 日，德国政府复照美国政府，表示接受 11 月 5 日照会。获得军方同意后，政府派出由中央党领袖、国务秘书马蒂亚斯·艾茨贝格尔率领的德国代表团前往法国。9 日，柏林工人、群众上街游行示威，革命形势一触即发。在斯帕大本营，德国将领们正在争论是否能够只让威廉二世以德国皇帝的名义退位，而保留其普鲁士国王的王位。可一旦实现，就意味着德意志帝国军队将解体。时近中午，社会民主党国会议员菲利普·谢德曼在国会大厦的台阶上突然宣布，"德意志共和国"成立。翌日清晨，威廉二世从斯帕前往荷兰避难。11 日，艾茨贝格尔代表新成立的德意志共和国穿过硝烟尚未散尽的战场到达法国东北部贡比涅森林，与协约国代表法国元帅斐迪南·福煦在一节火车厢中签署了《停战协定》，历时 4 年零 3 个月的第一次世界大战终于结束。

早在战争尚未结束之时，法国对德国军队已经采取裁军行动。10 月 8

---

① 〔瑞士〕埃里希·艾克：《魏玛共和国史（上卷）——从帝制崩溃到兴登堡当选（1918—1925 年）》，第 46 页。

② 〔联邦德国〕卡尔·迪特利希·埃尔德曼：《德意志史：第四卷，世界大战时期（1914—1950）》（上册），第 189 页。

日，得到克里蒙梭总理同意后，福煦元帅命令德国军队在签署《停战协议》的 15 日之内撤退到莱茵河以东 10 公里；德国军队的所有战争物资不能带走，罗列了需交出的武器清单。协约国因害怕德国发生革命，相应减少了机枪的数目，以帮助政府维持秩序。福煦元帅的命令体现了协约国对控制战略桥头堡——莱茵兰的重要性的认识，但福煦元帅却忽视了裁减以及遣散德国军队才是主要任务。威尔逊总统的军事顾问布利斯将军对此不无遗憾地指出，协约国在战争结束之际犯的主要错误是等到 1920 年才开始裁减德国军备，而不是在 1918 年。[1]

　　总的来说，《停战协定》基本落实了《十四点计划》中对德国的处理措施，为防止德国再次拿起武器，有关德国军队及军事物资的规定很全面、很细致。[2] 但有些军事条款超出了《十四点计划》的要求，例如，同

---

[1]　Richard J. Shuster, *The Diplomacy of Disarmament*: *Allied Military Control in Germany*, *1920 - 1931*, p. 17.

[2]　（四）德国军队须放下完好无损的战争物资：5000 门大炮（2500 门重炮和 2500 门野战炮）；25000 支机枪；3000 门迫击炮；1700 架驱逐机和轰炸机（主要是所有 "D" 字 7 号飞机和所有夜间轰炸机）。上述物资应按签订停战协定时所制定的附件一所规定的详细条件就地向协约国和美国军队移交。（五）德国军队须从莱茵河左岸的国家撤退。莱茵河左岸的国家将由在协约国和美国占领部队监督下的地方当局来管理。（六）在敌人撤出的领土内，……任何性质的军事设备须完整地予以移交；在规定的撤退期间内未曾带走的军事给养、粮食、军火装备也同样办理，在规定的撤退期间内不得运走。（八）德国司令部须在停战协定签字后的 48 小时以内指明德国军队要撤出的领土的敷设的所有定时地雷或爆炸物，并设法便利其寻找和销毁。（二十）立即停止海上一切战事并对德国军舰的位置和动态给予明确说明。（二十二）在盟国和美国指定的海港内，须把现存的所有潜水艇（包括潜水巡洋舰和所有布雷艇），连同全副军备和装备一起，向协约国和美国移交。凡是不能航行的潜水艇上的人员和物资应被解除，并且由协约国和美国对他们进行监视。（二十三）由协约国和美国指定的水面航行的军舰应立即被解除武装，然后应被关闭在中立国的港口内，或者，如果没有中立港口时，则被关闭在由协约国和美国指定的协约国港口内。……协约国指定的军舰：6 艘战斗巡洋舰；10 艘战斗舰；8 艘轻型巡洋舰（其中包括 2 艘布雷舰）；50 艘最新型驱逐舰。所有其他水面航行的军舰（包括河上航行的）应在协约国和美国指定的德国海军基地聚集和完全解除武装，并置于协约国和美国的监视之下。所有辅助军舰的军备应卸运至岸上。所有被指定关闭的军舰须在停战协定签订以后的 7 天离开德国港口。（二十四）协约国和美国拥有在德国领水以外扫除所有布雷区和破除德国所置的障碍物的权力，其位置须向它们指明。（二十五）协约国和参战国的舰队和商船可以自由出入波罗的海，并应得到保证来占领在从卡特加特海峡到波罗的海范围以内的所有德国控制的要塞、工事、炮台和防御工事，扫除和销毁所有在德国领水以内和以外的鱼雷和障碍物，其确切的范围和位置应由德国提供，而不得提出中立问题予以拒绝。（二十七）所有空军应聚集在协约国和美国所指定的德国基地上并固定不动。（二十八）德国在撤出比利时海岸和港口时须就地并完整地放弃所有的港口物资和河航物资，所有商船、拖船、驳船，所有海上航空的器械、物资和供应品，所有任何性质的武器、器械和供应品。参见 FRUS, 1918, Sup 1. The World War, Vol. 1, p. 463 - 468. Nov. 4. 1918. The Special Representative（House）to the Secretary of State. 另参见《国际条约集（1917—1923）》，第 61—67 页。

意法国提出的由协约国和美国占领莱茵地区，要求德国交出大量武器和装备，但却没有给予补偿等。《停战协定》的军事条款表明，协约国已经将裁减德国军备作为谈判的一个内容，并将德国视作战败国。更为严重的是，在即将到来的和平谈判中，德国被排斥在和会之外。这不符合 10 月 23 日美、德两国之间达成的协议，协议中美国同意德国派代表参加和会。①

德国军队放下武器没有抵抗到底不仅保留了军队，更保护了德国。由于《停战协议》很快生效，绝大部分德国人并没有直接体会到战败的滋味，除了莱茵地区的居民，其他德国人没有看到占领军。兰曹在凡尔赛宫签订《凡尔赛和约》时说道："既然我们德国人已被召到了凡尔赛宫，而协约国并没有到柏林去，我们就可以很容易地在国内缩小我们的军事败北的严重程度。我们应该感谢协约国的这一疏忽。由于这一疏忽，我们有朝一日就可以把这场战争继续打下去，重新打出一个结果。我要尽力使我们到那时能永远补偿我们现在遭受的一切不幸。在最后的战斗中，我们将是胜利者。"②

德国军方领导人为何选择主动放弃权力并提出停战求和？有的学者认为是军方领导人发动了一场"自上而下"的革命，以防止出现"自下而上"的革命。③ 其实，主要原因是军方领导人力图保全军队的生存和荣誉，为避免德军的毁灭，德国必须签订《停战协议》；为捍卫德军的荣誉，停战协定的请求必须来自政府而不是最高司令部。停战的要求本是军人提出来的，但反过来，战争的失败却没有被解释为军事事实，而是被说成是一种政治与经济的抉择。正如鲁登道夫所说："政府那些人现在必须带来和平，现在他们必须喝下我们洒出来的汤。"④ 军方领导人以退为进，摆脱了战败的责任。民选政府被匆忙推向前台，社会民主党主席弗里德里希·艾伯特表示，既然人家现在把责任托付给我们，那么我们就必须"跳入火坑"，从德意志帝国拯救还能够救得了的东西。⑤ 社会民主党成为德国代言人，新生的共和国也因此背上了签署《停战协议》的"黑锅"。"政治家

①　FRUS, 1918, Sup 1. The World War, Vol. 1, pp. 381 – 383. October. 23. 1918. The Secretary of State to the Swiss Charge (Oederlin).

②　〔美〕科佩尔·S. 平森：《德国近现代史——它的历史和文化》，第 577 页。

③　R. J. Q. Adams, *The Great War, 1914–1918*, London: the Macmillan Press Ltd, 1990, p. 59.

④　Sebastian Haffner, *Failure of a Revolution: Germany, 1918 – 1919*, London: Andre Deutsch Ltd, 1973, p. 31. 转引自陈从阳《美国因素与魏玛共和国的兴衰》，中国社会科学出版社 2007 年版，第 52 页。

⑤　〔德〕塞巴斯蒂安·哈夫纳：《从俾斯麦到希特勒》，第 114 页。

们代替将军们走上荆棘丛生的道路，到福煦元帅那里去签字停战是一件多么不幸的事。"①

而此时，大多数德国人仍然认为德国的力量是不可摧毁的，德国军队尚在境外，协约国军队并未攻入德国。停战之后，归国的将士受到民众英雄般的欢迎，列队走过勃兰登堡门，艾伯特总统为拉拢军队说道："你们没有被击败。"② 德国军队在战场上从来没有被打败是新政府与军方领导人共同留给全体德国民众的错觉，因此战争刚结束，"匕首刺背"③ 的说法就不胫而走。输掉战争的本是皇帝和将军，但威尔逊总统拒绝与他们打交道，要求德皇退位，坚持与民主政府签协议，结果使共和国背负上了沉重的道义负担。

《停战协议》在 11 月 11 日中午 11 点开始生效，当法国将军查尔斯·曼京听到停战条件时惊叫道："不不不！我们必须攻入德国的心脏。《停战协议》应该在那里签署。德国人不会承认他们失败了。不能这样结束战争……这是一个致命错误，法国将为此付出代价！"④ 但福煦元帅认为继续进军将遭遇顽强抵抗，士兵不能白白去送命。

第三节　巴黎和会关于德国裁军问题的谈判与规定

一　巴黎和会上各大国关于德国裁军问题的争论

1919 年 1 月 18 日，巴黎和会在法国凡尔赛宫召开。32 个战胜国均派出了代表，英、法、美、意四国是主持制订对德和约的主角。英、法是主要交战国，长达 4 年的战争严重削弱了两国实力。第一次世界大战期间，法国是西线的主战场，因此遭受的损失最大。"经查明死于战争的法国士兵有 138.5 万人，受重伤的士兵 70 万人，另有 234.4 万人负伤；被俘或失

---

① 〔瑞士〕埃里希·艾克：《魏玛共和国史（上卷）——从帝制崩溃到兴登堡当选（1918—1925 年）》，第 124 页。

② 〔德〕罗伯特·格瓦特：《战败者：两次世界大战间欧洲的革命与暴力（1917—1923）》，第 103 页。

③ 据此说法，德国失败是由于后方激进的、和平主义的和革命的各种运动所采取的叛逆性欺诈行为所造成的，英勇的军队没有防备来自这方面的进攻，被这些运动从背后刺了一刀。

④ 〔美〕G. J. 梅尔：《一战秘史——鲜为人知的 1914—1918》，第 46 页。

踪者 44.6 万人。法国人力上的损失按比例计算超过了任何交战国。"[1] 第一次世界大战中英国参战的陆、海、空三军共计 614.6574 万人，阵亡官兵的比例为 1/8，约为 76.8321 万人，另有 150 万人残废。[2] "战争结束方式与作战牺牲的贡献会影响各国在和平进程中的发言权。"[3] 削弱德国的力量，消除德国重新发动战争的威胁；从德国得到恢复本国经济所需的资金是英、法两国的共同要求。由于英、法、美、意等国在对德问题上的战略差异，它们就德国的主要问题都要争斗一番。

作为东道主，法国在和会上欲达到的目的很明确，就是最大限度削弱德国，一劳永逸地消除安全隐患，重建欧陆霸权。英国对德政策比较复杂，既想削弱德国，又反对过分削弱，以致失去抗衡法国和对阵苏俄的能力。美国参加这次会议主要是为了实现《十四点计划》所提出的宏伟目标，与英、法争夺战后国际政治的主导权。第一次世界大战后美国的欧洲战略主要是维护战后的欧洲和平与经济发展，为此，必须保持德国在政治、经济以及军事上的地位，使之成为抗衡英、法以及苏俄的力量。战胜国各自的欧洲战略以及对德政策存在着重大差异，使得即将召开的和会围绕着战后欧洲的政治、军事、外交、经济以及行政人事安排等问题展开了一系列较量与争斗。

德国裁军问题被普遍视为仅次于战争赔偿的第二重要问题，[4] 是实现最终和平的关键。英、法、美等国对于德国裁军问题的政策也各不相同。英国明确要求德国裁军，特别注重物质方面的裁军，英国的陆军部官员制定了大部分裁军政策，英国政府对于德国裁军问题不愿意参与过多；另外，英国裁军政策受国内政治倾向影响比较大。法国对于通过德国裁军有效保证欧洲安全的说法一直持比较怀疑的态度，无论条约的执行情况如何，法国通常更多看重在裁军和军控的外交及战略方面取得优势，而对于裁军的具体进程并不很关注；而且，法国对于莱茵兰的关注明显超过了对裁减德国军备和军事控制的关注，认为控制莱茵兰比裁军和军事控制德国对于法国安全来说更重要。和会之初，威尔逊总统认为，德国战败以及

---

① 〔美〕威廉·兰格：《世界史编年手册·现代部分》，生活·读书·新知三联书店 1978 年版，第 79 页。

② J. M. Winter, *Lost Generation of the First World War*, 转引自史林凡《英国国际联盟协会裁军动员研究（1922—1935）》，第 47 页。

③ 〔美〕约翰·伊肯伯里：《大战胜利之后：制度、战略约束与战后秩序重建》，门洪华译，北京大学出版社 2008 年版，第 111 页。

④ Boyle, Tomas Edward, *France, Great Britain, and German Disarmament: 1919 - 1927*, p. iv.

《停战协议》遣散德国军队、投降交出武器的规定已经极大地削弱了德国军备。和会期间威尔逊总统对于裁军问题的影响力比较小，其建议往往被普遍原则所淹没。美国具体的裁军政策主要由布利斯将军制定，布利斯认为《停战协议》对于德国裁军制定的原则是裁减军备确保未来世界安全的第一步。在和会讨论德国裁军问题时，布利斯将军发挥了比较稳健的作用。

虽然战胜国的裁军政策各异，但都相信德国裁军只是一个程度的问题，因为德国内部爆发革命的威胁使得大多数人认为取消德国所有军队的建议不可行，根本行不通。因此，战胜国能做的只是决定德国裁军的程度和范围。然而，战胜国并没有认真研究裁军问题的复杂性，在一些最重要的问题上也没有达成共识。

巴黎会议上，裁军问题是首先需要解决的问题。1919 年 2 月 12 日，最高理事会取得一致意见：《停战协议》无限期延长，不能再有额外的重大改动；成立"最高战争委员会"开始制定条约的军事条款。代表们一直同意德国的军队数量应该由其国内安全所需来决定，最大程度地裁减德国军事力量，其国外安全则由国联提供保障。威尔逊总统首先引入了将德国裁军"作为惩罚措施"的概念，"世界有对德国实行裁军的道义上的权利，使其一代人接受思想教育"[1]。另外，他认为裁军条款将安抚法国对德国军队的恐惧。英、美希望严格的军事条款将减轻法国要求分离莱茵兰的压力，该要求也是和会必须考量的问题之一。克里蒙梭很快接受了威尔逊的建议，尽管他还继续要求分离莱茵兰。拟定军事条款的任务委托给了一个特别委员会，福煦元帅任委员会主席。福煦元帅成为战后最有权力的军事领导人，在德国裁军以及其他军事问题上被视为协约国的军事专家，直至1929 年去世。

在福煦元帅主持的第一次会议上，英国陆军元帅亨利·威尔逊介绍了英国关于德国裁军的主张。该计划允许德国保留 20 个师 30 万人的军队，在 12 年期限内实行义务兵役制；军备将被严格限制，总参谋部将被取消，所有的军工厂将被严密监控。英国计划的中心议题是限制军备，正如外务秘书亚瑟·贝尔福向劳合·乔治汇报时所说："德国军队打算被，也应该被冷酷无情地削减至维持内部秩序所需的最低数量。"[2] 反对征兵制源于英国认为它是军国主义及军事学说的基础，如果没有可训之人，军官自然也

① B. J. C. Mckercher, *Arms limitation and Disarmament Restrains on War*, 1899 – 1939, p. 46.
② Boyle, Tomas Edward, *France*, *Great Britain*, *and German Disarmament*: 1919 – 1927, p. 3.

就无事可做。关于莱茵兰实现非军事化，英国认为这将进一步确保协约国的军事优势。条约的执行情况将由技术专家和军事专业人士组成的委员会监督，其职责包括控制工厂，如车间、建筑、飞机制造厂、生产组装飞机发动机的战争物资的工厂。如果德国政府拒绝执行，协约国军队可以占领煤炭产地杜伊斯堡。

法国的建议由福煦元帅提出，除了有几点与英国不同外，更加严格与详细。法国认为德国必须减少军校，高级指挥官和总参谋部将被废除，严格限制战争物资。在政策、训练、组织方面将增加新的限制措施。依据法国的建议，条约将把德国军队限制在 20 万人之内，服役期为一年，实现兵役制。严格限制军官以及没有军衔的军官，他们各自的服役期将分别为 25 年和 15 年。法国认为德国的军国主义及军事化建立在训练有素的高级军官长期服役，而不是招募大量新兵基础之上。征兵制是欧洲大陆军事训练的传统，不同于英国的军事传统。在法国的建议中，物质方面的裁军相对不重要。像英国一样，法国同意莱茵兰非军事化，建议成立一个权力不被限制、没有期限的裁军委员会。法国建议的严厉性主要体现在要求对德国选择、训练新兵的军事学校和军事演习、可能违反条约限制的训练方式都要实行持续不间断的监控上。①

美国代表布利斯将军既反对英国的建议，也不赞同法国的提议。他认为德国军队将由条约限制，布利斯主张建立一支 45 万人长期服役的志愿兵役部队。至于德国工业、军事训练、国家监督这些问题将积累出不必要的麻烦，应该等待实现普遍裁军之后再解决。布利斯坚持德国裁军只是通向普遍裁军的第一步，不太过分地减少德国军队将在未来的讨论中有利于实现普遍裁军，强烈反对持续监控德国裁军。② 此时，可以将美国的裁军政策大致总结为：1. 倡导战后实现普遍裁军；2. 德国裁军是实现普遍裁军的前提；3. 裁军的程度应以保卫国家安全、保卫领土、履行国际义务为限。4. 主张实现"质量裁军"，认为裁军应该主要集中于限制一个国家武器的生产能力，或者是武器开支；主张陆军军备、海军军备、空军军备分开处理。

英、法的裁军计划都包括建立一个监督裁军执行情况的委员会。福煦元帅对于在任何情况下的德国裁军都没有足够的信任，如果没有持续和有效监控，元帅就更加没有信心了。协约国监督裁军执行情况也是法

---

① Boyle, Tomas Edward, *France, Great Britain, and German Disarmament: 1919－1927*, p. 4.

② Boyle, Tomas Edward, *France, Great Britain, and German Disarmament: 1919－1927*, p. 5.

国公众对于防止德国军事力量复活的想法。英国也担心如果没有协约国监督，德国有可能最终逃避条约的规定，长远来看，德国军事力量恢复将像危及法国安全一样危及英国的安全。另外，英国认识到如果没有确保控制德国军队，法国或将提出领土要求，或将要求协约国保障法国的安全。

　　然而，布利斯将军坚持反对任何强大的军事委员会长期军事占领德国，他担心该委员会将把战时联盟永久化，将敌意延续至战后和平时期，美国将长期卷入欧洲事务。尽管法国强烈反对，但美国的建议最终被普遍认同。在福煦元帅的指令下，琼·德古特将军按照布利斯的建议制定出一条监控条款，"委员会将在有限的期限内监督上述能够被立即实施的事情的执行情况。"[1] 作为回报，布利斯同意国联将在协约国撤军之后承担监督裁军的责任。

　　3 月 3 日，提交给协约国"最高理事会"的最终建议大多反映了法国的主张。德国军队被减至 20 万人，服役期为一年，军官和没有军衔的军官长期服役。军队的训练、组织、军备都被详细规定，英国控制和限制德国军事工业的建议也包含其中。由法国主导的起草委员会甚至修改了受控物资的期限，而这正是布利斯所反对的。福煦试图在劳合·乔治、威尔逊都缺席的情况下通过强调眼前的军事威胁、协约国复员的需求等使得他的裁军计划获得通过。贝尔福以及美国代表豪斯提出，他们需要时间去考虑该计划，因为他们的军事顾问不赞同。另外，他们还要等待劳合·乔治及威尔逊回来再做决定。

　　6 日，劳合·乔治从英国返回，他立即攻击要求德国军队实行征兵制的建议。英国正在大选，劳合·乔治允诺在国内将结束征兵制，支持实现普遍限制征兵制。如果没有规定德国征兵制违法，将危及劳合·乔治的政治前途。他强调该计划将允许德国拥有"三四百万训练有素的军队以及有着丰富战争经验的军官，这不是所谓的裁军"[2]。

　　然而，法国的军事理论及政治经验使得他们持相反的解释。对于法国来说，德国的军事威胁在于保留其训练有素的高级军官，而不是新兵的数量有多少。在"最高理事会"开会之前，福煦主张，"战前德国拥有 12 万职业化但没有军衔的军官，他们构成了军队的基础"[3]，如果这些职业化的

① Boyle, Tomas Edward, *France, Great Britain, and German Disarmament: 1919 - 1927*, p. 6.

② Boyle, Tomas Edward, *France, Great Britain, and German Disarmament: 1919 - 1927*, p. 6.

③ Boyle, Tomas Edward, *France, Great Britain, and German Disarmament: 1919 - 1927*, p. 7.

士兵干部保留下来，裁军后的德国军队将拥有数百万历经战火的人，职业化军队是孕育专制主义和军国主义危险的温床，它很容易就建立起一支规模大得多的军队，会有相当多的指挥官来驱赶德国人"这群羊"。[①] 因此，法国军事和政治领导人反对对征兵制采取任何限制措施，第一次世界大战的军事经历也告诉法国人，征兵制为保卫法国边界提供了最好的形式，是确保裁军和消除德国军国主义最安全的手段。

劳合·乔治以普鲁士在耶拿战败后很快复兴的例子说明，如果允许德国实行征兵制，就同样打开了第一次世界大战后德国的复兴之门。他反驳福煦说，英国的军队缺乏长期训练但在战争中仍然取得了胜利。[②] 最后，劳合·乔治以休会相威胁坚持认为，"他代表英国不可能签订任何允许德国超过20万人军队的和平协议；也不同意德国通过短期征兵制培养军队，他只同意德国拥有一支人数少、服役期限为12年的军队"。[③] 美国代表也支持英国反对征兵制的建议，在英、美联合压力下，克里蒙梭放弃了他的想法，他不愿意因为德国裁军条款的细节问题而导致同盟关系分裂。

10日，福煦接到指令，重新修改军事条款，德国未来军队将以服役期限长的志愿兵役制为基础。这是法国关于德国裁军问题的重大失败，在法国人眼中允许德国保留军事干部严重威胁了德国永久裁军的可能性。尽管其他条款能够得到执行，但德国军队快速扩张的能力对法国安全即意味着持续不断的威胁。在兵役制问题上遭遇失败后，法国试图通过加强限制德国军队规模、军备、训练等途径来弥补。对英国来说，"最高理事会"的决定强化了它实施裁军措施的信心。随着德国征兵制停止，英国感到有效的裁军措施将确保德国军国主义终结以及欧洲安全。征兵制问题处理完成后，英国与法国在裁军其他问题上通力合作，尽管法国被失望所驱动，但英国则充满自信。

裁军问题中最迫切需要解决的是德国军队规模的问题。协约国原来同意德国建立一支减至20万人的职业化军队，在军事顾问们的建议下，修改后的和约草稿决定德国军队保留14万人。福煦元帅将该意见提交委员会时把数字减至10万人，福煦认为德国军队可以通过利用警察、森林武警、海关官员等扩大其力量，加上后三者的力量，德国军事力量将达到14

---

① 〔加〕玛格丽特·麦克米伦：《缔造和平：1919 巴黎和会及其开启的战后世界》，第231页。

② Richard J. Shuster, *The Diplomacy of Disarmament: Allied Military Control in Germany, 1920 – 1931*, p. 31.

③ Boyle, Tomas Edward, *France, Great Britain, and German Disarmament: 1919 – 1927*, p. 8.

万人。① 许多协约国代表，如布利斯、贝尔福、亨利·威尔逊爵士都认为对于德国内部安全来说，10 万人太少了。然而，法国在征兵制上作出让步后，劳合·乔治意识到数字的减少将进一步减少德国的枪炮和战争物资。威尔逊总统也认为，既然法国在征兵制问题上作出了让步，所以应该允许它来决定德国军队的规模。

因此，"最高理事会"同意最后写入《凡尔赛和约》中的数字是 10 万。亨利·威尔逊爵士对此评价道："虽然我没有得到我的数字，但坚持了我的原则（长期服役的志愿兵役制）；福煦虽然得到了数字，但他放弃了自己的原则。"② 法国是战争中按人口比例伤亡人口最多的国家，而德国战后虽然损失了领土，但人口仍然比法国多很多。因此，法国更加关注德国军队的规模、入伍年龄、服役期限等问题。

"战争委员会"很快接受了其他条款，德国司令部和总参谋部被取消，军队从属于民事机关。德国军队的组织和力量被详细规定，禁止动员任何德国工业及人力资源。甚至德国的政治组织也被限定在 1913 年的规模，以防成为军事干部的来源。所有对民众的军事训练都被禁止，除了"法国退伍军人协会"之外，德国人不得在任何外国军队组织中服务。在战场中两项新的技术——坦克和毒气被视为非法。枪炮、弹药以及其他战争物资必须在协约国选定的工厂内生产制造。不允许德国进口战争物资，或者出口。所有西线上的防御工事都要拆除，在东部和南部的要塞被限制，可以维持现有的状况。对此，协约国内部没有争议。

"战争委员会"负责执行军事条约，在消除德国多余战争物资以及裁减德国军队之后，对德国的军事控制预计在 3—6 个月后撤销。这代表了美国的建议，希望短期控制以及处理那些能够迅速解决的问题，协约国监控撤离之后，对裁军的监控职责将转移至国联。而英、法希望更切实更长久的监控，劳合·乔治担心国联不愿意或者是没有能力执行条约的规定。克里蒙梭则认为，裁军只有由协约国监督才能确保执行。兰辛拒绝答复该建议直到总统从美国返回。

威尔逊返回后开始商讨监控问题，布利斯和其他美国代表警告总统，按照英、法的提议，它们将永久控制德国军队。威尔逊立即表示反对，宣称：如果该提议被接受，建立的不是和平，而是协约国的军事统治。威尔

---

① Richard J. Shuster, *The Diplomacy of Disarmament*: *Allied Military Control in Germany*, *1920 – 1931*, p. 33.

② Boyle, Tomas Edward, *France*, *Great Britain*, *and German Disarmament*: *1919 – 1927*, p. 9.

逊重复布利斯原来说过的反对建立一个永久委员会的话：这将保留协约国的外交势力，其军事力量将被纳入战后和平，美国将永久卷入欧洲事务之中。面对威尔逊的反对，英、法撤回了他们的建议。威尔逊还是担心，建议和约应该规定尽早撤离的日期，最好是 3 个月。福煦强烈反对，认为这将有助于德国抵制执行和约。贝尔福则认为监控的期限将是"不确定，但也不会是长期的"[1]。最后的军事条款虽然有些含糊不清，但还是表达了明确的意图，要在和平之后立即开始短时期的军事监控。威尔逊成功挫败了英、法试图通过协约国对德国军队进行严格和永久监控的图谋。但由于监控委员会缺乏明确的时间限制，也导致它在日后执行过程中不断修改其最初的设想。

协约国也考虑了海军和空军条款，飞机作为新式武器，其军事价值已经被清楚地证明，但其最终的潜力尚未知晓。协约国关于空军裁军的讨论围绕着确保这个最危险武器的安全的最好方式而展开，开始时，建议德国军事飞机被限制在 300—400 架。然而，协约国军事顾问说通过限制数量裁军并不是一个好办法，因为未来的发展趋势可能是飞机数量很少，却极端危险。因此，协约国同意永久限制德国制造军用飞机和海军航空飞机。但这并不能立即解决德国空军问题，因为军事顾问意识到，不好明确区分军用飞机与民用飞机的差别，德国民用飞机受牵连也成为非法的。另外，军事顾问们也承认在民用飞机的伪装下，防止德国制造军用飞机将是很困难的事情。英、法都赞同有必要对德国飞机的发展进行干预。美国反对该想法，认为这已经超出了裁军的合法范围。威尔逊指出，按照此逻辑，该解释将扩大到铁路和轮船方面，因为它们也具有军事潜力。最后，威尔逊胜利了，视民用飞机为非法的建议被划掉。然而，协约国尽力破坏德国现存的军用飞机，建立了一个独立的"航空监控委员会"，专门负责监督有关航空条款的执行情况。[2]

比较容易解决的是潜艇问题，潜艇也是新式武器，在第一次世界大战中充分显示了它的危险性。协约国的军事和政治领导人都担心潜艇的发展将破坏整个裁军计划的结构，普遍认为对潜艇要有所限制，将其列入非法武器。因此，在讨论海军裁军之初，协约国一致赞同禁止德国生产或者拥有潜艇。尽管协约国很少担心德国的舰队，但如何处理德国已经投降的船

---

[1]　Richard J. Shuster, *The Diplomacy of Disarmament: Allied Military Control in Germany, 1920 – 1931*, p. 35.

[2]　Boyle, Tomas Edward, *France, Great Britain, and German Disarmament: 1919 – 1927*, p. 12.

只却是一个难题。第一次讨论裁军问题时，协约国已经声明了该原则：德国投降的武器将不会转成协约国的武器。因此，军事条款要求在德国国内销毁武器和弹药。战争期间英国和美国已经大幅度增加了海军吨位，赞同德国多出的船只被凿沉或者报废。然而，法国和意大利关注于陆地武器，赞同德国船只由每个协约国自己决定报废还是保留下来。直至 6 月份，停留在英国斯卡帕湾的德国军舰突然溃逃，才算打破了协约国在该问题上的僵局。为了补偿斯卡帕湾事件造成的损失，协约国要求德国送给法国两艘巡洋舰，送给意大利五艘驱逐舰。[①]

最后的海军条款允许德国海军拥有 6 艘 10000 吨的小型战舰，6 艘 6000 吨的轻型巡洋舰，12 艘鱼雷艇。限制海军的人数为 15000 人，包括 1500 名军官，服役期与陆军同样。德国海岸线上的防御性要塞被要求维持现状，不再扩大。第一次世界大战中德国海军供给与通讯中心——北海上的赫里戈兰岛、多恩岛必须完全非军事化，正如一位英国海军上将所说："关疯狗的钥匙必须揣在我们自己的口袋里，因为谁也不知道这只邪恶的野兽什么时候会发狂犬病。"[②] 一个特别的"海军委员会"将监控海军条款的执行情况。

《凡尔赛和约》的另外两个条款后来对解决裁军问题发挥了重要影响。一是《凡尔赛和约》第五部分的序言。在最后讨论时，威尔逊为了回应对德国实行单方面裁军的批评，提出给《凡尔赛和约》第五部分增加一条序言：为使所有各国之军备可以普遍限制起见，德国允诺严格遵守下列陆军、海军及航空条款。[③] 据此序言，德国裁军与普遍裁军之间具有了类似契约般的关系，协约国在国联盟约中提出的普遍裁军如果失败，将严重削弱德国裁军背后的道义力量。战后初期，德国政府经常依据该序言要求修改军事条款。到了 30 年代，该序言成为德国在世界裁军大会上与英、法、美争斗的法律依据，并由此提出了军备平等的要求。

二是《凡尔赛和约》第 428 条规定军事占领莱茵河西岸。当时，该规定被视为将比德国裁军更为重要。该条约的目的是确保《凡尔赛和约》得到执行，如果德国不履行，协约国将使莱茵河地区处于不确定地位。法国引用该条款作为它分裂莱茵地区失败的补偿措施，通过该条款，希望它的

---

① Boyle, Tomas Edward, *France, Great Britain, and German Disarmament: 1919 - 1927*, p. 13.
② 〔加〕玛格丽特·麦克米伦：《缔造和平：1919 巴黎和会及其开启的战后世界》，第 243 页。
③ Richard J. Shuster, *The Diplomacy of Disarmament: Allied Military Control in Germany, 1920 - 1931*, p. 36. 另参见《国际条约集（1917—1923）》，第 137 页。

战争赔偿和安全能够得到保证。对于裁军问题，军事占领条款能够确保法国的安全，如果德国不裁军，法国将永久占领莱茵边界线。这意味着在实践中法国经常更迫切地想证明德国裁军是失败的，因此法国更赞同它的占领计划，而不是执行法国一直担心不能有效执行的裁军。

最后，协约国基本接受了法国裁军计划的细节部分，算是对法国分裂莱茵地区以及支持德国兵役制失败的一种补偿。英国和美国希望通过对德国进行裁军来缓和法国对领土的要求，以及减轻协约国对法国未来的军事义务承诺。尽管接受了这些军事条款，法国还是认为裁军并不能取代一个更具体的保证。英、美接受比较严厉的裁军条款的另一个重要原因是当时大家确实相信，从战略和道义的角度来说，裁军是和会的积极目标。英国与裁军的直接利益在于认为实现裁军是保持欧洲稳定的先决条件，因此，在限制德国战争物资、控制兵工厂方面，英国的严厉程度甚至超过了法国。美国同意比较严厉的裁军计划而没有表现出对德国的支持，尽管担心复杂的条款对执行裁军可能带来长期的争论；同时又认为国联将帮助去除条约的严厉性，最终实现普遍裁军。协约国及美国虽然就裁军问题基本达成了共识，但它们在制定裁军条款时很少考虑这些条款将对德国产生的全面影响，只有当这些条款被作为一个整体通盘考量时，其影响才变得更加明显。

3月17日，当裁军条款全部制定完成时，亨利·威尔逊在日记中写道：按照我的观点，这些裁军条款太严厉了，但法国坚持。布利斯将军也认为裁军条款过于苛刻了，在给妻子的信中写道：我根本不喜欢这些，我很难相信德国人会接受它。[1] 此时，德国国内布尔什维克开始兴起，德国需要更强有力的军队。对此，南非的史沫资将军向劳合·乔治抱怨道："德国军队被裁减至10万，就是把士兵交给了布尔什维克以及其他迷信崇拜，很不幸，我们对此无能为力。"[2]

22日，劳合·乔治和英国代表团中的几位顾问来到巴黎郊外的枫丹白露，开始重新审视整个条约，"要从更长远的角度保证和约不会在今后造成苦难，不会引发另一场战争"[3]。随后，英国代表打印出一份《枫丹白露备忘录》。

25日，和会开始考虑对军事条款进行一些温和化的修改，否则布尔什

①　Boyle, Tomas Edward, *France, Great Britain, and German Disarmament: 1919 – 1927*, p.16.
②　Boyle, Tomas Edward, *France, Great Britain, and German Disarmament: 1919 – 1927*, p.16.
③　〔加〕玛格丽特·麦克米伦：《缔造和平：1919 巴黎和会及其开启的战后世界》，第270页。

维克将推翻新生的共和国。亨利·威尔逊宣称，布尔什维克的危险甚至超过了德国军队的威胁。① 威尔逊总统发言表示赞同。然而，法国拒绝所有诸如此类的修改。克里蒙梭带着不同寻常的激情和权威说道："捍卫和约在法国被视为保证其安全的最低计划，在花费了巨大精力，作出历史上最大流血牺牲之后，对我们胜利的结果决不能妥协。……你们都有庇护伞，而法国没有。"② 经过一番筋疲力尽的争论之后，劳合·乔治和威尔逊撤回了他们的建议，军事条款没做任何修改。

英、法、美关于德国裁军问题的一系列争论表明，他们的目标基本一致，对德裁军的政策可以归纳如下：1. 德国作为第一次世界大战的发动者，战后有义务进行裁军；2. 德国裁军的目的是防止其再次发动战争；3. 德国裁军是实现普遍裁军的第一步；4. 战后德国裁军将由国联主导推进。但他们主张的裁军的程度、方式、期限等各有不同。威尔逊总统只是将德国裁军视为国际裁军的一部分，并希望国际裁军能确保一个持续的和平。英国对于德国实现裁军的信心看起来要乐观很多，《枫丹白露备忘录》中的让步开启了修改和约的念头。总之，英、美都将德国裁军视为实现普遍裁军的第一步，由战后新的国际组织来主导完成；反对无节制地裁减德国军备，以防中欧出现力量中空，法国过分强大将统治欧洲，并削弱德国作为防止布尔什维克堡垒的作用；英、美都想保持战后稳定，不愿意卷入欧洲事务。而法国从一开始对裁军就没有多少信心，征兵制建议失败后，法国军方领导人拒绝接受这个失败。裁减德国军备被视为对于法国安全的长久保证，法国将扮演这种角色，或者执行裁军从而获得《凡尔赛和约》给予的安全保证，或者去证明德国没有履行其裁军义务。这表明法国担心失去英国的支持而作出妥协，因此，裁军条款被普遍看作是英国外交的一次胜利。

进入4月，四人会议还在严格保密的情况下进行，但讨论的一些细节却被泄露出去。一时间谣言四起，媒体也充满了悲观情绪，"国联已死，和会失败""巴黎和会危在旦夕"之类的标题随处可见。几位领导人在国内也备受攻击。

28日，全体会议批准了《凡尔赛和约》，威尔逊总统很高兴，《凡尔赛和约》是按照其预想方向拟定的，拒绝了法国有关武装国联的要求，加

---

① Richard J. Shuster, *The Diplomacy of Disarmament: Allied Military Control in Germany, 1920 - 1931*, p. 24.

② Boyle, Tomas Edward, *France, Great Britain, and German Disarmament: 1919 - 1927*, p. 16.

入了有关门罗主义的保留条款，会在合适的时候接纳敌对国家，并帮助它
们走上民主与和平的道路。正如他对妻子所说，如果《凡尔赛和约》需要
修改，"出现的错误可以一个个拿到国联来改正，国联将成为永久性的清
算所，所有国家都可以来，无论大小"①。国联在威尔逊总统心中的地位与
作用可见一斑，是战后修正错误的"永久清算所"。

　　对德国裁军问题的一系列规定最终形成了《凡尔赛和约》中的军事条
款。如果不考虑德国强大的潜力和军事力量，这些条款得到严格执行的
话，它终将变成三流的军事国家。对此，德国自然难以接受。

二　德国代表团关于裁军问题的反对建议

　　1918 年 11 月末，新组建的德国政府就成立了一个"和谈特别办公
室"，编撰了大量细致的报告、地图、备忘录、论据和反论据，以备和谈
代表使用。巴黎和会期间，德国人陆续听到一些有关和会的传言，外交官
们普遍认为不可信。一是和会尚未得出最后的结论；二是关于和会的消息
是保密的受限制的。直到 4 月 15 日，德国外交官还确信德国将接受一个
初步的和平，接下来协约国、美国、德国将以此为基础进行谈判。关于裁
军问题，外交官们猜测，协约国内部很可能存在分歧，但有一点达成了共
识：德国将实现彻底裁军；关于征兵制是否要废除，估计没有取得一致意
见；莱茵河左岸可能实行非军事化，也可能是莱茵河以东 50 米地带，至
于期限多久外交人员还尚未可知；至于海上裁军，德国人猜测基尔军港必
定要被破坏掉，只被允许保留很少的海军；空军将被禁止发展。②

　　以此为基础，外交官们为和会准备了《关于裁军问题的备忘录》，提
出德国接受停战的条件是为了尽早实现和平，德国已经进行了范围广泛的
裁军。而且，以后将进一步减少陆上、海上、空中的军事力量直至保卫国
内安全的限度，只要其他国家，特别是前敌国、我们的邻国愿意作出同样
的保证。③

　　随后，德国政府给代表团发去了指令，为即将开始的和平谈判提出各
项要求，即德国接受《凡尔赛和约》的底线。关于裁军问题，指令第一句
话就是：必须拒绝单方面要求德国执行裁军的义务。德国准备以威尔逊的
计划为基础，未来军备将减少到国内安全所需的最低限度，但其他国家，

---

① 〔加〕玛格丽特·麦克米伦：《缔造和平：1919 巴黎和会及其开启的战后世界》，第 131
　　页。

② Alma Luckau, *The German Delegation at the Paris Peace Conference*, p. 43.

③ Alma Luckau, *The German Delegation at the Paris Peace Conference*, p. 196.

特别是前敌国和邻国应该给予同样的保证。以此为基础，德国提出关于裁军的五项建议：1. 广泛的陆上裁军将是互惠的，与此同时废除义务兵役制。2. 可以同意拆除莱茵河左岸的要塞，但不能撤出所有的军队。只有当法国和比利时建立一个相应的非军事区时，德国军队才能撤出该地区。3. 以战略重要性为说辞，破坏德国铁路的要求必须予以拒绝，因为所有铁路对于经济来说都是必需的。4. 国际海运政策由来已久，所有从事国际海运的国家都应该有自己的地位。要不是由于国际海运政策，海上的武装船只将被禁止。军备对于保卫海岸线是必要的，应予以保留。5. 除了创建国际联盟之外，保证领海之外的航行自由的原则应得到认可，保护商业自由以及在和平与战争中新出现的服务业的自由。① 可见，德国拒绝单方面裁军，拒绝撤出莱茵河左岸的军队，除非法、比也需建立相应的非军事区，要求保留军备，航行自由等。此时，它还没有将自己视为战败国。

5 月 7 日下午 3 点，兰曹带领代表团第一次走进会场。克里蒙梭主持会议，他对德国人说："现在是我方宣读这份严肃条约的时刻。你们向我们求和，我们给予你们和平。"② 随后，秘书长将一大卷对开本的《凡尔赛和约》文本交给了兰曹。兰曹代表德国第一次获得了发言机会，他首先表示，德国到此参加和会是为了世界和平。然后，兰曹坚决反对《凡尔赛和约》中的战争罪责条款，指出战争并非起源于萨拉热窝的枪声，而是早在 50 年前帝国主义和扩张主义已经成为欧洲政治的主导。兰曹要求建立一个中立的调查委员会，去调查战争责任问题。还要再成立一个由双方组成的专家委员会，制定一个初步的计算出赔偿的最好方式，赔偿比利时和法国北部地区，但仅限于此。兰曹说道："没有战胜国技术专家、财政专家的参与我们将无法完成这项任务，没有德国的帮助你们也不能成功。"最后他强调指出："没有人会签署一个无法履行的《凡尔赛和约》，因为没有人能确保它将能够得到履行。"③

9 日，代表团向协约国提交了表明态度的提案。首先指出，要求德国签署《凡尔赛和约》的同时却不允许德国加入国际联盟，这是自相矛盾的。至于裁军问题，《凡尔赛和约》对裁军的规定是只允许各个国家保留其国内安全所需的陆上和空中的军备力量，海上军事力量对于保卫海岸线

---

① Alma Luckau, *The German Delegation at the Paris Peace Conference*, p. 207.

② 〔加〕玛格丽特·麦克米伦：《缔造和平：1919 巴黎和会及其开启的战后世界》，第 638 页。

③ FRUS, 1919, The PPC, vol. 3, pp. 413 – 420. The Presentation of the Conditions of Peace to the German Delegate.

是必需的——《凡尔赛和约》对它的规定不明确，等日后成立国际监控委员会再作出详细的规定，该委员会将对所有国家实现普遍裁军进行监督。此外，德国专家还建议，国联所有会员国都有义务向公众说明他们在军备上的费用。①

第二天，代表团接到了一个初步的答复，当重新解读《国际联盟盟约》文本时将会发现，第一条款第二段有关于允许新成员加入的规定。②直到 22 日，协约国才交给代表团一份经过专家研究起草的全面答复说，专家们认真研究了提案，但他们都认为在国联成立之后再讨论该问题更有意义。然后，协约国开始逐点批驳德国的提案。但他们对于德国政府接受裁军比较满意，并表示将确保未来实现普遍裁军。③

对此，代表团自然不会同意。29 日，兰曹给和会发出了对《凡尔赛和约》的反对建议书，全面系统地阐述了德国政府对《凡尔赛和约》的态度及其建议。建议书写道：德国知道为了获得和平必须作出牺牲，知道为了符合公约必须作出承诺。裁军被列为第一条承诺："德国为了显示其帮助世界创造一个和平的、公正的新时代，通过自己的裁军，为所有其他国家作出率先行动。它牺牲其军事权力，并将军队减至 10 万人。……同时德国应该像其他国家那样拥有立即加入国联的权利。这样，国联才能真正建立起来，包括所有国家。"④ 建议书还提出：执行这些裁军条款需要一个转换期，这样德国才能保持国内秩序；在此期间要求拥有决定自己军队组织的权利；拒绝对德国实行特别监督。⑤

针对德国的建议书，美国代表团内部出现了分歧。布利斯将军认为其建议值得考虑，德国必须保持国内秩序稳定，这是欧洲实现稳定的关键。另外，德国裁减军备需要一个过渡期。布利斯的建议与威尔逊总统的想法严重冲突，总统对于新成立的德意志共和国是否标志着与过去决裂表示怀疑，他对代表们说，德国政府是否真正改变了，或者永久改变？我们对此都无从知晓。⑥

6 月 16 日，协约国针对建议书作出了答复。在答复中协约国重申限制德国军备的原则；拒绝了德国有条件地接受《凡尔赛和约》裁军条款的要

①　Alma Luckau, *The German Delegation at the Paris Peace Conference*, p. 74.

②　Alma Luckau, *The German Delegation at the Paris Peace Conference*, p. 75.

③　Alma Luckau, *The German Delegation at the Paris Peace Conference*, p. 75.

④　Alma Luckau, *The German Delegation at the Paris Peace Conference*, p. 304.

⑤　B. J. C. Mckercher, *Arms limitation and Disarmament Restrains on War, 1899 - 1939*, p. 53.

⑥　B. J. C. Mckercher, *Arms limitation and Disarmament Restrains on War, 1899 - 1939*, p. 53.

求；宣称他们作为胜利者有权制定裁军的条款。布利斯将军和威尔逊爵士都赞同给德国一个执行裁军的过渡期，军事委员会也接受了德国在裁减军队至《凡尔赛和约》要求水平之前需要一个过渡期限的请求。委员会修改了裁军的范围和程序，规定三个月内裁减 30 万人，接下来的裁减人数将由协约国军事专家决定。1920 年 3 月 31 日之前，德国军队最终裁减至 10 万人。除此之外，协约国拒绝作出任何修改。①

19 日，克里孟梭再次对兰曹集中阐述了协约国关于德国裁军问题的规定。1. 协约国和参战国希望明确的是它们对德国军备的要求不只是使得德国无法采取侵略政策，同时也是实现普遍裁减和限制军备的第一步，这一步是最有效制止战争的最重要的收获，也将是国联推行的第一项职责。2. 协约国和参战国必须指出，最近几十年欧洲国家军备的增长是因德国而引发。当德国增加军备，其邻国不得不跟进，否则它们将听命于德国的命令或者刀剑。因此，那些扩张的国家有义务裁减军备。只有侵略者裁军，安全才会随之而至。3. 德国必须同意先于协约国和参战国无条件地进行裁军。②

从代表团与协约国、美国的多次往来交涉中可以发现，德国对《凡尔赛和约》以及裁军问题的态度如下：1. 否认德国发动战争的责任，认为大家都犯了错；2. 反对德国单方面裁军，德国裁军应与实现普遍裁军以及德国加入国联等问题联系起来。3. 认为《凡尔赛和约》不公正，违反了威尔逊所宣称的原则，并暗示德国政府很可能不会完全履行它。但协约国和美国对德国代表的抗议不以为然，在美国代表团的全体会议上，威尔逊批驳了与他持不同看法的代表团们的建议。当然，威尔逊也支持了德国的一些要求，③ 除此之外，威尔逊拒绝考虑德国的其他诉求。据此，会议形成了《凡尔赛和约》的最后文本，并以最后通牒的形式交给了德方，原来限定 5 天内答复，后延长至 7 天。

《凡尔赛和约》在德国公开后引发了轩然大波，柏林举行了示威游行，所有党派都强烈反对接受该条约。5 月 12 日，社会民主党人总理菲利普·

① B. J. C. Mckercher, *Arms limitation and Disarmament Restrains on War*, 1899 – 1939, p. 55.

② John W. Wheeler-Bennett, *Disarmament and Security since Locarno*, 1925 – 1931, London: George Allen& Unwin Ltd Museum Street. 1932. pp. 26 – 27.

③ 例如，关于上西西里亚的归属必须经公民投票来决定；德国在不久的将来可以加入国联；如果德国履行它的和约义务，法国可以提早从莱茵地区撤军；德国被允许可以提出有关赔款问题的建议。Arnold A. Offner, *The Origins of the Second World War: American Foreign Policy and World Politics*, 1917 – 1941, New York: Praeger Publishers, 1975, pp. 39 – 40。

谢德曼在国民大会上诅咒似地宣称：谁签署这个条约，谁的手就要烂掉！在内阁里，中央党领袖、国务秘书艾茨贝格尔赞成接受《凡尔赛和约》，因为拒绝签署就会招致敌国部队进驻德国国土，德国可能要面临分裂的风险。[①] 军方二号人物威廉·格勒纳将军就相关条款咨询兴登堡，后者声称在不签约的情况下采取军事抵抗毫无希望。政府和执政党议会党团出现了分裂，6 月 20 日，谢德曼内阁辞职，兰曹也退出了政府。21 日，社会民主党人古斯塔夫·鲍威尔组成新内阁。政府和国会仍试图至少把关于战争责任的论点和要求引渡德国军事将领这两点从条约中删除。22 日，在这一保留条件下，国会以 237 票对 138 票授权政府签署条约。德国的保留条件被克里孟梭断然驳回，要求战败国无条件屈服。

在最后通牒到期前几个小时国民议会召开的一次会议上，政府被授权不加保留地签署条约。6 月 28 日（四年前费迪南大公遇刺的日子），德国外交部长赫尔曼·米勒和交通部长贝尔在凡尔赛宫镜厅同 27 个协约国和协同作战国的代表一起在《凡尔赛和约》上签了字。此地曾见证了 1871 年德意志帝国的成立，48 年后则见证了它战败求和的场景，法国选择此地的目的就是彰显德国"生于不义，死于耻辱。"

三　《凡尔赛和约》关于德国裁军问题的规定

经过 5 个多月的激烈争吵，和会终于拟定了《凡尔赛和约》。[②] 其中，关于裁军问题，《国际联盟盟约》第 8 条规定：（1）联盟会员国承认为维

---

① 6 月 1 日在美因茨和威斯巴登宣告成立了莱茵共和国。法国人期待着依靠前检察官汉斯·亚当·多尔腾领导的分离运动在莱茵河畔达到他们的目的。参见卡尔·迪特利希·埃尔德曼《德意志史：世界大战时期（1914—1950）》（上册），第 220 页。

② 其主要内容如下：第一，将国联盟约置于条约的第一部分。第二，重划了德国的疆界。第三，瓜分德国的殖民地。第四，限制德国军备。第五，赔偿和经济问题。《凡尔赛和约》第 231 条、232 条、233 条、234 条、235 条及附件规定：协约及参战各国政府宣言德国及其各盟国使协约及参战各国政府及其国民因德国及其各盟国之侵略，以致酿成战争之后果，所受一切损失与损害，德国承认由德国及其各盟国负担责任。德国须遵守其已发之诺言，对于违反 1839 年条约之结果，担任偿还比利时在 1918 年 11 月 11 日以前向协约及参战各国政府所借之一切款项，及按年五厘利息，其总数由赔偿委员会决定。德国的赔偿数额由赔偿委员会在 1921 年 5 月 1 日前确定，并通告德国政府，以示该国之义务范围。在此之前，德国应以黄金、煤、机器和其他物资先偿付 200 亿马克。德国应交出 1600 吨级商船的全部，1400 吨级商船的一半，1/4 的渔船和 1/5 的内河船只；5 年内应为协约国建造 20 万吨船舶。此外，从 1920 年起的 10 年内向法、比、意等协约国提供 4000 万吨的煤及大量机器、化工产品等。还规定，战胜国对德输出输入的货物不受限制，德国关税不得高于别国；易北河、奥得河、多瑙河等重要河流由国际专门委员会控制；外国军舰和商船可以自由出入基尔运河等。《国际条约集（1917—1923）》，第 72—178 页。

护和平起见，必然减缩各国军备至适足保卫国家安全及共同履行国际义务的最小限度。（2）行政院，应在估计每一国家之地理形势及其特别状况下，准备此项减缩军备之计划，以便由各国政府予以考虑及施行。（3）此项计划至少每十年须重新考虑及修正一次。（4）此项计划经各政府采用后，所定军备之限制非得行政院同意，不得超过。（5）因私人制造军火及战争器材引起重大之异议，联盟会员国责成行政院筹适当办法，以免流弊，唯应兼顾联盟会员国有未能制造必需之军火及战争器材以保持安全者。（6）联盟会员国负责将国内关于军备之程度，陆、海、空之计划，以及可为战争服务之工业情形互换最坦白、最完整之情报。《国际联盟盟约》第9条规定：关于第一、第八两条各规定之实施及大概关于陆、海、空各问题应设一常设委员会，俾向行政院陈述意见。①《国际联盟盟约》明确指出了军备与战争爆发之间的关系；规定了会员国所应承担的裁军任务；指明了国联的职责是准备提出裁军计划供各国参考实施；并考虑到了私造军火、军火交易等问题。

　　关于德国裁军问题，《凡尔赛和约》第五部分是具体规定德国陆军、海军及航空问题的条款。"在1920年3月31日以后，德国陆军不应有步兵7个师、骑兵3个师以上。其陆军实力之总数不应超过10万人，军官及补充部队在内，并应专为维持领土内之秩序及边界巡查之用。其军官之实力总数包含各参谋处人员在内，无论如何组成不应超过4千人。"接着，对德国军备、弹药及材料的规模、数量和形式作出了详细的限制。对德国军队的招募及军事训练作出了规定："德国之强迫普及征兵制应予废止。德国陆军仅能以志愿服役者募集组成之。"对德国军事要塞的规定如下："莱茵河之东50公里一线之西，在德国领土内之要塞工程、堡垒及陆地要塞均应解除武装，并拆除之。……在德国之南及东各疆界要塞工程应照现状予以保存。"海军条款、航空条款对德国的海上、空中军事力量进行了比较详细的规定。最后是关于协约国监察委员会，"在本条约包含之陆海航空各条款定有实行期限者，德国应受主要协约国及参战各国所专派之协约国委员会监督实行"②。

　　《凡尔赛和约》还有两项与裁军问题密切相关的军事规定：一是莱茵地区军事化。美、英因为强迫法国放弃肢解德国，成立"莱茵共和国"的要求，很快就同意了莱茵地区非军事的建议。据此，形成了《凡尔赛和

---

① 《国际条约集（1917—1923）》，第266—270页。
② 《国际条约集（1917—1923）》，第137—156页。

约》第三编莱茵河左岸的规定。① 二是对德国实行占领，作为执行《凡尔赛和约》的保障措施。② 莱茵河左岸被分成三个区，北部科隆地区是大不列颠总司令部驻地；南部科布伦茨地区是美军司令部驻地，美因茨一带是法国最高军事指挥部驻地。

　　《凡尔赛和约》关于裁军问题的规定在德国人看来都是对其主权的严重侵犯，它"使人们想起1807年《提尔西特和约》的苛刻规定"③。《凡尔赛和约》自出台以来，世人对其评价就一直存在着两种极端的看法，"和约不是太苛刻了，就是太温和了。太苛刻：是因为德国从一开始就不得不试图摆脱这个和约；太温和：是因为对德国实体的打击并没有大到使德国失去修改和约——摆脱和约或撕毁和约——的希望和可能。"④

　　从《凡尔赛和约》对裁军问题的规定可以看出，协约国制定的裁军范围、裁军政策、裁军措施都比较严厉。首先，将德国裁军视为惩罚其战败的手段；其次，作为削弱德国战争潜力、防止再次发动战争、确保战后和平的重要手段；最后，将德国裁军视为实现战后普遍裁军的前奏。第五部分序言中有一句话："为使所有各国之军备可以普遍限制起见，德国允诺严格谨守下列陆军、海军及航空条款。"⑤ 德国将这句话解读为，德国裁军

---

① 第42条：德国在莱茵河之左岸或右岸，于该河以东50公里所划界限之西不准保存或建筑要塞。第43条：在第42条所规定之区域内，无论永久或暂时，均不准存留或集合军队，以及举行任何演习与维持动员实际上之一切便利。第44条：若德国不论以何种方法，违犯第42条及第43条时，当视为德国对于本条约签字国有敌对之行为，并作为有意扰乱世界和平。参见《国际条约集（1917—1923）》，第88—89页。

② 第428条：为德国履行本条约之保障起见，凡坐落莱茵河以西之德国领土连同各桥头，自本条约实行起15年期间内均应由协约国及参战各国军队占领。第429条：但如果德国忠实遵守本条约之条件，则第428条所载之占领应逐步缩小如下：5年期间届满时，应撤退科隆桥头及鲁尔河流。……10年期间届满时，应撤退科布伦茨桥头，……15年期间届满时，应撤退美因茨桥头、堪尔桥头及其余被占之德国领土。但届时协约及参战各国政府认为防止德国无端侵略之保障犹未充分，则战略军队之撤退，可以取得保障认为必要之范围内酌量予以迟延。第430条：但在占领期间内，或在以上所载之15年届满后，赔偿委员会认为德国对于本条约发生之该国赔偿义务有拒绝全部或一部履行之处，则协约及参战各国军队得立时重行占领第429条所指区域之全部或一部。第431条：但15年期间届满之前，德国对于本条约发生之一切义务业已履行，则战略军队立时撤退。第432条：关于占领及本条约未规定事项，应为以后协定之内容，德国自兹即须保证遵守。参见《国际条约集（1917—1923）》，第258—259页。

③ 〔瑞士〕埃里希·艾克：《魏玛共和国史（上卷）——从帝制崩溃到兴登堡当选（1918—1925年）》，第111页。

④ 〔联邦德国〕卡尔·迪特利希·埃尔德曼：《德意志史：世界大战时期（1914—1950）》（上册），第216页。

⑤ 《国际条约集（1917—1923）》，第137页。

是各国裁军的开始，对德国裁军只是一个过程，并不是协约国的最终目的。对这句话各自不同的解读、理解以及执行是两次大战之间英、法、美、德、国联围绕裁军问题展开的一系列军事、外交争斗的逻辑起点及法律依据。就当时德国国内实际状况而言，将军队急剧地裁减至 10 万人不足以在全国各地维持治安；在短短数月中如此大幅度削减军官人数，无数军官退职，向新生的共和国政府提出了难以解决的难题。

和会结束后一个月，协约国和美国代表召开会议决定成立三个独立的监督委员会："协约国军控委员会"（IMCC）、"大使级会议"、"协约国间凡尔赛军事委员会"。其中，最重要的是 IMCC，其职责是监督德国在限定时间内裁减军备及人员至和约规定的水平，第一任主席是法国的查尔斯·诺莱将军。如果在期限内德国没有履行裁军义务，委员会负责汇报给协约国及美国政府，由它们决定是否采取行动。法国将官出任委员会主席，成员由协约各国代表组成，并派两名代表驻柏林，一名负责行政管理，一名负责与其他两个委员会的协调工作。IMCC 的工作由遍布德国的地方工作人员完成，法国官员负责监督《凡尔赛和约》第 159—163 条款、第 173 条以及第 178 条款的执行情况；英国官员负责监督《凡尔赛和约》第 164—172 条款的执行情况。《凡尔赛和约》第 180 条款、第 192 条款、第 195 条款是关于要塞的规定，执行情况由美国负责监督。

与 IMCC 相对应，又设立了"协约国之间海军军控委员会"（INCC），由英国将官任命委员会的人员组成。下设三个分委会，"A"分委会负责监督德国船只以及海军人员；"B"分委会负责监督海军弹药以及舰船制造工厂；"C"分委会负责监督赫里戈兰岛上要塞以及军事设施的拆除情况。"协约国之间航空军控委员会"（IACC），也由英国将官负责，其组织更加不定型。下设六个分委会，一个负责监督飞行器；一个负责监督海上航空以及飞船；另外四个负责监督军用飞机。因为《凡尔赛和约》规定是废除德国军用飞机而不是裁减军用飞机，协约国相信 IACC 的任务很快就会完成。

8 月 22 日，IMCC 成立，共有 394 名人员：159 名法国军官、151 名英国军官、48 名比利时军官、23 名意大利军官和 13 名日本军官。尽管法国和英国都强烈反对，但美国还是不派驻长期代表，美国坚持说这些人员的任命必须等到国会批准《凡尔赛和约》之后才能生效。后来，由于美国国会没有批准《凡尔赛和约》，IMCC 人员的组成又进行了调整，法国人占 45%，英国人占 32%，另外还有比利时人、意大利人和日本人。① 很明显

① Boyle, Tomas Edward, *France, Great Britain, and German Disarmament: 1919 – 1927*, p. 24.

法国在监督德国裁军问题上获得了主导地位，但对于法国来说，由协约国特别是由美国来保证其安全远比裁减德国军备更重要。

经英国代表提议，"大使级会议"被赋予管理 IMCC、INCC、IACC 三个监控委员会以及其他由《凡尔赛和约》而建立的各种委员会的权力。三个委员会要定期向"大使级会议"汇报《凡尔赛和约》军事条款的执行情况，负责协调协约国内部关于军事监控的矛盾与分歧。会议由英、法、美、意、日、比代表组成，美国国会拒绝批准《凡尔赛和约》后，其代表则是一名没有官方职责的观察员。英国设立"大使级会议"的目的是将战后监督检查德国裁军的权力从和会转到大使级会议手中，从而防止法国完全操控德国裁军问题。战后在协约国监督德国裁军和军事监控的过程中，"大使级会议"在解释《凡尔赛和约》以及决策方面发挥了关键性作用。

福煦元帅预感到战后法国及其个人都将大权旁落，为此，他提议设立"协约国间凡尔赛军事委员"。英国代表艾尔·克洛马上反对说，已经设立了"监控委员会"负责监督《凡尔赛和约》的执行情况。[①] 劳合·乔治与克里蒙梭进行协商，最后作出让步，"协约国间凡尔赛军事委员"只是一个向各国政府提供咨询建议的组织，没有执行权。据此，战胜国初步建立起负责监督、检查德国裁军工作的组织机构，接下来的任务就是它们将如何执行《凡尔赛和约》所规定的各项裁军条款了。

---

① Richard J. Shuster, *The Diplomacy of Disarmament*: *Allied Military Control in Germany*, *1920 – 1931*, p. 57.

第三章　20 世纪 20 年代的德国军备问题

20 世纪 20 年代德国军备问题主要表现为裁军问题，第一次世界大战结束后初期，英、法、比等协约国主导解决德国裁军问题，对其裁军情况进行了比较全面、系统的现场检查、监督，并取得了一定裁军效果。到了 20 年代中期，国联开始主导解决德国裁军问题，主持签署了一系列国际协议。第一次世界大战后德国政府的军备政策是在履行一定裁军义务的同时，积极重建军队，并与苏联秘密进行军事合作。协约国为推进德国裁军进程，竟提前从莱茵非军事区撤出军队。

第一节　第一次世界大战后初期协约国处理德国裁军问题的政策

第一次世界大战后初期，由英、法两国把持的 IMCC 对德国裁减和控制军备情况进行了比较全面、系统的现场监督、检查。IMCC 裁减德国军备的措施包括：销毁战争物资、限制军工生产、裁减军事人员、破坏军事要塞等。IMCC 主导的现场督查工作时断时续达 7 年之久，是裁军史上持续时间比较长、督查范围广泛的一次裁军运动。德国政府对其裁军义务先是采取抵制和拖延政策，转而又实行了"履行政策"，协约国主导的裁军工作因此取得了一定的成效。

一　协约国对德国裁军的现场督查政策

（一）销毁战争物资

巴黎和会期间，战胜国没有准确掌握关于德国军队的人数、武器弹药以及其他战争物资的确切数字，因而没有制定出德国应该交出的战争物资的具体数字，他们只能要求德国交出所有超出允许数量的多余部分物资。因此，IMCC 官员不得不亲自驻守德国，深入到德国各地的军事机构、军

营、仓库、军事要塞、军工厂等地对裁军情况进行现场监督、检查。IMCC
工作人员一度多达上千人，阿诺德·汤因比在《国际事务概览（1920—
1932）》中提到 IMCC 的工作时说道："不可能对这些工作进行全面的叙
述，因为这方面的资料很是缺乏。这里只能借用当时一些外交谈判，或者
是政治辩论的文件。"① 正如汤因比所说，虽然有关 IMCC 的资料不多，但
当时 IMCC 内部、IMCC 与德国之间围绕裁军问题进行外交谈判及辩论的文
件基本能描述第一次世界大战后初期协约国主导解决德国裁军问题的政
策、措施的出台、实施、修改以及德国在 IMCC 监督、检察之下履行裁军
义务的整个过程。

1919 年 8 月，IMCC 在巴黎召开了第一次会议，讨论在《凡尔赛和
约》生效前派出一个预备委员会到德国的可能性。德国向协约国递交了一
份建议书，要求派出预备委员会到德国谈判，希望国内正在增长的动乱有
可能迫使协约国修改军事条款。协约国明确答复德国，委员会没有修改
《凡尔赛和约》的权力。它只有权力通知德国政府，准备执行《凡尔赛和
约》第五部分。② 但克里孟梭接受了德国提出的立即派驻预备委员会到柏
林的建议，9 月 15 日，预备委员会先期到达柏林，IMCC 第一任主席法国
的查尔斯·诺莱将军与德国外交部长赫尔曼·米勒进行了会晤。第二天，
诺莱将军又与国防部长诺斯克将军进行了会晤。两人都向诺莱将军承诺，
德国政府将严格履行《凡尔赛和约》，同时也要求协约国鉴于国内危机，
缓和执行裁军条款并理解德国政府的难处。③

1920 年 1 月 10 日，IMCC 正式开始工作，委员会及其他几个委员会成
员陆续到达柏林。由于国内动乱不稳定，少有委员会成员能留下来工作。
3 月 2 日，委员会工作人员在普伦茨劳遭到德国人的攻击。6 日，普鲁士
的约阿希姆王子伙同一些年轻的支持者攻击了两名法国官员。8 日、9 日
在不莱梅、韦尔尼茨接连发生攻击事件。福煦元帅在报告中指出，虽然还
不能确认事件是否因军队机构重组而引起，但在任何情况下，德国政府该
负部分责任，或者是因为软弱，或者是阴谋策划，这都是不可接受的。④
遍布德国全境的协约国工作人员没有配备武器，不得不依靠德国政府提供
安全保障。

---

① Arnold Toynbee, *Survey of International Affairs 1920 – 1923*, London: Oxford University Press, 1925, p. 107.
② Boyle, Tomas Edward, *France*, *Great Britain*, *and German Disarmament*: *1919 – 1927*, p. 29.
③ Boyle, Tomas Edward, *France*, *Great Britain*, *and German Disarmament*: *1919 – 1927*, p. 34.
④ Boyle, Tomas Edward, *France*, *Great Britain*, *and German Disarmament*: *1919 – 1927*, p. 47.

与此同时，德国政府开始着手与协约国合作处理裁军问题。首先，任命了两名代表，一名代表从属于外交部下设的"和平事务办公室"，另一名代表是军方联络员，负责与协约国各个委员会的联络工作。各个委员会都设有裁军监督员，负责监督德国履行裁军义务。其次，任命组成了一系列裁军委员会。其中，最重要的是由奥古斯丁·冯·克拉索将军领导的"陆军和平委员会"，负责监督将投降军队的战争物资送到专门的销毁中心进行销毁，该中心由协约国的专门委员会进行监督。国内的裁军机构虽然建立起来了，但德国与协约国处理裁军问题的双重组织结构使得各界对裁军问题争论不休，进展既缓慢又困难。这些组织结构上的困难又被国内政治及军事冲突进一步放大，军控委员会经常发现，在达成裁军共识之前，必须分别与军方委员会、德国外交官员进行协商。

按照有关规定，《凡尔赛和约》生效两个月后德国要上缴全部超出相关规定的战争物资。为此，在 IMCC 之下又设立了"武器分委会"，工作人员有 150 多人，是 IMCC 下设的最大分委会。分委会面临的第一个问题就是对战争物资作出定义，由于《凡尔赛和约》对战争物资的模糊限定，导致对其解释和执行出现了困难。分委会专门研究了如下问题：战争物资的定义、战争物资的所有权、物资的上缴以及销毁。首先，对战争物资进行定义、划定范围是最紧迫的问题。按照《凡尔赛和约》规定，德国要上缴全部贮存的战争物资，包括它在战争中收缴的外国武器、用于战争生产的各种机器。IMCC 联合"大使级会议"共同拟定出一份长达 33 章的冗长的《战争物资蓝皮书》，除了列出诸如火炮、装甲车、来复枪、手榴弹、喷火器、导火线、雷管等物资之外，还将一些不太明显是战争物资的设备，例如，防毒面具、光学仪器、信号弹、制服、救护车、电话，甚至训练用的空弹壳也都划入战争物资之列。[1]

1920 年 3 月 15 日，协约国在英国海斯召开预备会议。劳合·乔治与法国总理米勒兰都同意将德国裁军问题列为 7 月份召开的斯帕会议的第一项议题。英国比法国更关注德国的重型武器以及控制德国的工业，劳合·乔治说道："德国仍然握有大量的大炮、飞机……因此，裁军是最紧急、最迫切的问题。"[2] 在第二次海斯会议上，劳合·乔治再次表达了对德国重武器的关切。IMCC 报告表明，德国销毁大炮的速度是每周 600 门，

---

① Richard J. Shuster, *German Disarmament after World War I*：*The Diplomacy of International Arm Inspection 1920 – 1931*, p. 41.

② Boyle, Tomas Edward, *France*, *Great Britain*, *and German Disarmament*：*1919 – 1927*, p. 56.

照此速度销毁所有大炮至少需要 20 周的时间。劳合·乔治对此很不满意，建议为加快销毁速度可以将德国大炮沉入地中海海底。英国在会议的公报中宣称支持 IMCC 的报告；拒绝德国修改《和约》军事条款的建议；要求加快裁军速度。法国总理米勒兰完全赞同英国首相的观点，要求列出统一明确的裁军与战争赔偿清单，如果德国违反，协约国可以占领鲁尔地区确保德国交出煤炭以及强制裁军。劳合·乔治一如既往地反对法国扩大占领区，认为封锁更加有效。法国最终同意起草一份详细的违反《凡尔赛和约》行为的清单，但相应的制裁问题一直没有确定下来。

4 月 20 日，德国政府向"大使级会议"提出申诉，批评协约国对战争物资定义的规模和范围。德国抱怨称，将军队的厨房设备、一些重要的交通设施都定义为战争物资不仅会破坏德国的经济，而且也阻碍了德国向协约国支付战争赔偿，这将使德国政治导向布尔什维克主义。[1] 该申诉迫使协约国对于战争物资的定义作出较大改变，将战争物资区分为两类：对安全有危险的物资（必须销毁，或者弃之不用）；能够和平使用的物资（可以出售）。例如，军队的布匹可以在德国境内出售。5 月，"大使级会议"宣布，没有显著军事特征的战争物资将不再被销毁，并命令 IMCC 负责区分上述两类战争物资。诺莱将军起草了一份非军事物资清单，包括机动船只、铁路物资、马具以及铁锹、锤子等各种工具。德国据此出售了大量非军事物资，这些被计入协约国收缴的赔偿数字之中。此后，协约国意识到利用德国战争物资冲抵战争赔偿是一个简便易行的捷径，为此，协约国对于战争物资的定义不断缩小范围。

1920 年 8 月 7 日，德国国会通过一项法案，规定任命一名职权广泛、专门处理民间裁军的联邦专员，下设一个 15 人的委员会。其职权包括：对铁路、轮船、邮政、机械运输、车辆交通、航空交通等进行监督控制，赔偿那些被收缴的合法武器的拥有者，处罚那些非法拥有武器的人。但在实际操作过程中，政府只能取得局部的成功，因为在有些地区政府力量有限，例如东普鲁士、巴伐利亚等地。

斯帕会议之后德国裁军的进程明显加速，公然违反裁军委员会的行为逐渐停止。到 1921 年初，德国政府加速销毁大炮及其他战争物资。IMCC 报告说，仅在 7 月德国就销毁了 4214 门大炮，200000 支来复枪，销毁速度是斯帕会议前的两倍。9 月底，委员会预计照此速度，德

---

① Richard J. Shuster, *The Diplomacy of Disarmament: Allied Military Control in Germany, 1920 – 1931*, p. 65.

国大炮将在两个月内销毁殆尽，其他战争物资的销毁速度也明显加快。11 月 1 日，IMCC 统计数字如下：停战时德国拥有 41551 门大炮，在撤退过程中丢失 2000 门，依据《停战协议》交出了 5000 门，交给 IMCC 28500 门，4500 门被销毁，德国各地的军事要塞还有 1200 门大炮。德国交出了 220 万支来复枪，政府手里有 100 万支，散落民间的枪支接近 100 万支。① 上述数字表明，德国战争物资的销毁工作取得了比较大的成效。

（二）裁减德国军事人员

第一次世界大战前，德国拥有仅次于俄国的欧洲第二大军队，其装备、训练都是最好的。第一次世界大战中，德国军队尽管两线作战，腹背受敌，但直至 1918 年春，还保持着惊人的持久战斗力。巴黎和会上，英、法、美等战胜国决定，将德国军队裁减为欧洲最小。为此，《凡尔赛和约》第 160 条款、第 163 条款、第 173 条款、第 175 条款对战后德国军队的规模、人数、组织、招募及军官服役等情况作出了具体规定。② 但《凡尔赛和约》有关德国军队的规定却存在一些自相矛盾的地方，例如，第 163 条款规定，迟至 1920 年 3 月 31 日，德国实力之总数不得超过第 160 条所载 10 万之最高额。但同时又允许德国自本条约实行三个月内，其实力之总数应减至 20 万人。③ 德国人利用《凡尔赛和约》的漏洞，开始谋求在斯帕会议上做文章。

这里，需要补充说明德国军队名称的演变。1919 年 3 月 6 日，魏玛共和国颁布法令建立临时国防军，包括临时国家陆军（人数四十万）和临时国家海军。9 月 30 日，军队被重新组织为"过渡性军队"。1921 年 1 月 1 日，德国政府按照《凡尔赛和约》规定建立国防军（Reichswehr）。1935 年 10 月 15 日，纳粹政府将国防军更名为武装部队（Wehrmacht）。国内学者在翻译、使用时对两者大多并未作出明确区分，都统称为国防军。有鉴于此，本书也将两次世界大战之间的德国军队统称为国防军。

---

① Boyle，Tomas Edward，*France，Great Britain，and German Disarmament：1919 - 1927*，p. 70.
② 《凡尔赛和约》第 160 条规定：在 1920 年 3 月 31 日以后，德国陆军不应有步兵 7 个师、骑兵 3 个师以上。其陆军实力之总数不应超过 10 万人，军官及补充部队在内，并应专为维持领土内之秩序及边界巡查之用。其军官之实力总数包含各参谋处人员在内，无论如何组成不应超过 4000 人。第 173 条规定：德国之强迫普及征兵制应予废止。德国陆军仅能以志愿服役者募集组成之。第 175 条规定：陆军中应留用之军官应允诺在军中服务至少至 45 岁。新派军官允诺在现役服务至少连续 25 年。参见《国际条约集（1917—1923）》，第 138142 页。
③ 《国际条约集（1917—1923）》，第 139 页。

　　裁减德国军事人员的工作本身就很复杂，它既包括裁减正规军队的人数，也包括遣散民间的准军事团体，同时为了维护国内安全还要增加警察人数。1920 年 3 月爆发的卡普暴动波及了非军事区，协约国最高理事会决定，如果君主派或者苏维埃政府在德国上台，协约国就停止运送粮食和原料。委员会暂停了裁军工作，协约国官员也换上了不显眼的便装。暴动平息后，重返柏林的德国政府要求另外派出军队到莱茵兰的暴乱地区。上述要求引起英、法间的冲突，为此，最高理事会在伦敦开会讨论。劳合·乔治主张，为消除布尔什维克的因素，允许德国军队短时期内进入被破坏地区。然而，法国和比利时拒绝对涉及安全的非军事区作出任何妥协，提出如果协约国扩大占领区域，他们将同意德国军队进入。英国和其他协约国拒绝将占领区进一步扩大化。

　　协约国驻德国的裁军委员会负责监督和指导裁军进展情况，但委员会自己手中既没有关于德国军队的数字，也没有能力去裁减德国军队，裁军必须依靠德国政府合作及其国内保持相对稳定。魏玛共和国初期的民主发展状况成为裁军是否成功的基础，实际上，1919 年的大部分时间德国处于内战状态，自由军官团、准军事政治团体为争权夺利都进行着革命与反革命活动。这些反政府力量从旧帝国军队手中拿到武器，公开挑战新生的共和国政府和新军队。

　　鉴于德国的动乱状况，在严格期限内执行复杂的裁减军队条款确实超出了德国政府的能力。政府既没有能力去强迫收缴准军事及民事保卫组织的武器，也没有能力恢复国内秩序。同时，因为履行裁军义务又使政府失去了民族主义者和军队双方的信任，在德国，逃避《凡尔赛和约》的军事条款成为一种爱国主义的表现。其实，德国政府和民众原本就没有多少履行军事条款的意愿，几乎所有德国人都认为军事条款是非理智的，进而感到没有多少道德上的义务去执行《凡尔赛和约》。当他们意识到裁军规定有可能被修改之后，更加希望并要求对《凡尔赛和约》作出进一步的修改、重新解读，或者是推迟履行。德国人也认识到协约国对于他们的一些要求必须作出些许妥协，因为只有保持一支军队才能执行裁军条款。协约国看到了德国国内的动乱，进而感到应该对《凡尔赛和约》作出修改，与此同时又担心德国军队复兴。

　　4 月，协约国最高理事会在意大利圣雷莫召开会议谈论德国裁军问题。德国国防部长奥托·盖斯勒提出了国防军永久性增加 10 万人以及拥有更多重型大炮、军用铁路、160 架军用飞机的要求。盖斯勒说，这些增加至少能够满足国内状况的需求。劳合·乔治再次表达了对德国的同情，认为军队仅有 10 万人不足以保证其国内秩序，他建议邀请德国一起参加国际会议专门讨论裁军问题以及其他突出问题。法国代表米勒兰则认为，德国并没有做到它能够做到的，反对增加国防军人数，更反对增加重型大炮、飞机的数量，但同意增加警察人数，赞同召开裁军会议。[1]

6 月 21 日，协约国最高理事会在法国布伦召开会议，会议最终同意，只要国防军裁减至 10 万人，警察的数量可以增至 150000 人，而《凡尔赛和约》第 162 条款规定的数字是 75000 人。[2] 这是法国作出的重大让步，它原来一直担心德国警察很可能成为具有军事素质的组织，法国让步的目的是消除英国对德国国内秩序的忧虑。法国的政策获得了相当大的成功，一是进一步巩固了英法同盟；二是解决德国警察问题之后，英国更加关注裁军问题，劳合·乔治再次要求加快销毁武器的速度。布伦会议标志着协约国重建其内部团结，解决警察问题结束了协约国关于德国裁军问题的内部纷争，并掩盖了他们关于战争赔偿以及引渡战犯等其他问题的矛盾。劳合·乔治在裁军问题上与法国合作确保了《凡尔赛和约》条款得到执行，对于协约国来说，德国对裁军问题的态度表明其履行《凡尔赛和约》的意愿是否真诚、公正。会后米勒兰评价道，裁军问题是德国履行《凡尔赛和约》是否真诚的试金石，同时也是协约国内部能否合作的试金石。[3]

7 月 5—16 日，英、法在斯帕召开了关于德国裁军问题的会议，第一项议题就是研究解除德国武装的军事条款的执行情况。德国总理康斯坦丁·费伦巴赫首先表明德国政府履行《凡尔赛和约》，包括裁减军备的决心。接着，又提出裁军必须考虑德国的经济条件、地方不稳定等问题。最后，费伦巴赫请求修改《凡尔赛和约》，强调他的政府上台只有一周，不熟悉裁军问题。协约国答复说德国没有履行《凡尔赛和约》规定的销毁战争物资、支付战争赔偿的义务。至于修改《凡尔赛和约》，协约国说道："只要德国没有履行《凡尔赛和约》义务，没有裁减军备推进世界和平，就不予考虑。"[4] 德国代表提出，战后德国的经验已经表明，一支 10 万人的军队是完全不够用的；同时反对军队必须由服役期是 12 年的职业兵组

---

① Boyle, Tomas Edward, *France*, *Great Britain*, *and German Disarmament*：*1919 – 1927*, p. 53.
② 德国各联邦之雇员或职员，如官吏、森林警察、海岸部队，其数不得超过 1913 年执行此等职务之雇员或职员之数。宪兵及地方或市警察雇员或职员，其增加之数，仅能以 1913 年以来各地方或市人口增加为比例。此项雇员及职员不得聚集为参与军事之练习。参见《国际条约集（1917—1923）》，第 139 页。
③ Boyle, Tomas Edward, *France*, *Great Britain*, *and German Disarmament*：*1919 – 1927*, p. 58.
④ Boyle, Tomas Edward, *France*, *Great Britain*, *and German Disarmament*：*1919 – 1927*, p. 53.

成。协约国认为，应当注意德国人从一开始就在致力于在正式军队之外建立其他的武装团体，这种武装团体在合适的时候可以立刻使正式军队人数增加一倍和二倍。他们以怀疑的目光注视着配备武器并按军事方式编制的公安警察，特别是在许多地方，尤其南德建立的武装民团。它们怀疑这些民团是军国主义精神的支柱。"卡普暴动已充分证明了这种精神的强大和顽固性。……协约国把民团看作召之即来的国防军后备力量。"①

后赶到会场的德国国防部长奥托·格斯勒将军以及国防军领导人汉斯·冯·泽克特将军分别阐明了立场，他们提出把军队人数固定地规定为20万人的要求。外交部长沃尔特·西蒙斯除了重复军方的观点外，强调进一步缩减军队人数不可能，无法在履行苛刻的军事条款的同时去发展这个国家的经济，裁军必须等到国内秩序恢复之后再进行。劳合·乔治反驳说，德国还拥有300万支来复枪，几百万不受控制的武器的存在不仅威胁本国政府，对邻国也不安全，协约国将收回以前作出的让步，并制定制裁措施。泽克特承认德国拥有大量枪支，但它的军队需要持枪收缴散落民间的武器，并详细说明德国已经上缴的武器数量。②

接着，泽克特建议把缩减军队人数至10万人的期限放宽到15个月。米勒兰总理坚决反对作出任何让步，对于法国来说，减少德国军队人数比交出武器更重要，但也意识到只剩两个月的期限太短了。最后，协约国同意把裁减军队至10万人的期限延长到1921年1月1日。同时威胁说，如果相关规定在规定的期限未被遵守，它们将占领德国领土的另一部分，也许是鲁尔地区。德国军方代表认为这已经超越条约规定的权利，代表团拒绝接受，但在规定解除民团武装和完全上交武器的议定书上签了字。③

泽克特从斯帕回国后发表了一份公告，宣布国防军必须接受斯帕会议的决议，这是为了国家利益而作出的牺牲。根据斯帕决议规定，10月1日前国防军裁减至15万人，到1921年1月裁减至10万人。④ 按照《凡尔赛

---

① Boyle, Tomas Edward, *France, Great Britain, and German Disarmament*: *1919 - 1927*, p. 59. 另参见〔瑞士〕埃里希·艾克《魏玛共和国史——从帝制崩溃到兴登堡当选（1918—1925年）》，第168页。

② 泽克特说德国已经上缴了55800挺机枪，6400门迫击炮，11000门火炮。德国还将继续上缴3400挺机枪，4000门迫击炮，346门重炮。参见 Richard J. Shuster, *The Diplomacy of Disarmament*: *Allied Military Control in Germany*, *1920 - 1931*, p. 76。

③ Boyle, Tomas Edward, *France, Great Britain, and German Disarmament*: *1919 - 1927*, pp. 60 - 63. 另参见〔瑞士〕埃里希·艾克《魏玛共和国史——从帝制崩溃到兴登堡当选（1918—1925年）》，第169页。

④ Arnold Toynbee, *Survey of International Affairs 1920 - 1923*, p. 109.

和约》规定，军官和士兵都长期服役，军队机构组织也必须符合《凡尔赛和约》规定。8 月 7 日，国会通过了废除征兵制的法案。依照《凡尔赛和约》的另一项规定，军官人数必须裁减至 4000 人。泽克特制定了两条选择军官的标准：一是具有高超的军事技能；二是具有高度的爱国主义情感。泽克特通过重新组建军队结束了第一次世界大战期间军官拥有的崇高的社会地位；长期服役的军官可以强化训练和教导士兵，这些士兵日后成为纳粹军队的核心力量。

《凡尔赛和约》曾规定解散德国总参谋部、禁止军事院校招生、限制国防军军事训练、建立文官监督控制被肢解的军事组织。IMCC 力图借助上述军事条款对德国军队的训练、指挥、军事操练分别进行限制，但这些琐碎的努力掩盖了德国军队未来的成功。泽克特复兴军队的计划是强调将权威集中到他担任的军队领导处处长手中，所有的军事行动则集中到名为"部队局"实为总参谋部的手中。因此，IMCC 只能批评泽克特计划的表征，却不能伤其实质，裁减德国军队获得的短期成功在日后强大的德军面前黯然失色。

一位德国军史学家评价道："在重新建构德国军队的过程中，《凡尔赛和约》只决定了国防军的外在形式，而其内在组织和精神则是由泽克特决定的。"[①] 泽克特将军的前瞻性战略与军事发展趋势相结合，加上他的坚定意志将国防军打造成了军事力量的基础框架。泽克特常常将协约国的各种要求进行必要的转化，从而有利于国防军。抵制和利用《凡尔赛和约》要求德国军方只能是超政治团体的规定，泽克特宣称国防军具有特殊地位：一是保卫国境线；二是代表国家利益。他反对军队类似政治力量，主张国防军必须是一支小型职业军队。

总之，协约国的相关规定使得德国政府难以控制国防军；国防军也宣称它具有绝对权威，政治影响将弱化国防军，削弱德国抵制《凡尔赛和约》的能力。《凡尔赛和约》受迫害者的形象进一步帮助军队重新树立起它是德国荣誉与传统捍卫者的形象。因此，将国防军裁减至 10 万人并没有达到协约国的初衷，数量的减少既没有消除军国主义，也没有将军队改造成超政治力量。

斯帕决议的第二项要求是德国在三个月之内解散国安警察。《凡尔赛和约》第 162 条款对德国警察力量曾作出过相关规定，要求警察规模不能

---

① Boyle, Tomas Edward, *France, Great Britain, and German Disarmament: 1919 - 1927*, p. 73.

超过 1913 年的总量。最后，《凡尔赛和约》限定的警察人数为 92000 人，还不包括在莱茵地区的 20000 人。① 协约国不仅限定警察的规模，还规定警察不得从事任何军事训练、禁止参加军事组织，他们担心这些拥有重武器的半军事化的警察组织可能成为国防军的秘密大本营。

斯帕会议后，IMCC 要求解散国安局，建立地方警察局。德国是联邦政体，各州警察只受本州政府管制，而在裁军之前，各州的警察组织都不一致，这给 IMCC 造成很多麻烦。1920 年 10 月，16 个州中有 8 个州，包括普鲁士发布命令解散国安警察。一支新的警察队伍以地方警察为基础建立起来了，并配备了各种武器。协约国对警察力量一直比较关注，担心其成为第二支国家军队。而德国政府认为这些组织是对抗武装革命的有效堡垒，为突破协约国对警察规模的限制，它又设置了很多不穿警服的警察。为此，到了 1921 年春夏之交，协约国不断批评德国没有将警察人数减至布伦会议要求的数字。德国政府则反驳称，新的警察力量都控制在地方政府之手。最后，警察问题也没有得到妥善解决，只好不了了之。

斯帕会议的第三项决议就是解散德国各种"准军事组织"，收缴它们的武器。其实，对于政府来说，履行裁军义务最困难的工作是遣散大量的准军事团体，并收缴它们的武器。《凡尔赛和约》第 177 条款对遣散德国的准军事团体、收缴它们的武器曾作出比较详细的规定。② 战后这些武器常常被用来支持地方的极端主义，既威胁国内安定也危及政府自身。泽克特意识到，通过裁减总人数能够确保国防军和警察拥有垄断的军事地位。他建议，利用协约国的裁军行动来剥夺这些准军事团体的武器，强调国防军和警察必须绝对垄断军事力量。③ 泽克特将军的建议表达了政府的设想，后来成为德国裁军政策的基础，既减少武装人数，同时又能满足扩大国防军的需要。

---

① 德国各联邦之雇员或职员，如官吏、森林警察、海岸部队，其数不得超过 1913 年执行此等职务之雇员或职员之数。宪兵及地方或市警察雇员或职员，其增加之数，仅能以 1913 年以来各地方或市人口增加为比例。此项雇员及职员不得聚集为参与军事之练习。参见《国际条约集（1917—1923）》，第 139 页。另参见 Richard J. Shuster, *German Disarmament after World War I: The Diplomacy of International Arm Inspection 1920 - 1931*, p. 81。
② 教育机关、大学、退伍兵社团、射击或旅行等协会，总之不论何种性质之协会，不论会员之年岁，概不应从事任何军事问题。尤要者，应禁止其以战争军械之职业或使用，教授其会员或使会员练习，亦不得听其会员受教或练习。此种社团、协会、教育机关及大学不应与陆军部或其他任何军事机关有任何关系。参见《国际条约集（1917—1923）》，第 142 页。
③ Boyle, Tomas Edward, *France, Great Britain, and German Disarmament: 1919 - 1927*, p. 55.

为执行该计划，8月7日，德国通过法令，宣布解除民间武装，对那些没有上缴武器的人要实施处罚措施，对于主动上缴武器的人则给予金钱补助。法案实施一个月后效果显著，特别是在政府能有效控制的地区。10月28日，裁军专员卡尔·皮特博士汇报说，收缴了850门大炮，11635挺机枪，1750000支来复枪。[1] 可见，收缴民间武器的成效比较大。但解散地方自卫组织的工作则进展得不顺利，例如，协约国与柏林对巴伐利亚强大的自卫组织"德语居民"都感觉无能为力。

关于德国裁军的实效，协约国内部评价不一。英国认为裁军取得了相当大的成功，特别是在它认为重要的地区，成功地削弱了德国的战争潜力。1920年11月，英国陆军部官员汇报说：在相当长期限内，德国对协约国不会构成军事威胁。空军官员也提交了相同的报告：德国空军的裁军工作完成得比较好，即便有所隐藏也不会对协约国构成威胁。军方的观点得到政治家们的完全赞同，驻德国大使多次表示，德国既然已经销毁了重型火炮，那么协约国应该在一些不重要的问题上作出让步。[2] 劳合·乔治也认为，自斯帕会议后德国很好地履行了它的裁军义务。

然而，法国以及其他协约国则持不同观点，尽管承认德国在裁减国防军人数以及销毁战争物资方面的进展，但他们相信德国军国主义的根基依然存在并很强大，军队实力的削弱只是因为缺乏战争物资，协约国持续限制战争物资是裁军的唯一途径。因此，法国格外要求德国破坏培育其军国主义精神以及军事训练的全部社会和政治机构。正如诺莱将军所说："德国人自己拒绝军国主义才是德国真正的裁军。"[3] 但法国超物质限制的道义上、心理上的"道义裁军"政策难以完成，也无法准确地检验。因为"道义裁军"需要长久的监控，并将德国威胁作为维系协约国的纽带，一旦松懈将导致德国逃避义务。在德国成为一个被照看的国家之前，法国随时可以重申德国重新裁军的危险。法国的"道义裁军"政策反映了它没有将裁军视为安全的基础，对于法国来说，德国裁军未必是必须执行的《凡尔赛和约》条款，但却是一个不确定的、可能还是永久的控制与履行的过程。法国认为"道义裁军"首先应该体现在国防军的训练、组织以及指挥上，而不是武器方面，消除德国军国主义要从消除其军队的军事传统开始。

法国对于德国解散国安警察以及巴伐利亚"德语居民"组织的失败很

---

① Boyle, Tomas Edward, *France, Great Britain, and German Disarmament: 1919－1927*, p. 75.

② Boyle, Tomas Edward, *France, Great Britain, and German Disarmament: 1919－1927*, p. 84.

③ Richard J. Shuster, *The Diplomacy of Disarmament: Allied Military Control in Germany, 1920－1931*, p. 127.

是关注。在与巴伐利亚总理冯·卡尔会谈之后，诺莱将军汇报道："德语居民"和它的支持者对和平构成了真正的危险……在秩序的掩盖下，他们其实在筹备动员全国的军队。[1] 在法国看来，"德语居民"组织本身就证明了德国军国主义的存在以及德国的军事威胁。IMCC 在 12 月 12 日的报告中写道：尽管到目前为止，德国毫无疑问作出了努力，它仍然有义务继续履行其裁军义务。[2] 被法国列为第一项裁军义务的是解散德国的准军事团体以及国安警察。

此时，法国政府面临着越来越大的国内压力。12 月中旬，法国陆军部长安德烈·勒费弗辞职，在其公开信里攻击将法国军事训练限定在 18 个月的议案。坚持认为德国没有履行裁军义务，依然具有进行军事威胁的能力。在收到保罗·莱格总理的回复后，辞职的陆军部长开始转而攻击莱格总理，导致莱格内阁出现了严重的政治危机。1921 年初，阿里斯蒂德·白里安取而代之成为新一任总理，他宣布第一项任务是履行《凡尔赛和约》，尽管战争赔偿问题主导了法国外交政策，但裁军是解决所有《凡尔赛和约》规定的问题的关键点。白里安宣称："为了安全，德国必须裁军，主导解决裁军问题是本届政府的第一项任务，政府决不能失败。"[3] 当然，白里安也强调要与其他协约国，特别是与英国进行合作。

1921 年 1 月 24 日，协约国在巴黎召开会议，代表们分别表达了各国政府关于军事问题、裁军问题的观点。福煦元帅的报告强调德国违反《凡尔赛和约》的行为，英国代表质疑福煦元帅提出的武器销毁数字。诺莱将军进行调和说，数字是模糊的，但他抱怨德国对裁军进行阻挠，并认为德国的工业将很快弥补这些武器。福煦元帅建议最高理事会重申其裁军要求，但延迟执行直到德国的违反行为达到允许协约国进行干涉的限度。如果德国违背裁军规定达到一定程度，福煦建议将占领法兰克福、鲁尔，或者是扩大协约国占领莱茵兰的区域。[4]

在当天下午的会议中，劳合·乔治与白里安围绕裁军问题进行商讨，劳合·乔治重申英国执行《凡尔赛和约》的决心，但要随着环境变化进行一些修改。对英国来说，中心议题是保证德国的忠诚，自斯帕会议德国已经作出了努力。他反对法国提出的德国战争物资能迅速再生的观点，同时质疑将裁军问题与战争赔偿问题视为一个整体的观点，坚持认为，如果德

---

① Boyle, Tomas Edward, *France, Great Britain, and German Disarmament：1919 – 1927*, p. 86.
② Boyle, Tomas Edward, *France, Great Britain, and German Disarmament：1919 – 1927*, p. 86.
③ Boyle, Tomas Edward, *France, Great Britain, and German Disarmament：1919 – 1927*, p. 89.
④ Boyle, Tomas Edward, *France, Great Britain, and German Disarmament：1919 – 1927*, p. 91.

国试图履行其义务，那么协约国应该理解德国的难处。作为回应，白里安强调裁军对于保护法国安全的关键作用，"国家安全是政府决不能妥协的问题"①。尽管白里安也表示对一些特殊的裁军要求可以有所让步，但他更支持采取明确的制裁措施。

随后，军方代表向最高理事会提交的报告书基本反映了英国的观点。报告书为裁军划定了一个新的期限——3 月 15 日。福煦元帅再次建议将启动危及领土的制裁机制，然而，劳合·乔治仅同意非正式通知德国，如果它没有履行义务，将引发严重后果。劳合·乔治还提议将 3 月 15 日的底线宽延几周，白里安表示同意。白里安作出妥协是为了确保得到英国的支持，重申法英联盟。1 月 29 日，会议向德国政府发布了一份声明，提出包括战争赔偿和裁军问题的一系列要求。

德国政府很快作出比较消极的反馈，外交部长西蒙斯了解到协约国内部存在分裂，试图用坚决的立场打破它们的联盟。在巴伐利亚和东普鲁士，一些德国人威胁 IMCC 工作人员，IMCC 被迫停止了工作。巴伐利亚拒绝解散"德语居民"组织。1 月 31 日，在德国内阁会议上部长们一致同意拒绝协约国的赔偿要求。②

面对德国的抵制，所有协约国都同意采取制裁措施。白里安主张扩大协约国的占领区。劳合·乔治除了赞同占领之外，还提出经济制裁，对购进非德国制造的商品政府进行半价补贴。这将沉重打击德国企业家，迫使他们支持协约国的要求。在随后的几次会议，协约国达成一致的制裁措施：占领杜伊斯堡、卢罗特、杜塞尔多夫；德国进口商品在协约国内部进行分配；在占领区设立海关收缴战争赔偿。并宣布，如果德国拒绝，协约国将于 3 月 7 日采取制裁措施。3 月 8 日，协约国以德国没有履行其赔偿义务出兵占领了上述三个城市。可见，协约国为索取战争赔偿不惜动用武力；裁军问题位列战争赔偿之后，尽管如此，裁军问题在协约国内部发挥着重要作用，它团结了协约国，达成了赔偿问题无法达成的一致，以至于劳合·乔治考虑，如果可能将使用裁军而不是赔偿作为制裁德国的手段。

协约国的制裁措施并没有促进德国裁军，政府虽然通过了解散"德语居民"的新军事法案，但巴伐利亚公开拒绝解散其自卫团体。监控委员会

---

① Boyle, Tomas Edward, *France, Great Britain, and German Disarmament：1919 – 1927*, p. 92.

② 协约国要求德国支付 2260 亿金马克的战争赔偿，而西蒙斯将数字降到了 500 亿金马克，除去已经上缴的 200 亿金马克的物资，德国只能支付 300 亿金马克，其中包括协约国 80 亿金马克的贷款，德国出口税由德国自由使用。参见 Boyle, Tomas Edward, *France, Great Britain, and German Disarmament：1919 – 1927*, p. 94。

也汇报说，在监控和销毁德国战争物资方面遇到越来越多的阻碍。与此同时，协约国内部的分歧也日趋明显，法国试图立即占领鲁尔，英国则反对，认为该行动将阻碍收缴战争赔偿。经过多次协商，协约国基本达成一致意见，5 月 5 日，以最后通牒的形式通告德国，关于战争赔偿、裁军以及其他重要问题的决议，除非德国 6 天内同意，否则将占领鲁尔及采取其他制裁措施。随后，鲁尔危机爆发，裁减德国军队的工作暂时停止。

（三）裁撤德国军工厂

德国先进的工业生产能力和技术水平使其即使在战争期间也能生产出大量的武器、弹药，这是它保持强劲战斗力的关键环节。和会期间，协约国特别是英国一直强调必须控制德国生产战争物资的能力。劳合·乔治主张拆除德国工厂，禁止其生产战争物资，并坚信这是控制德国军事潜力最有效的手段。战争部长丘吉尔极力支持拆除德国生产战争物资的工厂和设备。[1] 第一次世界大战期间法国北部的工业区被销毁殆尽，而德国的工业并未被摧毁。战后法国对德国的忌惮不仅由于后者的人口数量，更害怕它强大的工业实力。因此，英、法力图将德国大量的工厂从生产战争物资转产为商业产品。

为此，《凡尔赛和约》第 168 条款规定，裁撤所有军工厂，生产《凡尔赛和约》允许的战争物资的军工厂除外。第 169 条规定，专用于制造战事材料之任何机具，除经认为德国陆军实力必需者外，亦适用之（应交出已与主要协约国及参战国政府销毁之，或化为无用）。[2] 由于《凡尔赛和约》使用了概念比较模糊的"裁撤（suppress）"一词，导致 IMCC 内部出现了争论。为解决该问题，"大使级会议"在 1920 年 2 月 10 日开会讨论，对"suppress"一词进行了定义：通过破坏德国设施、机器、模具以及设备的方式，防止德国工厂生产战争物资。[3] 经过转产生产商业产品的工厂可以重新开工。

为落实《凡尔赛和约》条款，协约国开始着手限制德国军工厂。首先，确定德国工厂根据《凡尔赛和约》规定为 10 万人规模的国防军生产必要的战争物资的种类和数量。2 月 26 日，"大使级会议"再次开会，最终仅有 6 家工厂被指定为生产战争物资，中等规模的军工厂都将被彻底关

---

① Richard J. Shuster, *German Disarmament after World War 1：The Diplomacy of International Arm Inspection 1920 – 1931*, p. 62.

② 《国际条约集（1917—1923）》，第 140 页。

③ Richard J. Shuster, *German Disarmament after World War 1：The Diplomacy of International Arm Inspection 1920 – 1931*, p. 63.

闭，克虏伯只被允许生产数量很少的火炮。德国对此抱怨道，这将降低经济效率，提出克虏伯应该生产更多的火炮，并要求将工厂数量扩大到79家。会议作出了妥协，最后允许14家工厂生产战争物资，但每家只生产指定类型的武器。① 其次，"武器分委会"负责没收、破坏散布在大量工厂中的设备、机器、弹药等物资。这是一项令人却步的艰难任务，德国政府提供的信息也不准确，IMCC工作人员发现有7500多家工厂需要检查、监督。再次，很多生产机器存在双重生产目的问题。3月26日，"大使级会议"决定，不管机器以前生产了什么，只要目前不生产战争物资，将不再被销毁、破坏。最后，裁撤德国军工厂涉及工厂的产权问题。IMCC开始将这些工厂划分为国家所有、私人所有两类。协约国认为国家所有的工厂更加危险，因为这些工厂的武器订单是国家订货，而私人工厂只是追求利润。②

战争期间曾获利较多的德国企业主和工人们马上感受到《凡尔赛和约》的冲击力，因此，企业主和军方一样强烈反对军事条款，他们动员工人采取行动阻止裁减军工厂，并威胁说工厂将减少支付战争赔偿。企业主在德国属于自由的中上阶层，他们像士兵一样大多是民族主义者。第一次世界大战留给他们的经验是政府合同并没有太多的利润，但战后军方要求他们为日后的战时生产保留足够多的设备。德国军方的要求与协约国裁撤军工厂的行为相互矛盾，企业主们无所适从。斯帕会议后，对军工厂的监督检查进展还算顺利，到11月份，已经监督检查了2673家工厂，宣布2108家工厂转产。③ 德国大型化工厂，包括一些生产火药、毒气的工厂都被IMCC监督检查，尽管这些工厂比传统的战争物资更难控制。

为了有效地裁减德国军备，协约国对于克虏伯、德意志造船厂之类的工业垄断集团很是关注。第一次世界大战期间克虏伯的产量大增，生产的战争物资超过欧洲所有其他工厂。1920年5月29日，协约国在克虏伯总部大楼设置了永久性的监督委员会，负责破坏克虏伯的机器并监督其转产情况。委员会由英国人莱弗李特上校负责，对克虏伯的监控长达6年之久。

1921年7月15日，《德国帝国公报和普鲁士州公报》明确规定，克虏

① Richard J. Shuster, *German Disarmament after World War I: The Diplomacy of International Arm Inspection 1920 – 1931*, p. 64.

② Richard J. Shuster, *German Disarmament after World War I: The Diplomacy of International Arm Inspection 1920 – 1931*, p. 65.

③ Boyle, Tomas Edward, *France, Great Britain, and German Disarmament: 1919 – 1927*, p. 72.

伯有限公司只限于生产单一类型的大炮,并且一年只能生产其中的 4 种。该公司只能为海军生产够用的大炮、炮弹起卸机、机械射击装置以及装甲。这些都要接受委员会的监督与核查。委员会还要求克虏伯销毁 160 门火炮、380 台设备、9300 架机器、800000 件工具。[①] 克虏伯原来也生产榴弹炮、引信、弹壳等,但 IMCC 却只关注它生产的重型火炮。生产火炮最重要的设备是生产炮身的车床,克虏伯原来拥有 78 架生产炮身的巨型车床,委员会要求克虏伯只能保留 11 架。德国人提出抗议,要求保留所有车床用于商业生产。委员会最终作出了妥协,允许克虏伯留下 36 架车床。[②]

早在战争结束之初,克虏伯已经开始自行转产了。在车间的海报、目录以及报纸广告上遍布"我们无所不做"的口号,克虏伯员工能够生产从火车头到现金出纳机、打印机、洒水壶甚至是汤勺和叉子等各种东西。到 1922 年底,IMCC 认为它已经有效地破坏了克虏伯生产战争物资的能力。但古斯塔夫·克虏伯坚信,"如果德国应当重生……克虏伯康采恩就必须做好准备。"[③] 为此,在破坏、销毁多余车床的同时,克虏伯设计出更新型的现代化武器。1925 年 11 月,泽克特将军来到埃森,在克虏伯工厂转了 5 天。而这并没有引起监控委员会的关注,可能是 4 个月后它就要被取缔的缘故。

德国工业的另一个大型垄断集团是政府所属的德意志造船厂,它也是协约国裁撤军工厂的另一个目标,该工厂生产轻型武器和军事装备。《凡尔赛和约》规定,德国在《凡尔赛和约》生效三个月后必须拆除所有国家军火库,并遣散所有工作人员。然而,1920 年 2 月 10 日,"大使级会议"决定,国有企业只要不生产战争物资就可以重新开工。因此,战后德国首先将其私有化,并转产生产民用商品。1921 年 6 月 20 日,IMCC 指示德国政府拆除该工厂以防止其再转产生产战争产品。德国政府争辩说,该要求将导致几千工人失业,并将危害战争赔偿。几个该工厂的工人代表也极力呼吁。IMCC 一直重视民众对裁军问题的支持。诺莱将军强调说,这确实是一个社会及政治问题,德国工人对"道义裁军"有着重要影响,同意德

---

① Richard J. Shuster, *German Disarmament after World War I: The Diplomacy of International Arm Inspection 1920 - 1931*, p. 68.

② Richard J. Shuster, *German Disarmament after World War I: The Diplomacy of International Arm Inspection 1920 - 1931*, p. 69.

③ 〔美〕威廉·曼彻斯特:《克虏伯的军火:德国军工巨鳄的兴衰》,第 427 页。

意志造船厂逐步转产。①

到了 1921 年底，协约国对德意志造船厂的转产数量很是不满。IMCC 命令造船厂裁减员工、消减产量，关闭、拆除很多工厂。该命令进一步加剧了工人、企业家以及政府官员对协约国的怨恨。许多被关闭、拆除的工厂位于巴伐利亚，该州一直是抵制协约国裁军行动最激烈的地方。不仅工人反对情绪比较强烈，州行政长官莱兴费尔德伯爵也据理力争说，这些工厂只是生产和平的产品，例如农业机械。他还坚称，关闭造船厂将引发严重的经济危机。德国政府则向赔偿委员会提出申述，关闭造船厂将削减德国支付战争赔偿的能力。

毕竟，协约国的裁军行动需要德国政府合作，英、法对其抗议也不能总是视而不见。而且，巴伐利亚已经滋生了反抗力量，配备武器、训练有素的准军事组织为数不少。有鉴于此，为了安抚工人、企业主以及政府官员，IMCC 修改了造船厂实行转产的最后限期。经过 2 年多的努力，德国军工厂的裁撤工作取得了比较大的成绩，很多工厂实现了转产。但很多问题依然难以解决，在接下来的日子，协约国与德国围绕裁撤军工厂的争斗时断时续。鲁尔危机爆发后，裁撤军工厂像其他裁军问题一样也暂时停滞。

战后初期，协约国比较全面、系统地监督、检查了德国政府执行裁军义务的状况，其主要政策措施的成败、得失表明：1.《凡尔赛和约》关于德国裁军的规定比较模糊、不明确，造成 IMCC 和德国政府执行裁军任务比较困难。2. 协约国内部对于德国裁军问题的政策不一致。英、法两国各自不同的欧洲战略、对德政策、裁军政策导致协约国内部既合作又争斗，影响了该问题的解决。3. 德国国内状况对裁军效果产生了极大的反作用。政府对内维持社会秩序需要军方合作、支持，对外与协约国交涉裁军问题需要维护国家利益、军方利益。因此，本身已经很复杂的裁军问题叠加了如此多层的内外诸种因素，德国政府即便要履行裁军义务也是困难重重。面对《伦敦最后通牒》，费伦巴赫政府倒台。

二 德国政府履行裁军义务的政策

5 月 10 日，中央党人约瑟夫·维尔特组成新政府。议会通过决议接受《伦敦最后通牒》，维尔特政府表示履行《凡尔赛和约》义务，关于裁军问题，新政府表示不再拖延，或者阻碍裁军进程。维尔特政府中的民主党领袖、复兴部长，后担任外交部长的瓦尔特·拉特瑙发挥了重要作用，他

---

① Boyle, Tomas Edward, *France, Great Britain, and German Disarmament: 1919 – 1927*, p. 104.

力主履行《凡尔赛和约》。维尔特在与诺莱将军会晤时表示，政府将履行裁军义务。官方的合作态度有了明显改善，国防军领导人看起来也变得愿意与监控委员会合作。

维尔特政府在镇压共产党暴动之后重建了中央政府权威，国内秩序逐步恢复，警察和国防军也变得更加自信和有效率。在面对国会议员的指责时，维尔特和拉特瑙捍卫其履行《凡尔赛和约》的政策，呼吁国际合作与安抚政策。维尔特说道："只有通过行动，而不是语言，才能确保原先的敌人相信我们的诚意。"[1] 因此，拉特瑙被反对者诋毁为"履行政治家"，其政策被称为"履行政策"。拉特瑙希望通过履行《凡尔赛和约》消除敌意和怀疑，从而与协约国重建正常的关系。然而，透过"履行政策"的表面，还有更深层的意图：希望通过合作一方面让协约国感受到德国的诚意；另一方面，迫使协约国意识到它们的要求难以完成。至于裁军问题，德国尽可能地履行其义务，消除协约国对德国军队的恐惧，从而尽快撤销军事管控。英国军事专家评价德国的履行政策：不仅是担心制裁措施，同时也相信"裁军要求越早得到满足，德国就能越早摆脱控制，进而进行重建，包括重建军队"[2]。遵循该政策，维尔特政府履行《凡尔赛和约》的行动达到高潮，特别是裁军。

协约国很快就感受到"履行政策"的效果，IMCC 报告说，德国政府已经命令地方军事装备和弹药工厂与监控委员会官员进行合作。委员会加快了日程，尽可能快地完成《凡尔赛和约》规定的裁军任务。6 月，诺莱将军汇报说：自从接受《伦敦最后通牒》以来，德国人变得更加礼貌与合作。在东普鲁士，裁军也取得重大进展。IACC、INCC 两个委员会也感受到同样的合作态度，英国驻德国大使感叹道：维尔特政府在两周之内取得的进步比费伦巴赫政府一年的进展都多。[3]

自斯帕会议后，德国战争物资的销毁工作取得重大进展，但一些主要障碍依然存在，德国拒绝销毁几种类型武器，例如，反坦克武器、喷火器、装甲运兵车等《凡尔赛和约》没有明确限定的武器。接受《伦敦最后通牒》后，德国开始上缴或者销毁上述有争议的武器，在几个销毁武器中心什切青、法兰克福、杜塞尔多夫、布雷斯劳的上缴和销毁工作几乎全部完成。仅在巴伐利亚，就收缴了"德语居民"组织的 44 门火炮、34 门迫

① Boyle, Tomas Edward, *France, Great Britain, and German Disarmament：1919 – 1927*, p. 100.
② Boyle, Tomas Edward, *France, Great Britain, and German Disarmament：1919 – 1927*, p. 100.
③ Boyle, Tomas Edward, *France, Great Britain, and German Disarmament：1919 – 1927*, p. 101.

击炮、2780挺机枪、248444支来复枪。① 尽管官方在收缴和销毁，民间自卫组织可能依然保有很多小型武器，这些武器大多是战争遗留下来的，很快就过时成为废弃物。

《伦敦最后通牒》发布后，IMCC监控德国军工厂的工作也取得重大成功。1921年8月，IMCC汇报道：7500家军工厂中的5000家已经实现转产。在IMCC专门委员会的监督下，最重要的一家巨型军工厂——克虏伯实现了转产，1922年底，超过9000台，重达60000吨的机器被销毁，超过800000件设备、仪表、模具被拆除。据《克虏伯备忘录》记载，克虏伯上缴的机器、商品价值1.04亿金马克。②

《凡尔赛和约》第170条款是有关禁止德国战争物资进出口的规定：军械、弹药及无论何种性质之战事材料应严格禁止其输入德国。军械、弹药及无论何种性质之战事材料，为外国制造或输出到外国者，亦当禁止。③该条款的目的是防止德国通过进口，或者建立具有快速生产武器能力的大型出口工业，以弥补其战争物资的损失。接受《伦敦最后通牒》后，德国重修了战争物资进出口法案。然而，该法案并没有阻止德国战争物资出口，为逃避《凡尔赛和约》规定，德国将少量战争物资运往中立国，借假公司名义储存起来。大量战争物资通过私人出售盈利的方式出口，自《停战协议》至履行《凡尔赛和约》前，德国已经出口了大量战争物资。

对此，监控委员会无力控制与防范。协约国主要关注德国战争物资的流向，英国主要关注运往爱尔兰和阿富汗的枪支和弹药，自战争爆发后，爱尔兰起义者已拥有大量德国武器。1921—1922年，英国政府在北海虽然捕获了几艘船，但并没有成功阻截武器流向爱尔兰，因为在阿富汗建立了稳定的武器流通渠道。英国和法国同样担心德国武器大量输出至中东流到阿拉伯人手中，德国武器甚至还流向了巴尔干半岛、南美洲、远东地区。当然，德国非法的战争物资还有一个重要流向地区——苏俄。

1921年3月，德国政府曾颁布法令，宣布解散各种非法组织，但只是在接受《伦敦最后通牒》后，政府才下决心执行这些法令。面对进一步制裁的威胁，德国领导人意识到不能再逃避履行《凡尔赛和约》的义务，柏林命令各州政府强制解散所有非法的准军事组织。柏林的"履行政策"首先在巴伐利亚取得成功，柏林明确的裁军意图迫使极不情愿的巴伐利亚州

① Boyle, Tomas Edward, *France, Great Britain, and German Disarmament: 1919–1927*, p.101.
② Boyle, Tomas Edward, *France, Great Britain, and German Disarmament: 1919–1927*, p.103.
③ 《国际条约集（1917—1923）》，第141页。

政府重新考虑其处境，为避免与柏林冲突，巴伐利亚人民党首先终止了对"德语居民"的保护。冯·卡尔同意遵守本党的决议，1921 年 5 月底，巴伐利亚州政府命令解散"德语居民"组织，并要求在 6 月底上缴所有武器。尽管这并没有破坏掉所有的"德语居民"组织，但其核心机构消失了。到 8 月初，巴伐利亚所有非法组织被解散，上缴武器数量之多是在德国接受《伦敦最后通牒》之前认为不可能实现的。

　　INCC 裁军的进程也同样加速了。INCC 以前的工作进程就比 IMCC 快，自接受《伦敦最后通牒》后，德国上缴了全部海军战争物资。1921 年 9 月底，驻赫里戈兰的分委会撤出。1922 年，INCC 派出 20 名官员到 IMCC 帮助监督检查海军军工厂。该年年底，INCC 汇报说，销毁工作全部完成，包括 9625 吨枪支、17399 吨配件、45122 吨弹药、5364 吨鱼雷以及 133100 吨其他各种战争物资。① 海军裁军最难控制的问题是巡洋舰上的枪炮、弹药以及德国上缴给法国和意大利的驱逐舰，尽管协约国多次要求，但德国一直不承认法、意拥有驱逐舰的权利，这主要是荣誉问题，而不是东西有多重要。可见，德国还是将裁军义务视为耻辱，并不是心甘情愿地履行。

　　诚然，"履行政策"正如其决策者所说的，其目的就是要表明德国政府无法履行其义务，从而迫使协约国修改《凡尔赛和约》。6 月 24 日，"履行政策"的倡导者与实施者——外交部长拉特瑙被极端民族主义者刺杀后，德国政府的"履行政策"已经名存实亡。德国政府一方面口头上承诺履行裁军义务；另一方面，行动上蓄意违反裁军规定，阻碍裁军。到了 1922 年 6 月，诺莱将军宣称，维尔特政府故意拖延裁军进程，蓄意破坏 IMCC 权威，散布谣言说 IMCC 试图对德国进行超出《凡尔赛和约》的限制。其实，自年初诺莱将军就发现裁军工作开始停滞不前，在德国各处发现上百万颗子弹、上千支手枪、来复枪，还有许多机枪，在一家工厂的女卫生间里还发现一处武器的藏匿地点，此时 IMCC 已经工作 3 年了。然而，德国政府继续否认他们阻塞协约国的裁军努力以及违反《凡尔赛和约》的行为，并抱怨 IMCC 的裁军行动没有考虑裁军问题的复杂性及其对德国政治、经济、军事产生的影响。②

　　鉴于德国裁军已经取得了一些成效，协约国，特别是英国开始考虑撤回 IMCC，用一个小型的管理机构替代，这又引发了协约国内部的争论。8

---

① Boyle, Tomas Edward, *France, Great Britain, and German Disarmament: 1919 - 1927*, p. 111.
② Richard J. Shuster, *The Diplomacy of Disarmament: Allied Military Control in Germany, 1920 - 1931*, p. 219.

月 26 日，"大使级会议"决定，如果德国能够做到五点要求，那么将撤回 IMCC，用一个小型的不再是无处不在的机构替代。9 月 29 日，德国政府收到了协约国下达的五点裁军要求：1. 德国政府必须完成军工厂的转产；2. 必须上缴 1918 年库存的以及多出来的战争物资；3. 按照《凡尔赛和约》规定重组警察力量；4. 禁止进出口战争物资；5. 禁止非法招募军队。[1] 协约国的上述要求引发了德国政府的抗议。

此时，德国民众也表现出敌意，IMCC 官员持续受到威胁，其政治、军事权威受损。民众的排外情绪部分是对于外国军队占领领土以及对抗《凡尔赛和约》的一种爱国主义反应，该情绪随着法国在上西里西亚、萨尔、莱茵地区的行动而达到高潮。因此，百年宿敌法国成为德国外交和国内政策失败的替罪羊。10 月，接连发生几起攻击 IMCC 官员和士兵的事件。诺莱将军宣布，监控工作已经变得无法进行，除非采取行动防止类似事件再次发生，否则 IMCC 的名誉将永久受损，协约国对德国的裁军政策将大打折扣。德国人对裁军的阻碍表明，他们希望能侥幸逃脱协约国的监控。然而，其结果却出现一个恶性循环：IMCC 在德国待得越久，德国人变得越沮丧，他们表现出越来越多的阻碍行为，使得 IMCC 存留的时间越长久。毫无疑问，德国人对协约国监控官员的人身攻击加剧了国际紧张局势，违反《凡尔赛和约》军事条款以及阻碍协约国裁军努力的行为导致英、法采取更加顽固的政策。撤回 IMCC 的计划不仅没有实现，而且《凡尔赛和约》规定的三个月（虽然最初是极不现实的预期）的裁军和军事监控限期最后延长至 7 年。

1922 年 12 月，协约国最高理事会在伦敦召开会议。德国提出延期两年支付战争赔偿。英国政府原则上同意德国的请求，而以坚决执行《凡尔赛和约》口号上台的法国新任总理雷蒙·普恩加莱却寸步不让。12 月 26 日，美国驻赔偿委员会非正式代表波登向国务卿休斯汇报：今天赔偿委员会一致认为，德国没有完全履行《凡尔赛和约》附件 4 所规定的 1922 年应该交付给法国木材的义务。按照《凡尔赛和约》规定，德国对赔偿义务的"违反"已经构成了"蓄意违反"。据此，委员会通知英、法、比、意各国政府，同时也通过本代表非正式地通知美国政府。[2]

---

① Richard J. Shuster, *German Disarmament after World War I: The Diplomacy of International Arm Inspection 1920 - 1931*, p. 54.

② 法国联合比利时和意大利，在赔偿委员会里以 3：1 的多数（英国投反对票）宣布，德国"故意"不如期交付 1922 年度的木材和煤炭的实物赔偿。参见 FRUS, 1922, vol. 2, pp. 198 - 199. The Ambassador in France (Herrick) to the Secretary of State。

　　1923 年 1 月 11 日，法国联合比利时出兵占领了鲁尔地区。鲁尔危机宣告德国政府的 "履行政策" 最终以失败告终。法国出兵的目的是索取煤炭，迫使德国政府履行《凡尔赛和约》规定的赔偿义务，同时强化法国在欧洲大陆的地位。但法国的贸然行动得不偿失，首先，英国反对法、比的军事行动。劳合·乔治认为世界经济复苏依赖于德国经济的恢复，德国受损将间接影响英国经济。更主要的是，英国决策者倡导应该宽容地执行《凡尔赛和约》政策，他们希望改善与德国的关系，赞同德国可以一定程度上恢复其战前实力。英国虽然反对法、比占领鲁尔，但采取中立政策，企图使法国的鲁莽行为自取失败。

　　面对法、比入侵强行索取赔偿而引发的鲁尔危机，德国政府采取 "消极抵抗" 政策。召回驻两国大使，停止支付赔偿，交通部下令禁止铁路和水路为法、比运煤，古诺总理呼吁德国人统一行动展开 "消极抵抗"，拒绝为占领者服务。法、比占领当局则采取了严厉的镇压措施。鲁尔危机给德国社会带来动荡，马克急剧贬值，物价一路狂飙，工人运动此起彼伏。以巴伐利亚为中心，极右势力，特别是第一次世界大战退伍兵阿道夫·希特勒领导的 "国家社会主义德国工人党" 活动猖獗。

　　鲁尔危机对德国裁军和军事控制也产生了比较严重的不利影响。各地出现一些非法的军事团体，德国政府对于 IMCC 的警告答复道，这些有问题的组织已经被解散了，拒绝采取行动阻止。随着政府反法宣传，德国人的敌意也更加强烈，军事控制也越来越困难。到了 4 月，对德国设施进行监督检查时，只要有法国人和比利时人参加，立刻变得无法进行，而英国人、意大利人还可以正常工作。德国政府拒绝 IMCC 监督检查任何军队装备，并禁止向协约国官员提供任何有关工厂的信息，德国的裁军联络官也不提供帮助。随后，德国政府干脆取消了裁军联络官。诺莱将军面临着困境，他宣布，或者 IMCC 撤退，或者协约国采取必要措施迫使德国变更政府。[①]

　　4 月 25 日，英、法的大使级会议召开，英、法两国关于恢复对德裁军监督检查的意见分歧达到顶点。英国代表埃里克·菲利普认为，当前应该只是名义上保持裁军控制。而法国代表朱尔斯·康邦极力主张立即恢复所有管控措施，他激动地说，"既然英国政府签署了《凡尔赛和约》，那么它就必须执行《凡尔赛和约》。"[②] 菲利普认为，协约国应该只是拥有监控的权利，担

　　① Richard J. Shuster, *The Diplomacy of Disarmament*: *Allied Military Control in Germany*, *1920 – 1931*, p. 235.
　　② Richard J. Shuster, *The Diplomacy of Disarmament*: *Allied Military Control in Germany*, *1920 – 1931*, p. 240.

心任何实际的监控行动将导致暴力事件。英、法关系因鲁尔危机受到损害。

8月12日，难以为继的古诺政府宣布辞职。第二天，在工业界的大力支持下，人民党主席古斯塔夫·斯特莱斯曼上台组阁，这是德国历史上第一次成功实现多党联盟执政。9月26日，德国政府发布《告德国人民书》，宣布停止"消极抵抗"，第二天又以紧急法令形式废除了"消极抵抗"的一切相关法令。长达9个月的鲁尔危机至此结束，欧洲的紧张局势也随之缓解。斯特莱斯曼承诺，德国政府愿意遵守《凡尔赛和约》，履行《凡尔赛和约》规定的义务。斯特莱斯曼在第一次世界大战期间曾是积极的扩张主义者，但战后为改善德国与协约国关系作出了巨大贡献。在担任总理兼外交部长期间，斯特莱斯曼充分运用其高超的外交手段为德国赢得了良好的国际环境，日后更是直接促成了IMCC撤离德国以及协约国军队提前撤出莱茵兰。"自斯特莱斯曼的时代起，德国和世界其他国家的关系主要就依靠裁军问题的解决"。[1] 从此，斯特莱斯曼政府如何解决裁军问题成为该政府外交政策的主要内容之一。

鲁尔危机爆发后，裁军问题被搁置下来，协约国的监督、检查工作也大多停止。随着形势发展，普恩加莱面临国内外越来越大的政治、外交压力，他又重提裁军问题，要求协约国对德国军事进行控制和监督检查。德国政府反驳道，德国已经履行了《凡尔赛和约》规定的裁军义务，1922年底IMCC完成了对德国武器的最终检查，已经停止了活动。目前，德国裁军问题由国联负责。"大使级会议"否决了德国的上述言论，并说自IMCC最后一次对德国检查，已经耽误了许多时日。1924年5月28日，"大使级会议"宣布了由普恩加莱签署的声明：如果德国不接受裁军检查，将面临"更严格地执行《凡尔赛和约》"，并要求德国政府在6月30日之前答复。[2]

协约国重启裁军监控使得德国政府的外交决策复杂化，任何不妥协的答复都将破坏正在进行的《道威斯计划》谈判；而如果接受协约国的要求，政府将面临民族主义者的攻击，说它损害了德国声誉。斯特莱斯曼对此很清楚，他采取了拖延政策。接到协约国"大使级会议"的5月照会后，斯特莱斯曼首先向军方领导人泽克特将军讲明，接受协约国照会是比较理智的选择。泽克特此时不仅与民族主义者有着密切的联系，而且对于人民党入主内阁也起到了重要作用。接着，斯特莱斯曼向议会阐述其外交自信，因1924

---

① 〔英〕华尔脱斯：《国际联盟史》（上卷），第251页。

② Robert. P. Grathwol, *Stresemann and the DNVP：Reconciliation or Revenge in German Foreign Policy，1924–1928*, Lawrence：The Regents Press of Kansas 1980, p. 32.

年是英、法大选之年，两国政府都实现了新旧更替。工党领袖拉姆塞·麦克唐纳第一次组阁，法国左翼社会党主席爱德华·赫里欧则取代了强硬的"执行派"代表普恩加莱上台执政。斯特莱斯曼立即意识到，德国可以通过与法国协商来处理彼此之间的矛盾分歧。赫里欧已打算对德作出让步，例如，重新接纳那些在鲁尔危机期间被驱除出莱茵兰的人们，并建议如果法国的索赔要求能得到满足，法国其实可以撤出它的军队。①

但德国可能拒绝协约国照会的谣言到处流传，很快英国、法国两国政府都得知了。更令人不安的报告接踵而来，说民族主义者和军国主义者的联合越来越紧密，他们的非法军事行动确实增加了很多。报告最后警告说，如果裁军失败，将危及《道威斯计划》的制定与实施。协约国向德国政府暗示，与 IMCC 合作，如果几个主要问题能够得到圆满解决，他们将尽可能早地取消委员会。②

德国决策者难以抉择，断然拒绝裁军检查不可能；全面接受检查又面临着国内的政治分歧。内阁最后决定，发给"大使级会议"的答复分两方面内容：一方面，否定德国的行为无论如何都将威胁欧洲安全的观点；另一方面，坚持德国事实上已经进行了裁军，同时必须以有利于德国利益的名义接受协约国进行的特定监督、检查，督查的方式也必须由协约国与德国事先达成共识。③内阁强调最后一点是想防止协约国检查德国军队的营房以及它的军队干部机构。泽克特将军对政府的妥协十分不满，并预言答复将被拒绝。如果真的被拒绝，德国政府将反对协约国再进行监督、检查。1924 年 7 月 8 日，"大使级会议"给德国政府发来了由赫里欧签署的回复，对于德国接受裁军检查首先表示了满意，但认为协约国没有任何与德国政府商讨关于裁军监督检查的时间，或者使用方式的义务，裁军督查将尽早开始。④

从维尔特政府的"履行政策"，到古诺政府的"消极抵抗"政策，再到斯特莱斯曼政府的"合作政策"表明，德国政府，包括德国民众是否真心履行裁军义务，能否积极配合协约国、IMCC 实施的裁军和军事监控，

---

① Robert. P. Grathwol, *Stresemann and the DNVP*: *Reconciliation or Revenge in German Foreign Policy*, *1924 – 1928*, p. 32.

② Robert. P. Grathwol, *Stresemann and the DNVP*: *Reconciliation or Revenge in German Foreign Policy*, *1924 – 1928*, p. 33.

③ Robert. P. Grathwol, *Stresemann and the DNVP*: *Reconciliation or Revenge in German Foreign Policy*, *1924 – 1928*, p. 33.

④ Robert. P. Grathwol, *Stresemann and the DNVP*: *Reconciliation or Revenge in German Foreign Policy*, *1924 – 1928*, p. 33.

是对德裁军能否成功的关键之所在。"且不说裁军条款是否过于苛刻，只有认真执行这些条款才有意义。协约国管制委员会应为此目的工作。"① 为执行《凡尔赛和约》规定的裁军与军事监控，协约国下设的 IMCC 对德国裁军进行了一系列监督、检查，虽然取得了比较大的成效，但战争的马达尚未完全冷却，一些国家又重燃战火，裁军问题自然难以顺利开展；而德国在履行一定裁军义务的同时，利用"《凡尔赛和约》的军事条款自身存在的漏洞，或者制造出一些漏洞"② 抵制裁军，甚至秘密重建军队；更主要的是，第一次世界大战后裁军问题是一个具有广泛的世界意义的重大国际问题，由英、法两国把持 IMCC 在裁军实践中显得有些力不从心，裁军问题主导权的转移也就在所难免。

第二节　20年代国联处理德国裁军问题的政策

国联③是"一个通过主权国家集体行动确保和平的制度化形式"④，是

---

① 〔瑞士〕埃里希·艾克：《魏玛共和国史——从帝制崩溃到兴登堡当选（1918—1925年）》，第113页。

② Michael E. Haskew, *The Wehrmacht, 1935 - 1945, The Essential Facts and Figures for Hitler's Germany*, London：Amber Book, 2011, p. 16.

③ 我国学术界对于国联的研究一直比较薄弱，基本沿用马列经典作家对国联的论述，特别是因为国联李顿调查团及其调查报告，对国联大多持否定态度。但在认为国联是协约国维护既得利益的工具的同时，很多学者也承认国联的建立是历史发展的结果。参见于琳琦《国际联盟的历程》，黑龙江人民出版社2003年版，第3—5页。国外学者对于国联的研究相对丰富，其中，对国联的评价分为两派（参见 Martyn Housden, *The League of Nations and the Organization of Peace*）。少数人认为，国联的历史虽然短暂，但作出了比较大的贡献。例如，曾担任过国联副秘书长的英国人华尔脱斯对国联作出了比较高的评价（参见华尔脱斯《国际联盟史》，第4页）。而大多数人对国联则作出了负面评价，很多学术研究也主要围绕国联缘何失败进行。例如，德国学者莫里斯·菲伊瑟归纳了7条原因：1. 没有促进达成裁军目标的机构。2. 国联的普遍性不够。3. 英、法之间对抗。4. 各国国内势力反对裁军。5. 裁军会议召开太晚了。6. 法、德在裁军会议上对抗。7. 国联公开的远大目标与裁减军备的现实问题相互矛盾（参见 Jari Eloranta, "Why Did the League of Nations Fail?", *Cliometrica*, Jan 2011, Vol. 5, p. 28）。杰瑞·艾劳瑞塔认为，国联失败主要有两个原因：1. 没有给国联成员提供足够的安全保证。2. 没有达成裁军目标。安德鲁·韦伯斯特认为，虽然国联主导的裁军运动以失败告终，但在初期，国联还是显示出极大的诚意，并取得了一定的成果。可见不论观点如何，裁军问题被普遍视为国联失败的主要原因。（参见 Andrew Webster, "Making Disarmament Work: The Implementation of the International Disarmament Provisions in the League of Nations Covenant, 1919 - 1925", *Diplomacy & Statecraft*, Sep. 2005, Vol. 16 Issue 3, p. 551）

④ Jari Eloranta, *Why Did the League of Nations Fail?* p. 30.

执行《凡尔赛和约》最主要的监护人。到了 20 年代中期，国联主导德国裁军问题自然比协约国的 IMCC 更具有合法性和普遍性。德国裁军是实现普遍裁军的前提与基础，据此，德国政府与国联多次进行交涉，不仅保护了自己的权益，而且加入国联成为理事国，恢复了欧洲大国地位。同时，欧洲安全与德国裁军密切相关，国际社会先后签订了《洛迦诺公约》《非战公约》，初步解决了安全问题，而裁军问题却成为遗留问题。

一　国联主张的裁军政策

经历了第一次世界大战惨痛教训的欧洲各国民众确信，战前各国进行的军备竞赛是促使战争爆发的主要原因。战后凋敝的经济给各国政府造成巨大压力，有鉴于此，热爱和平的人们将裁军视为保证战后和平与发展的最重要手段。"盟约起草者在他们的整个讨论过程中一致认为，规定以国际协议来裁减军备的条款必须是整个裁军计划的基本部分。……关于裁军的部分通篇都采取了总的阐明原则的形式，这些原则的实际执行将首先由行政院加以策划，然后由各会员国家贯彻。"[①] 据此，《国际联盟盟约》序言写道：缔约各国，为增进国际间合作并保持其和平与安全起见，特允承受不从事战争之义务，维持各国间公正、公开、荣誉之邦交。《国际联盟盟约》第一条规定了欲成为国联会员国的条件：唯须确切保证有笃守国际义务之诚意并须承认联盟所规定关于其海、陆、空实力及军备之章程。《国际联盟盟约》第八条则对战后裁军问题进行了比较详细的规定。[②]《国际联盟盟约》第九条规定：关于第一、第八两条各规定之实施及大概关于陆、海、空各问题应设一常设委员会，俾向行政院陈述意见。[③]

和会期间讨论的一些有关裁军问题的建议虽然最终未被列入《国际联盟盟约》之中，但日后的裁军实践证明了它们的重要性。例如，法国代表

①　〔英〕华尔脱斯：《国际联盟史》（上卷），第 249—250 页。
②　（一）联盟会员国承认为维护和平起见，必然减缩各本国军备至适足保卫国家安全及共同履行国际义务的最小限度。（二）行政院，应在估计每一国家之地理形势及其特别状况下，准备此项减缩军备之计划，以便由各国政府予以考虑及施行。（三）此项计划至少每十年须重新考虑及修正一次。（四）此项计划经各政府采用后，所定军备之限制非得行政院同意，不得超过。（五）因私人制造军火及战争器材引起重大之异议，联盟会员国责成行政院筹适当办法，以免流弊，唯应兼顾联盟会员国有未能制造必需之军火及战争器材以保持安全者。（六）联盟会员国担任将国内关于军备之程度、陆、海、空之计划，以及可为战争服务之工业情形互换最坦白，最完整之情报。参见《国际条约集（1917—1923）》，第 269 页。
③　《国际条约集（1917—1923）》，第 270 页。

自由派政治家勒翁·布儒瓦负责的一个委员会曾提出建立一支国际部队和
国际参谋部的建议。《布儒瓦委员会草案》规定，对任何和平破坏者实施
军事制裁，要求给予国联制裁权，国联有能力干预和平遭遇破坏的地区，
并用武力恢复秩序。换言之，如果国联成员国之间出现争端，就应当自动
启动强制仲裁措施。如果有国家拒绝接受国联的决议，那么就应当对其采
取经济甚至是军事上的制裁。他倡议在国联框架下展开全面裁军，并且要
切实检查裁军力度。同时草案建议建立一支国际部队，或一支听由国际联
盟支配、由各国分遣队组成的部队。草案还建议设立一个常设国际参谋
部，其任务首先是组织和训练国际部队，或调节各国分遣队的训练工作，
其次是在任何需要采取军事行动的时候，准备和执行这种军事行动。[1] 威
尔逊总统认为，这"既不合规也不实际"。一个月后，布儒瓦再次建议，
国联要有自己的军事参谋团，可以向国联提供信息、谋划方案，这样战争
爆发时，国联不至于措手不及。[2] 法国的意图很明显，建立一支听命于它
的国际部队，更主要的是要为战后国联监督、检查各国裁军提供一个可靠
的保障措施。

但英美代表反对，他们认为能保证法国安全的不是莱茵兰，而是国
联。豪斯说道："如果在国联建立以后，我们还能蠢到让德国培训并武装
一支庞大的军队，让它再次祸害世界，那愚蠢的我们就活该遭受这种命
运。"[3] 法国的建议被否决，为了安抚法国，英国代表罗伯特·塞西尔勋爵
建议，设立一个供行政院咨询的有关陆海空军问题的常设委员会。该建议
被委员会所接受，并且列入了《国际联盟盟约》第九条。《国际联盟盟
约》对裁军问题的一系列规定表明，"各国应该放弃作为本国军备的唯一
鉴定人的权利，这个在一切问题中最具危险性的问题、民族主义的核心和
堡垒，应该置于国际监督之下。"[4]

根据《国际联盟盟约》第九条，1920 年 5 月 19 日，国联行政院设立
了一个陆海空军顾问委员会（PAC），拟定裁军计划供国联行政院参考，
作为解决各国裁军问题的常设委员会。该委员会由国际盟约各理事国派出

---

① 〔加〕玛格丽特·麦克米伦：《缔造和平：1919 巴黎和会及其开启的战后世界》，第 125
　　页，另参见华尔脱斯《国际联盟史》（上卷），第 71 页。
② 〔加〕玛格丽特·麦克米伦：《缔造和平：1919 巴黎和会及其开启的战后世界》，第 127
　　页。
③ 〔加〕玛格丽特·麦克米伦：《缔造和平：1919 巴黎和会及其开启的战后世界》，第 236
　　页。
④ 〔英〕华尔脱斯：《国际联盟史》（上卷），第 251 页。

专门代表团组成，每个代表团有三名代表，分别代表陆军、海军、空军。布儒瓦主张，委员会的第一要务是协同裁减军备，"它是公众关注的且超越所有问题之上，如果这么重要的问题被拖延，将无法满足世界人民最热切的希望"①。主张首先裁减前敌国军备，在法国压力下，德国被列为优先裁减对象。

10月，瑞典、丹麦、挪威政府要求国联理事会加快"有效限制军备"的速度。布儒瓦坚持，委员会不能制定临时的裁军计划，不能研究裁军问题的细节直至德国履行所有《凡尔赛和约》义务以及《凡尔赛和约》第213条款。

11月15日，国联在总部日内瓦举行了第一届全体大会，共有41个国家代表出席。大会就裁军问题展开讨论时，必然从讨论法、英、意、日几个大国的军力开始，但遭到英、法、日的一致反对。英国代表费希尔警告说，"裁军不可能匆匆忙忙地执行，……委员会要限制其范围，而不是试图解决整个问题。"② 可见，英、法大国力图通过利用《国际联盟盟约》第八条款赋予委员会行政权威制定裁军计划来实现裁军。而一些中小国，特别是斯堪的纳维亚国家则试图利用国联大会更快、更大规模地裁军，提出的裁军建议也相对合理。③ 瑞典代表卡尔·布兰廷、挪威代表克瑞斯蒂安·兰格因此荣获了1921年诺贝尔和平奖。

第一届国联大会取得一些成果。首先，区分了限制军备、减少军备、彻底裁军之间的差别——做任何事情都不能匆忙。其次，成立了两个机构。一是临时混合委员会（TMC），大会接受挪威代表建议，委员会由独立的民事专家组成，是"半官方行为者，为两个主人服务——国联裁军机构以及本国政府"④，负责处理有关裁军问题的日常工作；二是在国联秘书处成立裁军科，负责研究政治、经济、社会、历史、地理等与裁军有关的问题，以供国联行政院拟定裁军草案时参考。但大国与小国就限制军事预算产生了分歧，挪威代表强烈要求限制军事预算，大会因此建议成员国下

---

① Andrew Webster, *Making Disarmament Work*: *The Implementation of the International Disarmament Provisions in the League of Nations Covenant*, 1919 – 1925, p. 553.

② Andrew Webster, *Making Disarmament Work*: *The Implementation of the International Disarmament Provisions in the League of Nations Covenant*, 1919 – 1925, p. 553.

③ 例如，挪威代表兰格建议，两年之内冻结所有国家的武器预算；采取切实措施促进成员国裁军。参见 Andrew Webster, *The Transnational Dream*: *Politicians, Diplomats and Soldiers in the League of Nations' Pursuit of International Disarmament*, 1920 – 1938, p. 508。

④ Andrew Webster, *The Transnational Dream*: *Politicians, Diplomats and Soldiers in the League of Nations' Pursuit of International Disarmament*, 1920 – 1938, p. 508.

两个财政年度将不增加军事预算。法国申请"例外",坚持这只是对成员国的"建议",而非国联的正式决议。①

1921年2月25日,临时混合委员会(TMC)成立,法国前总理雷内·魏微阿尼任主席。7月,TMC召开会议,关注于管理全球武器的运输、私人制造武器、收集和交换各国武器情报以及执行国联调查,并没有制定广泛的普遍的裁军目标。会议报告指出,"已经取得了巨大进步,但只有当安全得到保证时,才能逐步实现普遍裁军"②。

11月,美国主持召开华盛顿会议,美、英、日、法、意五个海军大国达成了关于限制海军军备的《五国海军协定》,推动了国联处理裁军问题的进程。第二届国联大会召开时,大会要求国联理事会扩大混合委员会组成,并授权该委员会拟定具体的裁军计划大纲。大会要求国联理事会统计1913—1921年各国军备发展和变动情况,并要求各国政府提供报告及资料说明本国军备的状况、国防地理情形及必须承担的安全要求及国家义务,还须说明为维持其国内治安所不可少的军警人数。③

混合委员会成员英国常任代表安东尼·埃雪勋爵率先提出了欧洲国家应立即大量裁减陆、空军平时力量的计划,史称《埃雪计划》。该计划遵循华盛顿会议通过的海军比例的先例,按比例限制各国部队。各国部队应该以三万人为单位来计算,法国将保留六个单位,意大利和波兰各保留四个单位,其他国家(包括英国在内)保留三个单位或者更少一些。④ 不幸的是,《埃雪计划》提出的数字以及为各国拟定的比例引起了强烈不满。法国、比利时、波兰认为,它们很容易受到德国的攻击,关于大炮、坦克、飞机和舰只数量的任何协议,都不能改变德国巨大的工业资源和人力方面日益增长的优势所造成的不平衡状态。法国代表公开攻击该计划是"简单化、完全独断的方案"⑤。尽管历史学家评价《埃雪计划》是"两次大战之间最现实的英国陆军裁军方案",⑥ 但英国政府也反对该计划,因为其海军力量无法弥补法国陆军的优势。

1922年7月,塞西尔再次向国联提出裁军问题,坚持认为成功的裁军

①　Andrew Webster, *Making Disarmament Work*: *The Implementation of the International Disarmament Provisions in the League of Nations Covenant*, *1919 - 1925*, p. 555.

②　Andrew Webster, *Making Disarmament Work*: *The Implementation of the International Disarmament Provisions in the League of Nations Covenant*, *1919 - 1925*, p. 554.

③　王绳祖:《国际关系史(1917—1929)》,第437—438页。

④　〔英〕华尔脱斯:《国际联盟史》(上卷),第253页。

⑤　Zara Steiner, *The Lights that Failed*: *European International History*, *1919 - 1933*, p. 379.

⑥　Martyn Housden, *The League of Nations and the Organization of Peace*, p. 95.

必须是普遍的，安全保障条款也必须是普遍的，如此才有可能保证实现裁军。[①] 临时混合委员会就此讨论一致同意，某些国家认为它们在没有得到更多安全保证前不能承担任何裁军义务。因此建议缔结一项新的互相保证条约，保证每个签字国一旦按协议的计划裁减了军备，在它受到攻击时就会立即得到同一大陆上所有其他签字国家的帮助。[②] 该计划以及实施计划的各种建议被提交第三届大会。

9 月，国联召开第三届大会，美国、苏联也派代表列席会议并参与讨论。当讨论裁军问题时，争论依然很激烈。27 日，大会通过了《第十四号决议》，就裁军问题达成总原则：第一，只有普遍的裁军计划才能获得成功；第二，只有各该国安全得到保证，许多国家政府才能认真削减现有的军备；第三，缔结一项防御性的互助保证条约可以提供这种保证，这项保证条约一切国家都可以参加，它将保证任何签字国在一旦遭受攻击时会立即得到世界那一部分所有其他签字国家的有效援助；第四，由于条约的目标是普遍裁减军备，它的保证只有在各国按总的裁军计划裁减军备以后方可开始生效。[③] 上述原则主要代表了法国的建议，即实现普遍裁军之前，应该保证集体安全；缔结互助条约可以保证集体安全。它是"后来为促进裁军而建立一个补充盟约本身的安全而作的各种努力的开端"[④]。

混合委员会以《第十四号决议》为基础，开始着手拟定互助条约草案。英国塞尔西勋爵率先提交了一份草案，力图将裁军与安全联系起来，但随即被军事专家们否决。法国的雷昆上校随后又提出自己的草案。经多次讨论，两份草案合并为一，并重新命名为《互助条约草案》。[⑤] 1923 年 9 月初，条约才准备就绪，向第四届大会提出。

国联第四届大会讨论《互助条约》，美、苏都明确表示拒绝。美国认

---

① W. N. Medlicott, *British Foreign Policy Since Versailles*, London: Methuen & Co. Ltd. 1938, p. 94.

② 〔英〕华尔脱斯：《国际联盟史》（上卷），第 255—256 页。

③ 〔英〕华尔脱斯：《国际联盟史》（上卷），第 256 页。

④ 〔英〕华尔脱斯：《国际联盟史》（上卷），第 256 页。

⑤ 草案的主要内容如下：1. 侵略战争为国际犯罪；2. 战争爆发后 4 天之内，国联理事会应认定谁是侵略国；3. 某缔约国受到侵略时，其他缔约国须给予援助，但被侵略国必须根据本条约业已履行了限制军备的义务；4. 国联理事会决定采取制裁手段，给被侵略者以援助，除采取经济和财政手段外，也可以出兵，但履行出兵的义务和从事作战的国家，以发生侵略战争的同一大陆国家为限；5. 侵略战争发生时，为取得缔结国迅速有效的援助，两个或两个以上的国家可以签订相互援助协定，以为本条约之补充，但此种协定须在国联监督下签订；6. 所有缔约国取得本条约规定的安全保障，必须裁减军备。参见王绳祖《国际关系史（1917—1929）》，第 295—296 页。

为该条约与《国际联盟盟约》有密切联系，因此他们不能同条约发生任何关系。苏联对于裁军问题的看法还是基于社会制度分析之上，认为军备的积累是资本主义的固有功能，换句话说，资本主义如果不沉溺于军备竞赛，就无法存在，要找到一种扭转军备竞赛的方法，显然是一个困难的问题[①]，主张实现全面彻底裁军，即废除所有武装部队和销毁其所有武器。苏联自知其观点不会得到广泛赞同，只是批评说，安全与裁军之间没有必然的联系，所需要的一切就是立即全面地裁军。

英国的第一届工党政府，即麦克唐纳政府虽然之前曾宣称支持国联，加强其力量，但却攻击每一项建议，认为它增加了英国军队的负担，并建议时机成熟时立即召开世界性裁军会议。几个斯堪的纳维亚国家也反对。德国同样批评条约，并认为安全和裁军的最好基础可以从《国际联盟盟约》中找到。接替普恩加莱的法国新任总理爱德华·赫里欧全面赞成条约，意大利则支持部分条款。而一些中小国家，如波、捷、比、芬、波罗的海国家以及担心遭受强大邻国侵略的国家，如中国、海地等表示支持条约。据统计，一共有11个国家反对，18个国家原则上同意，但由于英国反对，大会最终还是否决了《互助条约》。

华尔脱斯对于条约没有获得批准的原因分析道："像《互助条约》这样一个影响深远的计划，人们只能希望它逐步取得进展。因为这牵扯到每个签字国有责任给予成为侵略行动的受害者的任何签字国以军事援助的问题；并且要授权行政院确定谁是侵略国，决定实施经济制裁，决定每一签字国应提供的军队，组织军队运输工作，对受害国提供财政援助和指派联合作战的总司令。……这些大权须受两个重要限制。第一，不在同一大陆上的国家没有义务参与军事行动；第二，任何没有保证按行政院起草的计划裁减和限制本国军备的国家，无权享受这项条约的利益。"[②] 华尔脱斯说出了《互助条约》的复杂性和对签字国家的约束力。一旦签署，需要担负许多责任，特别是军事义务，同时享受的利益却没有多少。对此，很多国家自然极力反对。

1924年9月，国联召开第五届大会。麦克唐纳首相首先发表演说，要求大会考虑两个主要问题：第一，必须立即容许德国参加国联；第二，和平的关键在于强制仲裁，必须扩大盟约体系，使每个会员国都承担把一切

---

① P. H. Vigor, *The Soviet View of Disarmament*, p. 9.
② 〔英〕华尔脱斯：《国际联盟史》（上卷），第259页。

争端提交仲裁的义务，认为这是对于和平意图的唯一可靠的考验。随后，赫里欧发表讲话，声称法国赞成仲裁原则，并愿意参加世界性裁军会议，但认为仅靠仲裁还不够。他很是赞同美国卡内基国际和平基金会成员、哥伦比亚大学教授肖特维尔提出的计划。[①] "我们将致力于建设仲裁、安全、裁军三根支柱。"[②]

英、法领导人的讲话以及《肖特维尔计划》在与会代表中引发广泛讨论，在听取意见后，麦克唐纳、赫里欧提议，由捷克斯洛伐克外长爱德华·贝奈斯起草一个联合提案。着重研究两个问题：一是依据《国际联盟盟约》《互助条约》以及《肖特维尔计划》研究仲裁问题；二是研究安全的保证问题，以准备召开普遍裁军会议。经过激烈争论，9 月 30日，国联第一分委会、第三分委会联合起草了《和平解决国际争端议定书》，又称《日内瓦议定书》。《日内瓦议定书》旨在弥补《国际联盟盟约》第 12 条与第 15 条的漏洞，按照新条款，任何国家都不能诉诸武力，除非得到国联同意或者邀请。否则，将被国联自动认定为侵略者，将受到制裁。《日内瓦议定书》被视为国联起草的 "最雄心壮志的国际关系文件之一"[③]。人们对《日内瓦议定书》予以厚望，认为它 "是把仲裁、安全、裁军的方案变成一个正式体系的一次有高度天才和（如许多人所认为的）非常成功的尝试"。[④]

10 月 2 日，法国、捷克斯洛伐克、波兰、南斯拉夫、葡萄牙等国在《日内瓦议定书》上签字。但 "由于美国和俄国还没有参加国联，由于德国仍在谈判参加的条件，由于伦敦方面对国际主义的明显反对，最大的国家是否愿意对有组织的和平承担责任，或者它们是否仍然希望不付出代价而分享安全？这个基本问题仍然有待解决"[⑤]。更重要的是，这将对英国海军带来不可容忍的负担，增加很多危险的义务。新上台的保守党鲍尔温政府宣布拒绝签字，因为签订《日内瓦议定书》意味着英国不仅要保卫

---

① 该计划是由布利斯将军和肖特维尔教授起草的一个共同保证条约，主要观点是，如果一旦为各种争端规定一种无例外的和平解决办法，那么确定侵略者和实行制裁的问题就会很容易地全部得到解决。进行战争而不把问题提交制裁的国家，或者是把问题提交制裁而又不服从裁决便进行战争的国家，就是侵略国。参见〔英〕华尔脱斯《国际联盟史》（上卷），第 306 页。

② Margaret E. Burton, *The Assembly of the League of Nations*, p. 249.

③ Margaret E. Burton, *The Assembly of the League of Nations*, p. 252.

④ 〔英〕华尔脱斯：《国际联盟史》（上卷），第 309 页。

⑤ 〔英〕华尔脱斯：《国际联盟史》（上卷），第 313 页。

法国还要准备保卫波兰免遭德国的进攻，"没有一届英国政府会为保卫波兰走廊而冒付出一名英国士兵的生命的风险"①。《日内瓦议定书》因此未能生效。

从《埃雪计划》到《互助条约》，再到《日内瓦议定书》都未获得通过，国联主导的一系列裁军计划因触及英、法、美等战胜国的利益而复杂化，困难重重，举步维艰。作为裁军的决定性因素，即"国家安全"没有得到切实有效的保证，对于"是裁军能带来安全，还是安全先于裁军"②没有达成共识，英国主张裁军和安全一步到位，并力图弱化法国与其东欧盟国间的联系。法国和其盟国则要求强化国联维持现状的能力，坚持必须先确保安全，然后再进行裁军。根据《凡尔赛和约》规定，协约国军队于1925年1月将从科隆地区撤退。该地区一直被法国视为莱茵河防线的一块要地，法国对安全的忧虑再起，开始寻找新的办法，以解决它最为关注的安全保证问题。

在国联主导处理裁军问题的同时，IMCC也在力图恢复因鲁尔危机而中断的裁军督查工作。德国政府多次警告协约国，它不能确保IMCC官员的安全。英国人犹豫了，建议先盘点一下德国裁军的情况，然后再决定是否恢复IMCC的工作。但诺莱将军力主重建IMCC权威，对德国工厂、仓库、军营进行全面督查。1924年3月5日，诺莱将军通知德国政府，德国政府在继续执行"五点要求"③之前，IMCC要先确定德国在停止监控期间是否已经重新武装了。德国政府拒绝了诺莱将军提出的要求，也反对接受一个小型的监控机构，它只同意在国联的框架下履行裁军义务。④可见，德国在利用国联架空IMCC。而国联主导的裁军进程表明，参与解决裁军问题的国家越多，意见分歧就越大，裁军问题就会变得更加难以解决。为打破僵局，政治家们将目光转向了欧洲安全问题。1925年1月，英国外交大臣奥斯汀·张伯伦发表演讲时呼吁，"建立一个能给旧世界带来和平、

① 〔瑞士〕埃里希·艾克：《魏玛共和国史（上卷）——从洛迦诺会议到希特勒上台（1925—1933年）》，第5页。

② Zara Steiner, *The Lights that Failed*: *European International History*, *1919 - 1933*, p. 382.

③ 9月29日，德国政府收到了协约国下达的五点裁军要求：1. 德国政府必须完成军工厂的转产；2. 必须上缴1918年库存的以及多出来的战争物资；3. 按照《凡尔赛和约》规定重组警察力量；4. 禁止进出口战争物资；5. 禁止非法招募军队。参见 Richard J. Shuster, *German Disarmament after World War 1*: *The Diplomacy of International Arm Inspection 1920 - 1931*, p. 54。

④ Richard J. Shuster, *German Disarmament after World War 1*: *The Diplomacy of International Arm Inspection 1920 - 1931*, p. 142.

安全的新欧洲"①。

二　德国裁军与欧洲安全问题

1924 年 8 月，英、法、美等国在伦敦签署了解决德国战争赔偿问题的《道威斯计划》，为缓和欧洲局势带来了良好的舆论氛围，安全问题再次成为人们关注的焦点。此外，法国试图弥补《日内瓦议定书》未获通过的遗憾。赫里欧在回忆录中写道："议定书葬送了。没有别的办法了，只好从德国提出而由张伯伦推荐并经意大利和比利时原则上接受的专门公约中随便搞一点什么东西吧。"②

1924 年底，英国建议德国在安全保证问题上采取主动。为此，英国不但愿意给德国贷款，还可以支持德国加入国联，协助最后解决协约国在莱茵兰驻军的撤退问题。德国对于能够以平等身份出席国际会议并加入国联自然是求之不得，不仅可以避免英、法签订盟约的可能性，而且还能够为协约国提前撤军提供方便。1925 年 1 月 20 日，德国向英国大使递交了一份备忘录，重申古诺总理三年前提出的保证公约的基本思想，并建议与莱茵地区有利害关系的国家缔结一项公约。张伯伦对此表示怀疑，担心德国借此分裂协约国，却也没有完全否定它。

2 月 9 日，德国驻法大使向赫里欧总理递交外交照会提出建议，在有关欧洲国家间签订一项莱茵保障公约。法国驻英国大使立即通告了英国政府。20 日，赫里欧答复说，为了对欧洲乃至世界和平作出贡献，法国将与其他协约国商量如何在《凡尔赛和约》框架内取得协议，以便建立安全保障体系。4 月 1 日，赫里欧政府倒台，主张法、德和解的阿里斯蒂德·白里安接任外交部长一职。5 月 12 日，法国新政府将对德的复照草稿送给英国征求意见。6 月 8 日，张伯伦在日内瓦会见白里安，协调英、法之间的意见。从 6 月到 8 月间，英、法、德之间往来了一系列外交照会。③

8 月 10 日，白里安访问伦敦。经多次磋商，英、法达成共同协议，并征得比利时、捷克斯洛伐克、波兰同意。24 日正式向德国政府发出照会，

---

① Zara Steiner, *The Lights that Failed*: *European International History*, *1919 - 1933*, p. 387.

② 〔苏〕C. Ю. 维戈兹基:《外交史（第三卷）》(下)，第 561 页。另参见 Richard J. Shuster, *German Disarmament after World War I*: *The Diplomacy of International Arm Inspection 1920 - 1931*, p. 156.

③ Zara Steiner, *The Lights that Failed*: *European International History*, *1919 - 1933*, p. 393.

在照会中，英、法坚持两点：一是拟定中的安全保障条约的义务，不能同《凡尔赛和约》相抵触；二是德国欲加入国联，自然要求德国对国联要求的义务提供最有效的保障手段。对于德国提出的保留意见则表示遗憾，希望德国同其他国家一样，以同一条件加入安全保障制度。[①]

8 月 31—9 月 4 日，在伦敦召开了英、法、德法律专家会议。在英国的支持下，斯特莱斯曼成功迫使法国作出了一项重大让步：由于战争公约的签订，如德波或德捷发生战争，非经国联行政院批准，法国军队不得进入莱茵非军事区。法国不仅因此丧失了自由进入莱茵非军事区的权利，而且损害了它在欧洲的地位与威望，破坏了它在中欧的军事同盟体系。正如契切林电告莫斯科所写："法国已全线让步，德波边界无保证，但未经国联行政院同意，法国不得向波兰提供援助。波兰情绪沮丧，这表明法国已把波兰出卖了。"[②]

9 月 5 日，协约国向德国发出邀请。26 日，德国政府表示接受邀请，并建议将开会地点选在瑞士某地。10 月 5 日，英、法、德、比、意、波、捷七国代表齐聚瑞士小城洛迦诺。会议气氛被晚宴、葡萄酒、游湖烘托得一片祥和，张伯伦、白里安、斯特莱斯曼三人惺惺相惜。张伯伦倡导抛弃原有的敌意，奠定未来的和平。斯特莱斯曼则声称，德国以平等身份参加会议，《莱茵保障计划》发自德国。12 日，开始专门讨论德国裁军问题。张伯伦、白里安坚持协约国是否从科隆地区撤军要视德国履行裁军义务的情况而定，与即将签署的新公约没有关系。斯特莱斯曼则争辩道，德国现在面临的不是裁军的问题，而是它已经无力自卫。[③] 在英、法的联合反对下，德国修改裁军条款的努力再次失败，而且英、法还向德国提出了需要进一步讨论的五个特别困难的裁军问题：1. 警察组织问题。2. 德军司令部问题。3. 禁止特定武器训练问题。4. 哥尼斯堡军事要塞问题。5. 军事团体问题。[④]

16 日晚，各国代表拟定并草签了组成洛迦诺文件的各项条约。其核心文件是《德国、比利时、法国、英国和意大利相互保证条约》，也被称为

---

① 王绳祖：《国际关系史（1917—1929）》，第 303 页。

② 〔苏〕C. ΙΟ. 维戈兹基：《外交史（第三卷）》（下），第 577 页。

③ Richard J. Shuster, *German Disarmament after World War I: The Diplomacy of International Arm Inspection 1920 – 1931*, p. 156.

④ W. M. Jordan, *Great Britain, France, and the German Problem 1918 – 1939, A Study of Anglo—France Relations in the Making and Maintenance of the Versailles Settlement*, p. 137.

《莱茵相互保证公约》。① 此外，还有四个仲裁公约规定，双方发生一切争端，如不能通过正常外交方式和平解决时，应提交仲裁法庭或国际常设法院裁决。

《莱茵相互保证公约》是 20 年代中期英、法、德、意等国外交协调的结果。英国将《莱茵相互保证公约》视为"为满足特殊需要而制定的特殊协议"，② 该观点日后成为英国外交的一个原则。法国自鲁尔危机失败后，其地位岌岌可危，《莱茵相互保证公约》一方面使得德国再次承诺遵守《凡尔赛和约》关于法德边界和莱茵区非军事化的规定；另一方面，法国通过与波兰、捷克签署条约建立了它在德国东部边界的屏障。

相比之下，德国在洛迦诺会议中收获更大，因为德国不仅在西部获得了与法国对等的地位与权利，却并没有承诺保证法国东方盟友的安全，而法国却要承担对其东方盟友的安全义务。③ 另外，《莱茵相互保证公约》还规定，缔约一方的违反行为已经或正在构成时，……一俟国际联盟行政院证明该项破坏行为或违反行为确实构成，该院应立即通知本条约各签字国，……所针对的国家应立即给予援助。④ 这样，《莱茵相互保证公约》将《凡尔赛和约》中对德国的单方面约束变为对法国、比利时和德国三个签字国的共同约束，法国、比利时因此失去了对德采取自由行动的权利。而德国通过《洛迦诺公约》却获得了与英、法、意等战胜国同等的地位。

---

① 主要内容有：第一条，缔约各方应个别地或集体地保证按照以下条款的规定，德国和比利时间、德国和法国间的边界领土维持现状，按照 1919 年 6 月 28 日《凡尔赛和约》所规定的上述边界不受侵犯，以及上述条约第 42 条、第 43 条关于非武装地区的规定得到遵守。第二条，德国和比利时，同样德国和法国相互约定双方彼此不得攻击和侵犯并且在任何情况下彼此不得诉诸战争。第三条，考虑到各自根据本条约第二条所承担的义务，德国和比利时、德国和法国相互约定对使它们发生分歧的一切问题，不论其性质如何，如不能通过正常外交途径予以解决时，应通过和平方法并按照下列方式予以解决。……第四条，缔约一方对于上述第二项的破坏行为，或对《凡尔赛和约》的第 42 条、43 条的违反行为，应向国联理事会提出。一俟理事会证明该项破坏或违反行为确实构成，有必要立即采取行动，立即援助遭受侵害的国家。第五条，本条约不影响《凡尔赛和约》或其补充协议，不得解释为对国联的维护和平行动有所限制。参见《国际条约集（1924—1933）》，第 207—210 页。另参见王绳祖《国际关系史（1917—1929）》，第 305 页。

② John. W. Wheeler—Bennett, *Disarmament and Security since Locarno，1925 - 1931*，London：Oxford University Press，1932. p. 44.

③ 《凡尔赛和约》第四十四条规定：若德国不论以何种方法，违反莱茵兰非军事区的规定，当视为德国对于本条约签字各国有敌对之行为，并作为有意扰乱世界和平。参见《国际条约集（1917—1923）》，第 89 页。

④ 《国际条约集（1924—1933）》，第 209 页。

　　《洛迦诺公约》签订后，欧洲出现了普遍友好和乐观的气氛，从国王到街头百姓都显示出为开创了一个国际关系的新时代而感到欢欣鼓舞，在这个新时代里既没有战胜国也没有战败国，而是各国共同携手，为和平和谅解事业而工作。为此，白里安、张伯伦、斯特莱斯曼三人分享了当年的诺贝尔和平奖。张伯伦则直接把《洛迦诺公约》说成是"战争年代与和平年代的真正分界线"①。欧洲安全得到初步保障，但裁军问题尚未解决，绕过裁军问题得到的安全也是不稳固、难持续的。

　　在洛迦诺会议紧锣密鼓进行之时，国联第六届大会同时召开。第三次会议围绕裁军问题展开讨论。匈牙利、纽芬兰等小国皆赞同西班牙提出的尽早召开世界裁军大会的建议；而英国、意大利代表则表示反对。9 月 26 日，会议主席法国代表保罗－邦库尔提议成立一个筹委会，以促进召开减少和限制军备，乃至达成最终协议的世界裁军大会。②

　　在洛迦诺会议期间还有一个引人关注的议题，即德国申请加入国联问题。张伯伦、白里安都坚持认为，德国加入国联是"达成任何公约的绝对必要条件"③。其他各国也大多赞同德国加入国联，但对《国际联盟盟约》第十六条所规定的义务问题仍然争议很大。1925 年 12 月 1 日，洛迦诺会议对德国日后履行《国际联盟盟约》第十六条作出了宽泛性解释，指出德国行事可以"符合本国军事情况"和照顾"本国地理形势"。德国对此很是满意，撤回了其他几个加入国联的前提条件。

　　1926 年 9 月 8 日，第七届国联大会通过了批准德国加入国联的决议，并且德国成为常任理事国，标志着德国摆脱了战败国身份，恢复了欧洲大国地位。德国人由此进一步得出结论，作为国联成员国，它自然获得了军备的平等地位，接下来就是军备的平等权利。德国政府派出的国联首席代表是原驻美大使伯恩斯托福伯爵，他常常表达德国对于失去其心爱的军队而怀有的愤恨，进而又提出德国的裁军已经取得了很大成效，因此它有权利对其他地区缓慢的裁军进程表示不满。④ 德国的军备平等权利要求主要包括两点：或者是要求战胜国裁减军备，裁减至与德国同样的军备水平；或者是德国重整军备，达到与战胜国同等军备水平。在军备方面必须平等这一要求成为德

① 〔英〕E. H. 卡尔：《两次世界大战之间的国际关系（1919—1939）》，第 77 页。
② John. W. Wheeler—Bennett, *Disarmament and Security since Locarno*, *1925 – 1931*, p. 46.
③ W. M. Jordan, *Great Britain*, *France*, *and the German Problem 1918 – 1939*, *A Study of Anglo—France Relations in the Making and Maintenance of the Versailles Settlement*, p. 138.
④ W. N. Medlicott, *British Foreign Policy Since Versailles*, London：Methuen & Co. Ltd, 1940, p. 100.

国外交政策的主要口号。另外，德国加入国联也结束了协约国对它采取任何惩罚性措施的合法性。英国外交官员普遍认为，德国加入国联后，裁军问题已经是"微不足道的、没有意义的、不公正的"①。

《洛迦诺公约》在很大程度上改变了解决德国裁军问题的路线。张伯伦本着新时代的友好精神，主张相互和解的气氛比严格执行《凡尔赛和约》能更有效地确保欧洲和平，并宣称德国裁军问题已经因《洛迦诺公约》而改变。② 1926 年 1 月 1 日，"大使级会议"宣布，IMCC 将裁减工作人员，除了慕尼黑、哥尼斯堡外，其他区域的督查机构都将裁撤。整个夏秋，IMCC 与德国军事专家一直在商讨洛迦诺会议期间曾提出的"五点问题"，IMCC 认为，德国裁军没有取得进展。11 月 24 日，斯特莱斯曼向英国驻德国大使抱怨说：如果对德继续进行军事控制，那么德国的"合作政策"危在旦夕。英国大使答复道：英国外交部已经向法国、意大利建议，撤回 IMCC。③ 其实，此时的白里安除了对德国的准军事组织比较关心外，对其他的裁军问题都不太关注了。

12 月 12 日，在日内瓦最后一天的会议上，协约国与德国协议如下：允许"大使级会议"继续研究德国战争物资和军事要塞问题直至双方达成共识。更重要的是，协约国命令 IMCC 自 1927 年 1 月 31 日从德国撤出，由国联理事会接手全面处理德国裁军问题。④ 与此同时，协约国又不愿意国联拥有独立处理德国裁军的权威，英、法决定派出军事专家到柏林帮助它们的大使解决遗留的德国裁军问题。在撤离前 6 周，IMCC 官员们加紧工作，主要处理三个问题：德国警察的数量、战争物资以及东部军事要塞。12 月 21 日，德国同意将警察人数限定为 14 万人，但战争物资、军事要塞问题最终没有解决。

直至 1931 年 3 月 IMCC 才被彻底取消，它虽然没有最终完成《凡尔赛和约》规定的所有裁军任务，但主导了历史上第一次大规模裁军运动，并取得了一些成果：德国军队减至 10 万人，销毁了大量战争武器、战争物资，破坏了德国军事要塞，德国民间的大量准军事组织被解散。更重要的

---

① Richard J. Shuster, *German Disarmament after World War I*: *The Diplomacy of International Arm Inspection 1920 – 1931*, p. 187.

② Richard J. Shuster, *German Disarmament after World War I*: *The Diplomacy of International Arm Inspection 1920 – 1931*, p. 157.

③ W. M. Jordan, *Great Britain*, *France*, *and the German Problem 1918 – 1939*, *A Study of Anglo—France Relations in the Making and Maintenance of the Versailles Settlement*, p. 138.

④ Richard J. Shuster, *German Disarmament after World War I*: *The Diplomacy of International Arm Inspection 1920 – 1931*, p. 163.

是，IMCC 处理德国裁军问题的成败得失为后来的裁军运动提供了可资借鉴的经验和教训。

《洛迦诺公约》也推动了国联主导的裁军进程，国联开始尝试撇开可能导致裁军失败的政治因素，而将注意力集中于军备本身。1925 年 9 月，国联大会建议召开一个会议，"为了减少和限制军备，预先进行研究，一旦普遍安全的条件得到满足……立即召开会议，减少和限制军备的目的即可达成"①。12 月 15 日，国联成立了裁军会议筹备委员会（PCDC），参加筹委会工作的国家除国联理事会各理事国代表外，美国、苏联和土耳其三个非会员国也派代表参加。各国政府选派政治、外交代表组成，混合委员会随之解散，"裁军由此进入一个更官方的阶段"②。

从 1926 年 5 月至 1930 年末，筹委会连续召开了六次会议，讨论范围覆盖所有国家，涉及陆军军备、海军军备、空军军备、常规武器、化学武器、军事物资等一系列问题，却无法就最根本的问题——如何理解"军备"达成共识，英、美、德、芬兰、西班牙等国为一派，法、比、捷、意、日等国为另一派，塞西尔勋爵坚持自成一派，彼此争论不休。更严重的是，各大国对自己的军备现状避而不谈，讳莫如深，筹委会无法掌握各国军备的真实情况。③ 对此，埃雪勋爵评论道："除了都同意对德国裁军外，国联达不成任何裁军建议。"④ 其实，面对德国裁军问题，国联也显得软弱无力，因为德国加入国联并成为理事国，同时德国裁军被视为实现世界普遍裁军的前提，德国提出的"军备平等"口号引起了一些共鸣。

1929 年 3 月 20 日，一直致力于实现德国裁军的福煦元帅去世，法国军方却找不到一位在德国裁军问题上能够发挥同样影响力的替代人物，法国政府对裁减德国军备的信心进一步丧失。为了国家安全，法国只好继续要求保持其军事优势。国联对此无能为力，既无法强迫德国放弃军备平等权利，也说服不了法国放弃追求安全保障。

1930 年 11—12 月，筹委会召开了最后一次会议，试图达成裁军协议，

---

① Marshall M. Lee, "Disarmament and security: German Security Proposals in the League of Nations, 1926 – 1930", *Militärgeschichtliche Zeitschrift*, 1979, Vol. 25, p. 37.

② Andrew Webster, *The Transnational Dream: Politicians, Diplomats and Soldiers in the League of Nations' Pursuit of International Disarmament, 1920 – 1938*, p. 512.

③ 《国际联盟盟约》第八条最后一条款规定：联盟会员国担任将其国内关于军备之程度、陆、海、空之计划，以及可为战争服务之工业情形互换最坦白、最完整之情报。参见《国际条约集（1917—1923）》，第 269 页。

④ Carolyn J. Kitching, *Britain and the Geneva Disarmament Conference, A Study in International History*, Houndmills: Palgrave Macmillan, 2003, p. 26.

但英、法、德代表之间的私人合作并不能超越各自国家的利益。塞西尔勋爵将德国代表伯恩斯托福伯爵说成是"很不诚实的傻瓜","我很高兴与他合作，只要他能提出任何裁军建议，但他不做任何事情，除了发表一些不真实的蛊惑人心的言论说德国受到了多么恶劣的对待"。[①] 接下来经常发生的就是，塞西尔与法国代表马西利联合反对伯恩斯托福，裁军协议自然难以达成。最后，筹委会总算抛出了一个裁军原则、避免具体裁军措施的裁军公约草案，该草案附有 49 项保留意见，以致公约草案失去了实质内容和实际意义。"国联关于裁军的有关规定，在现代国际法规范的形成与发展中有其相当意义。但是，国联有关裁军的计划，按国联盟约规定只是一种建议。目的是供给有关各国考虑和实行。"[②] 可见，国联主导的裁军运动没有强制力与执行力，而只是一种建议。

第一次世界大战后欧美和平主义运动高涨，和平主义者关于和平的阐述、宣传也不断发展进步。其中，战争非法化概念的提出即是一例。战争非法化最先由芝加哥律师萨蒙·莱文森提出，1918 年 3 月，莱文森在《新共和》上发表的《战争的法律状态》中详细阐述了战争非法化的理念。[③] 战争非法化的理念一经提出，就得到和平主义者的广泛支持。

机缘巧合的是白里安主张法、德和解，但一直没有取得令人满意的成效，他开始把目光转向发展集体安全体系。在与肖特维尔教授进行了一次谈话后，1927 年 4 月 6 日，即美国参加第一次世界大战十周年纪念日，白里安向美国人民倡议，缔结一项永远在两国之间战争非法化的条约。美国的和平组织立刻对白里安的建议表示支持，并呼吁政府接受法国的建议。哥伦比亚大学校长巴特雷博士在《纽约时报》撰文，赞许白里安建议有"划时代的意义"。卡内基国际和平财团执委会、美国妇女国际协会等组织也纷纷发表支持法国外长的言论。

1927 年初，美国曾邀请英、法、日、意出席在日内瓦召开的海军会

---

① Andrew Webster, *The Transnational Dream*: *Politicians*, *Diplomats and Soldiers in the League of Nations' Pursuit of International Disarmament*, *1920 - 1938*, p. 514.

② 王绳祖：《国际关系史（1917—1929）》，第 435 页。

③ 文中指出，战争和决斗一样都是错误的冲突解决办法，如果所有国家不宣布战争为非法，就不会出现永久的和平。因此，应该设计一种非法化战争的国际法准则，并创建一个拥有武力支持的国际法庭来"防止和惩罚"那些发动战争、违反准则的犯罪国；国家间出现纠纷时可以向国际法庭起诉，"由那些委员会中有经验的政治家，而不是战场上的毛头小伙子来解决纠纷"。S. O. Levinson, "The League Status of War", *New Republic*, Vol. 14, No. 175, March 9, 1918, pp. 171 - 173. 转引自王立新、王睿恒《"积极和平"：美国的和平运动与一战后国际秩序的构建》，《社会科学战线》2013 年第 8 期。

议。法国对于仅限于讨论海军问题的裁军会议不感兴趣，以国联正在进行裁军会议筹备工作，不必另起炉灶为由拒绝派正式代表参加会议。随后，意大利也拒绝参加。由于法、意缺席，美国与英国就限制巡洋舰数量无法达成协议。因此，在舆论普遍支持白里安建议之时，美国政府却多有猜忌，认为白里安建议"外交上的宣传成分很大"，"法国不肯偿付战债并拒绝参加日内瓦海军裁军谈判，法国建议的目的在于转移外界的视线"①。

1927 年 8 月，美、英、日裁减海军军备会议失败，美国政府开始重新考虑白里安的建议。9 月 24 日，国联大会一致同意波兰代表提出的建议，"所有的侵略战争，都应该被禁止。"② 战争非法思想获得了国联的正式认可。受其促动，12 月 28 日，凯洛格对法国的照会作出答复，凯洛格建议签订的不是美法双边非战公约，而是要和所有的国家一起签订一个非战公约。这对于法国来说难以接受，因为国际联盟规定战争是某种情况下的一种制裁手段。为此，1928 年 1 月 21 日，法国在发给美国的照会中提出了签订公约的四个条件：1. 公约必须得到世界各国同意才能生效；2. 公约并不排除各国合法的自卫权利；3. 各签字国对违反公约的国家不承担放弃战争的义务；4. 公约不得妨碍以前根据国际盟约和洛迦诺公约所承担的义务。③ 随后，白里安将照会又递交给了英、德、日、意等国。

在和平主义者及多方力量的共同推动下，1928 年 8 月 27 日，法、美、英、日、德等 15 国代表在巴黎签署了《凯洛格—白里安公约》，它又被称为《非战公约》。白里安将这一天称为"人类历史的新纪元的第一天"。在人类历史上，《非战公约》第一次禁用战争作为推行国家政策的手段，从法律上明确否定"战争权"的合法性。它明确规定，"缔约各方以它们各国人们的名义郑重声明它们斥责用战争来解决国际纠纷，并在他们相互关系上，废弃战争作为实行国家政策的工具"④。据此，国际社会可以对战争发动者予以审判并给予相应惩罚。但遗憾的是，在随后 30 年代相继爆发的一系列局部战争中，《非战公约》没有发挥应有的作用，被世人讥讽为"一纸空文"。

总之，《洛迦诺公约》和《非战公约》虽然暂时解决了欧洲安全问题，但没有解决原有的矛盾，实现普遍裁军的良好愿望只好留待日后的世界裁军大会，德国裁军成为一个遗留的难题。国联对于德国裁军问题几乎不再

---

①　王绳祖：《国际关系史（1917—1929）》，第 464 页。

②　W. N. Medlicott, *British Foreign Policy Since Versailles*, p. 100.

③　〔法〕让－巴蒂斯特·迪罗塞尔：《外交史（1919—1978）》（上），第 93 页。

④　方连庆、杨淮生、王玖芳：《现代国际关系史资料选辑》（上），北京大学出版社 1987 年版，第 235 页。

发挥作用，国际裁军运动的舞台转至世界裁军大会。20 年代中期开始由国联主导的德国裁军问题并没有取得预想的成功，其原因普遍被归结为两点：一是国联没有给成员国提供足够的安全保障，其结果鼓励威权国家采取进攻型政策，进而导致军备竞赛。二是成员国裁军目标各异，而国联负责裁军的机构比较软弱，没有相应的制裁手段。[1] 国联的艰苦努力虽然失败，在世界裁军会议失败后它也没能遏制德国重整军备（下文将有所论述），但其主导解决裁军问题的政策、措施还是引起了国际社会的广泛关注，有利于战后的和平与发展，20 年代中后期欧洲因此出现了短暂的安定与繁荣。更重要的是，国联主导解决裁军问题是国际社会第一次试图将各国军备置于国际组织监督之下的尝试，为后人提供了有益的借鉴。当然，也有学者认为，国联的裁军运动掩盖了帝国主义的战争准备，麻痹了世界人民，使一些国家对帝国主义的侵略放松了警惕。[2]

第三节　20 年代德国的重整军备政策

从第一次世界大战结束到第三帝国公开重整军备之前，德国政府与军方应对其裁军义务主要采取了两手政策：一方面，履行一定的裁军义务；另一方面，积极重整军备，努力打造起一支新军队，与苏俄秘密进行军事合作，[3] 在很大程度上逃避了裁军义务。而协约国为了推进德国裁军的进程，竟然提前从莱茵非军事区撤出军队。

一　第一次世界大战后初期德国军队的重建

第一次世界大战结束后，在协约国比较严密的督查裁军之下，德国军方与政府合作，利用国内外各种有利机会，竟然建立起一支新军队——国防军。如前文所述，德国军队在国家政治生活中一直占有极其重要的地位，同时，军队拥有自己独特的军事文化，独立性很强，任何一个政府欲

①　Jari Eloranta, *Why Did the League of Nations Fail?*, p. 28.
②　于琳琦：《国际联盟的历程》，第 51 页。
③　我国学术界对于两次大战之间德苏军事合作的研究比较薄弱，尚未出版专门的论著。目前有几篇研究 20 世纪 20—30 年代苏德关系的硕博士论文涉及该问题，例如，周芬芬的《1922—1932 年苏德关系研究》、苏若诚的《20 世纪 20 年代德苏外交关系演变研究》、王子博的《1922—1933 年苏德关系研究》、宋秀琚的《1919—1939 年德苏军事合作问题研究》。一些学术论文也涉及该问题，如，罗爱山的论文《苏德秘密军事合作 20 年》等。

掌控这样的军队自然比较困难。第一次世界大战结束前的几个星期，大量的德军士兵被俘。战争结束时军队几乎完全解散，士兵独自或是结伴陆续返回德国，很多士兵后来成为半军事的志愿组织——自由军团的成员。

魏玛共和国的社会根基羸弱，不得不求助于军队这一稳定、声誉高、纪律严明的组织。按照《魏玛宪法》规定，军官由总统任命，总统统率军队，对军队发布的命令同时需要总理或部长副署。据此，国防军应服从政府监督，效忠对象也从皇帝变成了一份被认为是冗长且含义模糊的宪法。1918 年 11 月 10 日，社会民主党主席艾伯特与兴登堡的继任者威廉·格勒纳达成协议，军队支持社会民主党人政权，保持秩序，维护政府权威，支持政府镇压布尔什克暴乱；政府则默许支持军队，不损害其利益。[1] 24日，格勒纳下令成立志愿军团，由旧军队的军官指挥。

西线战事结束后两天，苏俄红军沿着原沙俄帝国的西部边境开始大举进攻，目标是利用德国战败的机会，夺回《布列斯特和约》中丢失的土地。红军在进军途中，在拉脱维亚、立陶宛、爱沙尼亚相继建立起苏维埃政权。协约国试探性要求艾伯特政府停止从波罗的海撤军。此时，德国东部地区的军队主要是冯·戈尔兹将军率领的第八集团军，他们与来自德国的志愿者共同组建"钢铁师团"，卷入了波罗的海国家的冲突中。《停战协议》第 12 款规定：当协约国认为在时机成熟之时，并考虑该地区的国际形势，德国军队即将撤出所有以前属于俄帝国的领土。这暗示着只要撤出波罗的海的机会尚未成熟，德国军队就可以逐步进入该地区。在协约国的默许下，德国军队在拉脱维亚等地与红军交战。

然而，6 个月后形势发生了变化，此时布尔什克的威胁不再显著，德国也稳定下来。英国改变了对波罗的海的政策，打算在爱沙尼亚、拉脱维亚、立陶宛建立一系列独立的小型共和国，波兰则被当成分离德国与苏俄的屏障。德国最反对波兰提出的领土要求，更可恨的是，普鲁士被"波兰走廊"肢解，东普鲁士成为与德国领土相分离的一块飞地。这些都触动了德国人的神经。[2]

---

[1]　Arthur L. Smith, JR, "General Von Seeckt and the Weimar Republic", *The Review of Politics*, Vol. 20, No3 (Jul, 1958), p. 348.

[2]　自 12 世纪条顿骑士时代以来，普鲁士对外征服的传统地区首选即是与波兰交界的东部地区。正如 1913 年布洛王子在《德国政治》中所写：德国感到自己在东部被赋予了一种文明使命，因为德国人在道德和智力上比斯拉夫人高一等，尤其比波兰人高。参见〔法〕里昂奈尔·理查尔《魏玛共和国时期的德国（1919—1933）》，李末译，山东画报出版社 2005 年版，第 47 页。

　　1919 年 3 月 3 日，协约国停战委员会通知德国政府，召回冯·戈尔兹将军和他在波罗的海的军队。军方对此置若罔闻，没有采取任何行动。3 月 15 日，德国政府颁布法令，建立临时国防军，陆军和海军总司令由艾伯特担任。新国防军的任务是，在志愿军团解散之后，保障德国边境安全和维持国内正常秩序。临时国防军人数暂定为 40 万。

　　6 月 18 日，德国政府接到协约国的正式命令，撤出并解散在波罗的海的军队。戈尔兹将军此时手下的军队纪律严明、战斗力强，正积极参与对抗布尔什维克的"十字军"。"德国军官显然不仅想到俄罗斯君主制，他们更关心的是恢复德意志君主制，……当政府命令他们撤离波罗的海地区时，他们一点也不想服从受到他们蔑视的政府。"① 9 月 30 日，德国军队被重新定义为"过渡性军队"，直到 1921 年 1 月 1 日政府按照《凡尔赛和约》的规定建立德国国防军为止。新军队成立之初，古斯塔夫·诺斯克被任命为国防部长，相当于总参谋长的职权交给了陆军少将泽克特。

　　10 月初，东部独立军团对拉脱维亚政府所在地里加发动进攻并取得了局部胜利。协约国立刻封锁了波罗的海并威胁停止输送食品和原料。东部独立军团最终虽然撤离了波罗的海国家，"但部队和军官们气得咬牙切齿地服从撤退命令时表现得如此敌对，使得人们很难相信他们会甘心按照国家公民的精神接受德国新制度。"② 因此，对于德国新政府来说，"是否能争取军队心悦诚服地站在新成立的国家这一边，毫不含糊地使之服从政治领导，是一个生命攸关的大问题。"③《凡尔赛和约》规定要缩减德国军队，特别是对许多军官来说，这意味着被迫离开他们赖以生存的军队，"而且不知道斧头会砍中谁"。至 1920 年 3 月，已有 15000 名军官被解职，还有 5000 人面临这一命运，因为军队从 4 月至 10 月 1 日要从 20 万人缩减到 15 万人。④

　　军队的不满和骚动最终酿成了卡普暴动。面对军队叛乱，泽克特将军采取了观望态度，等待暴乱的结果，如果暴乱成功军方将接管政府成为独裁者。他发表声明，"国防军不能向国防军开火，谁能想象在勃兰登堡门

---

① 〔瑞士〕埃里希·艾克：《魏玛共和国史——从帝制崩溃到兴登堡当选（1918—1925 年）》，第 143 页。

② 〔瑞士〕埃里希·艾克：《魏玛共和国史——从帝制崩溃到兴登堡当选（1918—1925 年）》，第 144 页。

③ 〔联邦德国〕卡尔·迪特利希·埃尔德曼：《德意志史：第四卷，世界大战时期（1914—1950）》（上册），第 201 页。

④ 〔瑞士〕埃里希·艾克：《魏玛共和国史——从帝制崩溃到兴登堡当选（1918—1925 年）》，第 149 页。

前国防军打一场内战?"① 最终，柏林工人发起的总罢工切断了柏林与外界的交通和通讯。4 天后暴动平息，但它是军队开始走向国中之国的第一步，"泽克特与施莱歇尔接受共和国只是将其作为一个实用的政府外壳，德国军方隐藏其后运用各种手段重建力量"②。

　　国防军在平息国内的工人运动时却毫不手软，在裁军与镇压暴乱的过程中，国防军逐步建立起来。1919 年 11 月 18 日，格勒纳将军在写给泽克特的信中祝愿他身体健康，这样他的工作就能"不仅为恢复小小的职业军队"，而且为"祖国未来的强国地位"打下坚实基础。③ 其实，不仅军方力图重建强大军队，德国社会各阶层，包括文化界也梦想着恢复军事强国地位。1920 年，泛德意志主义的拥趸者马克斯·韦伯曾说："我没有其他政治打算，我只想集中自己的全部智慧来解决这样一个问题：如何能使德国重新获得一个总参谋部。"④ 这个问题被泽克特将军很巧妙地解决了。

　　泽克特将军是普鲁士军事传统的代表人物，个性冷漠、易怒，绰号"斯芬克斯"，被誉为"国防军之父"。英国驻德国大使对泽克特曾评价道："在严肃的制服之下有着广阔的思想，整洁漂亮的外表掩盖不了他宽广的视野。"⑤ 1919 年 3 月，泽克特曾接任兴登堡担任总参谋部解散前的最后一任总参谋长。随后，泽克特作为军事顾问参加巴黎和会。⑥ 虽然对协约国制定的军事条款极其愤怒，但他没有像其他代表那样或者极力拒绝《凡尔赛和约》，或者打算推翻德国政府，而是冷静地接受现实。

　　1920 年 3 月，泽克特被任命为国防军总司令。关于军队建设，泽克特提出小型职业军队的理论，⑦ 建设小型职业化军队的主张是履行《凡尔赛和约》义务的无奈选择，最终虽因不符合重整军备的需求而被废除，但泽

①　R. H. Haigh, D. S. Morris, A. R. Peters: *German-Soviet Relations in the Weimar Era: Friendship from Necessity*, p. 158.

②　Edward Carr, *German—Soviet Relations between the Two World Wars, 1919 – 1939*, p. 31.

③　〔美〕科佩尔·S. 平森：《德国近现代史——它的历史和文化》，第 577 页。

④　〔美〕科佩尔·S. 平森：《德国近现代史——它的历史和文化》，第 576 页。

⑤　Harold J. Gordon, JR, "The Character of Hans Von Seeckt", p. 94.

⑥　和会期间，泽克特的基本设想是：保持一支 30 万人的精锐部队，兵员为长期服役的志愿兵，有空军，陆军将装备坦克和重型火炮。预备役部队由民兵组成，实行普遍义务兵役制。参见瓦尔特·戈利茨《德军总参谋部（1650—1945）》，第 208 页。

⑦　在其著作《一个士兵的思想中》中主张废弃兵员庞大的军队，代之以一支数量少但具有高度机动性的、训练有素的职业部队。以这样一支军队出敌不意，实行迅速机动，插入敌方纵深的战略战术，不仅能突破对方的防御，而且使敌国和人民无法组织抵抗，从而赢得战争的胜利。参见郑寅达《纳粹德国的军事战略和战争准备》，华东师范大学历史系主编：《第二次世界大战起源研究论集》，华东师范大学出版社 1986 年版，第 71 页。

克特将军理性的现实主义政策不仅稳定了德国军队，而且保存了军队中的精英。政治上，泽克特骨子里是保守的君主主义者，但也清楚德国君主政体不可能再恢复。他认为只要军队和帝国能够保存下来，至于国家是什么形态并不重要。因此，历史学家瓦尔特·戈利茨将泽克特概括为"一位过于现实的伟大现实主义者"①。其实，泽克特并不真心支持魏玛共和国，"鲁尔危机"期间曾一度谋划建立军事独裁统治。② 危机过后，泽克特为保持国防军特权，确定了"超越政党"原则，"军队就应该成为国中之国，但也应该通过对国家的奉献而融为一体，事实上，军队本身就应该是国家最纯粹的形象。"③ 通过对军队的掌控，他甚至决定了魏玛共和国的命运。④ 但为了重建军队，军方必须与政府妥协、合作乃至于积极介入，这也为魏玛共和国末期"政治将军"冯·施莱歇尔干预政治埋下了伏笔。

德国总参谋部在《凡尔赛和约》中作为"非法组织战争部门"被勒令解散，泽克特利用"和平时期军队组织委员会"的名义不仅复活了总参谋部，而且保留了大部分有才干的年轻军官。泽克特将委员会划分为T1（运作）、T2（组织）、T3（统计与情报）、T4（训练）、T7（运输）几个部门，每个部门又进一步细化为团、队、股、组各级。每级组织承担各种不同的任务、目标，包括很多禁止从事的任务。这些组织灵活机动，很容易扩充为更多人数的军队。正如一位法国军事理论家所说，泽克特的理想是创建"一支小型的精锐之军"，以构成未来强大国民军队的核心，并为这支军队提供各级指挥官。⑤

到了1924年，对泽克特来说"自然很清楚的事实"，即"陆军实际兵员的缓慢增长已超过它应有的程度"。因此，在6月德国不得不接受IMCC监督检查时，泽克特很是恼火，"要隐瞒在这期间为人日益察觉到的陆军人数非法增长的证据，对于泽克特来说，无论如何不是轻易所能办到的"。

---

① 〔德〕瓦尔特·戈利茨：《德军总参谋部（1650—1945年）》，第236页。

② 1923年1月，法、比进占鲁尔工业区，德国政府消极抵抗，通货膨胀急剧攀升，经济崩溃。德国共产党发动革命，纳粹党挑起"啤酒馆政变"，国家陷入政治、经济困境。政府被迫移交政权于军事领导人，泽克特将军被授予数月的国家执行权，并依总统紧急法令处理内乱和通货膨胀。哈塞少将、冯·施蒂尔普纳格尔中校和冯·施莱歇尔督促泽克特尽快建立自己的军事独裁，否则他将面临一场右翼发动的革命。在"部队局"里，有人担心法国、捷克和波兰军队会趁此形势开进来。至1924年3月，共和国与国防军在国家紧急状态之下得以幸存，泽克特将政权移交给艾伯特总统。

③ 〔美〕塞缪尔·亨廷顿：《军人与国家：军政关系的理论与政治》，第100页。

④ Harold J. Gordon, JR, "The Character of Hans Von Seeckt", *Military Affairs*, Vol. 20, No. 2 (Summer, 1956). p. 94.

⑤ 〔德〕瓦尔特·戈利茨：《德军总参谋部（1650—1945年）》，第221页。

泽克特预计，"每一步增强陆军兵力的伪装措施由此会遇到最严重的困难"①。

与此同时，政局变化也为重建军队提供了更多便利条件。1925年2月，艾伯特总统因患肠炎去世。在随后的大选中兴登堡当选总统，"兴登堡不仅是世界大战的陆军元帅，也是德国军队不可战胜和'匕首刺背'神话的第一个有效的宣传者。这个神话由于他的当选而成为德国人民的正式信仰。他的千百万选民想要以此来为德国军队恢复名誉。……他当选德国总统是民族主义和军国主义的胜利，是共和国和议会制度的严重失败"②。当斯特莱斯曼与白里安在施瓦希村会面时，兴登堡总统在参观陆军演习，他兴奋地说道："今天我看到德国军队的传统精神及战技标准，保存得完好无缺。"③ 塞缪尔·亨廷顿曾说过："战争把将军们变成了英雄；英雄又把自己变成了政治家；最终，这些军人政治家失去了职业军人所应具有的节制与谨慎。"④

德国国防部的预算也表明了军备逐年增长的情况：1925年陆军支出为47600万马克，1926年为50400万马克，1927年为55300万马克。海军支出则从15600万马克增加到2亿，又增加到21500万马克。对此，德国反对派政党提出降低10%的国防预算。国防部长格斯勒大声疾呼："你们用这种方法永远不会争取到军队。你们能摧垮军队，但是将永远争取不到它。"⑤ 在1928年的全国财政预算中长期以来一直在进行政治讨论的一个项目，即要求首批拨款900万马克供建造装甲巡洋舰之用。《凡尔赛和约》第181条允许德国建造6艘战列舰，第190条允许德国预备更换战列舰，但建造排水量不得超过1万吨。⑥ 协约国对德国军舰吨位的规定并没有阻止它发展海上力量，因为德国工程师成功地设计了一种军舰，既能保持原定的吨位，又能把速度同相当高的战斗力结合起来。接替格斯勒的新任国防部长格勒纳在国会预算委员会上提出要求首批拨款供建造一艘装甲战舰，他不仅明确要求国防军的每一个成员"成为一名忠实可靠的公仆"，

---

① 〔瑞士〕埃里希·艾克：《魏玛共和国史（下卷）——从洛迦诺会议到希特勒上台（1925—1933年）》，第49页。
② 〔瑞士〕埃里希·艾克：《魏玛共和国史（上卷）——从帝国崩溃到兴登堡当选（1918—1925年）》，第343—344页。
③ 〔美〕亨利·基辛格：《大外交》，第251页。
④ 〔美〕塞缪尔·亨廷顿：《军人与国家：军政关系的理论与政治》，第95页。
⑤ 〔瑞士〕埃里希·艾克：《魏玛共和国史（下卷）——从洛迦诺会议到希特勒上台（1925—1933年）》，第144页。
⑥ 《国际条约集（1917—1923）》，第146页、第148页。

而且威胁要把那些反抗者从国防军清洗出去。[①]

1926 年 10 月 8 日，泽克特将军因批准以前的王储——普鲁士威廉亲王的长子，身着军装参加第 9 步兵团在符腾贝格举行的军事演习而被迫离开了国防军，但此时他已经基本完成了重建军队的目标。辞职只是一个托词，更深层的原因是泽克特在国防军内部形成了一支独立的精英势力，而他们反对实行普遍义务兵役制，不热衷于准备战争动员工作。泽克特将军的最后一段军事传奇是在中国续写的，1934 年他担任了蒋介石的德国军事顾问团团长，制定了第五次"围剿"中国工农红军的军事作战计划。

泽克特辞职后，兴登堡对军方的影响日趋显著，要求所有的军事决定必须得到他的同意。到了共和国后期，野心勃勃的施莱歇尔是泽克特将军之后最重要的军方领导人。以施莱歇尔为代表的少壮派军官掌权后，国防军可以直接控制有组织、有步骤的战备。施莱歇尔不仅掌控军队，还积极干涉外交、插手政治，被称为总参谋部的"塔列朗"。1927 年底，施莱歇尔与冯·弗里奇向外交部的官员们介绍了国防军的需要，同时对其他部门感兴趣的官员作出了进一步的解释。[②]

随后，施莱歇尔开始操纵内阁人选，在其推荐下，兴登堡任命中央党主席海因里希·布吕宁出任总理。1931 年 4 月 1 日，布吕宁在国会上发表声明道："他受总统先生给予的委托，因此，这届新内阁不受政党大联合的约束。"[③] 布吕宁政府力图通过国会施政，最终因无法将纳粹党纳入政权体制之内而倒台。1932 年 5 月，施莱歇尔再次向兴登堡推荐总理人选——中央党的弗朗茨·冯·巴本，并自任国防部长。施莱歇尔推荐巴本的原因是他能控制后者，因此，巴本并不是政府首脑，仅是一顶"帽子"。[④] 当施莱歇尔发现巴本欲摆脱其控制时，便迫使巴本辞职，亲自出面组建政府，担任总理兼国防部长，国防军干预政治达到了顶峰。

二　德国与苏俄的秘密军事合作

协约国在巴黎和会上讨论德国裁军问题时，布尔什维克主义一直是一个重要的影响因素。劳合·乔治提出修改裁军政策的《枫丹白露备忘录》

---

①〔瑞士〕埃里希·艾克：《魏玛共和国史（下卷）——从洛迦诺会议到希特勒上台（1925—1933 年）》，第 153 页。

② Edward W. Bennett, *German Rearmament and the West, 1932 – 1933*, p. 23.

③〔瑞士〕埃里希·艾克：《魏玛共和国史（下卷）——从洛迦诺会议到希特勒上台（1925—1933 年）》，第 266 页。

④ Edward W. Bennett, *German Rearmament and the West, 1932 – 1933*, p. 169.

有一个重要理由，即担心过分裁减德国军备有可能导致从东而来的布尔什维克推翻新生的共和国。福煦元帅虽然力主将德国军队裁减至 10 万人，但他认为德国应该另外配备 9 万人的临时部队，专门负责防止德国布尔什维克化。威尔逊总统则公开宣称，"所有我们需要考虑的德国军队的数量应该是它保持国内秩序和镇压布尔什维克所需的数量"①。布利斯将军也多次表达了类似的观点。德国国内的布尔什维克运动不仅影响了和会期间协约国的对德裁军政策，而且在 20 年代初监督德国履行裁军义务时也是一个重要的考量因素。同样，对德国政府而言，国内左翼的布尔什维克运动则成为它要求协约国减轻裁军程度的一个主要借口。

1918 年 3 月，德、苏签订《布列斯特条约》之后，德国驻苏大使米巴赫返回了莫斯科。7 月，他被左翼的社会革命党人杀害。其继任者赫尔费里希害怕重蹈其前任的覆辙，在莫斯科只停留了三周便匆匆离开。与此同时，苏俄在柏林的大使约瑟夫预见到德意志帝国即将覆灭的前景，加大了革命宣传的力度，并增加了对左派的资助。威廉二世宣布退位后，约瑟夫来到德苏边界，满怀信心地等待着革命政府即将要求他返回柏林，但等到的却是共和国政府对德国共产党进行严厉镇压的消息。

协约国为了达到离间战后德、苏关系的目的，《凡尔赛和约》的第116、117、292、293 条款专门对战后德、苏两国间的领土、战争赔偿、军事占领、国民待遇等问题作出了相关规定。② 1919 年 8 月，协约国要求德国参加武装干涉苏俄的军事行动。10 月，苏俄对德国进行了警告，"如果德国积极参与武装干涉，那么苏俄将其视为绝对的敌对行为，将采取任何它认为合适的手段。苏俄政府希望德国政府能断然拒绝协约国的邀请"③。德国政府自然不敢"断然拒绝"协约国的邀请，但它最终没有参与武装干涉苏俄。

苏波战争给德苏关系带来了转机。第一次世界大战结束后，在俄、德、奥匈三大帝国的废墟之上建立了一系列新兴民族国家，其中，波兰第二共和国是一个比较特殊的国家。众所周知，波兰曾被俄、普、奥三次合谋瓜分。第一次世界大战前夕，波兰实际上是沙俄的属国。1916 年 11 月，同盟国为拉拢波兰人以扭转其两线作战的不利境况，曾许诺建立独立的波兰国家。12 月底，德、奥成立了"波兰临时国务会议"，并在波兰征兵。

① Richard J. Shuster, *The Diplomacy of Disarmament*: *Allied Military Control in Germany*, *1920 – 1931*, p. 30.

② 《国际条约集（1917—1923）》，第 129、195 页。

③ R. H. Haigh, et al, *German—Soviet Relations in the Weimar Era*: *Friendship from Necessity*, p. 60.

1918 年 8 月 29 日，苏俄政府颁布法令，宣布废除沙俄与普、奥签订的关于瓜分波兰的一切条约，承认波兰人民享有独立和统一的权利。

1918 年 11 月 18 日，波兰社会党领导人约瑟夫·毕苏斯基在华沙组成联合政府，建立了波兰第二共和国，在被瓜分 123 年后，波兰人终于恢复了民族独立。巴黎和会上，英、法、美等战胜国承认了波兰共和国的独立地位。此后，波兰成为西方盟友，是保卫凡尔赛体系最主要的东方堡垒。但战后德国人对波兰普遍存在着敌意，波兰不仅占据了德国的一些领土（波兰则坚持认为这是波兰自古以来的领土），200 万德国人因此生活在波兰境内，而且东普鲁士被波兰走廊分离成为一块飞地。

就在波兰组建政府宣布复国之日，苏俄政府下令西集团军向西进发。1919 年初，波军和苏军在没有接到本国政府命令的情况下擦枪走火，开始交战。协约国匆忙派出军事顾问、提供武器弹药帮助波兰。德国政府宣布保持中立，并禁止武器弹药通过德国领土进入波兰。在但泽自由市，德国码头工人组织罢工，拒绝装载武器弹药的船只通过但泽港口进入波兰。苏联红军统帅图哈切夫斯基曾说，成百上千的德国志愿者蜂拥加入红军。[1]这与 1918 年秋天，德国志愿者蜂拥赶赴波罗的海国家抵抗布尔什维克主义形成了鲜明对比。德国共产党报纸《红旗报》则大力倡导德国与苏俄进行联合。《泰晤士报》说托洛茨基到东普鲁士与德国官员谈判政治与战略问题是一个错误的报道，其实在东普鲁士边境的贾乌多沃，德国官员与红军将领进行了会谈。[2]

与此同时，德、苏之间正常的国家关系也逐步发展。1918 年 12 月，卡尔·拉狄克作为苏俄代表来到柏林，被德国政府关押了近一年。[3] 1919 年 11 月，苏俄派维克托·科普到达柏林，科普劝导德国政府将交换战俘使团变成实际的领事团。德国政府担心与苏俄发展关系将招致协约国制裁，同时国内卡普暴动等政治问题更使得德国政府认为，恢复德、苏间正常的外交关系是个缓慢的过程。1920 年 2 月，德国政府承认拉狄克仅限于双方交换战俘的谈判代表。4 月 19 日，德、苏之间达成了遣返战俘以及民间拘禁者的协议。其后，拉狄克的权限扩大到商业事务，其苏俄外交正式

---

[1] Edward Carr, *German—Soviet Relations between the Two World Wars, 1919 - 1939*, p. 35.

[2] Edward Carr, *German—Soviet Relations between the Two World Wars, 1919 - 1939*, p. 35.

[3] 据拉狄克回忆，他的狱室简直变成了"政治沙龙"，很多来访者询问德、苏建立军事合作的可能性。例如，参谋部与鲁道夫将军的联系人马克斯·鲍尔上校、泽克特将军的密友恩韦尔·帕夏等都曾拜会过拉狄克。参见 Vasilis Vourkoutiotis, *Making Common Cause, German—Soviet Secret Relations, 1919 - 1922*, New York：Pallgrave Macmillan, 2007, p. 36。

代表的身份得到了认可。6 月，在莫斯科出生的德国人古斯塔夫·希尔格（曾在柏林参加过遣返战俘工作）作为德国非官方代表来到莫斯科。

德国商品输出因受到协约国排挤，其工业，特别是重工业企业、公司开始面向东方。1921 年 5 月，拉特瑙担任了维尔特政府的复兴部部长，更加重视苏俄作为原料产地和商品销售地的重要性。而两个月前，列宁开始实施"新经济政策"。两国很快签订了临时贸易协定，德国在法律上正式承认了苏俄，并允许苏俄的代表团和贸易使团在德国活动，并且两国都承诺限制煽动和针对对方的宣传。同年 12 月，德国总理维尔特向苏俄全权代表尼·克列斯廷斯基表示，希望两国尽快全面恢复外交关系。莫斯科回复表示乐于接受这一建议。一个月后，拉狄克作为布党政治局特使前往柏林进行谈判，为两国日后签署《拉巴洛条约》扫除了障碍。

德、苏除了发展传统的经贸关系之外，双方都视对方为打破外交僵局的突破口，德国欲借助苏俄增加对抗协约国的力量，苏俄则试图通过与德国建立联系打破协约国的封锁。1922 年 4 月，参加热那亚会议的苏俄代表团在途中路过柏林时与德国总理维尔特以及此时担任外长的拉特瑙进行了会谈。双方虽然就战争赔偿问题没有达成协议，但开始了政治谈判，都同意起草一份条约。此时，德国国内对苏政策存在分歧，左翼的民族主义者主张与苏俄合作的"东方政策"，而"资产阶级民主派"则认为与英国合作是抵制法国的最好办法。[1] 可见，德国对苏俄的政策存在着较大矛盾。一方面，德国欲抵制协约国，特别是法国，需借助苏俄；另一方面，德国欲重返欧洲必须与协约国，特别是与英国合作，它和苏俄不能走得太近。因此，德国只能在英、法之间，东、西方之间的夹缝中游走，寻找、利用其内部分歧，并从中获利。同样，苏俄在"输出革命"战略失败后，列宁、托洛茨基等领导人放弃了"战时共产主义"政策，采取了比较务实的内外政策。总之，苏、德双方进行合作的目的正如兰曹所说，都是为了摆脱它们作为"国际流放者"的身份。[2]

参加热那亚会议前，列宁为苏俄代表团制定的政策原则主要包括：普遍裁军[3]、和平共处以及一切国家完全平等和自主。在第一次全体会议上，苏俄代表发言道："俄国代表团打算在今后大会过程中，提出一项全面裁减

---

[1] Aleksandr M. Nekrich, *Pariahs, Partners, Predators: German-Soviet Relations, 1922–1941*, p. 3.

[2] Aleksandr M. Nekrich, *Pariahs, Partners, Predators: German-Soviet Relations, 1922–1941*, p. 8.

[3] 十月革命刚胜利时，列宁认为裁军是社会主义的思想理念之一。但随后西方国家武力干涉，新生的苏维埃政权需要军队来保卫，苏俄对西方国家倡导的裁军主张持批评态度。到了 20 年代，随着国际局势变化，苏俄开始赞同裁军主张，并积极参与其中。

军备的建议，并支持一切旨在减轻军费负担的提案，但各国必须裁减军队，补充战争法规，即全面禁止采用最野蛮的战争形式，如毒气、空战等，尤其是禁止对和平居民使用毁灭性武器。"① 与会代表对苏俄代表的发言报以热烈欢呼。代表团在给国内的报告中对此描述道："人们都讲得冠冕堂皇，但是，一当契切林宣布，为了压缩开支、为真正恢复经济和争取恢复和平必须裁减军备时，一切爱好和平的诚意立刻就会被忘得一干二净。"②

针对苏俄的发言，法国代表路易·巴尔都发表声明，强烈反对苏俄代表团关于裁军的建议。他说："这个问题已经取消，委员会议程中没列入。所以，我明确但十分坚定地说，如果俄国代表团向第一委员会建议讨论这个问题，法国代表不仅采取谨慎态度，不仅提出抗议，而且还要明确、果断、坚决、彻底地拒绝。"契切林答复巴尔都说，从白里安在华盛顿的演说，人们已经了解法国的观点。法国之所以拒绝裁军，是因为俄国在整军经武。苏维埃代表团认为，既然俄国同意裁军，那么白里安提出的问题就不复存在了。③

德国在会议期间同样受到协约国的冷遇与刁难。4 月 15 日，德国代表团与苏俄秘密会晤。第二天，两国签订了《拉巴洛条约》。双方彼此同意放弃它们对于因战争而担负的费用以及因为战争损失而要求赔偿的权利，此外，德国政府同意放弃关于在德国拘禁红军人员所担负的费用的赔偿，俄国政府同意放弃由上述被拘禁的红军人员运入德国的军需物资在德国变卖所得货款的返还。④ 条约签订后，德、苏双方立刻恢复了外交关系，双方很快互派大使。克列斯廷斯基被任命为驻德大使，驻苏大使则是曾名扬巴黎和会的兰曹。双方相互给予最惠国待遇，为两国十年黄金关系奠定了经济基础。

《拉巴洛条约》还附有高度保密的军事协定，即允许德国在苏联领土内重整军备。1922 年春，《泰晤士报》等西方报纸曾怀疑，德苏之间可能存在共同反对波兰的军事联盟。1926 年 12 月，社会民主党人在帝国议会上公开披露，自从德苏军事合作以来，双方工业合作实际上有些年头了⑤，德苏军事合作才正式公之于众，但并未引发过多关注。可以说，德苏的军

①〔苏〕C. Ю. 维戈兹基：《外交史（第三卷）》（上），第 374 页。

②〔苏〕C. Ю. 维戈兹基：《外交史（第三卷）》（上），第 376 页。

③〔苏〕C. Ю. 维戈兹基：《外交史（第三卷）》（上），第 376 页。

④《国际条约集（1917—1923）》，第 789 页。

⑤ Gordo H. Mueller, "Rapallo Reexamined: A New Look at Germany's Secret Military Collaboration with Russia in 1922", *Military Affair*, Oct. 1. 1976; Vol. 40. No. 3. p. 109.

事合作曾迷惑了很多历史学家。①

　　苏德之间的秘密军事合作对推进两国的军事发展和国家关系都起了至关重要的作用。战败的德国在军事上受到严格管制，军队对协约国限制其军备极其不满，积极寻求外部支持以规避限制并发展军事力量，而规避这些限制最有可能、最便捷的首选法外之地即是同样受协约国排斥的邻国苏俄。维尔特、拉特瑙、泽克特将军、勃洛姆堡将军等政府及军方领导人，思廷斯、克虏伯等重工业集团都积极推进与苏俄进行军事合作。军方自然是最积极的支持者，军方和容克贵族历来有所谓的"陶罗根"（Tau-roggen）情结②。泽克特将军对德苏关系发挥了重要影响，对于与苏俄军事合作的态度很是明确，他认为德国为了建立现代化的战争装备，必须与苏俄合作。因为苏俄拥有稀有金属和资源，这是建立现代化军队所必需的。③更主要的是，泽克特对第一次世界大战中德国两线作战的失败教训记忆犹新，极力避免背后再次出现敌对势力。为了更进一步促进德国国防军与苏俄的联系，泽克特利用了一些非军事组织、企业做掩护，如"R（俄国）特别工作组"、"莫斯科中心"④、容克斯贸易公司、克虏伯公司等。

　　德国政界，包括倡导和平主义的社会党人也默许与苏联进行军事合作。1929年11月11日，《费加罗日报》曾采访苏联驻法国代办，并援引他的话说道："在德国国会中，社会党人以前很少责问国防军与苏联的关系。"⑤ 当然，德国决策者内部也有人反对与苏联进行军事合作，例如，艾伯特总统、兰曹以及后来的斯特莱斯曼等人。兰曹认为德国执意与东方发展关系是个错误，将严重破坏与西方的关系，不仅使德国面临危险，而且也没有了希望。此外，兰曹还担心军方将领会借此过多干预外交事务。泽克特将军对兰曹一直不满，谴责他在和会上牺牲国家利益。兰曹以辞职相抗议，经艾伯特总统居间协调，国防军放弃在莫斯科的决策权，同意行动

①　Yuri Dyakov, *The Red Army and the Wehrmacht*: *How the Soviets Militarized Germany*, 1922 - 1933, *and Paved the War for Fascism*, Prometheus Books, 1995, p. 13.

②　七年战争中曾发生过戏剧性的一幕，在普鲁士军队即将败亡之际，沙皇彼得三世放弃了所有唾手可得的胜利果实，单独与普鲁士媾和，其原因只是他崇拜普鲁士国王腓特烈二世的军事才能。拿破仑战争期间，普鲁士与俄国单独媾和，签订了《陶罗根协定》，反对拿破仑入侵俄国。普俄军方彼此惺惺相惜，即所谓的"陶罗根情结"。

③　http://www.feldgrau.com/articles.php? id = 23. *German Military in the Soviet Union 1918 - 1933*.

④　莫斯科中心是负责管理派驻苏联的德国军人的最高机构，德国政府对此都是知道的。该中心领导人大多为退役的军官，到20年代末，德国派出联络官与红军保持联系。这样，被《凡尔赛和约》禁止的武官处又再次复活了。

⑤　Kurt Rosenbaum, *Community of Fate*, *German-Soviet Diplomatic Relations*, 1922 - 1928, p. 280.

前必须咨询德国大使，政府据此一定程度上约束了军方领导人。

军事合作对于苏俄来说同样求之不得。协约国敌视新生的苏俄政权，第一次世界大战后发起军事干涉，支持苏俄国内反对势力发动叛乱，力图通过军事干涉扼杀苏俄。为此，协约国对苏俄的军事活动进行制裁，不允许其他国家与苏俄进行军事交流、合作，并通过国联对苏俄的军事发展进行严密监督。苏俄在苏波战争中失败后更加认识到，如果想迅速提高红军的战斗力，就需要德国先进的技术和装备。1919 年春天，泽克特将军开始试探派其密友土耳其军官恩韦尔·帕夏到莫斯科的可能性。12 月，被释放出狱的拉狄克返回莫斯科时很可能已经带去了德国要求与苏俄合作的文件。[1] 到了 1920 年，德苏双方的军事领导人已经建立了直接联系，受泽克特之托，恩韦尔·帕夏与托洛茨基的代表及助手斯克兰斯基会谈后，于 8 月 26 日给泽克特带去一封信。[2]

1921 年 4 月，苏俄领导人在《关于同德国军事工业部门合作的信件》中写道："首先要同我们在恢复我国军事工业方面进行合作，具体为以下三个方面：组建空军、潜水艇队、制造武器。在严格保密的条件下，德国小组安'布洛姆和福斯'公司（制造潜水艇）、'阿尔巴特罗斯维尔克'公司（制造飞机）和克虏伯公司（制造潜水艇）参与此事，这些公司同意向我们提供自己的技术力量和所需要的设备"[3]。

1922 年 2 月，拉狄克来到柏林向泽克特建议，苏德两国军事合作共同反对波兰，苏俄计划春天即将对波兰发动进攻，需要从德国进口飞机。由于德国外交部反对，泽克特告诉拉狄克，执行该计划的时机尚未成熟。[4] 其实，泽克特拒绝苏俄还有一个原因，他预见到苏俄在苏波战争中很可能会失败。果不其然，红军在华沙城下战败而归，但德国军事领导人第一次认识到红军作为一支军事力量的战斗力以及它对德国达成重整军队目的的重要性。霍夫曼将军在其日记中写道：仅从纯军事观点看，新征召的红军在即将被消灭之时仍然具有如此战斗力，实在太令人震惊了。[5]

---

① Vasilis Vourkoutiotis, *Making Common Cause*, *German-Soviet Secret Relations*, *1919 – 1922*, p. 36.

② R. H. Haigh, et al, *German—Soviet Relations in the Weimar Era*：*Friendship from Necessity*, p. 163.

③ 沈志华主编：《苏联历史档案选编》（第 5 卷），社会科学文献出版社 2002 年版，第 40 页。

④ Gordo H. Mueller, *Rapallo Reexamined*：*A New Look at Germany's Secret Military Collaboration with Russia in 1922*, p. 111.

⑤ Edward Carr, *German—Soviet Relations between the Two World Wars*, *1919 – 1939*, p. 37.

《拉巴洛条约》的签订为德苏军事合作提供了重要的政治保证。1922年 8 月 11 日，国防军与苏联红军签署了一份文件，允许德国在苏联土地上建立军事基地，并对双方联合生产装甲、飞机、化学武器等问题作出了相关规定。从中可以概括出德国在军事合作中欲达到的主要目的：发展先进军事技术、理论研究、训练项目；发展《凡尔赛和约》禁止的武器的战略应用；发展和训练各军事领域有经验的专门人才，这些专门人才将在日后被用于建立正规军队；发展《凡尔赛和约》禁止但适合于德国的武器体系；基于以上得出的经验教训，发展新的战略和战术；每期训练班期限为一年。① 苏联还建立了专门负责军事合作的办公室，与此相对应，德国在柏林也建立了一个秘密军事机构"莫斯科中心"，负责红军与国防军的联系，管理德国在苏联的军事基地。

具体说来，德苏的军事合作主要包括如下几个项目：

1. 德国在苏联建立秘密军事基地

建立军事基地的目的很明确，为"德国保存军事财产寻找一个藏身之地（躲避协约国，特别是法国）"②。军事基地包括菲里的飞机制造厂、利佩茨克的飞行学校、卡姆的坦克学校、托姆卡的化学武器试验和生产工厂等。军事合作的第一个项目是德国容克斯公司获得承租权，在莫斯科郊区的菲里建造飞机制造厂。谈判拖延了一年多，到 1922 年 12 月德、苏达成协议。在菲里的公司包括三部分人：德军参谋部、军工部门以及海军部门人员。德政府给容克斯拨款 6 亿马克，根据协议，公司每年生产 300 架飞机，其中一部分要卖给苏联，公司承诺将生产飞机发动机。③ 1925 年 11月，苏联空军负责人巴拉诺夫向革命军事委员会主席伏罗希洛夫汇报容克斯公司提供的飞机、发动机、各种零件的数量及其费用的情况。④ 总的来说，苏联对容克斯公司生产的飞机感到满意，只要飞机价格不超过国外同类飞机的价格即可。苏联还授予容克斯公司在苏联、阿富汗、芬兰、瑞典境内飞行、拍照，从事商业活动的权利。

2. 德国在苏联建立飞行学校

泽克特将军为了能随时了解其他国家空军方面的发展状况，在国防部

---

① http：//www. feldgrau. com/articles. php？ id = 23. *German Military in the Soviet Union 1918 - 1933.*

② Aleksandr M. Nekrich, *Pariahs, Partners, Predators: German-Soviet Relations, 1922 - 1941*, p. 46.

③ Aleksandr M. Nekrich, *Pariahs, Partners, Predators: German-Soviet Relations, 1922 - 1941*, p. 46.

④ Yuri Dyakov, *The Red Army and the Wehrmacht: How the Soviets Militarized Germany, 1922 - 1933, and Paved the War for Fascism*, p. 141.

建立了一个秘密的"飞行组织"。1924 年秋，来自总参谋部的陆军上尉施罗德带领 4 名教官、2 名军士在莫斯科的"科学实验及人员训练营"开始训练苏联飞行员的军事战术技能。1925 年 4 月 15 日，巴拉诺夫与德国在莫斯科的军方代表里斯 – 汤姆森签订了一项协议。协议规定，在苏联的利佩茨克开设培训德国飞行员的航空学校，并修建停机库、仓库和其他设施。德国承担飞行学校的所有花费，学校隶属于国防军的武器理事会。1926 年 9 月，飞行学校正式开班，国防军代表维尔贝格参观学校，对校方表示满意。1928 年 5 月，学校聘请了 65 名德国教官。1926—1932 年，大约有 220 名军事飞行员到利佩茨克飞行学校参加为期半年的培训课程，大约有 1200 名飞行员在该校接受了基本的飞行训练。据统计，学校有 90 架德式飞机，以及其他制式的飞机。德国军方每年拨给学校经费 300 万金马克，还有 200 万金马克的装备、更新设备费用。[①] 此外，德国在意大利也开设了类似的飞行学校。

苏联飞行员在利佩茨克也进行飞行训练，在一份 1926 年 12 月 1 日给斯大林的报告中写道，已经有 16 名飞行员在飞机上接受了训练，另外还培养了 45 名机械师。[②] 1927 年春，德国在利佩茨克建立了飞机检测基地，检测飞机火炮的效力，火炮的炸弹以及控制系统。苏联军方在一封写给斯大林的报告中汇报道，苏联从利佩茨克学校收获颇多——熟悉最先进的技术、战术技能以及空军飞行员和专家的创新能力。[③]

3. 军官训练学校

国防军为了培训德国以及苏联的军官和士兵，在苏联建立了许多军事学校，如利佩茨克的军事飞行学校、喀山的坦克学校及军营。1922 年，第一批军官被派往苏联受训。与此同时，红军指战员也在军官训练学校接受训练，训练的专业性很强，包括战斗与侦查，此外还有新武器、设备的测试，联合演习等。从 1925 年起，苏、德开始相互系统地交换军官，包括在对方军校学习对方的军事课程。苏联军方特别重视在柏林军事学院学习的机会，派出了最有能力的人。高层也制定目标，要求送出去的人熟悉德

---

① Aleksandr M. Nekrich, *Pariahs, Partners, Predators: German-Soviet Relations, 1922 – 1941*, p. 51.

② Aleksandr M. Nekrich, *Pariahs, Partners, Predators: German-Soviet Relations, 1922 – 1941*, p. 51.

③ Aleksandr M. Nekrich, *Pariahs, Partners, Predators: German-Soviet Relations, 1922 – 1941*, p. 52.

国高级军官的军事训练和外国军事设施。① 1926 年，苏、德在卡马开设了坦克学校，成为德国训练新型坦克相关技术和人员的重要基地。1928 年，勃洛姆堡视察该校后谈到该校缺乏设备。随后，国防军派出了一名年轻军官——海因茨·古德里安，他很快改善了学校条件。

1929 年 3 月，伏罗希洛夫告知斯大林，国防军要求为运输 10 辆坦克到坦克学校提供帮助。德方建议，为了保密，德国莱茵金属公司与红军签订一份售坦克的假合同。另外，在伏罗希洛夫给斯大林的一封信中写道，《凡尔赛和约》禁止德国生产坦克，假如这项秘密暴露，就会被责难违背了规定，并从对政府的责难转向企业。② 1929 年夏，卡马坦克学校收到了坦克，共有 65 名苏联坦克指挥员完成了三年学业。据统计，到 1932 年，大约 120 名红军高级军官在相当于总参谋部的德国"部队局"接受了军事训练。③

4. 建立化学武器生产工厂

1923 年 9 月，德、苏两家公司签订了在伏尔加河沿岸的托姆卡建立生产化学毒气的合资企业合同，其目标是在苏联生产令人窒息的毒气（光气和芥子气）。1924 年 12 月，一份秘密档案显示，该工厂生产"一系列广泛多样的化学产品"，其保密级别为最高级。苏、德商定，苏联方面提供化学工厂作为投资股份，德国提供新设备（来自汉堡的一家化学公司）、专利和资金，资金投入高达 1200 万卢布。德、苏双方同意，头三年确保年产 2000 普特的液态氯，5500 普特的芥子气，并以成本价卖给双方，该合同的期限是 20 年。④ 1926 年 2 月，革命军事委员会批准了"军事—化学理事会"提交的生产防毒气面具以及化学武器的报告。1926 年 5 月，公司对生产的化学炮弹（500 枚芥子气炮弹、250 枚双光气炮弹）进行测试。第一次测试失败，但第二次效果比较令人满意，"被测试的动物出现中毒反应，状况严重"⑤。一封给斯大林的信件显示，空军参加了与德国联合进行的毒气测试实验。8 月 21 日，德、苏的化学武器实验检验了芥子气的扩

① Aleksandr M. Nekrich, *Pariahs*, *Partners*, *Predators*：*German-Soviet Relations*, *1922 – 1941*, p. 30.
② Aleksandr M. Nekrich, *Pariahs*, *Partners*, *Predators*：*German-Soviet Relations*, *1922 – 1941*, p. 60.
③ Harvey Leonard Dyck, *Weimar Germany and Soviet Russia 1926 – 1933*, *A Study in Diplomatic Instability*, p. 21.
④ Aleksandr M. Nekrich, *Pariahs*, *Partners*, *Predators*：*German-Soviet Relations*, *1922 – 1941*, p. 53.
⑤ Aleksandr M. Nekrich, *Pariahs*, *Partners*, *Predators*：*German-Soviet Relations*, *1922 – 1941*, p. 53.

散性、其技术的可行性及其功效。①

　　国防军通过上述几个合作项目,逃避了《凡尔赛和约》对其军事发展的相关规定;培养、训练了军事人才;生产、检测了新式武器以及化学武器等违禁武器;国防军的战斗力、军事装备水平在日后的第二次世界大战中得到充分证明。同样,苏联在苏、德军事合作中也收获颇多。饱受封锁之苦的苏联派出大量的军事技术专家、军方官员到德国接受秘密训练,学习最先进的军事技术。正如苏联红军将领乌博列维奇所说,德国不仅是我们的安全阀,而且还帮助我们学习外部世界的军事成果。②

　　同时,德国设在苏联的军事工业也开始发挥作用。1924 年 3 月,德国工业几个典型的大企业公司,例如,制造潜水艇的布洛姆和福斯公司、制造飞机的阿尔巴特罗斯维尔克公司的生产能力已经可以平稳地转移给苏联,克虏伯公司则建起了军火弹药生产工厂。1925 年底,巴拉诺夫在提交给伏罗希洛夫的一份报告中建议,苏联应该结束对容克斯公司的依赖,最终接管菲里工厂,组织苏联人自己生产飞机。最后,巴拉诺夫向伏罗希洛夫建议,所有的飞机设计工作可以委任给安德烈·尼古拉耶维奇·图波列夫。③

　　当然,德苏之间的军事合作并非一帆风顺,随着欧洲局势的发展变化、德国领导人的变更,德国政府对于军事合作的态度、政策也不断调整。鲁尔危机后上台的斯特莱斯曼,虽然不敢贸然实施反苏的外交政策,因为那样很可能引发与泽克特将军——政府获得国防军支持必须依赖的一个人——的直接冲突,④ 但在宣称继续维护"拉巴洛精神"的同时,斯特莱斯曼将德国外交的重点从东方转向西方,最终与协约国签订了《洛迦诺公约》。该公约只对德国西部边境作出了规定,而没有划定其东部边界。苏联据此认为这是西方默许德国向东扩张,反对苏联。其实,早在签订《洛迦诺公约》之前,德国已经警告过苏联,如果想维持双方的友好关系,苏联必须停止干预德国内政、停止煽动各种共产党组织。如果苏联不能满足上述条件,德苏间的军事合作将出现问题。兰曹向契切林通告了德国的

① Aleksandr M. Nekrich, *Pariahs, Partners, Predators: German-Soviet Relations, 1922 – 1941*, p. 54.

② Yuri Dyakov, *The Red Army and the Wehrmacht: How the Soviets Militarized Germany, 1922 – 1933, and Paved the Wat for Fascism*, p. 209.

③ Aleksandr M. Nekrich, *Pariahs, Partners, Predators: German-Soviet Relations, 1922 – 1941*, p. 48.

④ R. H. Haigh, D. S. Morris, A. R. Peters: *German-Soviet Relations in the Weimar Era: Friendship from Necessity*, p. 113.

上述决定，并表示如果得不到满意的答复，他将辞去大使之职。① 可见，《洛迦诺公约》以及德国加入国联都影响了德苏关系。苏联政府对此很清醒，在致德国政府的备忘录中指出，"不仅德国本身参加对苏联的军事和经济制裁，而且，如果德国即使本身不参加此类行动，只在某种情况下投票赞成国联其他成员国采取的制裁手段，对苏德关系都将产生致命的影响。"②

1926年4月，德国与苏联签署了《柏林条约》，确认《拉巴洛条约》继续有效，从而稳定了18个月以来不稳定的德苏关系。据此，德国在东西方之间建立起平衡的外交政策。对苏联而言，《柏林条约》被视为对抗英国的反苏计划（因苏联支持中国的国民革命运动引起苏英之间关系恶化——笔者注）以及《洛迦诺公约》的有力手段。从1928年夏到1929年春，德苏关系大幅度改善，以至于历史学家得出了结论："德苏此时的合作达到了20年代的顶峰"。③ 其实，早在1927年初，苏联为了打破英国的反苏计划，将其贸易重心从德国转向了英国。

德苏之间贸易的衰落加剧了德国工商界困境，德苏关系受其影响也出现变化，例如，曾坚定支持《拉巴洛条约》的中央党在1927年1月一份名为《中央党关于德国东方政策改变问题的态度》的备忘录中建议道：中央党应该转变其先前政策，采取与波兰进行公开调和的政策。有鉴于此，中央党领导层专门召开了会议，达成了"如果继续坚持拉巴洛政策，德国将失去加入西方阵营的机会"的共识。④ 但正是在1928—1932年间国防军与红军之间的合作达到高潮，因为1928年10月，赫尔曼·米勒政府内阁接受了国防军提出的由它负责秘密重整军备的决议，自此国防军开始大规模换装新式武器。20年代，除了与苏联进行过军事合作之外，德国与日本、瑞典、荷兰等国也进行过小范围的军事合作。美孚石油公司曾经投入资金帮助过德国生产合成石油，贾思科实验室研制出的一种大规模生产"丁纳"橡胶的工艺所有权也转让给了德国。

到了30年代，德、苏在日内瓦裁军会议期间曾进行过一定程度的合

---

① Aleksandr M. Nekrich, *Pariahs, Partners, Predators: German—Soviet Relations, 1922 – 1941*, p. 13.

② 〔苏〕C. IO. 维戈兹基：《外交史（第三卷）》（下），第588页。

③ Harvey Leonard Dyck, *Weimar Germany and Soviet Russia 1926 – 1933, A Study in Diplomatic Instability*, p. 144.

④ Harvey Leonard Dyck, *Weimar Germany and Soviet Russia 1926 – 1933, A Study in Diplomatic Instability*, p. 78.

作。但德国在裁军会议上公开宣布，因为其邻国武装反对它，德国不再受《凡尔赛和约》限制，因此，德苏之间的军事合作也就失去了原来的意义。巴本政府时期，德国利用西方反对"布尔什维克主义"的心理，倾向于与英、法调和的政策，防止法、苏形成对德合围之势，巴本认为德国应该正式结束与苏联的军事合作。希特勒上台执政后，其本人及纳粹党对德苏军事合作都不再感兴趣，毕竟，共产主义被其视为最主要的一个敌人。国会纵火案后，希特勒开始公开攻击苏联。

与此同时，苏联的外交政策也发生变化，它正积极筹划与法、英建立欧洲集体安全体系。为此，苏联政府正式要求国防军关闭所有在苏联的工厂，并于1933年8月从苏联撤出。1933年9月，德国完成了撤离工作，所有工厂都无偿转让给苏联，德苏之间为期10年的秘密军事合作正式结束。图哈切夫斯基元帅曾表示，红军对国防军和德国人民的感情依然如故，国防军曾大力帮助红军，这一点永远不会被忘记。军事合作虽然结束，但德、苏军方之间的联系并没有完全断绝，双方都明白，如果要解决波兰问题，必须得到对方的支持与合作。

三　德国裁军与莱茵非军事区撤军问题

第一次世界大战后战胜国能够有效制裁德国的唯一军事措施就是英、法、比、美等国军队占领了莱茵地区，该条款的目的是确保《凡尔赛和约》得到执行，同时也规定了占领军撤离莱茵非军事区的时间表①。外国军队占领莱茵地区被德国人视为耻辱和丑闻，尤其是当法属非洲军队进驻莱茵地区时，德国人更是羞愧难当。因此，历届战后德国政府都将尽早实现协约国军队从莱茵地区撤军作为主要的外交目标。

而对于战胜国来说，制定裁军条款时没有包括相应的制裁措施被普遍

---

① 《凡尔赛和约》第428条规定：为德国履行本条约之保证起见，凡坐落莱茵河以西之德国领土连同各桥头，自本条约实行起15年期间内均应由协约及参战各国军队占领。第429条规定：但如果德国忠实遵守本条约之条件，则第428条所载之占领应逐步缩小如下：（一）5年期间届满，应撤退科隆桥头及鲁尔河流。……（二）10年期间届满时，应撤退科布伦茨桥头及自比国、德国、荷兰三国疆界交叉处起……（三）15年期间届满时，应撤退美因茨桥头、堪尔桥头及其余被占领之德国领土。但届时协约国及参战各国政府认为防止德国无端侵略之保障犹未充分，则占领军队之撤退，可以取得保障认为必要之范围内酌量予以迟延。第430条规定：但在占领期间内，或在以上所载之15年届满后，赔偿委员会认为德皇对于本条约发生之该国赔偿义务有拒绝全部或一部履行之处，则协约及参战各国军队德立时重行占领第429条所指区域之全部或一部。第431条规定：但15年期间届满之前，德国对于本条约发生之一切义务业已履行，则占领军队应立时撤退。第432条规定：关于占领及本条约未规定事项，应为以后协定之内容，德国自兹即须保证遵守。参见《国际条约集（1917—1923）》，第258—259页。

视为最大的失误之一。战后协约国主导的德国裁军实践表明，当协约国对违反裁军义务的行为表示可能带来制裁措施时，德国履行裁军义务的效果会好一些；当德国预见其违反裁军义务的行为不会带来制裁时，裁军进程就放慢。德国很清楚，协约国采取任何制裁措施时内部必须先达成共识，而英、法的对欧政策、对德政策存在着比较大的差异，欲达成共识并不容易。

　　英、法的政策差异在对待莱茵兰问题上很快就显现出来。法国最为关注该问题，将其作为分裂莱茵地区失败的补偿措施，如果德国不裁军，法国将永久占领莱茵边界线，以此确保战后的战争索赔和国家安全。为此，1924 年 1 月，法国根据《凡尔赛和约》第 213 条款的相关规定①提出要求，在莱茵地区建立一个永久性的调查委员会，其目的是可以随时对德国裁军状态进行袭击式检查。但英国和德国都认为，该要求并不具有合法性。其实，英国对于莱茵地区的政策比较复杂。一方面它反对法国长期占领莱茵地区，例如，1924 年的一份英国外交部的备忘录中就将法国占领莱茵地区断定为"入侵中欧的起点"。把占领莱茵地区当作包围比利时，以致造成"对施海尔德及须得海区的直接威胁，因此是对我国的间接威胁"②。另一方面，英国也将占领莱茵地区视为战后制约德国的有效手段，有时候也与法国合作共同制裁德国。

　　1924 年夏，IMCC 对德国进行了一次广泛的现场监察，从而判定其裁军的进展状况。11 月，德国驻法国大使莱奥波尔德·冯·赫施给斯特莱斯曼发电报说，他担心法国将把对德国进行普遍的裁军检查作为延期占领莱茵地区的借口。此时，正在伦敦召开有关《道威斯计划》的会议，麦克唐纳也提出德国裁军是协约国撤离科隆地区的前提条件。1925 年 1 月 5 日，协约国发布照会说，尽管检查尚未结束，但结论是德国没有完成裁军任务，因此不能缩短《凡尔赛和约》规定的占领期限。法国一些人甚至说，由于德国没有履行裁军义务，15 年的占领期限不够。斯特莱斯曼立即提出抗议，德国与协约国之间笔墨官司再起，外交照会穿梭往来。在此期间巴黎报纸发表了 IMCC 关于裁军督查的报告摘要，列举了德国大量违反裁军规定的行为。③

---

① "在本条约有效之期限内，如国际联盟行政院多数表决认为必要之任何调查，德国允诺给予一切便利。"参见《国际条约集（1917—1923）》，第 154 页。

② 〔美〕亨利·基辛格：《大外交》，第 226 页。

③ 〔瑞士〕埃里希·艾克：《魏玛共和国史——从帝制崩溃到兴登堡当选（1918—1925年）》，第 329 页。

　　洛迦诺会议即将召开，德国向会议递交的照会依然将拟议中的安全条约与提前撤离占领区的要求联系起来。赫里欧在伦敦向斯特莱斯曼许诺撤出鲁尔地区和所谓的制裁城市，撤出鲁尔的工作于 1925 年 7 月 31 日完成，杜塞尔多夫、杜伊斯堡的撤离工作于 8 月 25 日结束。但在随后召开的洛迦诺会议期间，英、法领导人对斯特莱斯曼表示，只有德国履行裁军义务，他们才会从科隆撤军。《洛迦诺公约》签订之后，张伯伦受"洛迦诺精神"鼓舞，开始考虑从莱茵地区撤军问题。

　　法国与英国在安全方面一直无法达成共识，不得不将目光转向了当事者——德国，自 1925 年 4 月白里安担任外交部长，至 1929 年 10 月斯特莱斯曼去世，法、德开始和解，其前提是法国作出比较大的让步。白里安深信局部解决问题无济于事，因为这样总会产生新的危险，他打算彻底解决当时法国和德国之间存在的一切悬而未决的问题。同时，斯特莱斯曼也清楚协约国拒绝从科隆地区撤军主要是法国担心自己的安全。他抓住了法德和解的大好时机，一方面以某种方式满足法国的所谓安全需要，另一方面为德国赢得了最大的外交胜利，以致有评论说这一时期"是德国在领着法国打牌"[①]。

　　1926 年 9 月，白里安与斯特莱斯曼在法国乡村图瓦里会面时开诚布公地讨论了法德之间的战争遗留问题，拟出了一套整体协议。[②] 关于取消对德国的军事管制问题，白里安很是关注德国国内十分活跃的准军事组织，因为他的军事顾问给了他一本"钢盔团"出版的教科书，内容包括军事训练的详细规定、射击课程和演习活动等。斯特莱斯曼对此表示理解，认为德国国防部长应该采取有效措施，而且他对并不一贯忠实的高级军官有时太软弱了。[③] 德国违反裁军规定的行为就这样被斯特莱斯曼替国防部长检讨的几句说辞一笔带过。

　　其实，白里安此时能作出重大政治让步的原因是法国正处于货币危机时期。斯特莱斯曼摸准了白里安的软肋，坚持要求立即从莱茵地区撤军，却声明他如果在财政方面作出让步不仅将遭到德国民族党人的强烈反对，

---

① 〔法〕让 - 巴蒂斯特·迪罗塞尔：《外交史（1919—1978）》（上），第 93 页。

② 协议建议，结束对莱茵地区的占领，把萨尔地区归还德国，撤销军事管制。作为交换条件，德国在财政方面提供便利：德国根据《道威斯计划》，以赔偿的名义向法国支付工业和铁路债券利息。参见让 - 巴蒂斯特·迪罗塞尔《外交史（1919—1978）》（上），第 95 页。

③ 〔瑞士〕埃里希·艾克：《魏玛共和国史（下卷）——从洛迦诺会议到希特勒上台（1925—1933 年）》，第 80 页。

而且也会遭到内阁的激烈反对。同时，斯特莱斯曼坚决要求撤销军事管制，因为军事管制机构经常指出德国人不遵守《凡尔赛和约》条款。白里安回答说："当我第一次考虑撤销军事管制时，我们的陆军部给我送来了几公斤重的有关德国方面违反和约的材料。我把这些材料扔到一个角落，我要求他们告诉我哪些是要解决的重大问题，我拒绝考虑这些鸡毛蒜皮的事。"①

白里安与斯特莱斯曼虽然达成了共识，但《图瓦里协议》在巴黎和柏林却都遭到了反对，因为到了 10 月份，法郎地位已经重新趋稳，白里安在国内被指责抛弃了莱茵河的缓冲区，法国驻柏林大使向斯特莱斯曼强调裁军的必要性。斯特莱斯曼提出抗议，并要求法国严格执行《图瓦里协议》。11 月 11 日，白里安对德国驻法大使遗憾地表示，"图瓦西构想尽速实施的希望因技术性障碍而破灭"②。斯特莱斯曼于是转而攻击 IMCC。法郎重新趋稳虽然意外地阻止了立即从莱茵地区撤军，但德国获得的好处颇多。

英、法、德三国外长经过艰苦谈判，同意 IMCC 将于 1927 年 1 月 31 日撤出德国，裁军问题由德国与各国大使协商，如果无法达成共识，交由国联。12 月 11 日，白里安在国联理事会上接受了英国和德国关于《凡尔赛和约》第 213 条款的解释，将调查机构解释为，"对于军事区内由任何专门控制的当地的永久性团体不再作出具体规定，即不建立任何永久性的调查机构。"③ 据此，协约国虽然有权运用《凡尔赛和约》第 213 条款，但该条款从未被运用过。

12 月 12 日，国联行政院决定于 1927 年 1 月 31 日召回在德国的 IM-CC，理由是这个机构已经不能充分发挥作用，何况各国政府也根本不重视它。监督、检查德国履行《凡尔赛和约》裁军义务长达 7 年之久的 IMCC 被撤销了。"从此以后，德国几乎可以随心所欲地违反《凡尔赛和约》的军事条款了，实际上，现在只有国际联盟在行使有名无实的监督权了。"④ 埃里克·艾克对于协约国取消对德国进行裁军监察、军备管制造成的严重后果评价道："为德国国防军的各种组织开路，使他们后来经过几年的各种措施通向了全面扩军。因此，在历史的审判席上，他们对本国人民如同

---

① 〔法〕让-巴蒂斯特·迪罗塞尔：《外交史（1919—1978）》（上），第 96 页。

② Zara Steiner, *The Lights that Failed: European International History, 1919 - 1933*, p. 426.

③ Andrew Barros, "Disarmament as a Weapon: Anglo—French Relations and the Problems of Enforcing German Disarmament, 1919 - 28", *Journal of Strategic Studies*, April 2006, p. 318.

④ 〔法〕让-巴蒂斯特·迪罗塞尔：《外交史（1919—1978）》（上），第 97 页。

对德国人民一样对由这一发展所带来的无限灾难负有部分责任。"[1]

1927 年 3 月，斯特莱斯曼与白里安开始谈判。前者被事先告知，不许谈提前撤军事宜，此时德国提出的法律依据是《凡尔赛和约》第 431 条，[2]并不是《洛迦诺公约》。6 月，日内瓦会议期间，英国为了要求德国调解苏、波矛盾，而在莱茵兰撤军问题上作了让步，并向法国施压，实践 1925 年 11 月减少军队数量的承诺，同意减少在莱茵兰的驻军 1 万人。

11 月，德国加入了世界裁军会议，并以此作为另一个追求解决莱茵兰问题的平台，该会议讨论的主要问题就是如何将德国修改《凡尔赛和约》以及平等权利的要求同法国对安全的要求结合起来。与此同时，德国国内也不断发出要求解决莱茵兰问题的声音。1928 年 1 月 1 日，兴登堡总统在新年招待外交使团的演说中提出了协约国军队撤出莱茵区的要求。[3] 兴登堡的讲话代表了德国人的普遍观点，即《道威斯计划》《洛迦诺公约》通过后他们不仅从道义上，而且从法律上有权要求协约国军队立即从全部地区撤出。[4] 德国人认为他们已经履行了包括裁军义务在内的一切义务。7 月 3 日，新任总理赫尔曼·米勒在国会宣布其外交政策，包括促进实现普遍裁军、协约国立刻无条件从莱茵地区撤军、萨尔地区归还德国以及战争赔偿按照德国的支付能力进行等。[5]

在签订《白里安—凯洛格公约》时，斯特莱斯曼与白里安、普恩加莱会谈，白里安表示可以不分第二占领区和第三占领区，而应"全面解决"，也就是从整个莱茵地区撤军。但普恩加莱坚持认为，占领莱茵地区是获得德国赔偿的唯一保证，并希望最后确定德国的债务。斯特莱斯曼强调说，在签订《洛迦诺公约》和《白里安—凯洛格公约》以后，军事占领不再是合法的了。

1928 年 9 月 1 日，第九届国联大会召开，米勒总理公开提出了赔偿问题、裁军问题和撤军问题。10 日，白里安在讲演中回击了德国提出的裁军问题。16 日，国联大会决定对撤军问题和赔偿问题开始谈判。法国代表表

① 〔瑞士〕埃里希·艾克：《魏玛共和国史（下卷）——从洛迦诺会议到希特勒上台（1925—1933 年）》，第 50 页。
② 《凡尔赛和约》第 431 条规定，15 年期间届满之前，德国对于本条约发生之一切义务业已履行，则占领军队应立时撤退。参见《国际条约集（1917—1923）》，第 259 页。
③ 方连庆、王炳元、刘金质：《国际关系史》（现代卷），北京大学出版社 2001 年版，第 157 页。
④ 《国际条约集（1917—1923）》，第 259 页。
⑤ Zara Steiner, *The Lights that Failed: European International History, 1919–1933*, p. 459.

示，希望这两个问题合并起来一起解决。①

1929年1月，美国参议院批准通过了《白里安—凯洛格公约》。乔治·斯科特认为，美国对国联的支持清楚地表明，美国已经从幕后走上前台参与日内瓦维护和平的工作。这再次燃起了人们的希望。② 7月，麦克唐纳在给美国驻英国大使的信中写道："我感觉，时间越来越宝贵，不能再浪费了。人民正期待着，我们必须满足他们的愿望。"③

8月6日，海牙会议召开，设立了两个委员会，分别研究解决赔偿问题的《杨格计划》以及提前从莱茵地区撤军问题。关于后者，与会代表难免要进行一番争斗。按照《凡尔赛和约》规定，莱茵第三占领区的期限要到1935年才到期，但英国代表向法国人施压，声称协约国军队应该于1929年底以前完全从莱茵地区撤军。比利时代表也赞同英国人的主张，白里安被孤立了。他转而主张在《杨格计划》实施以后，设立军事专家小组委员会，再行讨论撤军问题，强调《凡尔赛和约》的第42、第43条款必须严格履行。斯特莱斯曼则认为赔款与撤军二事不能混为一谈，既然德国已履行《凡尔赛和约》义务、业已解除大量武装，并根据《道威斯计划》偿付了赔款，而且《洛迦诺公约》缔结后德国加入国联，德国业已与协约国处于平等之地位，莱茵驻兵之理由已不存在。在《杨格计划》实施之前，德国就希望得到莱茵撤军的保证。英国代表站到斯特莱斯曼一边，阿瑟·韩德逊公开声明，英国军队愿意撤军。④

白里安只好作出让步，他答应最迟于1930年10月完成撤军。但斯特莱斯曼坚持同年3月底法军撤退完毕，经韩德逊调停，双方同意以1930年6月为最后期限。随后，英、法、比、德签订了《莱茵撤军协定》。内容为：1. 莱茵撤军从1929年开始；2. 英、比军队全部撤退，在第二占领地区内的法军三个月内撤退完毕；3. 在第三占领区内的法军，一旦德、法、比批准赔偿协定，并于《杨格计划》实施后立即进行撤退，但法军开始撤退时间至迟不能超过1930年6月30日。⑤ 撤军工作首先从比利时和英国军队开始，法国军队最后撤出。这是斯特莱斯曼取得的最后一次重大胜利，张伯伦在给他的信中赞扬道：向您表示祝贺，因为您和您的政策使

---

① 〔法〕让-巴蒂斯特·迪罗塞尔：《外交史（1919—1978）》（上），第101页。

② George Scott, *The Rise and Fall of the League of Nations*, p. 203.

③ George Scott, *The Rise and Fall of the League of Nations*, p. 257.

④ 王绳祖：《国际关系史》（第四卷），第316页。

⑤ 王绳祖：《国际关系史》（第四卷），第317页。

德国取得了自由。① 协约国军队提前五年从莱茵地区撤军在当时的人们看来是将德国融入凡尔赛体系的善意之举，却忽略了它的负面影响：1. 极大削弱了协约国可以制裁德国的政策、措施。2. 减少了德国的军事压力。3. 为六年后德国重返莱茵地区打开了方便之门。

9月9日，斯特莱斯曼在国联会议上发表了演说，提出了新的问题：裁军和保护少数民族。他十分赞同白里安之前提出的建立一个联邦性质的欧洲联盟的思想，但给在场的人留下深刻印象的却是他严重的病态。在11日的会议上，米勒代替斯特莱斯曼提出莱茵地区撤军的法律依据。白里安承认德国因第431条款而拥有的权利，但坚持说洛迦诺会议达成的所有共识中并不包括从莱茵地区撤军。美国财政界表示，无法接受对占领莱茵地区的任何修改，因为这意味着该问题将被拖延而不能解决。米勒还将讨论赔偿问题，他不能"两手空空地回国"②。在美国的压力下，白里安最终屈服了，德国外交又获得了一次重大成功。但不幸的是，斯特莱斯曼于10月3日在柏林逝世，年仅51岁，联盟政府失去了灵魂人物，德国失去了一位可以改变其后来命运的伟大政治家。

21天后，美国股市突然崩盘，引发了史上最严重的一次经济危机。与美国经济紧密相连的德国很快受到冲击，社会民主党人赫尔曼·米勒总理因应对危机不力而下台，由社会民主党和教会、资产阶级中间党派组成的大联合内阁至此不复存在，共和国失去了最重要的支柱。国防部长格勒纳与其"政治上的红衣主教"施莱歇尔将军一致认为，只有一个解决办法，那就是总统必须亲自任命总理，此人选要能超越纷争不已的党派界限，为德国人民指引新的航向。他们推荐的新总理是中央党主席海因里希·布吕宁博士，布吕宁不仅参加过第一次世界大战，而且作为国会议员曾积极支持军事预算而深得施莱歇尔的欢心。

1930年3月，兴登堡利用《总统紧急条例》任命布吕宁为新一任政府总理，此届政府被视为共和国的最后希望，其实它并不是自由派的民主政府，内阁中有六人曾获得过铁十字勋章。布吕宁上台后积极争取议会支持，但在同年9月的议会选举中，纳粹党拿到了107个议席而一跃成为仅次于社会民主党的第二大政党。布吕宁无法依靠议会施政，只能寻求总统支持，内阁从议会制逐步滑向了总统制，俾斯麦体制开始复活。兴登堡及其背后的军方势力再度成为决定德国命运的重要力量。

---

① 〔瑞士〕埃里希·艾克：《魏玛共和国史（下卷）——从洛迦诺会议到希特勒上台（1925—1933年）》，第208页。

② Zara Steiner, *The Lights that Failed: European International History, 1919 – 1933*, p. 461.

第四章 20 世纪 30 年代的德国军备问题

世界裁军会议期间，国际社会围绕德国裁军问题展开了一系列外交争斗与合作。美国为主导解决德国裁军问题，提出了《质量裁军计划》和《胡佛计划》。裁军大会就德国提出的军备平等权利无法达成共识而宣布无限期休会，标志着第一次世界大战后国际社会主导的德国裁军运动最终以失败告终。希特勒上台后，德国开始公开大规模重整军备，对此，英、法、美采取了"绥靖政策"。1936 年 3 月，德国进军莱茵非军事区，战争策源地开始在欧洲逐步形成。

第一节 世界裁军会议期间的德国裁军问题

1926 年 5 月—1930 年 12 月，国联的"裁军筹备委员会"曾先后召开了六次会议。① 1932 年 2 月，筹备 6 年之久的世界裁军大会②召开。会议期间，英、法、美、意、德、苏等国代表围绕法国安全、德国裁军、德国军备平等权利等问题展开了激烈的外交争斗。最终，德国因其军备平等权

---

① F. S. 瑙思琦认为，世界裁军大会被拖延的原因主要有：1. 英、法各自主张的裁军政策存在冲突；2. 英、美各自提出的海军裁军计划难以协调一致；3. 苏联外交部长李维诺夫提出实现全面裁军，裁减各国所有军备的建议在国联内部引发一系列争论。参见 F. S. Northedge, *The League of Nations: Its Life and Times, 1920–1946*, p. 20. 乔治·斯科特曾分别对 1926 年 11 月、1927 年 3 月召开的两次筹委会因裁军的技术问题引发的一系列争论，随后苏联代表提出的全面裁减所有军备的提案而引发的争论都进行过比较详细的阐述。参见 George Scott, *The Rise and Fall of the League of Nations.* pp. 190–196. 1929 年国联第十次大会期间，各种关于裁军的观点、建议、提案逐步汇集。1931 年 1 月 23 日，国联决定迟至 1932 年 2 月 2 日，将召开世界裁军大会。

② 国外学术界关于世界裁军会议的研究专著很多，参见前言，不再赘述。我国学者对该问题的研究不多，只有少数几篇论文，例如，鲁静的两篇论文《罗斯福时期的美国与世界裁军会议》《美国与 1932 年的世界裁军会议》，程文进的博士论文《1933—1940 年美国对德政策》，李静的硕士论文《富兰克·D. 罗斯福的世界裁军思想》。

利没有得到承认、国内纳粹党上台等原因相继退出了世界裁军大会和国联。

一　裁军大会前各国的裁军政策

1925 年 9 月，国联召开会议，再次商讨裁军问题，但"许多国家的国防部都在要求增加他们所支配的军备而不是削减军备。……不论出于什么疑惧，已没有一国政府能公开建议再次拖延裁军工作。经济专家们继续断言，大多数国家在国防上所花的钱仍远远超过它们所能合理负担的程度。舆论仍旧把军备裁减看作是对国际政治家风度的考验，以及未来和平和当前幸福的必要条件。"① 受"洛迦诺精神"鼓舞，行政院再次计划召开普遍的裁军会议。为此，12 月 15 日，国联在日内瓦设立了"裁军筹备委员会"取代原来的"混合委员会"，筹委会设有两个专家机构，第一个是由参加主要委员会的各国海陆空军官组成；第二个机构由国联的财政委员会、经济委员会和交通委员会遴选的人员以及由国际劳工组织中的劳方和资方遴选的人员组成。行政院拟定了一张问题清单。② 国联的准备工作基本就绪，此时，各大国应对即将召开的世界裁军大会的政策如何呢？

法国因应对经济危机的措施比较得当，其相对实力竟意外地增强了，它联合几个欧洲小国使用经济力量作为外交的新武器，对于即将召开的世界裁军大会比较有信心。1931 年 7 月 21 日，法国政府发表了一份官方备忘录明确阐述其裁军政策：1. 裁军行动与普遍裁军需共同进行。2. 裁军的进展必须与安全的进展同步。3.《凡尔赛和约》所规定的某些国家的裁军义务是所有裁军工作的基础。4. 因裁军目的缔结的条约而产生的相应方法与数字不具有优先被遵守的权利。③ 法国的备忘录表明，它继续坚持安全第一、裁军第二的态度。此外，法国还提出建立一支国际部队的建议，力图将军队的控制权掌握在自己手中。为打破英国的海军优势，强烈要求削减海军军备。为此，在即将召开的裁军大会上，法国力图实现的第一个

---

① 〔英〕华尔脱斯：《国际联盟史》（上卷），第 407 页。

② 作为筹委会采取初步步骤的指针，按照把力量集中于直接裁军方法的决定，这些问题差不多完全是有关这个问题的技术方面的。应该怎样给军备下定义呢？怎样把军备进行比较？能够把攻击武器同仅仅做防御用的武器加以区分吗？限制或裁减可以采取什么形式？一个国家的总的作战力量能够加以限制吗？或者只有它的平时编制能够加以限制？有可能把民用航空从空军军备的计算中剔除吗？在编制一个公平的计划时怎样考虑人口、工业资源、交通、地理位置等等因素？是否有可能制定一个区域性裁减计划？或者非计划全世界规模的裁减不可？参见〔英〕华尔脱斯《国际联盟史》（上卷），第 410 页。

③ John W. Wheeler—Bennett, *The Disarmament Deadlock*, p. 9.

目标是安全，而不是裁军。

此时，英、美两国还相信裁军大会的主要目的是裁军，英、美领导人以及民众都相信通过裁军能缓和欧洲的紧张局势，但它们裁军的重点对象是法国，而不是德国。特别是英国，为防止法国军事力量过于强大，默许德国在一定程度上恢复军事力量。为削弱法国陆军的优势，英国主张首先裁减陆军军备。1929 年 6 月，工党领袖麦克唐纳再次出任首相。工党历来赞同和平主义运动，支持国际裁军运动。麦克唐纳不再满足于仅充当法、德之间"诚实的掮客"的角色，他有自己的裁军主张，但表面上依然奉行"英国在裁军会议上既不偏向左，也不偏向右"的政策。[①]

其实，德国的军备平等权利要求一直都得到了英国人的同情，1930 年 2 月，英国总参谋长米尔恩将军在有关德国军事情况的报告中指出，在伦敦，人们对德国回避和违反《凡尔赛和约》的许多情况经常了如指掌，而且对此毫不怀疑，德国将军们孜孜追求的是"组织整个民族，特别是工业，以便它准备有朝一日，如有必要，又能变成一部战争机器，而且在这期间负责使军国主义思想在德国不致消失"。接着，这位将军又说道："当前的德国国防军并没有构成对欧洲和平的威胁。"[②] 因此，伦敦没有采取任何行动。在裁军大会上，英国虽然不能公开赞同德国的军备平等权利，但它尽力减少明显的对德国的差别对待。

美国虽然没有加入国联，但美国政府一直比较关心裁军问题，是国际裁军运动的积极倡导者与实践者，曾先后主持召开了三次海军会议：华盛顿会议、日内瓦会议、伦敦海军会议。1929 年 4 月 22 日，新就职的胡佛总统通过美国在筹委会的代表休·吉布森宣布，现在是寻求新途径的时候了；是放弃纯技术性问题的时候了；是承认这样的事情的时候了。如果各国通过签订《凯洛格公约》真诚保证愿意放弃使用武力，那么裁减军备的困难就会消除，不应该再拖延了。如果负担沉重的纳税人想要减轻负担的话，那就需要裁减，而不仅仅是限制军备。特别是大国的海军可以裁减而不致有危险，因为海军需要有严格的比例，并且所有小国的海军联合起来也不足以威胁一个大国的海军。……并且将同意主要大陆国家关于它们认为有必要维持的陆军和物资的一些主张。[③]

---

① Carolyn J. Kitching, *Britain and the Geneva Disarmament Conference*, *A Study in International History*, p. 50.

② 〔瑞士〕埃里希·艾克：《魏玛共和国史（下卷）——从洛迦诺会议到希特勒上台（1925—1933 年）》，第 213 页。

③ 〔英〕华尔脱斯：《国际联盟史》（上卷），第 421 页。

总结胡佛总统的讲话以及其他官员的裁军观点，可以归纳美国此时的裁军原则如下：1. 承认裁军问题是政治问题；2. 实现普遍裁军；3. 赞同由国联主持拟定裁军计划；4. 主张"质量裁军"。何为"质量裁军"并没有准确的定义，概括说就是"禁止发展、使用某些类型武器，限制某些武器最大吨位，或者最大口径"[1]。"质量裁军"的目的就是减少武器的攻击力，限制武器的杀伤力，降低军备竞赛的烈度。英、美等国比较赞同"质量裁军"。"质量裁军"有些类似于今天的"军备控制"，是个具有可操作性的建议，但当时很多人并不接受这种观念，仍孜孜以求实现普遍裁军的最高目标。

美国积极介入德国裁军问题，参加世界裁军会议有着经济方面的考量，美国战债与战争赔偿被视为世界经济萧条的主要根源。政府面临极大的经济压力，1930年6月至1931年6月，财政赤字达10.8亿美元。到1932年6月，一年的赤字就达到28.8亿美元。[2] 美国通过《道威斯计划》和《杨格计划》向德国输出大量资金，而欧洲国家却打算取消战债、扩军备战。特别是德国动用大量外汇购买军备，却拖欠美国债务不还，引发金融市场上债券价值猛跌。德国用只等于票面价值几分之一的低价购回，然后，再将这些有价债券按其票面价值卖给美国人，德国人的这种做法无异于让美国补贴德国重整军备。美国驻德国代办戈登、驻德国大使威廉·多德曾多次提出抗议，德国人却置之不理。

美国参加裁军大会还有一个原则，那就是极力避免承担任何政治义务。1931年1月，国务卿亨利·史汀生在发给英国大使的一份照会中拒绝了承担会议筹备工作的请求，史汀生写道：我们感到会议很难说一定会取得成功，除非欧洲大国自己愿意为了筹备会议的目的事先安排一系列会晤，法、意、德三国对裁减陆军最感兴趣，它们应该努力克服裁军的最基本问题。英、美应该致力于筹备伦敦海军会议。[3] 欧洲国家却不管美国态度如何，极力寻求美国支持。10—11月，法国总理皮埃尔·赖伐尔、意大利外交部长迪诺·格兰迪相继访美。[4] 美国对来访者明确表态，美国人不

---

① Edward W. Bennett, *German Rearmament and the West*, *1932 - 1933*, p. 134.

② John W. Wheeler—Bennett, *The Disarmament Deadlock*, p. 11.

③ Henry L. Stimson, *On Active Service in Peace and War*, New York: Harper&Brothers, 1947, p. 266.

④ 赖伐尔在与胡佛、史汀生的会谈中继续坚持安全问题，他说道，"正如国务卿自己所说，法国人也认为在实现普遍废弃军备之前必须政治解决问题。法国并不将军备视为保证安全的唯一手段，如果法国以及别的国家的完整能够得到其他手段的充分保障，法国很容易实现裁军"。参见 Henry L. Stimson, *On Active Service in Peace and War*, p. 275。

会再帮助欧洲，欧洲人要自助。① 但欧洲国家已经达成默契，力图在裁军大会上达成协议，从而说服美国放弃战债。美国自然不会同意，裁军会议因此更加复杂化。美国的和平主义者们对即将召开的裁军会议却满怀信心，他们在史汀生率领裁军代表团启程时组织了盛大的欢送仪式。

苏联此时还不是国联成员国，但苏联政府对裁军问题很是关注，参加了历次筹委会会议。在 1927 年 11 月召开的第四次会议上，李维诺夫提出一个全面彻底的裁军原则。② 英国代表公开抨击苏联的裁军计划只是一种托辞，其他委员也认为苏联计划的唯一目的只是为了进行反对资本主义国家政府的宣传。随后，苏联又提出第二个《公约草案》。③ 苏联的裁军建议与各国实际军备状况相距甚远，更多是舆论宣传方面的意义。

德国自加入国联后，实现军备平等权利成为其主要的外交目标之一。随着国内外形势发展，德国的外交目标从争取军备平等权利进一步发展为实现重整军备，但此时后一目标还不敢公布于世。1931 年 6 月，国防部长格勒纳发给外交部长库尔提乌斯一份备忘录，阐述了德国参加裁军大会的目标和策略。格勒纳提出，必须结束裁军仅限于德国的状况；裁军大会必须允许德国拥有防卫组织；结束莱茵地区单方面的非军事化；德国必须拥有平等的安全，至少与法国军力平等。④ 裁军会议前夕，布吕宁总理与格勒纳再次商定的政策是，"德国应尽可能持久地坚持裁军原则，只有在最后时刻才能暴露德国重整军备的企图"⑤。布吕宁很清楚，如果德国公开其重整军备的要求，就有可能使德国背负上导致大会失败的罪魁祸首的名声，德国如果想继续占领道义的高地，那么，它必须避开这一点。

总之，德国参加世界裁军大会有两个目的，或者是军备平等权利得到承认；或者是会议失败为德国重整军备提供借口。但如果重整军备的秘密被暴露，两个目的都不能达成。12 月，布吕宁选择驻土耳其大使鲁道

① Robert H. Ferrell, *The American Secretaries of State and Their Diplomacy*, New York：Cooper Square Publishers Inc. 1963. pp. 265 – 266.
② 解散全部陆、海、空军队，不允许以任何名义存在；销毁一切武器、军舰和战斗机；并且除了各国警察和海关手里的武器外任何地方不保存武器。并要求帝国主义国家立刻予以接受或者予以拒绝。参见〔英〕华尔脱斯《国际联盟史》（上卷），第 416 页。
③ 这次不是全面裁军，而是要求大量裁军，特别是大量裁减轰炸机、长射程大炮、重型坦克、航空母舰之类的所谓进攻性武器。这些武器应在适当的时候废除；同时现役兵额和物资将在现有数字的基础上按一定比例裁减，而且为武器庞大的国家规定的裁减比例比对小国规定得更加严格。参见〔英〕华尔脱斯《国际联盟史》（上卷），第 419 页。
④ Edward W. Bennett, *German Rearmament and the West*, *1932 – 1933*, p. 54.
⑤ Edward W. Bennett, *German Rearmament and the West*, *1932 – 1933*, p. 54.

夫·纳多尔尼为代表团团长，布吕宁解释道，纳多尔尼的"东方特质"，即坦率、有攻击力的形象会给国防军留下"强人"的印象。

此时，国联对裁军问题的态度对德国比较有利。1931 年 7 月，国联在布达佩斯会议上通过了一项声明：国联正式承认"侵略国"与"战胜国"之间平等裁军原则，1932 年的裁军大会必须实践该平等原则。①

二　美国的《质量裁军计划》和《胡佛计划》

1932 年 2 月 2 日早晨，日内瓦天气灰暗，世界裁军大会开幕，有 62个国家参加。英国首相麦克唐纳、外交大臣约翰·西蒙，法国陆军部长安德烈·塔迪攸，美国国务卿史汀生、代表团团长休·吉布森，德国总理布吕宁，苏联外交人民委员李维诺夫，意大利外长格兰迪伯爵等人出席。大会开幕式延迟一小时，专门讨论中、日正在进行的上海战事。当战争在远东越演越烈之际，国际社会却大谈裁军问题显得有些不合时宜。

大会由会议主席英国前外交大臣韩德逊主持，他提出裁军会议力图达成三项目标：1. 在有效可行的方案基础之上达成一项集体安全协议，从而实质性削减和限制各国军备。2. 所有出席大会国家将不拥有条约所规定的范围之外的武器，从而达成普遍的裁军目标。3. 为保证裁军进展的连续性，不允许通过召开类似会议的手段破坏大会即将取得的成果。②

为争取主动，塔迪攸率先提出一些大胆的建议：1. 将所有威力最强的武器（轰炸机、重炮、装甲舰）交国联指挥。每一个国家只有在捍卫本国领土时才能使用这种武器；2. 在各国应征兵支援下建立一个国际警察机构；3. 建立有强制性的仲裁制度和有组织的制裁制度。③ 法国的目的在于实现裁军"国际化"；强化仲裁机制；加强国联责任。法国的计划很宏大，却只得到波兰、比利时等小协约国的赞同，英国、德国的报纸对建议大多持批评态度。

法国的建议无疑不符合英国不承担大陆防务义务的政策，西蒙敷衍说，他需要与本国代表深入研究。美国及其他大国也不同意，法国建议未被会议列入大会议程。2 月 8 日，西蒙提出了一项比较详细的裁军计划：英国政府同意以下作为签署裁军公约而进一步讨论的基础；同意草案中对于裁军的最大程度的限制手段；支持建立一个永久性裁军委员会；废弃潜

---

① John W. Wheeler—Bennett, *The Disarmament Deadlock*, p. 8.

② John W. Wheeler—Bennett, *The Disarmament Deadlock*, p. 14.

③ 〔法〕让—巴迪斯特·帝罗塞尔：《外交史（1919—1984 年）》，第 169 页，另参见 John W. Wheeler—Bennett, *The Disarmament Deadlock*, pp. 14 – 15.

水艇、毒气和化学武器；废除征兵制是一个有争议的问题，通过最可行的途径实现有效限制军备；对于减少战舰和大炮口径将采取合作的方式，禁止陆地火炮口径超过一定上限；希望对上述军备的禁令或者限制给予特殊关注，这将削弱进攻的力量，从而转移侵略的欲望；对于法国的建议将认真予以研究，将全力支持任何有助于削减军备的变革；至于海军军备，相信会议将找到把华盛顿会议、伦敦会议分别达成的协议纳入其中的办法，并在此基础上广泛讨论。①

英国的裁军计划得到普遍支持。史汀生离开日内瓦前指示代表团，美国不能因安全保障而卷入欧洲政治问题。英国裁军计划中的政治因素不多，因而代表团基本同意该计划。但为了阐明自己的裁军政策与主张，2月9日，吉布森向大会提出了一项《九点计划》：1. 美国政府建议，考虑起草一份公约作为讨论的基础，可以随时加入补充建议。2. 美国政府建议，延长在华盛顿海军会议、伦敦海军会议达成的现有协议，认为只要法国、意大利遵守伦敦协议，它就能够完成。3. 美国政府建议，一旦华盛顿协议纳入现在裁军会议的框架，应该进一步适当削减华盛顿会议和伦敦会议达成的吨位数字。4. 美国政府建议，正如美国政府已经做过的，废弃所有潜水艇。5. 美国政府将采取最有效的措施反对对平民使用空军炸弹。6. 美国政府建议，完全禁止使用毒气、细菌武器。7. 美国政府建议，军队限制在保持国内秩序所必需的数字之内，外加上一支防卫性的分遣队，前者的数字可能要削减，后者的数字相应再定。8. 美国政府建议，特别削减坦克、移动式重型炮等进攻性武器。9. 美国政府打算考虑将限制预算作为直接削减军备的补充手段，如果它对于防止数量竞赛发挥作用，那么，质量裁军也将采取该手段。② 其中，第九点最令人感兴趣，表明美国政府裁军政策出现了较大转变。在以前的裁军会议中，美国反对任何通过控制花钱的方式限制军备的尝试，而现在认为该方法是质量裁军的补充手段，该计划因此也被称为《质量裁军计划》。今天世人所熟知的"军备控制"观念初现端倪。

除了法国外，其他国家大多支持《质量裁军计划》，西蒙与美国代表诺曼·戴维斯进行了会谈。③ 美国担心德国可能反对《质量裁军计划》，但

① John W. Wheeler—Bennett, *The Disarmament Deadlock*, pp. 16 – 17.

② FRUS, 1932, Vol. 1, pp. 29 – 30. Address Delivered by Mr. Hugh S. Gibson, Acting Chairman of the American Delegation, at the General Disarmament Conference, Geneva, February 9, 1932.

③ Carolyn J. Kitching, *Britain and the Geneva Disarmament Conference*, *A Study in International History*, p. 58.

布吕宁的声明立刻消除了这种担忧，德国政府打算将质量裁军作为它的"出发点"。[①] 因为该计划没有提及德国需履行裁军义务的问题，在德国人看来就是默许了它的军备平等权利。

李维诺夫也向大会提交了一份"全面的、彻底的裁军"计划。[②] 大多数国家虽然不接受苏联计划，但苏联也不反对美国的《质量裁军计划》，美、英、意、苏、德等国就《质量裁军计划》基本达成了共识。24 日，韩德逊发言，对大会已经讨论的议案进行了总结。他说，为了会议取得进一步成功，可以达成一项协议。该协议可能，特别是在控制、限制或者废弃各种进攻性武器，禁止化学、细菌武器方面，以及采取必要的措施，尽可能防止平民遭受战火蹂躏。[③] 韩德逊的发言几乎得到所有国家代表的支持，他们也大多接受对军备进行财政预算以及建立监督机制的建议。

中、日之间正在进行着上海战事，大会用 9 天时间专门讨论这场"除无战争之名的十十足足的战争"[④]，裁军议题因而被搁置。与此同时，法、德国内的大选都处于关键时刻，大会决定，从 3 月 19 日—4 月 11 日临时休会。

1932 年 4 月 11 日，裁军大会如期复会。吉布森第一个发言，提出一项裁军计划。该建议分为两部分：1.（A）下列侵略性武器：坦克、重型移动式火炮、毒气等诸如此类都应该被禁止。（B）陆军委员会应负责废除坦克、口径超过 155 毫米的移动式火炮，以及禁止使用毒气。2.（A）各国承诺在战争中不使用上述武器，各国必须平等地作出承诺。（B）为达成上述目的，政治委员会应起草建议并提交给大会。[⑤] 吉布森确信，"对这些武器的废弃是解决裁军道路上整个困难的钥匙，将会消除恐怖，安全则随之而来"[⑥]。

吉布森的新计划因某种程度上满足了德国对于平等权利的要求，得到热烈欢迎。英、意等国代表也纷纷表示赞同，西蒙建议，如果短期内要确定该计划，应该去掉那些模糊、难以理解的概念，进行实质性讨论，从而制订一项可操作的计划。但法国代表强烈反对美国计划，刚出任总理的塔

---

① John W. Wheeler—Bennett, *The Disarmament Deadlock*, p. 18.

② John W. Wheeler—Bennett, *The Disarmament Deadlock*, p. 21.

③ John W. Wheeler—Bennett, *The Disarmament Deadlock*, p. 22.

④ 〔英〕华尔脱斯：《国际联盟史》（下卷），第 48 页。

⑤ FRUS, 1932, Vol. 1, pp. 82. Address Delivered by Mr. Hugh S. Gibson, Acting Chairman of the American Delegation, at the General Disarmament Conference, Geneva, April 11, 1932.

⑥ John W. Wheeler—Bennett, *The Disarmament Deadlock*, p. 28.

迪攸谴责美国新的裁军计划使得法国失去了防卫体系，强调所有武器之间都相互依赖，包括轰炸机、大型潜水艇、1万吨以上巡洋舰以及其他"进攻性"武器都应该由国联处理。他反对单独讨论美国的裁军计划，建议美国计划与法国计划都作为问题的一部分一并进行讨论。① 可见，法国反对全面禁止进攻型武器，因为它需重武器保卫其安全。吉布森对此评价道："现在主要问题取决于法国，……这个国家过于关注安全，殊不知它自己可能会被这些坦克、重机枪毁灭。"②

西蒙与纳多尔尼会谈后，又对布吕宁解释道：他担心大会将在《质量裁军计划》之前对法国计划作出表决，法国计划如果被否决，法国就有了拒绝裁军的借口；如果被接受，《质量裁军计划》将被排除。③ 西蒙建议，先对禁止进攻型武器做一个简明的决议。大会对此没有答复，对于美国新方案也没有采取进一步行动，接下来开始讨论裁军的"总原则"问题。至此，会议达成某些具体成果的机会再次错失了，尽管西蒙和吉布森花费了很大精力进行劝说。

4月19—22日，大会先后通过了三项决议。19日，大会通过第一项决议：在大会采取决定性的将军备减至最低水平的第一步之后，各国应在适当期限内，采取一系列连续修订计划，逐步完成削减军备的任务。20日，大会通过第二项决议，它是第一项决议的推论，再次规定裁军公约应该遵守《国联盟约》第八条款。22日，通过由西蒙提出的第三项决议：大会对于其他计划没有歧视，宣布大会赞成质量裁军原则适用于各种类型武器，拥有或者使用禁止武器的原则适用于所有国家，或者以普遍公约的方式使这类武器国际化。④ 因法国设置了安全问题的障碍，裁军会议虽然基本同意《质量裁军计划》，却没有继续讨论下去，更没有制定出相应的实施措施。

英国裁军计划、美国裁军计划相继失败，在当时被称为"4月悲剧"。一些相关细节被神秘地掩盖了，麦克唐纳对于提及此事的任何后续说法都讳莫如深。分析其原因，有学者认为是麦克唐纳、史汀生没有向塔迪攸施压，敦促他与布吕宁达成协议。在英、美、意、德四大国都已同意的情况下，还坚持取代《凡尔赛和约》第五部分的新公约必须得到各大国的一致

---

① John W. Wheeler—Bennett, *The Disarmament Deadlock*, p. 29.
② Edward W. Bennett, *German Rearmament and the West*, *1932 – 1933*, p. 143.
③ Edward W. Bennett, *German Rearmament and the West*, *1932 – 1933*, p. 145.
④ John W. Wheeler—Bennett, *The Disarmament Deadlock*, p. 30.

同意，而不能由德国单方面决定。① 对于此次裁军会议的失败，很多人不无遗憾地感慨道："虽然不能将失败的原因完全归罪于麦克唐纳和史汀生，但此时世界上没有比裁军会议即将达成协议更重要的事情了，……1932 年4 月 22 日五个人在日内瓦围坐一张桌子谈论人民利益的景象再也没有了。"②

史汀生对形势还很乐观，他给华盛顿发回电报：布吕宁"愿意与法国作出理智的妥协，这超出了我们的预想"③。接着，史汀生说道：麦克唐纳和我对于法、德之间出现理智态度的信心倍增。……法、德直接谈判，即直接的私人会商真正开始了。一年半之前，我就曾警告过一些国家，这些初步的基础工作必须做好，因为这是确保会议取得成果的唯一途径。……但现在会议的前三个月都浪费在公开争论上面却没有达成任何协议。我告诉麦克唐纳以及其他与会主要国家代表们，如果事情久拖不决，世界不能因会议成果而得到保证，美国国会可能就不会继续派出代表参加裁军会议了。④ 随后，史汀生指示吉布森、戴维斯赶赴伦敦和巴黎，与英、法领导人进行私人会晤，力图能有所收获。

史汀生对裁军会议还有所期待，但此时法、德两国的政局都发生了根本性变化。布吕宁"两手空空"地离开了日内瓦，从此他也告别了政坛。接替他的是冯·巴本，施莱歇尔将军被任命为国防部长。为了获得右翼势力的支持，巴本—施莱歇尔政府在裁军问题上的态度更加强硬。塔迪厄在大选中落败，6 月 4 日，法国激进党领袖赫里欧再次组阁，组成了"左翼联盟"内阁。赫里欧政府此时拒绝参加与德国私下谈判军备平等权利问题，认为如果接受了平等权利，不仅破坏了《凡尔赛和约》第五部分的原则，而且是对裁军协议预先设定了结果。国防部长保罗－邦库尔对英、美代表说，法国打算与他们协商具体裁军方案，不许德国人参加。如果其他国家要求进一步扩大裁军，那么就要先讨论法国的裁军计划。⑤

---

① Carolyn J. Kitching, *Britain and the Geneva Disarmament Conference*, *A Study in International History*, p. 67.

② Carolyn J. Kitching, *Britain and the Geneva Disarmament Conference*, *A Study in International History*, p. 69.

③ 直到 1947 年，史汀生仍然认为，布吕宁作出的妥协如果被接受了，那么，就有可能避免第二次世界大战。参见 Edward W. Bennett, *German Rearmament and the West*, *1932 - 1933*, p. 156。

④ FRUS, 1932, Vol. 1, pp. 112 - 113. The Acting Chairman of the American Delegation (Gibson) to the Acting Secretary of State Geneva, April 29, 1932.

⑤ Edward W. Bennett, *German Rearmament and the West*, *1932 - 1933*, p. 164.

面对陷入困境的裁军会议，美国打算用具体的裁军计划推动大会向前发展，再次提出《质量裁军计划》。5月24日，胡佛总统在国会宣读了一份备忘录，将副本发给了远在日内瓦的国务卿。① 史汀生接到备忘录后并不赞同总统的裁军计划。第二天，他给总统回复了一份比较长的备忘录，"虽然我很同情总统提出的各项建议，但我却强烈预感到总统提出的方法将破坏他自己的目标"。接着，史汀生阐述了自己的观点：1. 总统在备忘录开篇就将论述建立在一种假设之上，即我们能够激励那些正在日内瓦争斗的欧洲国家采取行动以达成一项协议。我完全不同意这种假设，理由如下：依据目前日内瓦以及欧洲的形势，我认为通过裁军会议达成协议，从而对整个欧洲产生影响是不可能的。现在的欧洲人更关注其他事务，我怀疑不管裁军会议是否取得成果，他们都不感兴趣。2. 与那些有组织的和平主义者不同，我认为，即使我们裁减海军也不会受欢迎。他们想要一支尽可能花销小的但是装备精良的海军。3. 进一步牺牲我们海军的建议至少也不会影响德国、法国、意大利的问题。诚然，我们的海军会影响英国海军，英国海军会影响法国，但这个建议不会因英国海军的变化而使法国释然。……无论我们做什么都不会影响法国。在其他方面，我们的军备根本不能影响欧洲，实践也已证明，美国只是想用一个道义的榜样，并不能引领那些正陷入内部政治纷争的欧洲国家去裁军。4. 实践证明，通过部分裁军能够引领国家走向裁军，上述部分裁军的主要目的是达到完全限制军备竞赛。实践也证明，部分裁军每走一步都会消除因军备竞赛而带来的怀疑和对抗。这是通向进一步裁军最有效的步骤。5. 我确信目前会议正努力达成普遍限制军备的协议，最终也将完成该协议。我认为达成协议最好的方式是通过友好的私人会谈，而不是大张旗鼓地公开谈判。6. 我确信，所有我们能做的事情之一是，我们能帮助正在进行的裁军大会逐步达成协议。史汀生在备忘录的后面又附属了十项建议，其中第十点特别提醒胡佛总统说，法国参谋部实际上已经赞同了我们的建议，但他们感到，削减的数字应该由他们自己提出，我们应该给法国人一次这样做的机会。② 史汀生的上述建议有理有据，胡佛总统暂时压下了自己的裁军计划。

6月13日，麦克唐纳提出，英、法、美、意、日五国应该举行会谈，力图在质量裁军方面取得进展。赫里欧、保罗-邦库尔表态，他们并不反对，但他们认为这种会谈不应对质量裁军作出严格限制，例如，不能因质

---

① FRUS, 1932, Vol. 1, pp. 180 – 182. President Hoover to the Secretary of State.
② FRUS, 1932, Vol. 1, pp. 188 – 184. Memorandum by the Secretary of State.

量裁军而限制军备支出；废止某些武器的标准应该以其是否在国联的控制范围之内为依据。麦克唐纳与西蒙则提出，在没有德国代表的情况下该如何讨论它提出的军备平等权利问题。赫里欧在一份声明中答复了上述问题：法国不同意在裁军会议上讨论德国政治平等权利的问题，法国只有见到裁军会议采取了实质性措施之后，才有可能不反对谈论该问题。赫里欧又说，如果德国继续坚持讨论政治平等问题，那么，他有义务以目前的还没有修改过的《凡尔赛和约》条款来答复它。①

吉布森不屈不挠，14 日与法国裁军代表马西利私下协商，继续深入研究。马西利反复声称，《凡尔赛和约》条款的有效性还没有被损害，接下来裁军会议取得的一些特定成果有可能得到某些修改。吉布森据此分析，法国有可能愿意讨论政治问题，但条件是不能对裁军会议将首先讨论该问题作出预设。②

15 日上午，麦克唐纳、西蒙、吉布森、戴维斯举行会谈。因前一天麦克唐纳与赫里欧、保罗－邦库尔已经见过面了，首相变得更有信心。麦克唐纳表示，英国很是关注裁军问题，只要需要他可以随时返回日内瓦。戴维斯和吉布森表示，希望英国能够拿出一个普适的裁军计划。西蒙回答说，他已经有所打算，询问美国代表是否有具体的建议。戴维斯说，他没有任何建议，但可以与西蒙坐下来讨论任何裁军计划。③

随后，戴维斯与保罗－邦库尔进行了会谈。后者向戴维斯道出了法国未来关于裁军会议的谋划以及眼前的想法，表示他已经准备考虑限制某些进攻型武器，如重炮、坦克等，认为对重型火炮的限制必须通过某些规定与舰船上的大炮联系起来。他进一步建议，重型轰炸机应该被废止，完全禁止毒气和细菌武器。保罗－邦库尔声称，将这些禁止武器交由国联处理是个合适的解决办法。戴维斯很清楚，美国对于任何国际化，或者国联成员国组成一支国际武装部队的计划都不感兴趣。保罗－邦库尔倒是比较理解美国对此事的态度。接着，他开始强调，自 1921 年，法国已经将 3 年的服役期限减至 1 年，军队人数随之而减少至 22 万人。除去在殖民地的驻军，法军仅剩 11 万人，作为陆军部长他不能想象法国还有进一步减少

---

① FRUS, 1932, Vol. 1, pp. 174 – 175. The Acting Chairman of the American Delegation（Gibson）to the Secretary of State.

② FRUS, 1932, Vol. 1, pp. 174 – 175. The Acting Chairman of the American Delegation（Gibson）to the Secretary of State.

③ FRUS, 1932, Vol. 1, p. 177. The Acting Chairman of the American Delegation（Gibson）to the Secretary of State.

军队的可能性。戴维斯回答说，法国上述说法将对舆论产生不好的影响。保罗－邦库尔又说道：削减所谓的进攻型武器将意味着那些已经接受海军裁军的国家，例如，英国、美国对欧洲政治安抚的影响力将得到强化。最终，保罗－邦库尔建议，尽快签署限制军备预算的协议。①

18日，吉布森、戴维斯与西蒙等人再次进行会谈，会谈持续了6个小时，双方确定了共同的目标，很快就陆军军备达成共识，但关于空军、海军军备问题没有得出结论。双方约定第二天下午与法国代表商谈。②

20日，吉布森与赫里欧会面。吉布森陈述了美国的裁军主张以及战债政策，并表明美国希望看到裁军会议能取得实效性的成果。赫里欧回答说，任何《质量裁军计划》对于法国来说都是不可接受的，并撤销了4月份法国已经接受的质量裁军决议。见法国如此态度，吉布森坦率地说道：在洛桑会上美国因削减战债而作出了很大牺牲，如果欧洲继续把本应用于偿还战债的金钱用来整军备战，那么，美国公众将不可避免地反对任何削减战债的呼吁。③吉布森的态度表明，为迫使法国妥协，美国将裁军问题与战债问题捆绑起来。

同一天，英、法、美代表团在日内瓦召开会议，就航空武器、化学武器达成了两份严格保密的正式备忘录。④但航空武器、化学武器并不是裁军问题的关键部分，而且三国政府在备忘录中的承诺都有一些保留。因此，它对裁军进程的影响并不大。

为推动裁军会议取得实质性成果，22日，总统胡佛再次拿出了5月24日他曾在国会宣读的那份备忘录在华盛顿宣布其裁军方案。同时，吉布森在日内瓦也公布了裁军方案的副本，力图引导日内瓦会议回归普遍裁军的思路。《胡佛计划》首先引用《非战公约》中的规定：所有国家使用武器仅用于防御；削减军备不应只是通过普遍裁军的方式，而且还要通过削弱进攻力量来增强防御的相对实力；武器彼此之间的依赖增强，因此，在削减军备时它们之间的相对性也应该被保留；裁军必须是真实的、明确的；能够切实减轻经济负担；陆、海、空三军的武装部门相互联系，不能将任

---

① FRUS, 1932, Vol. 1, pp. 175 – 177. The Acting Chairman of the American Delegation (Gibson) to the Secretary of State.

② FRUS, 1932, Vol. 1, p. 178. The Acting Chairman of the American Delegation (Gibson) to the Secretary of State.

③ John W. Wheeler—Bennett, *The Disarmament Deadlock*, p. 40.

④ FRUS, 1932, Vol. 1, p. 178. The Acting Chairman of the American Delegation (Gibson) to the Secretary of State.

何一军的军备单独分离讨论。《胡佛计划》提出，各国军队的人数、军备都按照削减 1/3 的比例进行裁减，即陆军人数减少 1/3，完全废除坦克和重炮。海军吨位和装甲舰各裁减 1/3，潜水艇的吨位裁减 1/3，任何一国的潜水艇吨位不得超过 3.5 万吨。航空母舰、巡洋舰和扫雷艇的吨位裁减1/4。在空军方面，废除所有轰炸机。吉布森指出，该计划意味着美国要作出很大牺牲：30 万吨的舰船将被销毁并放弃再建 5 万吨舰船的权利。陆地上美国将销毁 1000 门大炮，924 辆坦克，300 多架轰炸机。被销毁的陆、海、空三军的军备价值估计达 10 亿美元。最后，吉布森慷慨激昂地说道："上述裁军建议简单、明确，它将唤起所有国家为裁军作出贡献。我知道没有什么能够比今天接受该计划（会有些必要的修正）给人类带来更大的希望。"[1]

《胡佛计划》的裁减目标主要集中于进攻型武器，而不是防卫型武器，其实质还是美国代表团一直倡导的质量裁军主张。吉布森的宣讲引发了各代表团热烈的讨论，被视为裁军会议进程中的一个里程碑。在日内瓦的一些小国纷纷表示欢迎《胡佛计划》，他们已经厌倦了大国间连续不断的关起门来的会议，感觉该计划至少简洁明了，可操作性强，对每个国家都公平。

7 月 7—8 日，大会开始讨论《胡佛计划》。之前会议代表普遍认为，"只要英国给予全力支持，该计划将实现全世界非军事化"[2]。西蒙第一个对《胡佛计划》表态，出乎所有人的意料，他说英国代表对于陆军裁军方案还需继续研究；关于海军他认为是否应该有某些适当的、其他的考量，因为各国海军力量对比存在比较大的差异。英国希望废止所有潜水艇，而《胡佛计划》却没有制定任何规定来削减各国目前"可怕的规模"。[3] 因海军利益受损，英国代表团对《胡佛计划》的态度不是很积极，甚至有代表认为该计划是胡佛为了配合美国大选的一个策略。

保罗－邦库尔对《胡佛计划》极端简明的特点表示怀疑，他举例道：同等裁军标准对于小国是不公平的；他强调在任何情况下，法国关于安全的建议都应该被首先考虑，并作为裁军讨论的基础；法国已经拟定了一份

① FRUS, 1932, Vol. 1, pp. 180 – 182. President Hoover to the Secretary of State. 另参见 Carolyn J. Kitching, *Britain and the Geneva Disarmament Conference*, *A Study in International History*, p. 69.

② Philip Noel—Baker, *The First World Disarmament Conference 1932 – 1933*, *And Why It Failed*, p. 103.

③ John W. Wheeler—Bennett, *The Disarmament Deadlock*, p. 42.

比《胡佛计划》程度更广泛的裁军建议；最后，他说法国将一如既往地削减其军备预算。①

德国代表、苏联代表都赞同《胡佛计划》，意大利代表格兰迪表示，他在原则上、细节上都同意该计划，没有任何条件。日本开始时持反对态度，后来又表示暂时同意1930年伦敦海军会议期间分配给日本海军的吨位数字，但该数字只能保留至1936年。正当五大国争论不休之际，7月7日，鲍德温在下议院发表的声明代表了英国政府对《胡佛计划》的官方态度，鲍德温说道，议院领袖中没有人对该计划表示赞同。②

胡佛总统分析了其计划失败的原因，即"因为它确实刺激了那些不想做任何事情的英国人和法国人"③。裁军会议因《胡佛计划》可能被接受而出现的些许希望再次破灭了。作为亲历者，诺埃尔-贝克不无遗憾地评论道：如果所有国家能接着吉布森讲话立刻进行深入的讨论，毫无疑问，将形成一个对《胡佛计划》广泛的、压倒多数的支持。④ 英国人的反对不仅谋杀了《胡佛计划》，同时也结束了日内瓦的讨论。诺埃尔-贝克认为西蒙之所以反对《胡佛计划》主要有三点原因：1.《胡佛计划》将减少英国海军的吨位，这不是英国愿意看到的。2. 英国内阁中的军方人士认为，质量裁军没有意义，所有裁军都没有意义，国家拥有越多军备就越安全越强大。虽然他们原则上还支持国联，而另一些阁员，例如，丘吉尔则表现出极度的不信任，他说道："我们不得不作出选择，我们的选择很清楚。难道我们能把自己裁军了，还是能允许德国重新武装？" 3. 西蒙不愿冒影响自己任期的风险，而最终屈服于内阁中的鹰派势力。⑤

7月23日，裁军大会通过了由西蒙和捷克斯洛伐克总理贝奈斯共同起草的折中方案："大会……现在根据以《胡佛计划》为基础的总原则精神……作出决定如下：1. 通过协议，对全世界陆、海、空军装备进行有实质性的裁减。2. 主要目标在于缩减侵略的手段。"方案既没有确定裁减的数字，也没有确定裁军比例。四十一个国家表示接受，但把它"看作是一

---

① John W. Wheeler—Bennett, *The Disarmament Deadlock*, p. 42.

② Carolyn J. Kitching, *Britain and the Geneva Disarmament Conference*, *A Study in International History*, p. 105.

③ Philip Noel—Baker, *The First World Disarmament Conference 1932 – 1933*, *And Why It Failed*, p. 83.

④ Philip Noel—Baker, *The First World Disarmament Conference 1932 – 1933*, *And Why It Failed*, p. 83.

⑤ Philip Noel—Baker, *The First World Disarmament Conference 1932 – 1933*, *And Why It Failed*, p. 109.

个供认，供认裁军大会直到目前为止一直是一个惨败"①。德国代表团投票
反对，宣布在军备平等权利的原则得到确认以前不会再在会议中进行合
作。纳多尔尼对此解释道，就军备平等权利问题达成协议的希望比六个月
前会议开始时实际上更为渺茫。

裁军大会再次宣布暂时休会，除了达成禁止化学武器、细菌武器之外
(1925 年的《日内瓦协议》已经达成该项协议——笔者注)，几乎没有达
成任何实质性成果。裁军会议的再次失败导致一些欧洲小国开始骚动不
安，它们内部达成了一项共识：大国间的秘密谈判导致了裁军计划的致命
性失败，现在需要自己来做一些事情。但它们却无力开启一个会议新
机制。

三　关于德国军备平等权利的争论

依据《凡尔赛和约》的相关规定，第一次世界大战后德国必须把军备
裁减到所规定的水平。但德国人争辩道："别国也有义务将其军备——在
数量和军备性质方面——都裁减到与德国军备相当的水平。如果别国不愿
意这样做，它们就不能坚持要德国依然单方面裁军，因为德国裁军原先意
在作为实现为和平所必需的普遍裁军的前奏；但德国之依然作为裁减了军
备的唯一大国，实际上会招致别国前来进犯。因此其言下之意是：德国关
于军备平等的要求是说，别国必须裁减军备，否则德国就有权重整军
备。"②

德国要求军备平等权利的观点在英国得到很大同情，英国代表塞缪
尔·霍尔爵士在其回忆录中写道：我们不是善于仇恨的人。在我们违心地
卷进一场斗争之后，我们希望尽快宽恕我们的敌人；在斗争结束后，也就
忘了敌人的罪行。关于裁军问题，他继续写道：我们如此坚信裁军带来的
幸福，以致我们非常容易对其他民族，特别对我们过去的同盟者法国人感
到愤慨。反法情绪非常强烈，而且对我们过去同盟者的愤慨几乎变成了一
种对我们过去敌人的偏爱。③

美国在反对德国以武力修改《凡尔赛和约》裁军义务的同时，采取了
安抚策略。美国对于德国国内形势、领导人都比较了解，知道布吕宁参加
裁军会议的目的就是为德国争得一个明确的平等地位。同时也看出如果协

---

① 〔英〕华尔脱斯：《国际联盟史》(下卷)，第 59 页。
② 〔美〕格哈特·温伯格：《希特勒德国的对外政策 (1933—1936 年)》，第 52 页。
③ 〔瑞士〕埃里希·艾克：《魏玛共和国史 (下卷)——从洛迦诺会议到希特勒上台
(1925—1933 年)》，第 342 页。

约国不能就德国提出的军备平等权利要求作出明确答复，那么，"一个新的、觉醒的德国将走向调整其不平等地位的道路"①。

《质量裁军计划》没有涉及德国的裁军义务，而是将其视为平等的与会国，德国自然不会反对。布吕宁在会上发表了一项声明性讲话："德国政府和德国人民在其解除武装之后要求普遍裁军。德国对此提出一种法律和道义上的要求，这是毋庸置疑的……我谨此声明，德国作为国际联盟一个拥有全权的和负有全部责任的会员国……将致力于拥护这样一种普遍裁军，即一种在国际联盟条约中对所有会员国以同样方式所规定的明白无误的裁军，也即一种对各国人民创造同一安全尺度的普遍裁军。"② 比较奇怪的是，布吕宁的讲话并未引起与会代表反对，但也只有意大利代表公开表示赞同，也许是因为各国代表已经看出布吕宁此时的政治地位难保。随后，意大利代表团、日本代表团相继提出了各自的裁军方案，虽然与英、美方案存在一些差异，但基本都不反对《质量裁军计划》。

此时，德国政局发生了变化。兴登堡再次当选总统，布吕宁仍然出任总理，但纳粹党在议会中的席位迅猛增长。布吕宁为稳固政府、缓和纳粹党的喧嚣，力图在裁军会议上尽快达成恢复德国军备平等地位的协议，这样国内民众可能从支持纳粹党转而支持他。此外，布吕宁还试图将裁军问题与战债问题联系起来。布吕宁希望欧洲国家能够达成大量削减武器的裁军协议，那么，就有可能劝说美国放弃战债。因洛桑会议已经达成了欧洲国家延迟支付所欠的美国战债的协议，布吕宁感到，"德国在裁军会议上的要求变得愈加紧迫了"③。因而，他更加坚持军备平等权利。

4 月 17 日，史汀生到达日内瓦的次日，即开始与布吕宁交谈。前者表示出比较悲观的情绪，"对我而言，世界形势就像一幕正在开演的希腊悲剧，我们能够看到时间的进展并知道应该去做什么，但是又没有力量阻止它走向悲惨的结局"④。史汀生认为，防止悲剧发生最有效的手段是说服法国放弃它为裁军设置的重重障碍。为说服法国，史汀生亲自动身前往法国进行调解，终于暂时缓和了塔迪攸的激动情绪。

① John W. Wheeler—Bennett, *The Disarmament Deadlock*, p. 31.
② 〔瑞士〕埃里希·艾克：《魏玛共和国史（下卷）——从洛迦诺会议到希特勒上台（1925—1933 年）》，第 341 页。另参见 John W. Wheeler—Bennett, *The Disarmament Deadlock*, p. 18。
③ Carolyn J. Kitching, *Britain and the Geneva Disarmament Conference*, *A Study in International History*, p. 52.
④ Henry L. Stimson, *On Active Service in Peace and War*, pp. 277 - 278.

23 日，史汀生与麦克唐纳举行会谈。后者表示，由于英国公众舆论压力，英国政府将不会再给法国提供附加的安全和在军备援助方面承担更多的义务。史汀生也坚持美国不会卷入欧洲任何政治纠纷，并打算对德国作出一些让步。

25 日，吉布森在向国内发回史汀生撰写的电报中说道：整个会议的情绪比较压抑、混乱，广泛的谈判可能要推迟至法国大选之后。麦克唐纳对我们的计划很是感兴趣，有达成协议的愿望；塔迪攸也冷静下来，考虑我们提出的进攻性武器的建议，希望做些事情，担心会议无果而终；他明确表示，法国希望从英国那里获得没有附加条件的安全保证。目前，德国人像法国人一样最难对付，他们设法将赔偿问题纳入与塔迪攸的谈判之中。史汀生与麦克唐纳打算安排布吕宁与塔迪攸在明日或者周三直接会谈。①

第二天，史汀生、吉布森、诺曼·戴维斯与麦克唐纳、布吕宁举行了会谈，塔迪攸因国内大选缺席。麦克唐纳首先发言说道，他理解德国认为的两个关键性问题，一是修改《凡尔赛和约》的军事条款，二是作为一个国家所拥有的军备平等权利问题。他对德国表示了同情。布吕宁宣称，德国对于参与国际间的军备竞赛、增加本国的军备力量没有任何兴趣，但认为其邻国应该削减军事力量，否则其优势对德国人民造成心理不安。布吕宁强调这不仅是公平性问题，而且事关欧洲的和平与利益。②

布吕宁私下里劝说麦克唐纳、史汀生同意德国政府草拟的修改《凡尔赛和约》的计划：把兵役时间从 12 年减少到 6 年；增加德国军事力量，方式是德国可再训练和武装 10 万人，或作为国防军的组成部分，或作为国防军之外的民兵；扩大德国的权力，也包括《凡尔赛和约》拥有禁止德国取得的武器的权利；废除《凡尔赛和约》第五部分，即关于限制德国武装的所有条款，并且通过新的公约代替这部分条约。最后，布吕宁进一步要求大会考虑德国的请求，最终以《裁军公约》取代《凡尔赛和约》第五部分。③ 这是德国政府在裁军会议上第一次正式提出的一项适度裁军，适度恢复其军备平等权利的计划。对此，麦克唐纳和史汀生表示，任何取代

---

① FRUS, 1932, Vol. 1, pp. 106 – 108. The Acting Chairman of the American Delegation（Gibson）to the Acting Secretary of State Geneva, April 25, 1932.

② FRUS, 1932, Vol. 1, pp. 108 – 109. Memorandum of Conversation Among Members of the American, British, and German Delegations, Geneva, April 26, 1932.

③ 〔瑞士〕埃里希·艾克：《魏玛共和国史（下卷）——从洛迦诺会议到希特勒上台（1925—1933 年）》，第 371 页。另参见 John W. Wheeler—Bennett, *The Disarmament Deadlock*, p. 32。

《凡尔赛和约》的新条约都必须得到大国一致同意，不能由德国单方面决定。但美、英基本接受布吕宁的计划，认为该计划"扫除了通往最后协议之路上最主要的障碍"①。随后，史汀生让戴维斯电告塔迪攸，敦促其迅速返回日内瓦。

正当布吕宁踌躇满志，准备在日内瓦与其他欧洲领导人深入接触之时，德国国内政局却出现变化。施莱歇尔将军在私人晚宴上会见了法国大使，建议法国政府不要再与布吕宁进行谈判，因为他即将被后继者所取代。塔迪攸得知此事后认为，布吕宁的后继者好像更容易对付一些。另外，法国也正在大选，如果同意德国的计划，德国军备平等权利即得到承认；如果不同意法国在国际上将被孤立。有鉴于此，塔迪攸以喉炎发作为借口拒绝前往日内瓦，原定在 4 月 29 日举行的他与布吕宁的会晤被迫取消，《布吕宁计划》因此被搁置。布吕宁的地位岌岌可危，一直支持布吕宁政府的美国驻德国大使弗雷德里克·萨克特建议美国决策者采取行动，"布吕宁政府至少应该维持到洛桑会议"②。

5 月 13 日，裁军会议复会后开始着重讨论《胡佛计划》。德国代表热烈欢迎该计划，纳多尔尼并不是一个激越的演讲者，但其讲话对于德国却很重要。《胡佛计划》是否能够既满足共和国对于军备平等权利的要求，同时又能够挫败希特勒的怨恨与嘲笑？理解国际形势的德国人等待着纳多尔尼讲话来缓和气氛。纳多尔尼开场就表示："德国代表团是带着热切的兴趣与特别的满足来认识符合总统的计划"，他认为会议必须为该设想喝彩。他真诚地希望，吉布森已经提出的明智的建议将促进大会议程，便于它的工作。纳多尔尼赞成《胡佛计划》所依据的原则，"没有比这更好的途径来达到所有国家都需要的以及《国联盟约》第 8 条所承诺的安全了"。纳多尔尼表示，他期望大会达成的裁军协议能够取得比总统计划更进一步的成效。这将有助于解决德国的军备平等权利问题，承认平等权利是大会最终成功的必要条件之一。最后，纳多尔尼再次强调，"德国代表团最热烈地欢迎美国代表团的重要宣言"③。

纳多尔尼的讲话超出了吉布森的最高预想，在吉布森看来，尽管纳多

① FRUS, 1932, Vol. 1, pp. 112 – 114. The Acting Chairman of the American Delegation (Gibson) to the Acting Secretary of State.

② Bernard V. Burke, *Ambassador Frederic Sackett and the Collapse of the Weimar Republic*, *1930 – 1933*, New York: Cambridge Uni. Press, 1994, p. 197.

③ Philip Noel—Baker, *The First World Disarmament Conference 1932 – 1933*, *And Why It Failed*, pp. 88 – 89.

尔尼提出了军备平等权利要求，但他会签署将达成的以美国总统计划为基础的裁军协议。随后，苏联代表李维诺夫发表讲话，也基本赞同《胡佛计划》。与会各国代表团、报纸、公众热情评论《胡佛计划》，人们似乎再次看到裁军会议成功的希望。

此时，德国外交官得出一个结论，英、美、意口头上基本接受了德国军备平等权利原则，却不会同意德国重整军备。但外交官没有把后面这个最重要的信息明确传递给施莱歇尔将军。据此，后者认为，既然英、美、意都承认了德国军备平等权利，接下来只差与法国谈判，使其在理论以及实践上都接受德国重新武装的现实。显然，施莱歇尔对于法国如何看待德国重新武装的问题过于乐观了。同时，施莱歇尔对裁军会议也逐步失去了耐心，他对一群年轻官员说道：外交对军备的限制毫无意义，德国不必再受《凡尔赛和约》条文约束。[1]

6月10日，麦克唐纳提出建议，如果裁军会议失败，那么，10—15年之内冻结所有军备。德国国防军没有与外交部商量，擅自指示报界发表如下言论："决不能接受长期的战备停滞，因为这意味着保持现状，延长对德国的特殊管制，这违背了我们要求的权利平等原则。"[2] 14日，国防军授意一家报纸发表了一篇名为《德国在裁军大会上的秘密目标》的文章。不仅宣布了德国陆军、海军目标，甚至规定了裁军协议应该使用的形式；德国陆军要"与法国相当，或者至少等于波兰加捷克斯洛伐克两者之和；德国海军要与法国，或者意大利相一致"。最后，文章的结论是："如果这些最低的要求不能得到满足，那么，军方要求停止谈判。"[3] 由此可见，不管裁军大会同意与否，国防军都打算重整军备了。德国海军档案显示，国防部的上述言论事先获得了巴本以及新任外交部长康斯坦丁·冯·牛赖特的同意。

与此同时，洛桑正召开解决德国战争赔偿问题的国际会议。会议期间，巴本力图劝说赫里欧接受德国军备平等权利原则，试图用政治上的进展补偿经济方面的妥协。赫里欧拒不接受军备平等权利原则，主张德国还需支付赔偿（实际上并没有支付）。对此，德国内阁很是不满。7月12日，在德国内阁会议上施莱歇尔向牛赖特说道：如果裁军协议不能全面承认德国的军备平等权利，德国将明确宣布，不再参加后续的会议。施莱歇

---

[1]　Edward W. Bennett, *German Rearmament and the West, 1932–1933*, p. 174.
[2]　Edward W. Bennett, *German Rearmament and the West, 1932–1933*, p. 174.
[3]　Edward W. Bennett, *German Rearmament and the West, 1932–1933*, p. 175.

尔还建议公开威胁，德国将重整军备。牛赖特很是反感施莱歇尔干涉外交事务，巴本也支持他。纳多尔尼在日内瓦继续劝说赫里欧，赫里欧答复说：如果他承认平等权利，那么实际上就等于默认德国重新武装。对此，法国不可能接受。① 此时，英、法、美代表已经达成休会的最后协议。

21 日，复会后的裁军会议开始讨论英国代表团提出的裁军建议。纳多尔尼强烈反对该建议，因为它没有承认德国的军备平等权利。23 日大会投票时，德国代表投下了反对票。纳多尔尼解释道：时间已经过去了 7 年，裁军大会在德国军备平等权利问题上几乎没有任何进展，参加裁军会议的所有国家必须本着更友好的态度、更大的勇气才能作出决定。……总之，德国为了与其他国家合作、推进会议议程已经作了所有能做的事情。② 纳多尔尼的解释听起来虽然令人同情，但实际上，此时的德国外交已经丧失了斯特莱斯曼时代的外交精神，取而代之的是对抗、难以和解以及更加极端的新理念。华尔脱斯对此深表遗憾，"这时德国军备问题已成为世界政治中的第一大问题。把它作为整个裁军问题的一部分来讨论的机会，已经一去不复返了"③。

26 日，国防部长施莱歇尔将军发表讲话，该讲话通过广播传遍德国全境。施莱歇尔首先攻击法国，他引用劳合·乔治曾经说过的"德国如果拥有军备平等权利，那么，它就会看护好自己的安全"。但此话被否定了，他强烈批评法国代表在日内瓦的态度以及他们的裁军主张。他指出德国要获得安全有两条路可以走：或者是其他国家军备裁减至德国的军备水平，因为它们在法律上、道义上都应该这么做；或者是德国重整军备，这样，至少在一定程度能保证德国的安全。最终，施莱歇尔说道："希望在日内瓦的德国代表能够听到他的讲话，如果德国的安全与平等权利得不到认可，毫无疑问，德国将采取上述行动。"④ 第二天，德国新任总理冯·巴本在会见美国新闻记者时说道：德国坚持道义上的平等以及拥有现代化军事武器的权利。⑤

英、法驻柏林大使对德国领导人谈话的一致评价是，"德国之所以态

---

① Edward W. Bennett, *German Rearmament and the West, 1932 – 1933*, p. 190.

② John W. Wheeler—Bennett, *The Disarmament Deadlock*, p. 57.

③ 〔英〕华尔脱斯：《国际联盟史》（下卷），第 60 页。

④ John W. Wheeler—Bennett, *The Disarmament Deadlock*, p. 59.

⑤ John W. Wheeler—Bennett, *The Disarmament Deadlock*, p. 59.

度强硬是国防军对政府的影响日渐增强的结果"①。德国领导人的讲话也引起英、美、法新闻媒体的高度关注。28 日，比较倾向德国的《泰晤士报》发表文章，先是赞扬施莱歇尔的坦率态度，最后得出结论，英国不得不作出选择：或者选择德国重新武装（可能通向毁灭之路）；或者拒绝德国的要求（将强化不满）。② 法国民主报刊则警告说："德国领袖正在用为复仇而战的思想煽动群众，……德国现在企图完全公开地做它近十年来秘密进行的事。"③

德国领导人的态度出乎美国意料，8 月 8 日，史汀生在纽约对外关系委员会上发表了长篇演讲。史汀生首先说道，四年前美国与法国共同倡导签署了废弃战争的《白里安—凯洛格公约》，美国一直是维护公约的领导者。目前，新形势迫使我们采取各种手段去加强该公约，……当签字国面临不可避免的违约行径时相互之间要协商解决。国务卿以去年冬天爆发的中日战争为例说明，签字国之间的协商诉诸世界公众舆论的力量。接下来，史汀生赞扬美国人民最为珍视和平、正义，《白里安—凯洛格公约》的精神已经成为美国重要的、永久的外交政策。最后，史汀生表态说，美国政策与其他国家外交政策休戚与共，如果有继续违背《白里安—凯洛格公约》精神的行径，美国不能袖手旁观。④ 演讲内容一经发布，法国立即表示赞同。赫里欧对新闻界说道，《白里安—凯洛格公约》不能仅作为一个良好的意愿，它更是一项必须履行的义务。但史汀生的演讲违背了"中立政策"，美国外交有卷入国际纠纷，承担政治责任之虞，胡佛总统对此很不满。

11 日，总统亲自发表讲话力图挽回影响。总统说道：我们将遵循该公约的精神，在紧急状态时与其他国家磋商促进世界和平。但我们不会参加任何使我们未来有义务采取行动，或者需要使用武力来维护和平的协议。⑤胡佛总统的意图是避免对法国承担义务；对裁军问题虽然没有具体阐述，但还是希望德国不要作出违背公约的行为。

德国在投下反对票时已经通知裁军会议，它将不再参加其后的会议；

① Gordon A. Craig and Felix Gilbert, *The Diplomats*, *1919 - 1939*, New Jersey: Princeton University Press, 1981, p. 411.
② Edward W. Bennett, *German Rearmament and the West*, *1932 - 1933*, p. 219.
③ 〔苏〕C. Ю. 维戈兹基：《外交史（第三卷）》，第 769 页。
④ FRUS, 1932, Vol. 1, pp. 575 - 583. Address Delivered by the Secretary of State before the Council on Foreign Relations at New York on August 8, 1932. .
⑤ John W. Wheeler—Bennett, *The Disarmament Deadlock*, p. 63.

关于德国的平等问题将由德、法双方外交官通过正常的外交渠道予以解决；德国政府仍然希望裁军谈判能够取得成果。赫里欧认为，上述问题不宜在 8 月提出，因为国内有很多紧迫的问题等待他处理，建议 9 月再考虑这些问题。

8 月底，法国外交官与施莱歇尔将军在柏林举行了非官方会晤。29 日，法、德开始正式外交谈判，牛赖特向法国驻德大使递交了一份备忘录。牛赖特提出德国政府坚持只有满足下列三个条件时才可能参加即将复会的裁军会议：1. 承认军备平等原则；2. 德国国防军的服役期限由 12 年减为 6 年；3. 德国组成一支类似地方自卫军的志愿军队。①

31 日，代理国务卿卡斯尔与德国驻美大使馆代办就备忘录进行了会谈。代办向卡斯尔详细解释了备忘录，强调除非法国承认德国的军备平等权利，否则，几乎没有理由要求德国在日内瓦会议中与之进行合作。卡斯尔首先回顾了春天时布吕宁的态度，说那时他对新条约的军备数字是满意的。德国政府作出任何调整都将导致大会失败，扰乱国际舆论对德国的信心，打破世界安定的局面。美国作为裁军大会的倡议者、参与者，切实削减军备是美国利益之所系。如果德国夸大其要求，将导致目前的裁军会议以及整个裁军运动失败，那么，美国公众的观点将转而强烈反对德国。接着，卡斯尔和盘托出自己的建议：就目前德国国内的政治情况而言，它提出平等权利的要求不合时宜。法国也许是确实担心其严峻的处境。德国的平等权利可以通过逐步削减其他国家军备，而不是德国增加军备来实现。卡斯尔最后表示，美国比较同情德国的平等要求，但必须重申的一点是，美国非常赞同裁军，任何看起来与裁军运动相违背的行为，包括德国眼下的这个要求都不会得到美国支持。② 卡斯尔的谈话表明，美国政府力图维护裁军的基本原则，对裁军会议给予了厚望，对德国的不满却在增加。随后，美国政府将美、德会晤的情况通告给法国政府。

德国政府设置的上述三个条件显然违反了《凡尔赛和约》的有关条款，对此，法国自然不会听之任之。9 月 11 日，法国政府作出了答复。在归纳总结完法国为裁军事业已经作出的努力之后说道：法国政府欲达成的目标是缔结一项能够给法国带来真正和平保障的公约，如果德国想与法国以及其他国家合作协商、讨论该公约，那么"这些讨论将决定在一个普遍

① John W. Wheeler—Bennett, *The Disarmament Deadlock*, p. 65.
② FRUS, 1932, Vol. 1, pp. 419 – 420. The Acting Secretary of States to the Ambassador in France (Edge) .

和平状态下德国将处于何种地位，这个普遍的和平应该受到保护、仲裁以及监督"。法国不接受以裁军公约替代《凡尔赛和约》的相关裁军规定。最后，答复指出，法国不能冒着侵犯美国利益的风险单独谈判，因为 1921 年 8 月美国与德国签署了和平条约，据此就赋予了美国处置《凡尔赛和约》第五部分的权利。[1] 法国的上述答复引发德国政府极度不满。

14 日，牛赖特写信给大会主席韩德逊，告知德国政府决定不参加将在本月 21 日召开的裁军大会常务委员会会议。德国政府的观点只是解决裁军一个问题，即在处理裁军问题时所有国家都应该采取同一标准和原则，不应该差别对待。除非满足上述条件，否则德国不能参加任何讨论裁军尺度的谈判。最后，牛赖特写道：很不幸的是，必须声明德国所作的一切努力迄今为止没有取得任何令人满意的结果。[2] 可见，牛赖特为德国拒绝参加裁军会议寻找的借口依然是平等权利问题，并推卸其退出裁军大会的责任。

16 日，史汀生会见了法国驻美大使埃奇。国务卿会见法国外交官表达了美国的态度，对德国提出军备平等权利的要求不满，对德国退出裁军会议的行为更是不满意。[3]

为促使德国重返裁军大会，英国政府开始讨论德国的军备平等权利问题。在 16 日的内阁会议上，艾尔－蒙赛尔询问西蒙，德国是否又重提它以前在日内瓦会议要求的平等权利问题？西蒙回答说：他认为德国并不是重提以前的要求，也许是更进一步，现在它希望重组陆军，还要求拥有其他国联成员国所拥有的任何一种武器。然而，西蒙认为，目前德国还没有重新武装的危险。对此，艾尔－蒙赛尔不赞同，他认为过去三个月德国的要求得寸进尺，一开始仅是原则上，现在看起来在细节上的要求也进展了许多。[4]

18 日，韩德逊对德国作出了回复。他详细解释了 7 月 23 日裁军会议不顾德国批评通过的裁军协议，韩德逊说道，协议没有办法预测任何会议关于更普适的裁军手段的态度，或者各国代表团提出的各种政治性建议。因此，最终协议的形式、内容、范围都尚未决定，这些都将由即将复会的会议及其委员会来决定。最后，韩德逊呼吁德国政府重新考虑其决定，出

① John W. Wheeler—Bennett, *The Disarmament Deadlock*, p. 66.

② John W. Wheeler—Bennett, *The Disarmament Deadlock*, p. 68.

③ FRUS, 1932, Vol. 1, pp. 432 –432. The Secretary of States to the Ambassador in France（Edge）.

④ Carolyn J. Kitching, *Britain and the Geneva Disarmament Conference*, *A Study in International History*, p. 90.

席裁军会议。如果德国长期缺席，将严重影响普遍裁军运动。① 韩德逊的言辞不可谓不恳切，但德国不为所动。

19 日，英国政府发表了一份冠冕堂皇的声明，首先不无遗憾地说，内阁内部关于德国军备平等问题存在很大分歧。目前该问题引发很大关注，分散了很多本应用于复苏经济的精力，并影响了裁军大会的和谐与进程。接着，承认平等问题关涉一个国家的尊严与声誉，该问题应通过友好协商以及可接受的修正，该修正"既不否定《凡尔赛和约》义务，也不增加军备的总数量"②。英国的声明只是阐述了政府关于裁军问题的态度，却没有提出任何解决之道，如果德国要求重整军备或者修改《凡尔赛和约》，而法国拒绝承认时，德国的尊严与声誉如何才能实现？英国政府空洞无物的声明引发了舆论界的批评，《泰晤士报》引用麦克唐纳对布吕宁以及巴本曾作过的许诺说，英国的政策既不连贯，也不明确。③

10 月 3 日，英国外交部敦促麦克唐纳、西蒙与赫里欧达成了一项共识：满足德国对平等权利的要求。当然，这只是一个外交仪式，政府尚未提出有意义的政策。9 日，德国政府作出答复说，为了平等地解决该问题，它愿意坦率交换意见。但到了 14 日，德国政府收回前几天的答复，说不会被骗重返日内瓦的裁军大会，但宣称愿意考虑其他地点。④ 31 日，英国内阁考虑起草一份承认德国平等权利的声明。麦克唐纳指出，目的是使德国的平等权利具有道义上的形象，并希望德国不会作出任何可能引发欧洲动荡的事情。⑤ 英国的目的是直接确保德国重返裁军会议，但德国代表团没有出现在两天后复会的裁军大会上。

刚担任总理三周的邦库尔担心德国退出裁军大会可能导致双方军备竞赛，力图将其拉回会议，于 11 月 4 日提出一份裁军计划。14 日，分发给裁军大会各代表团。法国建议建立一个由三层同心圆组成的安全体系，每个同心圆分别由不同国家组成。当出现威胁《白里安—凯洛格公约》的行为时，最核心的第一圈，即欧洲国家将参与互助公约，履行特定的政治、军事义务；第二圈由所有国联成员国组成，将履行其《国际联盟盟约》义

---

① John W. Wheeler—Bennett, *The Disarmament Deadlock*, p. 68.

② Carolyn J. Kitching, *Britain and the Geneva Disarmament Conference, A Study in International History*, pp. 91 – 92.

③ Carolyn J. Kitching, *Britain and the Geneva Disarmament Conference, A Study in International History*, p. 93.

④ John W. Wheeler—Bennett, *The Disarmament Deadlock*, p. 76.

⑤ Carolyn J. Kitching, *Britain and the Geneva Disarmament Conference, A Study in International History*, p. 94.

务，特别是第 16 条款的义务；最外面的第三圈由世界上所有国家组成，将致力于呼吁公众舆论，采取直接禁止，或者间接禁止与侵略国家的经济、财政联系。此外，该计划还有具体的裁军措施：把欧洲所有的军队一律缩减成民兵组织。进攻性物资（重炮、坦克等）仅仅留作用于维持国际秩序之水平。这些物资在国际监督下储存在每一个国家里，各国民兵不得动用，只有在保护一个受侵略的国家，进行集体干涉的时候才可以动用。①

邦库尔虽然没有向英国直接提出对其安全的承诺，只是要求其重申承担《国际联盟盟约》和《洛迦诺公约》规定的相应义务即可，但同心圆安全体系的第一层、第二层都包括英国，而英国并不打算对法国的安全作出任何承诺，却要求法国裁减其陆军军备。美国处于法国同心圆体系的最外层，只负有"呼吁公众舆论，采取直接禁止，或者间接禁止与侵略国家的经济、财政联系"的责任。而且为了得到美国支持，法国裁军计划考虑了美国的需求：陆军裁军条款应该以"警察和防御力量"为基础；民航国际化也不包括美国，因为它不适合于美国私人公司。最后，法国代表强调指出，该计划是对《胡佛计划》的一个补充。关于德国的平等权利问题，法国计划也尽力满足，"把欧洲所有的军队一律缩减成民兵组织"就包括德国军队，表明法国在原则上已经同意给予德国平等权利，并暗示法国能够接受用新的裁军条约取代《凡尔赛和约》第五部分的要求。私下里，法国代表打算告知德国人，德国可以像其他国家一样具有同样的权利拥有各种东西，尽管法国人希望德国人自己自愿声明，"实现完全的平等"要经历几年才能达成。② 但如德国缺席裁军会议，法国提出任何裁军计划都无法实施。

为此，戴维斯在 11 月 17 日的发言中指出，虽然军备不是引发当今世界悲剧的唯一根源，但只有裁减军备、裁军会议达成共识，我们才有可能摆脱目前的经济萧条。几个月前美国总统提出了裁军计划，今天西蒙爵士也赞同法国政府刚刚提出的裁军计划，这都表明裁军会议取得成果需要所有国家密切合作。美国认为，德国与所有国家合作符合其法律与现实的利益。③ 随后，美国外交官为促使德国重返裁军大会开始积极斡旋。

12 月 2—12 日，戴维斯、麦克唐纳、赫里欧、牛赖特以及意大利外交

---

① Carolyn J. Kitching, *Britain and the Geneva Disarmament Conference*, *A Study in International History*, p. 99. 另参见让－巴迪斯特·帝罗塞尔《外交史（1919—1984 年）》，第 171 页。

② Carolyn J. Kitching, *Britain and the Geneva Disarmament Conference*, *A Study in International History*, p. 100.

③ FRUS, 1932, Vol. 1, pp. 393 – 395. The American Delegate (Wilson) to the Secretary of States.

部长在日内瓦举行会谈。3 日，戴维斯与西蒙首先就双方的政策以及德国平等权利问题制定了一个初步协定。4 日，赫里欧拜会戴维斯，向他全面阐述了法国关于五国会议的政策、主张。赫里欧指出，法国不接受任何未来有可能引发误解的有关平等权利的模糊定义。法国不是很清楚德国 "平等权利" 的内涵究竟是什么，法国认为德国平等权利的真实意思就是重整军备。①

5 日，牛赖特返回日内瓦。6 日，五国代表举行第一次全体大会，麦克唐纳主持会议。戴维斯首先宣读了一份备忘录，强调协调德国的平等权利与法国坚持的安全这两者的重要性，他确信裁军会议还需要一些时日制定出一个能够圆满解决上述两个问题的方案。戴维斯可谓用心良苦，但赫里欧、牛赖特都不领情。他们纠缠于法国的安全与德国的平等孰轻孰重。赫里欧坚持，通过一个裁军条约体系赋予德国平等权利，该体系能够保证法国以及所有其他国家的安全；牛赖特宣读了一份备忘录，要求首先明确德国平等权利的内涵。为避免会议陷入法、德相互否定的死循环，戴维斯建议，可以先发表一份声明，其中既包括赫里欧的建议，也包括牛赖特的要求，在此基础之上宣布德国重返裁军会议。但赫里欧否定了戴维斯的建议，戴维斯只好回过头来说服牛赖特，牛赖特最终同意不再要求对平等权利的含义立即作出解释。② 经过几届政府的不懈努力，德国军备的平等权利终于得到包括法国在内的各大国的承认。

12 月 11 日，美、英、法、德、意五国最终就裁军问题达成共识，发表了《五国宣言》。其主要内容：1. 指导裁军会议的原则之一是，在保证所有国家安全的体系之中准予德国以及其他依据条约需要裁军的国家以平等权利，该原则将体现在裁军会议讨论的决议之中。2. 在此原则基础上，德国表示愿意重返裁军会议。3. 英、法、德、意郑重承诺，在任何情况下，不使用武力方式解决彼此之间的分歧。该承诺并不排斥进一步谈论安全问题。4. 五国政府宣布它们将与其他国家通力合作，尽快达成一项协议，从而大幅度削减和限制军备。③《五国宣言》达到了两个目的：一是德国军备平等权利被纳入裁军议题，为日后达成裁军协议扫清了障碍；二是德国代表团重返裁军会议，并出席了 12 月 14 日的全体会议。会议宣布休

---

① FRUS, 1932, Vol. 1, pp. 489 – 508. Memorandum of the Five—Power Conversation at Geneva Regarding Disarmament and the Return of Germany to the Disarmament Conference.

② FRUS, 1932, Vol. 1, pp. 489 – 508. Memorandum of the Five—Power Conversation at Geneva Regarding Disarmament and the Return of Germany to the Disarmament Conference.

③ John W. Wheeler—Bennett, *The Disarmament Deadlock*, p. 84.

会到 1933 年 1 月 31 日。但《五国宣言》只有抽象的原则，并不包括指导实际操作的条款，很快巴黎、柏林就对它作出了各自不同的解读。

《五国宣言》对德国政府来说又是一次外交胜利，军备平等权利的原则已得到正式承认。但德国报纸对此并不买账，对重新参加裁军会议表示遗憾，并且公开主张德国需要的是以自己的武器保障安全，这就是说要以德国扩军来代替普遍裁军。纳粹党的《进攻报》干脆把这项联合声明说成是"对德国的一个陷阱"。德意志民族人民党则恶毒抨击《五国宣言》，并质问，如果欧洲的裁军只是逐步进行，而德国扩军的权利得不到承认，那么怎样在实践中运用德国平等权利的原则呢？裁军代表保罗·施密特从日内瓦返回后对国内的舆论很吃惊，"赋予在军事上的平等权利在德国……所得到的承认是多么少。""公众、新闻界、各政党对取得成果的意义根本不知道——或者不想去知道。"保罗·施密特的感慨与前几年白里安向斯特莱斯曼抱怨的话异曲同工，"德国人在战胜国不愿作出让步时，总希望他们作出让步；一旦战胜国作出了让步，他们就失去了所有兴趣。"①

德国民众的兴趣集中于 11 月的议会选举，各种罢工、集会随处可见。纳粹运动风起云涌，此时，德国社会中有可能阻止法西斯肆意发展的只剩下工人阶级了。但第一次世界大战后德国工人运动分裂，工人阶级政党分裂成社会民主党、独立社会民主党、德国共产党。在"十一月革命"中，社会民主党残酷镇压革命，共产党领导人李卜克内西、卢森堡等被杀害，双方成为势不两立的死对头。因镇压革命，社会民主党被视为"温和的工人政党"，与天主教中央党、人民党、民主党等"温和的中等政党"结成联盟，是魏玛共和国最主要的执政基础。到了共和国末期，面对法西斯的挑战，当时最有号召力的两个工人阶级政党——社会民主党、德国共产党，不仅没有捐弃前嫌联手阻止法西斯恶性发展，反而视对方为最大敌人，相互攻击。在国会选举中，两党所得的选票相加超过纳粹党 200 多万票，但彼此争斗分散了选票，以致纳粹党坐收渔翁之利，一跃成为国会第一大党。

施莱歇尔将军借机煽动民情，最终使得兴登堡对巴本失去了信心。12 月 4 日，施莱歇尔被任命为新一届内阁总理，军队"不再是国中之国，而是派系中的派系，将领们卷入了政治斗争之中"②。15 日，新任总理施莱

---

① 〔瑞士〕埃里希·艾克：《魏玛共和国史（下卷）——从洛迦诺会议到希特勒上台（1925—1933 年）》，第 450 页。
② 〔美〕塞缪尔·亨廷顿：《军人与国家：军政关系的理论与政治》，第 102 页。

歇尔发表的长篇广播代表了德国政府的态度：承认德国在裁军问题上已取得了进展，但他既没有感谢热心促成此事的英国政治家，更没有感谢作出巨大让步的法国总理，而是着重感谢了极力支持德国的墨索里尼。①

第二节　德国纳粹政府的军备政策

一　纳粹政府应对裁军问题的政策

施莱歇尔将军上台后力图建立一个由他领导的包括军队温和势力、资产阶级政党、社会民主党、工会甚至纳粹党左翼的"联合政府"，以应付来自各方的势力，但他与社会民主党的谈判失败，分化纳粹党的"驯服计划"也同样受挫。被施莱歇尔赶下台的巴本此时得知，兴登堡总统对施莱歇尔实施的损害东普鲁士大地主、大企业主的政策很不满意。巴本与希特勒秘密谈判后，极力劝说兴登堡任命希特勒为总理。1933年1月28日，兴登堡拒绝为施莱歇尔政府使用《紧急法令》以及解散议会，并最终免去了施莱歇尔的总理职务。仅维持了7周的施莱歇尔政府倒台，史称"政府危机"。

两天后，43岁的阿道夫·希特勒出任德国第21届总理。希特勒参加过第一次世界大战，曾是巴伐利亚第十六兵团的一名下士，因作战勇敢荣获过两枚铁十字勋章。战争期间，希特勒就无比憎恨国内那些"在祖国背后插刀"的犹太人、和平主义者、逃避兵役者。第一次世界大战结束后，希特勒向军方提供过有价值的情报，被调到陆军政治部新闻局，以发挥其超强的演讲天才，负责教导那些即将退伍士兵的思想。战后慕尼黑出现了50多个激进组织，陆军部派希特勒去调查、监督这些团体。希特勒就此加入了纳粹党的前身——德国工人党，并成为主要领导人，正式开始了政治生涯。

在上台执政前，希特勒的外交思想、外交政策已经基本形成。② 总的外交原则是以种族主义为基础的"生存空间论"，认为战争是取得种族生存空间的唯一手段。在1928年完成的《第二本书》中，希特勒写道："政治的实质就是实现人们为生存而进行的奋斗。……地球上所有伟大的立法者和政治

---

① 〔瑞士〕埃里希·艾克：《魏玛共和国史（下卷）——从洛迦诺会议到希特勒上台（1925—1933年）》，第450页。

② 在希特勒24岁离开维也纳前往慕尼黑的时候，即已充满了对马克思主义、民主主义及犹太人的刻骨仇恨，充满了民族主义的激情，确信上帝选择了雅利安人，特别是日耳曼人作为世界的主宰。参见希特勒《我的奋斗》，董霖、佩萱译，黎明书局1934年版。

家从未限制为战争进行的准备，也不限制内部的发展以及对人们教育的目的——为了战争。"① 因此，希特勒不赞成德国恪守《洛迦诺公约》及《凯洛格公约》；反对德国加入国联；攻击魏玛共和国时期的外交政策。

　　1 月 27 日，希特勒出任总理前 3 天，他关于重整军备的想法已暴露无遗，希特勒的拥护者钢铁大王弗里茨·蒂森说服原来支持巴本执政的杜塞尔多夫的工业俱乐部理事会邀请希特勒演讲。工业资本家对希特勒的很多观点大为赞赏，并对希特勒宣称要在德国根除马克思主义的决心感到欢欣鼓舞，更使他们高兴的是，希特勒鼓吹极权国家以及重整军备。② 垄断资本家与希特勒公开结盟，资本家自信他们能够左右纳粹的经济政策，而且，希特勒之前也曾承诺将取消工会和其他政党。

　　出任总理后，希特勒开始采取实际行动，"德国的整个体制必须改变，诸反对党派必须被摧毁，民主思想与和平主义思想必须被根除，庞大而崭新的军事力量必须在思想统一的基础上建立起来"③。希特勒向新任国防部长维尔纳·冯·勃洛姆堡将军抱怨说，他与陆军、海军的高级军官们还不熟悉。2 月 3 日，勃洛姆堡安排希特勒在陆军总司令冯·哈默斯坦将军家中与军方领导们第一次见面，希特勒长篇大论讲了两个半小时。首先，希特勒阐述了国内变革的必要性，主张消除和平主义、共产主义以及民主。接着，说明德国的经济只能靠在东方扩张生存空间，这只能靠军队来实现，这支军队是从一个受过适当思想训练的国家征召来的。希特勒及其政党将负责实行国内团结和思想训练，将军们的任务是扩大军队。但这需要时间。在此期间，德国不得不在日内瓦以军备平等为借口来与别国进行某些谈判，但在暗中则准备建立一支更强大得多的军队。希特勒向将军们许下诺言：维护军队独立于政治之外的地位；实行庞大的重整军备和恢复征兵制；对全国进行军国主义的思想训练，并消除因民间骚动而使军队卷入国内冲突的危险。可见，希特勒对军方与他对工业家们许下的诺言大致相同。关于重整军备问题，"只有在巩固的德国，才能重整军备；关于这个问题的决定，将在德国作出，不是在日内瓦作出"④。

---

①　Wolfram Wette, *The Wehrmacht*: *History*, *Math*, *Reality*, Harvard Uni. Press, 2006, p. 148.

②　〔瑞士〕埃里希·艾克：《魏玛共和国史（下卷）——从洛迦诺会议到希特勒上台（1925—1933 年）》，第 353 页。

③　〔美〕格哈特·温伯格：《希特勒德国的对外政策（1933—1936 年）》，第 38 页。

④　〔美〕格哈特·温伯格：《希特勒德国的对外政策（1933—1936 年）》，第 40 页。另参见 Roderick Stackeberg and Sally A. Winkle, *The Nazi Germany Sourcebook*, *An Anthology of Texts*, pp. 128 – 129。

1933年1月31日，世界裁军大会复会。2月2日，会议首先讨论法国提出的裁军计划，马西利阐述的裁军原则如下：1. 裁军与安全密切相关。2. 依据《国际联盟盟约》第8条规定，裁减军备必须与各国的特殊情况相适应。3. 通过削减进攻型武器来加强各国防卫。4. 依据前期的实际情况，分步骤裁军。5. 逐步裁军的实现与重整军备不相容。此外，法国裁军计划还重提以前的建立三个同心圆安全体系设想，并将其作为构建欧洲国家安全体系的前提条件。①

法国的裁军计划一经发布就遭到大多数与会国家的反对，批评法国依然把安全问题放在首位。纳多尔尼认为，在法国的裁军计划中找不到任何质量裁军的具体建议，或者是任何能立刻削减军备的明确条文。2月15日，牛赖特写信给纳多尔尼说，"如果会议失败却已证明是无法避免的，就必须使法国方面的缺乏裁军意向显得是失败的原因。……如果这招不奏效，我们就要求立即实现军备平等"②。

希特勒对日内瓦裁军会议的态度如何呢？2月8日，希特勒在内阁会议上说，在今后四五年内，重整军备占有第一优先地位，并讨论了裁军会议所规定的军备暂停期限行将届满问题。德方应千方百计地力求避免延长暂停期限，但如果别国都不采取这种立场，"我们决不能成为这样做的唯一国家，因为这样就会过早地显出我们要重整军备的意图"③。希特勒对待裁军大会的政策很明显，一方面参加裁军会议，争取权利、拖延时间，希望裁军会议谈而不成，最好拖延几个月，甚至几年；另一方面，以裁军会议做掩护秘密重整军备。

《五国宣言》承认了德国的军备平等权利，但还有个前提条件——"该原则将体现在裁军会议讨论的决议之中"，即军备平等权利要纳入裁军协议之中。对此，德国并不以为然，它打算按照自己的方式实现这个平等权利。据此，纳多尔尼拒绝任何执行《五国宣言》规定的裁军计划。他谴责法国正在否定其承诺，坚持认为，只有通过其他国家切实裁减它们的军备，问题的解决才有可能取得进展。④纳多尔尼的政策基本符合希特勒的计划，得到后者的赞许与支持。

美国对法国裁军计划的态度直接关乎裁军会议的成败，为争取美国支

---

① John W. Wheeler—Bennett, *The Disarmament Deadlock*, p. 91.
② DGFP, C, Vol. 1, p. 43. Foreign Minister Neurath to Ambassador Nadolny.
③ DGFP, C, Vol. 1, p. 37. Memorandum by the State Secretary. 另参见〔美〕格哈特·温伯格《希特勒德国的对外政策（1933—1936年）》，第56页。
④ Gordon A. Craig and Felix Gilbert, *The Diplomats*, *1919 – 1939*, p. 412.

持，马西利与吉布森进行了会谈。马西利向后者解释道，法国计划的最终目的就是保障欧洲和平，法国可能要实施一项比现在所设想的更大规模的裁军。吉布森则发表了一项简短的声明：对于法国目前还处于设想阶段的裁军目标，美国不打算发表观点；然而，美国希望双方的讨论能够带来切实削减武器的措施，毕竟，裁军大会的目的就是如此；至于未来美国政府能做什么，在很大程度上将依赖于大会能够达成的实际裁军程度。①

美国代表团的态度使得法国的计划尚未讨论就胎死腹中，裁军大会再次陷入困境。分析其原因，一方面是美国不满于法国将安全问题置于裁军问题之上的态度；更主要的是，此时美国国内政局出现了重大变化。民主党人富兰克林·罗斯福在大选中获胜，出任新一届总统，结束了共和党政府在 20 年代连续执政的状况。罗斯福在第一次世界大战期间曾任威尔逊政府的海军部长助理，一直是"威尔逊主义"的信徒，其裁军政策以及他对德国的态度②都将直接影响正在进行之中的裁军大会。

3 月 5 日，罗斯福总统上任伊始就收到吉布森的汇报。吉布森分析道，目前的欧洲形势导致裁军会议气氛紧张。接着，吉布森设想了一份会议可能提出的裁军计划，并预测说法国和大多数国家很可能接受该计划，但德国肯定要拒绝该计划，原因还是德国的平等权利与《凡尔赛和约》第五部分之间的矛盾。德国如此坚持其平等权利，法国同样如此坚持拒绝德国的平等权利，除非其安全能得到政治保证。总之，法、德间的分歧是决定日内瓦会议成败的因素，但尚未听到任何解决方案。最后，吉布森建议美国政府应该采取的态度是，"我们应该避免陷入并不愿意表态的讨论之中，……这些讨论的意图就是欧洲国家要求美国承担政治义务。"③

3 月 11 日，德国驻美大使普里特维茨拜见了新任国务卿科德尔·赫

---

① FRUS, 1933, Vol. 1, pp. 8 - 9. The Acting Chairman of the American Delegate (Gibson) to the Secretary of States.

② 罗斯福总统对德国的印象与其个人经历有关，孩童时代的罗斯福曾经在德国生活、学习过。在掌握这个国家语言的同时，他也感受到了德国人固执己见的性格和军国主义传统，对此他十分反感。他回忆说：在我们小孩中间不断谈论的话题是与法国不可避免的战争、德意志将成为世界上最强大的帝国；那时我们甚至被灌输如下观念：英国人不值得尊重；美国人是野蛮人，他们大多数是暴发户。在 1919 年，罗斯福作为海军部长助理曾经到过美国当时占领的莱茵地区，令他极端不满的是，他发现占领区当局不愿意悬挂美国国旗。罗斯福向潘兴将军抱怨说，德国人应该确切地知道，他们已经在战争中战败了。参见 John L Gaddis, *The United States and the Origins of the Cold War, 1941 - 1947*, New York：Columbia University Press, 1972, pp. 99 - 100。

③ FRUS, 1933, Vol. 1, pp. 22 - 25. The Acting Chairman of the American Delegate (Gibson) to the Secretary of States.

尔，普里特维茨首先解释了上一年秋天德国拒绝裁军计划的理由。赫尔说，他对裁军会议没有偏见，因此将探讨提出的任何建议。接着，国务卿说，戴维斯下周返回美国，国务院将全面讨论裁军问题。最后，德国大使强调说，裁军在德国不是一个党派问题，所有内阁成员都关注该问题。美国的裁军代表很清楚德国的裁军要求。①

第二天，赫尔收到了吉布森发来的电报。吉布森开篇就忧虑地说道：毫无疑问，裁军大会处于危险之中。一方面，德国和意大利投票拒绝了欧洲互助的建议。德国政府宣称，国联成员国没有履行其裁军义务，据此，德国也就免除了履行《凡尔赛和约》第五部分的义务。谁都无法预测德国行动带来的后果，但至少加剧了目前欧洲的紧张局势，不能忽视近期内军备竞赛的可能性。因此，目前日内瓦的问题不只是裁军问题，而是一个关涉相当时期内所有欧洲国家的问题，同时也事关美国利益，因为它直接影响经济的全面复苏。为了引导德国能够继续合作，吉布森认为，新的裁军条约必须包括如下两点：一是必须包括真正裁军的措施；二是必须废止《凡尔赛和约》第五部分。接着，吉布森说道，欧洲国家并不关心美国的军备，但关注美国对欧洲的政治态度。欧洲国家知道英国将不会重申《国际联盟盟约》第 16 条款，却不确认美国是否能坚持中立政策，因为欧洲国家知道英国采取何种政策将取决于美国的态度。最后，吉布森分析了法国的处境，法国需要美国和英国的支持，有可能达成一个既能够裁减军备，又能解决德国与《凡尔赛和约》第五部分问题的协议。为此，美国的贡献必不可少。②

3 月 13 日，吉布森再次给赫尔发电报，汇报他与麦克唐纳、西蒙、马西利、纳多尔尼以及意大利代表卡瓦莱罗分别会谈的情况。纳多尔尼依然态度比较强硬，不同意法国提出的裁军计划。要求在新条约中获得平等权利，如果得不到就可以不受条约束缚做自己想做的事情，德国打算建立一支航空大队。马西利则认为，裁军大会的情势简单明了。目前不可能出现一个被法国、德国都接受的目标有限的裁军条约。③ 吉布森的三封电报都表明，裁军会议正处于危局之中，裁军问题与欧洲局势密切相关。这自然引起了美国决策者对裁军问题的高度关注。

---

① DGFP, C, Vol. 1, pp. 139 – 140. The Ambassador in the State Secretary to the Foreign Ministry.

② FRUS, 1933, Vol. 1, pp. 31 – 33. The Acting Chairman of the American Delegate (Gibson) to the Secretary of States.

③ FRUS, 1933, Vol. 1, pp. 34 – 36. The Acting Chairman of the American Delegate (Gibson) to the Secretary of States.

14 日，罗斯福总统任命诺曼·戴维斯为裁军代表团团长。戴维斯属于罗斯福决策圈中的亲信人物，总统对他一直信任有加。总统信心满满地对报界说，裁军是扭转国际局势的重大关键措施之一，他将采取一切可能的措施，使这次裁军会议取得实实在在的成果。①

16 日，为打破僵局，推进裁军大会，英国首相麦克唐纳提出了一份内容比较丰富、范围广泛的裁军计划。《麦克唐纳计划》包括五方面内容：1. 安全问题。2. 裁军问题。计划的裁军措施比较具体，规定欧洲主要国家的军队人数为 20 万，1935 年将召开会议讨论海军装备。将逐渐取消空军，并禁止轰炸。常设裁军委员会负责监督计划的执行情况。德国五年以后才能真正享有平等权利。3. 交换情报。4. 化学武器。禁止使用化学武器、燃烧弹以及细菌武器。5. 其他各项规定。②

法国代表团对于《麦克唐纳计划》比较满意，因为德国军队的服役期限被缩短，而且五年之后才享有平等权利。德国代表团开始时表示反对，说 20 万人的军队根本不够用，还不允许拥有潜艇以及军用飞机；而法国除了本国的 20 多万人以外，还被允许保留殖民地部队。希特勒很快转变策略采取了妥协态度，认为取得一个积极的成果好于"没有条约保证的重整军备"。随后，牛赖特、勃洛姆堡等人将攻击的矛头转向法国，不断泼冷水以阻止任何可能达成的协议。③

赫尔给代表团发电报，告知美国对《麦克唐纳计划》的策略是在大会讨论时避免作出任何明确的表态。在法、英之间保持中立，特别是关于安全问题要等戴维斯返回之后再说出我们的态度。最后，赫尔说道，我感觉英国人不会觉得我们不同情，或者是反对他们的计划，因为双方都知道，如果没有两国的合作，就不会有真正的裁军。赫尔让吉布森向英国人解释，美国不仅注重《麦克唐纳计划》的技术环节，更注重它的安全部分，而这需要做进一步研究。④ 可见，美国比较婉转地拒绝了《麦克唐纳计划》。该计划被认为是最后一次要尽量迎合关于裁军的普遍愿望和会议各参加国观点的尝试。但正如捷克外长爱德华·贝奈斯曾预言，每个国家都

① 〔美〕罗伯特·达莱克：《罗斯福与美国对外政策（1932—1945）》，伊伟等译，商务印书馆 1984 年版，第 52 页。

② 〔法〕让 - 巴迪斯特·帝罗塞尔：《外交史（1919—1984 年）》，第 171 页。另参见 FRUS，1933，Vol. 1. pp. 43 - 54. The Acting Chairman of the American Delegate（Gibson）to the Secretary of States。

③ DGFP, C, Vol. 1, p. 106. Foreign Minister Neurath to Ambassador Nadolny.

④ FRUS, 1933, Vol. 1, pp. 66 - 67. The Secretary of States to the Acting Chairman of the American Delegate Gibson）.

试图更改《麦克唐纳计划》中它所不喜欢的那一部分，从而就使这个计划对于其他各国来说变得更糟了。大会围绕《麦克唐纳计划》讨论了一个星期未能取得共识，大会宣布暂时休会。

为推进裁军会议，罗斯福亲自指派戴维斯到柏林与德国领导人会晤，了解德国新政府关于裁军大会以及即将召开的世界经济大会态度的第一手信息。① 3 月 22 日，戴维斯偕夫人赶赴欧洲，先后与英国领导人、法国领导人进行了会谈，但两次会谈都没有取得实质性进展。② 为表明诚意，罗斯福总统宣布美国将进一步削减陆军，虽然它只有 14 万人。

4 月 8 日，戴维斯到达柏林与希特勒进行会谈。戴维斯在发回的备忘录中描述了他与希特勒会谈的场景，希特勒开门见山说道，德国相信裁军运动，但并不意味着只是德国进行裁军，其他国家必须也要裁军。接着，希特勒对《凡尔赛和约》进行一番攻击后说他看不到任何法国惧怕德国的理由，德国对法国来说没有防御能力，相反法国拥有训练有素的军队、装备精良的武器。戴维斯解释说，他与法国人共事时间长达 15 年，他知道没有比法国更赞同裁减军备以及考虑修改《凡尔赛和约》军事条款的国家了。希特勒反驳说，德国人的怨恨是法国强制和平的自然结果。强调他并不想要战争，因为他参加过战争知道其残酷性。关于经济问题，希特勒说道，如果世界市场对德国关闭，德国将找不到支付战争赔偿的途径，在德国的巨额投资也将化为乌有。戴维斯声明，如果德国的要求不过分并坚信和平，那么最终将获得最大利益，世界也将获得和平。最后，希特勒重申德国关于军备问题的基本观点没有改变，该观点已经由牛赖特阐明。③

希特勒对戴维斯作出的保证暂时增强了美国决策者的信心，但裁军会议的形势却不乐观，一方面，陷于法国安全与德国平等权利的争执之中；另一方面，英国代表提出，如果欧洲国家按照《麦克唐纳计划》对违反计划的国家进行制裁时，美国将采取什么行动？是干预还是像第一次世界大战那样享有中立国的贸易权利？戴维斯认为，美国应该宣布，不阻挠集体

---

① FRUS, 1933, Vol. 1, pp. 79 – 80. The Charge in Great Britain (Atherlon) to the Secretary of States.

② FRUS, 1933, Vol. 1, pp. 82 – 84. Memorandum by the Chairman of the American Delegate (Davis) of a Conversation with the President of the France Council of Ministers (Daladier)

③ FRUS, 1933, Vol. 1, pp. 85 – 87. Memorandum by the Chairman of the American Delegate (Davis) of a Conversation with the German Chancellor (Hitler)

安全的措施，这有利于裁军进程。① 戴维斯的建议没有得到国务院的支持，但也促使决策者重新考虑裁军问题以及它的裁军政策。

希特勒不愿意亲赴美国，派国家银行总裁亚尔马·沙赫特出访美国。沙赫特到美国除了谈到德、美之间的经济贸易问题，更重要的议题是裁军会议问题。5 月 6 日，罗斯福、赫尔与沙赫特进行了会谈。会后罗斯福总统预测，德国将是裁军会议唯一可能的障碍。②

果不其然，5 月 12 日的裁军会议上英、法达成一致，要求在进行裁军之前先建立军备监督制度，即集体安全制度。德国代表表示反对，因为法国主张的过渡期使得德国重新武装只能在四年后才能进行。德国坚持军备平等权利，并拒绝透露准军事组织的训练及其装备状况。③ 裁军会议没有达成任何协议，美国决策者认为采取行动的时刻已经到来。

同一天，德国内阁开会讨论裁军会议问题。希特勒明确表示拒绝接受《麦克唐纳计划》，他说，裁军问题不会在谈判桌上得到解决。削减国防军的图谋就是为了削弱德国，实现重整军备只能通过一个新途径。希特勒不想招致外交干涉，他还想团结墨索里尼，同时也打算看看墨索里尼正在筹划的《四国公约》能带来什么好处。勃洛姆堡认为，德国不应继续参加日内瓦会议的任何谈判。牛赖特表示赞同，并声称，德国退出后其他国家将继续争吵不休。希特勒决定，他应该在国会正式声明德国的政策，"德国人民对于裁军问题团结一致，这种团结必须公之于众"④。

机缘巧合，15 日，罗斯福总统向参加裁军大会以及即将参加世界经济会议的 54 个国家领导人发表公开信呼吁裁军，"各国人民对正在召开的经济大会、裁军大会都寄予厚望，任何国家如果拒绝为和平作出政治、经济方面的努力，设置障碍，大会就有失败的可能。世界上没有哪个国家愿意承担这样的责任。罗斯福提出了一项四步走方案"⑤。

17 日，希特勒趁势对罗斯福总统的呼吁作出回应，在国会发表了一次长达 50 分钟题为《裁军与和平》的演讲。美国驻德国代办在给总统和国务卿发回的电报中写道，这次演讲完全不同于以前，演讲的人和内容都很

---

① FRUS, 1933, Vol. 1. , p. 89 – 97. The Charge in France (Marriner) to the Secretary of States.
② FRUS, 1933, Vol. 1. , p. 131, The Secretary of States to the Acting Chairman of the American Delegate (Wilson)
③ DGFP, C, Vol. 1, pp. 416 – 418. The Reichswehr Minister to the Foreign Ministry.
④ DGFP, C, Vol. 1, pp. 409 – 411. The Minutes of the Conference of Ministers on May 12, 1933, 4：50 p. m. .
⑤ FRUS, 1933, Vol. 1. , pp. 143 – 145, President Roosevelt to Various Chiefs of State.

保守。希特勒首先表示，德国政府欢迎罗斯福总统的建议，最热烈地感谢。接着，就长篇大论道："德国完全愿意放弃一切进攻性武器，如果有武装的国家也销毁他们的进攻性武器的话。……德国也完全愿意解散它的全部军队，销毁它现有的少量武器，如果邻国也这样做的话。……德国愿意同意任何庄严的互不侵犯条约，因为它并不想进攻别国，而只想谋求安全。"最后，希特勒表示，德国原则上接受《麦克唐纳计划》，但警告道：德国要求同所有其他国家享有平等待遇，如果不能得到平等待遇，德国宁可退出裁军会议和国际联盟。①

很多人被滔滔不绝、激情澎湃的演讲所感染，大多只记住了前面的承诺，却忘记了后面的警告。希特勒很善于利用人们的同情心，把德国成功地打扮成受到不公正待遇的国家。两天后，希特勒指示纳多尔尼发表声明，德国政府接受《麦克唐纳计划》作为未来达成裁军协议的基础。②希特勒的演讲及表态"抚慰了所有那些一反自己的本能信念而仍然希望新德国可以成为平静的欧洲的一部分人的心灵"③，对国际局势重拾信心。希特勒讲话还取得了两个效果：一是希特勒第一次展示了其控制外交的能力，"凝聚了国家团结的意识"④；二是使德国摆脱了致使裁军会议失败的责任。

到了6月，各国关注的重心纷纷转向伦敦的世界经济会议，"在伦敦，人们要是能发现和采用恢复繁荣的方法，政局岂不更加安定并为裁军开辟一条新的道路？"⑤经济会议期间，韩德逊试图进一步推动裁军进程，但各国代表对其视而不见。⑥英、法、意相继提出了各自的裁军方案，德国代表团都逐一予以驳斥，裁军会议再次陷入僵局。美国驻柏林的外交官由此判断，德国"当然会重整军备，并且肯定在准备对欧洲各国打一场大战，这场大战将改变历史的进程，即使不是改变文明的进程；其程度将超出我

---

① FRUS, 1933, Vol. 1., pp. 149 – 150, The Charge in Germany (Gordon) to the Secretary of States. 另参见《国际关系史（1929—1939）》（第五卷），第102页。

② 〔美〕阿诺德·A. 奥夫纳：《美国的绥靖政策：1933—1938年美国的外交政策与德国》，陈思民、余昌楷译，商务印书馆1987年版，第44页。

③ DGFP, C, Vol. 1, pp. 462 – 463. Circular of the State Secretary.

④ Jonathan Wright, *Germany and the Origins of the Second World War*, New York：Palgrave Macmillan, 2007, p. 46.

⑤ 〔英〕华尔脱斯：《国际联盟史》（下卷），第100页。

⑥ 〔美〕阿诺德·A. 奥夫纳：《美国的绥靖政策：1933—1938年美国的外交政策与德国》，第57页。

们甚至所梦想的，如果他们最大的努力得逞的话。"[1] 美国人忧心忡忡地看着裁军谈判失败。

最后，一直在英、法、德之间积极周旋的墨索里尼亲自出面并起草了一个《四国公约》方案，意、英、法、德四国签订了公约，以解决它们之间的某些关键问题，包括：进行合作以修改《凡尔赛和约》、分阶段地使德国获得军备平等、在殖民地方面合作等。墨索里尼的方案基本体现了意大利外交政策的考量：一方面，害怕德国的无限制重整军备、无限制实力将对意大利的利益构成危险，不仅在奥地利和南蒂罗尔问题上，而且还一般地在意大利对东南欧的野心方面。另一方面，又深信更强大的德国会成为对法国更充分的抗衡力量，并且会提高意大利对法、英两国友好的价值。因此，墨索里尼愿意在一定程度上赞助德国重整军备以及德国的领土改变。[2]

德国人想消除由于修改必须由国联处理做法内含的限制，而且还要消除法国对于德国重整军备各阶段所施加的影响。英国人力争消除有关殖民地的规定，而法国人则对整个方案都表示怀疑，并且部分地为了答复来自小协约国的压力，坚持要对关于疆域和裁减军备的条文加以修改。[3]《四国公约》因各大国反对没有得到批准。

1933 年夏，纳粹政府对奥地利的行为使得欧洲局势骤然紧张，但英、法并不愿意对德国采取军事行动。纳多尔尼等外交部官员为缓和气氛，主张在德国重整军备的同时继续进行谈判，但他即将被调往莫斯科。希特勒曾犹豫是否继续谈判，最后决定不谈，以避免德国被逼迫达成某种协议。同时，希特勒也不想背负裁军会议因德国重整军备的要求而破裂的责任。因此，他利用德国的谈判立场僵硬化来拖延会议进程，进而借机退出裁军大会和国联。

在国联秋季大会和裁军大会都即将重启之际，德国内阁开会研究对策。牛赖特决定亲自赴会，要利用国联讲坛阐述德国的方针、政策。牛赖特认为裁军大会必然失败，等萨尔问题解决之后，德国就宣布退出国联。为对付反德宣传，他还带上宣传部长约瑟夫·戈培尔。9 月 15 日，牛赖特在裁军会议上宣称，现在是大会赋予德国平等权利的时候了，否则，大会将面临彻底崩溃。[4]

---

① 〔美〕格哈特·温伯格：《希特勒德国的对外政策（1933—1936 年）》，第 199 页。
② 〔美〕格哈特·温伯格：《希特勒德国的对外政策（1933—1936 年）》，第 60 页。
③ 〔美〕格哈特·温伯格：《希特勒德国的对外政策（1933—1936 年）》，第 63 页。
④ Gordon A. Craig and Felix Gilbert, *The Diplomats, 1919 – 1939*, p. 414.

此时，掌玺大臣安东尼·艾登与达拉第、邦库尔在近乎绝望的气氛中商讨当前的形势，美国代表、意大利代表也相继参加了会谈。22 日，四国代表达成协议，裁军分两个阶段进行：第一阶段，在三四年内各国都暂停武装。第二阶段，三四年内再进行普遍裁军。德国没有例外，其武装部队将像其他签字国一样严格遵守对它的监督与监控。24 日，裁军大会向牛赖特传达了《四国公约》，并提出德国在第一个阶段以短期兵役制取代长期兵役制，不允许拥有《凡尔赛和约》禁止的武器装备；第二阶段，实现真正的裁军。① 法国很是满意，因其安全得到了保障，德国在八年之内不允许增加军备，平等权利被延迟。

29 日，马西利与德国在瑞士的代表进行了一次简短会谈，说法国打算在裁军问题上作出一些让步。② 但此时德国正在寻找时机宣布退出国联，法国的让步已经不能改变德国的决心。30 日，希特勒指示牛赖特，如果德国在日内瓦的要求不能得到全部满足，德国将按照既定政策退出裁军会议。③

10 月 6 日，德国政府照会英、意两国政府，声称德国如果接受《四国公约》，就等于自己承认所不能容忍的差别待遇。9 日，在日内瓦的英、法、意、美代表达成一致，鉴于德国下步显然要采取的行动，不能马上答应德国提出的军备平等要求，一个五年的"考验期"是合理的。11 日晚，裁军会议将上述建议转达给德国代表。

13 日，希特勒将在东普鲁士隐居的老总统兴登堡请回柏林。接着，他在内阁宣布，退出裁军会议和国联的时刻已经到来。希特勒说他不怕任何制裁，对国联加以打击对世界有好处。内阁同意该决定，只有纳多尔尼一人反对。④ 第二天，纳多尔尼到兴登堡那里寻求支持，后者却粗暴地命令他前往莫斯科担任新职务，从此被排斥出决策圈。

14 日，德国政府给韩德逊发电报宣称，"最近的事件已经证明会议没有达到它自己目的的希望；武装庞大的国家既无意裁减军备，也无意履行它们满足德国的权利平等要求的保证；因此德国不得不退出会议。"⑤ 同一天晚些时候，希特勒发表演讲宣布，基于同样理由德国也退出曾使它蒙受奇耻大辱的国联。他再次强调德国致力于和平并愿接受彻底裁军，如果其

---

① F. S. Northedge, *The League of Nations: Its Life and Times, 1920 – 1946*, p. 132.

② DGFP, C, Vol. 1, pp. 877 – 878. Minute by the Minister in Switzerland.

③ DGFP, C, Vol. 1, p. 882. Memorandum by the Foreign Minister.

④ DGFP, C, Vol. 1, p. 922. Minutes of the Conference of Ministers on October 13.

⑤ 〔英〕华尔脱斯：《国际联盟史》（下卷），第 102 页。

他国家也这样做的话。最后，希特勒把关于退出裁军会议和国际联盟的决定交付全体德国公民投票来决定。①

希特勒精心选择了公投的日期，结果自然是如愿以偿。② 同时，命令勃洛姆堡将军向军队发出秘密指示，如果国际联盟采取制裁行动，就要抵抗武装进攻。希特勒的行动并没有招致任何制裁，在国内却赢得了民众的普遍支持，政治地位得到进一步巩固。17 日，内阁召开会议，希特勒说，正如所料，没有出现反对德国的形势，今后，德国不参加任何国际会议，除非它承认德国拥有不受限的平等权利。③

罗斯福目睹裁军会议失败在即，而且可能导致美国卷入欧洲事务，16日指示戴维斯在日内瓦发表了一项声明，"美国在日内瓦只关心裁军……至于是否存在继续努力裁军的有利条件，这得由欧洲决定，美国决定不了"④。随后，戴维斯返回美国。其他国家也召回了本国代表，裁军大会只好再次宣布休会。

19 日，牛赖特致电国联秘书长正式宣布，德国根据《国际联盟盟约》第一条第三款退出国联。德国退出裁军大会以及国联，摆脱了裁军义务以及国际组织对它的束缚，"不是希特勒受到了峻拒，而是他害怕盟国可能答应德国所要求的平等，破坏他想要无限扩充军备的意图。"⑤ 德国退出裁军会议和国联标志着裁军运动的重大失败，正如华尔脱斯所说，裁军会议并没有因为德国的退出而宣告结束；但它以后的会议失去了一切现实意义。而且事态的车轮正在加速地转向相反的方向，不是裁减军备而是增加军备成了国家的当前任务。⑥

二　纳粹政府的重整军备政策

回顾历史，世人依然会惊讶，在一系列条约、协议束缚以及接受国际

---

① DGFP, C, Vol. 2, pp. 1 – 2. Proclamation of the German Government to the German Nation.

② 希特勒制定的公投日期是 11 月 12 日，即第一次世界大战德国停战投降 15 周年纪念日的第二天。他在这天发表的讲话中说："一定要使这一天在我国人民的历史上成为得救的一天——历史将这么记载：在 11 月 11 日，德国人民正式丧失了他们的荣誉；而在 15 年后的 11 月 12 日，德国人民又恢复了他们的荣誉。"结果，95.1% 的德国公民投票支持希特勒的决定。参见李巨廉《希特勒的战争谋略——乖戾的军事天才》，上海人民出版社 2003年版，第 17 页。

③ DGFP, C, Vol. 2, pp. 11 – 12. Minutes of the Conference of Ministers on October 17, 1933.

④ FRUS, 1933, Vol. 1, p. 277, The Secretary of States to the Chairman of the American Delegate (Davis) .

⑤ 〔美〕亨利·基辛格：《大外交》，第 263 页。

⑥ 〔英〕华尔脱斯：《国际联盟史》（下卷），第 102—105 页。

社会监督的诸多不利环境之下，纳粹政府不仅没有履行裁军义务，居然还实现了重整军备的目的。不利条件包括：1. 德国宣布退出国联，但《凡尔赛和约》对德国的军事限制并没有废除；德国宣布退出世界裁军会议，但它依然要履行裁军义务，其军备平等权利被纳入裁军协议之中。2. 德国重整军备必然引发相关国家的强烈反对，将导致其外交孤立，甚至是军事制裁。3. 重整军备需要克服一系列难题：武器装备缺乏、军事组织被解散、军事训练受限、经济基础薄弱、需军方密切合作等。但这些都没有阻挡德国重整军备、扩军备战的步伐，短短几年内就打造出一支装备一流、战斗力极强的军队。

早在希特勒上台前，国防军重整军备已经是一个公开的秘密。国防军的重整军备计划包括：1. 增加武器生产以及工业军事动员。1925年初，由"陆军军械局"直接领导的"统计协会"专门负责工业的军事动员工作。1926年4月，协会提出了一项武器采购的长期计划，从1927—1928年提供装备21个陆军师的武器，机枪的数量需要从12000支增加到20000支。2. 增加军费预算。1925年德国的军费开支为4.41亿马克，1928年增加到8.27亿马克。海洋舰队的支出，从1924年到1928年增长了10倍。[1]因经济危机，1929年议会削减了军费预算，但军方要求至少7亿马克的军费预算。赫尔曼·米勒总理很是同情，其内阁最终批准了1930年度7亿马克的军费预算，但其他社会民主党人表示抗议，要求以后不许再扩大预算。3. 训练能够动员起来的年轻人。1927年2月，冯·海耶将军说道，问题已经很严重了，即使所有的第一次世界大战退伍兵重返军队，每年服役期限内减少的人数也多达20万人，到1930—1933年时，退伍老兵则全部超龄。同年，施莱歇尔将军引用这些数字向德国外交官解释，为何有必要做"某些军事准备，以及军事训练，……必须找到解决之道"[2]。

解决之道总能找到，其中之一就是通过组织传统的条顿娱乐活动——"民族体育"对年轻人进行军事训练。其实，早在1924年军方已秘密开始"民族体育"训练了，因为《凡尔赛和约》对德国军队人数的过度限制造成了空缺，需要准军事组织来加以填补，例如，老战士的右派组织"钢盔团"、共和派组织的"国旗队"、共产党的"红色前线战士联盟"、纳粹党的冲锋队以及后来的党卫队等。对于这些组织，大多数德国人都默许，但纳粹党的冲锋队和党卫队在目标和手段上却走得相当远，超出

---

① 〔苏〕伊·费·伊瓦辛：《苏联外交简史》，世界知识出版社1960年版，第136页。

② Edward W. Bennett, *German Rearmament and the West*, *1932–1933*, p.38.

了传统的限度。

1931 年 1 月，国防部长格勒纳将军试图遏制快速发展的纳粹运动，向军队发布了一道命令，把纳粹党人与共产党人并列为危险分子，并指出军队的义务是避开党派斗争，只为国家效力。该命令立刻引发了右派报纸和纳粹分子的大肆辱骂。4 月 10 日，格勒纳向布吕宁报告，认为如果中央政府依然不采取有效措施，那么所有这些州都将宣布取缔冲锋队和党卫队。"这同国家的威望是不相称的，一个政党被允许拥有一支军事化组织建立起来的私人军队，其头目大部分是旧军官，力图发展军事势力从而达到本党私利，这就必然会使自己同国家的政治领导和权力工具发生冲突。"[1] 格勒纳将军的主张由于没有得到兴登堡、施莱歇尔以及布吕宁的支持而被迫下台。

4 月 13 日，兴登堡总统发布法令，下令解散和禁止纳粹党建立的私人军队——冲锋队和党卫队。拥有私人军队，特别是隶属于某一个政党的私人军队违背了德意志的传统。为缓解冲锋队和党卫队引发的争议，并将其纳入政府管控，当时的国防部长办公室主任施莱歇尔将军计划把所有的军事组织改组为一个完全非政治性的体育组织，这个组织将在以后，即在盟国的同意下改编为补充国防军的民兵组织。1932 年，国防部成立了"帝国青年锻炼管理委员会"，国防部长任主席，同年委员会得到了 150 万马克的活动经费，纳粹的大部分成员都接受过委员会下属体育学校的训练。[2]解散冲锋队和党卫军的禁令成为一纸空文。

《五国宣言》默认了德国的军备平等权利，进一步推进了其重整军备的速度，但要大规模推进还面临着比较大的困难。1928 年，托马斯将军曾提出了分两步走的两个《五年计划》。第一步在 1933 年完成，该计划的目标是建立 16 个师，用来防卫波兰。第二步，到 1937—1938 年完成，预计建立 21 个师，30 万人。如果动员征兵，数字可以再增加一倍，用来防卫法国。由于缺乏原材料，第一个《五年计划》的目标并没有实现。

1933 年 1 月 29 日，兴登堡秘密召回了在日内瓦的裁军代表勃洛姆堡将军。30 日晨，勃洛姆堡被任命为国防部长兼国防军总司令。中午十二点四十分，总统府传出了任命希特勒为总理的消息。在随后召开的内阁会议上，勃洛姆堡大力支持希特勒，使其能够对国家内部政治进行彻底重组。

---

① 〔瑞士〕埃里希·艾克：《魏玛共和国史（下卷）——从洛迦诺会议到希特勒上台（1925—1933 年）》，第 358 页。

② 戴耀先：《论德国军事》，第 208 页。

希特勒则宣布国防军是"最重要的国家机构",并承诺将全面进行整军备战计划。据此,国防军长久以来追求的军事目标得到了保证。德国学者威廉·戴斯特对此曾评价道,"相对于希特勒以及国家社会主义运动产生的政治影响,勃洛姆堡、国防军与希特勒合作产生的影响至今尚未被全面认识。"①

3 月 21 日,为讨好兴登堡和国防军,新国会在波茨坦的卫戍部队教堂举行了盛大的开幕仪式。兴登堡穿上了帝国元帅服,希特勒却身着燕尾服以制造和平的假象,这一天被称为"波茨坦之日",也被视为普鲁士传统与纳粹革命的正式结盟。希特勒全面继承了前几届政府秘密重整军备的做法:扩大军队规模,在禁止德国拥有的某些武装方面,例如,空军、装甲兵武器、化学武器、潜艇等进行基础性的准备。对此,格哈特·温伯格评价道:"这些准备工作虽然在超过《凡尔赛和约》所规定的限度而增加德国武装部队的实际兵力方面作用不大,但却使希特勒更易于进行其重整军备的计划,并且由于这种准备工作的非法性,充分破坏了德国军官团的道义感,使他们心甘情愿甚至更热心地参加新政府的军事计划。"②

4 月 4 日,德国内阁秘密决定,成立由希特勒直接领导的"全国国防委员会",整合了国防部、外交部、内务部、宣传部、财政部等一系列政府部门,负责统筹协调,以实现重整军备、扩军备战的计划。与此相呼应,正在参加裁军会议的纳多尔尼向德国记者介绍了德国在日内瓦会议上的计划及其前景,他说德国希望争取使 60 万常备军合法化。纳多尔尼预测日内瓦会议有两种可能的危险:一是英、法两国可能同意德国建立 30 万军队,并把自己的军队减少一些,然后坚持对新近达成协议的内容实行国际管制。如果英、法坚持这一计划,德国就退出裁军大会,也许还会退出国联;第二种危险是其他国家在事实上同意大量裁军,因此拒绝让德国重整军备,这也会使德国退出裁军会议。③

到了 7 月,德国开始进行重整军备的第二个《五年计划》,计划先将 7 个步兵师扩充为 11 个师。然而,计划进展得比预计缓慢很多,仅征召了 1 万多人。因此,《麦克唐纳计划》在德国被认为是相当有利的条件,该计划允许德国五年后可以拥有 20 万人的军队,尽管勃洛姆堡抱怨人数相对于他的计划来说还是太少。另外,要求德国放弃进攻性武器,特别是用于

① Wilhelm Deist, *The Wehrmacht and German Rearmament*, p. 21.
② 〔美〕格哈特·温伯格:《希特勒德国的对外政策(1933—1936 年)》,第 225 页。
③ 〔美〕格哈特·温伯格:《希特勒德国的对外政策(1933—1936 年)》,第 226 页。

战术目标的坦克、飞机等。《麦克唐纳计划》不包括对德国军事发展进行直接监督的相应条款，这在德国看来是个很大的好处。

7月20日，德国颁布一项新的陆军法，废除民政法庭对军人的司法管辖权，取消士兵的选举代表制，从而恢复了军官团的军事特权。同时，希特勒下令扩充武装部队，首先扩大边境特别部队，并在冲锋队里训练2.5万后备兵。此时，裁军大会正在进行之中，德国代表受命在会上不明确阐述其立场。

12月11日，德国政府发出号召，宣称军队将扩充至30万人。18日，德国向法国递交一份备忘录，提出了恢复裁军谈判的如下条件：德国征兵30万，以短期服役为基础；德国能拥有其他国家所拥有的一切武器，裁军会议应明确这些武器是"防御性"的；民用航空不受监督或限制；德国的冲锋队、党卫队等应视为非军事组织，不得列入裁军会议讨论范围。法国对此作出了回复：在进行任何讨论以前，德国首先必须重新回到日内瓦来。这个条件一旦实现，法国将同意把法国军队和德国军队改编为同等类型的短期服役的民兵部队，德国军队人数和法国本国部队人数相等，然后再逐渐统一两国的兵种。① 法国已经作出让步，但德国并不满足。

1934年1月29日，为打破僵局，英国政府提出一份备忘录，试图迎合希特勒的要求。英国提议，允许德国扩军至20万，而不是希特勒要求的30万，作为补偿，各大国也实行部分裁军。备忘录还提议允许德国拥有6吨以下的轻型坦克，如果其他国家不彻底销毁军用飞机，还应允许德国在两年后有权拥有军用飞机，10年后达到其他国家同等水平。② 2月，艾登到法、德、意三国游说，希望各大国能订立一项军备公约。希特勒在继续坚持其要求的同时也承诺，会监督管理冲锋队和党卫军。③

此时，法国决策层出现了意见分歧，巴尔都和佛朗索瓦－蓬塞大使虽然不太相信希特勒，但为了约束德国，倾向于接受英国的建议。杜梅尔格总理、塔迪攸和陆军部长贝当元帅却极力反对签订协议。他们认为希特勒政权马上就要垮台，同希特勒的继承人进行谈判会容易得多。4月17日，法国政府发表声明，宣布退出裁军会议，"法国正式拒绝承认德国重新武装的合法性，由于德国重新武装，谈判无法进行，法国今后将通过自己的手段保障自己的安全"。法国作出该决定是基于法军参谋长的判断："我们

---

① 〔法〕让－巴迪斯特·帝罗塞尔：《外交史（1919—1984年）》，第173页。
② DGFP, C, Vol. 2, pp. 436-437. Memorandum by the Foreign Minister.
③ DGFP, C, Vol. 2, pp. 436-437. Memorandum by an Official of the Reich Chancellery.

倒是要看看，德国要赶上我们花费在军备上的 200 亿，需要多少时间"①。

不幸的是，此时德国用于重整军备的花费已经远多于这个数字。德国陆军总司令瓦尔纳·冯·弗立契将军和军区司令们开始实施《A 计划》，该计划试图建立 21 个步兵师、3 个骑兵师、1 支装甲部队和 1 个轻装师，平时总兵力 30 万人。原来的 7 个步兵师为新组建的 21 个师（番号从第二十二到第四十二）输出军官，这 7 个师每个师先组建 3 个营以及 1 个预备训练营，然后分别组成 21 个新步兵师的机构。例如，第一师第一营组成第二十二师，第二营组成第二十三师，第三营组成第二十四师，第二师第一营组成第二十五师，以此类推。通过这种方式，到 1935 年底，德国军队能够扩编成 165 个步兵营。② 该计划预计到 1938 年完成，希特勒下令提前到 1934 年秋完成。但由于尚未实行征兵制，兵源十分困难，因而不得不缩减建制。同时，陆军总参谋长路德维希·贝克将军受命，重整军备工作必须保密，"总参谋部"的名称不得公开出现。海军司令埃里希·雷德尔将军、航空部长赫尔曼·戈林都接到训令，要对重整军备、扩军计划严格保密。

对于如何重整军备、扩充军队德国军方有着不同观点。勃洛姆堡赞同鲁登道夫的"总体战"思想，其主张基本符合希特勒"夺取生存空间"的需要。希特勒执政初期自知在军队的影响力不大，需要依仗有军事传统和技术优势的军官团，因此将重整军备、扩军备战的事情大多交给以勃洛姆堡为代表的军方办理。此时，纳粹德国的外交遵循"先大陆，后海洋"原则，陆军因此获得了更多的优先权。下面，主要以陆军为例，简单梳理德国重整军备的内容与过程。

1. 组建装甲师

陆军重整军备最大的突破与行动是组建装甲师。德国军队一直有着进行"机动战"的传统，第一次世界大战末期德国紧随英国之后开始研究坦克。第一次世界大战结束后协约国禁止德国军队拥有坦克，却无法阻止德国在苏联秘密生产坦克，更无法禁止德国军官进行思考。德国军官总结了第一次世界大战的经验、教训，吸取了英、法、意等国出现的"机械化战争"思想，并结合最新的科技成果形成了当时最先进的"闪电战"（也称为"闪击战"）战术，出现了以海因茨·古德里安、奥斯瓦尔·德鲁兹为

---

① 〔法〕让－巴迪斯特·帝罗塞尔：《外交史（1919—1984 年）》，第 174 页。

② Samuel W. Mitcham Jr. , *The Rise of the Wehrmacht: The German Armed Forces and World War II*, p. 33.

代表的一批杰出军官。古德里安号称"闪电战"之父，他将坦克与摩托化
步兵有效地结合起来，形成了比较完整的装甲与机械化概念。1933 年，希
特勒在兵工署举办的一次近代兵器发展表演会上，看到一支摩托化坦克部
队通过训练场时欣喜若狂地叫道："这就是我所希望的东西，这就是我所
需要的东西。"① 在希特勒、勃洛姆堡大力支持下，古德里安将"闪电战"
理论付诸实践，率先建立起最先进的装甲部队。②

　　1932 年，陆军拥有 18 个骑兵团，15000 人。以此为基础，陆军在 7 年
之内建成了一支装甲部队。陆军在汉堡成立了军区司令部，下辖第二十步
兵师、第二十二步兵师，第二十三步兵师进驻波茨坦，第二十四师进驻开
姆尼茨。驻德累斯顿的第十二骑兵团组成第三装甲团，驻左森的第四骑兵
团组成第六装甲团，驻布雷斯劳的第七骑兵团组成第二装甲团，第十一骑
兵团组成了两个机械化步兵团，第十六骑兵团组成了三个摩托化营，另两
个骑兵团组成第一装甲旅进驻东普鲁士。剩下的十二个骑兵团被分配到全
军，承担着复兴军队的使命。

　　实施"闪电战"最主要的基础是建立一支机动灵活、快速突进的装甲
部队。1934 年 6 月，陆军总司令部将"机动兵总监部"改为"机动作战
指挥部"，古德里安任装甲兵总监。1935 年前，德国主要生产训练用的 I
型轻型坦克和 II 型轻型坦克。很快这种轻型坦克被更有效率的野战坦克取
代，例如，A 型坦克，5.4 吨，钢板厚度 6—13 毫米，配有两挺直径 7.92
毫米的机关炮，最大时速达 38 公里，还具有通信设备。③ 通信指挥明显增
强了装甲师进攻作战的能力，这是德国很多未来的对手，尤其是法国所不
具备的。1935 年 10 月，装甲部队第一、第二、第三师连同"装甲部队指
挥部"正式编制完成。大战爆发前，德国陆军拥有六个装甲师、四个轻型
师以及四个摩托化步兵师。

　　2. 实行义务兵役制扩大兵源

　　纳粹德国重整军备、扩大军备已经成为公开的秘密。据统计，到了
1934 年 10 月，又有 7 万人参军，军队人数已经达到 24 万人，国防预算则

---

① 〔德〕古德里安：《坦克—前进!》，刘名于译，解放军出版社 1982 年版，第 222 页。

② 1935 年，德国建立起 3 个装甲师，古德里安任第二装甲师的师长。每个装甲师中有一个
　装甲旅，其坦克总数不少于 561 辆，支援它的有一个摩托化步兵旅，另加摩托化炮兵、工
　兵、通信、战防等单位，还有一个搜索营。

③ Tim Riplet, *The Wehrmacht*：*The German Army of World War II*, *1939 - 1945*, New York：Fitzroy
　Dearborn, 2003, p. 23.

从 1.72 亿马克增长至 6.54 亿马克。① 但还是不能满足迅速扩军的要求，其主要原因是德国还在实行志愿兵制度。义务兵役制成为一种必需，这也是希特勒执政之初提出的。实行义务兵役制的消息马上引起那些希望从服务德国青年中获利的组织，例如"德国青年义务劳动军"② 的关注，依据《国家劳动服役法》，这些组织计划号召所有的德国青年人为公共事业服务两年。军方立刻意识到这会影响年轻人服兵役，于是，双方都跑到希特勒那里寻求支持，最后自然是军方获胜。希特勒决定，所有男性青年在劳动营只能服役半年。实行义务兵役制还有一个结果是"民族社会主义者越来越多地自下而上打进陆军队伍"③。

德国重整军备的规模实在太大，难以继续隐藏下去，同时，协约国也知道德国重整军备的一些情况。希特勒一直在等待时机公开否定《凡尔赛和约》，为德国重整军备寻找所谓的"合法性"。1935 年 3 月 4 日英国发表的白皮书恰逢其时，9 日，希特勒宣称，德国已经拥有了空军。12 日，法国政府宣布，将把义务兵役期限从 18 个月延长至 24 个月，以弥补1914—1918 年低出生率造成的年轻人数量减少。希特勒再次抓住了这些时机，15 日晚，国防部召开会议。勃洛姆堡担心扩军可能引发其他大国作出反应。里宾特洛甫回答说，不必担心，"你所说的全都是多余的废话"④。勃洛姆堡虽然一直反对新的扩军计划，但在最后一分钟他屈服了。第二天早晨，勃洛姆堡与弗立契一起向希特勒汇报，弗立契强调说，扩军计划需要几年时间才能完成，要避免大规模重整军备引发的过分紧张。

16 日，戈培尔向外国记者宣读了《普遍义务兵役法》，宣布废除《凡尔赛和约》军事条款；德国重新实行普遍义务兵役制（期限一年），重建包括空军在内的国防军。和平时期的陆军由 12 个集团军 36 个师组成，约55 万人。⑤ 当天，德国将副本交给了英、法、意、波四国驻德国大使。《普遍义务兵役法》的出台标志着德国彻底打破《凡尔赛和约》的枷锁，开始无所顾忌地发展军备。但大规模扩军计划不仅出乎军方的意料，例如，赖歇瑙将军都没想到将达到 36 个师；而且还涉及各州的警察问题，

---

① Robert J. O'Neill, *The German Army and the Nazi Party*, *1933 – 1939*, p. 86.

② 1931 年 6 月 5 日，布吕宁政府通过紧急法令建立了"德国青年义务劳动军"，该组织以社团和协会的形式，由国家给予财政资助，以减少青年失业为目的。到巴本政府时期，该组织人数约为 25 万人。

③〔联邦德国〕卡尔·迪特利希·埃尔德曼：《德意志史：世界大战时期》，第 518 页。

④ Robert J. O'Neill, *The German Army and the Nazi Party*, *1933 – 1939*, p. 88.

⑤ Samuel W. Mitcham Jr. , *The Rise of the Wehrmacht*: *The German Armed Forces and World War II*, p. 43.

多年来，后者作为国防的辅助力量一直接受军事训练。在同一天的内阁会议上讨论将警察转变为军队的问题，戈林作为普鲁士邦总理不愿意放弃其权力，勃洛姆堡与其激烈争辩。最后达成的妥协是，戈林继续控制警察的行政机构，其余部分由军队接管。随后，希特勒宣布，各州警察将由内务部所属转为武装部队司令部，军队将接管它的各级机构，其警察功能则由地方警察行使。

5 月 21 日，德国秘密通过了补充性的《国家防御法》，规定国防军由陆、海、空三军组成，希特勒任最高统帅，并授予他决定国家戒严、实施总动员的准备工作和战时经济的组织工作等，恢复第一次世界大战时期的陆军总参谋部，并规定了德国在卷入战争情况下希特勒和其他部长的权利与义务。随后，国防部进行了大规模改组，国防部改编为战争部。另外，为对抗独立性越来越强的陆军总司令部和总参谋部，勃洛姆堡下令增设了一个新的机构——国防军局。柏林军事学院在其建院 125 周年纪念日那天也正式恢复，公开招生。

8 月 1 日，德国州警察的警官正式编入军队。10 月 1 日，各州警察全部被吸收进军队，从而增加了 58 个营的军事力量，另外内务部所属 28 个营的警察则都驻扎在莱茵非军事区。10 月 15 日，政府将国防军（Reichswehr）正式更名为武装部队（Wehrmacht）。如前所述，习惯使然，本书继续沿用国防军一词。

国防军虽然迅速扩充，但弗立契将军还面临一些问题。一是军队建制。正常建制是所有步兵团下辖三个营，每个营下辖四个连，外加一个炮兵连，一个反坦克连，共计有十四个连。然而到了 1935 年底，十八个团仅仅有两个营，其中还包括一个训练营。快速扩张引发的另一个更严重的结果是合格军官大量短缺。1933 年 1 月，希特勒上台时，德国军队 10 万人，包括军官 4000 人。到 1936 年初，德国军队人数 55 万人，三十六个步兵师、三个装甲师以及三个独立的装甲旅，这需要至少 2 万名军官。为弥补空缺，大约 1500 名无军衔委任书的军官直接转为正式军官，又吸纳了大约 2500 名警察、大约 2000 名旧帝国军队的军官重新服役。尽管采取了上述方式，国防军还是缺乏上千名军官以及更多的无军衔委任书军官。[①]

二是预备役问题。帝国旧军队中最年轻的一批人生于 1900 年，这使得预备役是大量超过 35 岁以上的人，这些人接受过军事训练，有一定的

---

①　Samuel W. Mitcham Jr. , *The Rise of the Wehrmacht: The German Armed Forces and World War II*, pp. 69 – 70.

军事经验。这些人迅速组成两个预备役，不到 45 岁的人组成地方武装，45 岁以上的人组成地方突击队。依据《国家防御法》，这两组人都登记在册，随时等待重返军队。1914 年出生的那批人的服役期是一年，但《国家防御法》将他们的服役期延长至 24 个月，这样，每年有 30 万人接受军事训练。以此类推至 1918 年出生的人都延长服役期至 24 个月，每年有 25 万人接受军事训练。当志愿兵役期满，他们自动成为地方武装人员。至于那些 45 岁以上的地方突击队人员，他们在年轻时没有接受过军事训练，现在又太老了不能承受两年的军事训练。因此，三年之内他们每年要接受三个月的训练，三年后转为地方武装。① 社会上"穿上军装就是个人物"的思想再次复活了，人们一心盼望有朝一日国防军的军官团会扩充一倍，期待着他们也能被任命为军官。此外，德国还有冲锋队、党卫队、钢盔队以及警察等二百多万穿军装的人。

3. 提高军事训练水平

陆军中最高级别的军事训练机构是位于柏林的陆军学院，第一次世界大战后根据《凡尔赛和约》相关规定被关闭。1934 年 8 月 1 日，学院重新开始招收学员。由于该学院的历史传统以及总参谋部在军官团中的崇高地位，希特勒想争取总参谋部将军们（总参谋部负责对所有军官进行授课）的支持，必须重开陆军学院。贝克将军负责选拔学员、训练以及其他学院事务。尽管贝克将军是个高智商、有着崇高理想与道德的人，但他的眼界有限，比较保守，跟不上新潮流，例如，他致力于提高步兵的战斗力，反对建立装甲部队。贝克将军更多强调战术训练，对技术以及与战争经济相关的问题没有给予足够的关注，甚至克劳塞维茨的理论也被忽视。重整军备以及需求大量军官的压力迫使贝克将军将学院的学制缩短至三年，后来又缩短至两年。

1936 年 8 月，陆军扩军的新计划《八月计划》规定，以 1939 年 10 月为期，建立三十二个步兵师、四个摩托化师、一个山地师、三个坦克师、三个轻装师和一个骑兵师，和平时期总兵力 83 万人，战时扩大到 462 万人，其中野战部队 102 个师。为了实现该计划，陆军的财政拨款增加到每年近 90 亿马克。② 8 月 24 日，德国将士兵服役期限从一年延长到两年，这是陆军的第二次大发展。三年内要扩大五倍，由于这种快速、大量的扩

① Samuel W. Mitcham Jr. , *The Rise of the Wehrmacht*: *The German Armed Forces and World War II*, p. 71.

② 李巨廉：《第二次世界大战——专题评述》，华东师范大学出版社 1990 年版，第 57 页。

军，所以训练水平难免大幅下降，军队质量也难以达到原来的高标准。

1936年9月，德国举行了一次自1913年以来规模最大的军事演习，演习暴露了军队的一些缺陷，促使参谋部有针对性地修改训练要求。在接下来的一年中，军队进行了更大规模的军事训练，在细节上完善其作战准备，搜集未来假想敌人的情报。为此，参谋部全面收集、详细分析外国报纸和军事杂志，吸收借鉴最新的技术和战术，尽可能弥补因快速扩军导致的军队质量下降。

《凡尔赛和约》曾严格限制德国发展空军力量，1922年协约国取消了德国不许制造民用飞机的禁令，但对飞机的体积、性能仍有很多限制，由"协约国之间航空军控委员会"负责监督。泽克特将军在国防部建立了一个秘密的"飞行组织"，并与苏俄秘密合作研制新型飞机，由设在苏俄的军事学校培训飞行员和机组人员。希特勒上台后任命戈林为航空专员，随后，又增设航空部，戈林任部长。1933年4月，召开航空会议，确定大规模发展军用飞机的方针。5月，航空办公室主任罗伯特·克纳斯拟定的《德国航空机队备忘录》指出，政府将重建德国作为欧洲主要强国的地位，为此只能武装德国，使其达到"至少能在对法国和波兰的两线作战中取得成功的机会。……没有比建立强大空军更有效的手段了"[1]。为加快扩充空军，政府优先向航空工业供应所需的原料和资金。全德范围内设立了很多招聘飞行员的机构，有5000—6000人进入军队，被编入特殊训练营。

1932年德国才生产了36架飞机，1934年已能生产战斗机、侦察机、轰炸机、教练机等多种型号的飞机。1935年德国空军正式成立之后，生产飞机的数量更是上升到3183架。1936年，空军工业企业能够生产两种型号四引擎的轰炸机，一是Ju-89，一是Do-19。这两种轰炸机速度不够快，空军参谋长沃尔特·威夫将军不满意，要求生产出更大马力的轰炸机。新一代轰炸机加速生产出来了，这就是著名的单引擎BF-109型轰炸机，它的时速达400公里，高度20000公尺，航程达365—460公里。[2]1936年7月，各主要飞机制造公司都已停止了旧式飞机的生产，转而生产当时最先进的作战飞机。在干涉西班牙内战的过程中，德国空军得到检验。到1939年，德国空军拥有40万士兵和超过4000架最先进的战斗机。

1928年3月，马克斯政府曾决定建造1艘万吨级的装甲巡洋舰，建成

---

① Wilhelm Deist, *The Wehrmacht and German Rearmament*, p. 55.
② Samuel W. Mitcham Jr. , *The Rise of the Wehrmacht: The German Armed Forces and World War II*, p. 85.

后再造 9 艘。继任的米勒政府将造舰任务交给基尔造船厂。1930 年，造船厂已经造出 5 艘巡洋舰和 12 艘驱逐舰。1933 年 3 月，政府批准了《海军舰船更新计划》。4 月，装甲舰交付使用，接着，3 艘主力舰也陆续下水，5 月，政府又通过了《海军建设补充指令》。1935 年 4 月 27 日，政府宣布，12 艘排水量为 250 吨的潜艇将于近期下水。希特勒吸取第一次世界大战前与英国海军竞赛的教训，避免过早刺激英国，而且，建造舰船以及维护费用远远超出重整陆军、空军的费用，因此海军不是希特勒重整军备的重点。《英德海军协议》签订后，德国获得了重整海军军备的平等权利。1936 年 11 月，德国恢复对基尔运河的全部主权，海军再次控制了波罗的海。同年，第一艘战列舰沙恩霍斯特号下水。到 1939 年，德国海军拥有 5 万名士兵，3 艘装甲舰，2 艘重型巡洋舰，6 艘轻型巡洋舰，22 艘驱逐舰，16 鱼雷艇以及 57 艘潜水艇。

4. 军队的纳粹化

德国在重整军备的同时也实现了军队纳粹化。历史上，普鲁士军队骄人的战绩使得军队和参谋部在德国拥有了崇高的社会地位，以致德国出现了"中产阶级军事化"，即"中产阶级对军事力量极为崇拜，这不仅表现在对军队的尊敬，而且也表现在平民组织和平民活动的军事化模仿。……德国中产阶级已经将军事阶层当做是社会的最高层"[1]。在德国形成一种社会气氛，即"军国主义渗入到了平民的生活里来，于是就出现了一种因袭的普鲁士主义（Borussimus），出现了一种天真的、自我陶醉的普鲁士性格，从而也就随之出现了一种精神视野和政治视野的急遽狭隘化"[2]。

共和国时期，军队表面上处于"国中之国"的超然地位，其实是左右政局的决定性力量。刚开始，国防军对出身下层的纳粹党人及其暴力活动比较反感。1927 年，军方曾明令禁止征募纳粹党人参加国防军，禁止军火库、兵站雇佣纳粹党人。1930 年 1 月，国防部发布命令，要求国防军不要听从纳粹党的"煽动性宣传"。上述命令并没有发挥作用，军队很多人同情甚至已经参加了纳粹运动。纳粹党和其他右翼武装团体，例如"钢盔团""前线战士同盟""志愿团"等都曾接受过国防军的津贴。

---

[1] 李伯杰：《德国文化史》，对外经济贸易大学出版社 2002 年版，第 103 页。

[2] 〔德〕弗里德里希·迈内克：《德国的浩劫》，何兆武译，商务印书馆 2013 年版，第 17 页。

　　希特勒历来视军队为最主要的争取对象，他通过戈林、罗姆等退伍军官与国防军特别是握有实权的人物保持联系。上台后，希特勒更清楚如果想实现自己的奋斗目标，必须与军队进行密切合作，实现军队纳粹化是最有效的手段。反过来，希特勒重整军备、对外扩张的计划得到了大多数军官的支持，特别是年轻军官因受人数所限而提升缓慢，扩军则意味着军阶的提升以及更高的社会地位。在军队纳粹化过程中以勃洛姆堡将军为代表的军官团发挥了至关重要的作用，"他们早在 20 世纪 20 年代就开始对希特勒这颗上升着的明星表示同情了。他们被这一（希特勒）运动所射出来的那种最高度的民族精力的表象给蒙蔽了"①。将军们将民族社会主义视为德意志帝国某种形式的复兴，他们更熟知那句古老的格言——Exerrcitus facit imperatorem（军队里出政权），例如，勃洛姆堡的副手国防部办公厅主任沃尔特·冯·赖歇瑙将军是军队中最早支持希特勒的人，他将希特勒和纳粹党当成自己晋升的阶梯。

　　1933 年 3 月，勃洛姆堡要求军官们无条件支持"民族革命"。9 月 15 日，勃洛姆堡向第六师全体军官发表讲话，他将民族社会主义哲学总结为如下几点：1. 新的国家概念建立于权威之上。由集体赞同达成政治目标已经过时，领袖意味着由权威、个人决策处理事务。2. 新哲学主要在于个人要服从于集体，换句话说，共同的利益高于个人的利益。3. 牺牲是不可避免的。一是要为领袖的权威作出牺牲；二是为集体个人要作出牺牲。② 随后，讲话的副本被传达给各部队。19 日，勃洛姆堡命令军人向穿制服的纳粹党员行军礼。1934 年 2 月 25 日，勃洛姆堡命令军人一律佩戴带有万字标志的军徽，③ 这表明军队开始被政治化和追随纳粹运动。

　　1934 年 6 月，希特勒为争取国防军支持、稳定政局清洗了罗姆上尉领导的冲锋队，彻底清除格雷戈·施特拉塞为代表的法西斯左翼力量，并借机杀害了施莱歇尔将军、冯·布雷多将军。国防军默认了杀害两位将军的行为，理由是为保证国内和平而拒绝干涉，其实是希特勒多次承诺将大规模重整军备，扩大军方势力。而军官团没有预料到的是，"首先以共同的道德信念保证其内部团结的军官团发生了分裂，冷酷的革命把分裂的幼苗

---

① 〔德〕弗里德里希·迈内克：《德国的浩劫》，第 56 页。

② Robert J. O'Neill, *The German Army and the Nazi Party, 1933 – 1939*, p. 64.

③ Samuel W. Mitcham Jr., *The Rise of the Wehrmacht: The German Armed Forces and World War II*, p. 40.

插进德国尚存在的最严密的组织"①。

赖歇瑙将军也积极行动，他一直不喜欢原来的魏玛共和国的宣誓形式，因为它要求军队向《魏玛宪法》宣誓，而不是向国家领袖宣誓。他认为这违背了德国的军事传统。8月2日上午9点，87岁的兴登堡去世。三个小时后，德国政府宣布：根据内阁前一天制定的《国家元首法》，总理和总统合二为一，希特勒接管国家元首和武装力量总司令的权力。19日，德国举行公民投票选举希特勒为元首，合格选民中的84.6%投了赞成票。当天下午，国防军宣读了由赖歇瑙起草的新誓言："以上帝名义起誓，我将无条件服从德国国家和德国人民的元首、国防军司令阿道夫·希特勒。作为一个勇敢的士兵，随时准备着为此誓言贡献出自己的生命。"② 德国军队的道德基石历来建筑在对个人人身忠诚概念之上，这是德国军官、士兵特有的一种思维方式。新誓言在每个士兵与国家领袖之间直接建立起个人联系，因而更具有道义的力量。

国防军向希特勒个人宣誓效忠违背了当时仍然有效的《魏玛宪法》，后来很多国防军将领谴责该行为，认为这是拿整个国防军去向希特勒献媚并最终铸成毁灭国防军的一次大错。贝克将军称，这一天是他"一生中最为黑暗的一天"③。希特勒对此则欢欣不已，专门写了一封亲笔信感谢勃洛姆堡，"国防军的官兵既然效忠于我所领导的新国家，我必将保证国防军的存在与不可侵犯视为自己的最高职责，以实现前元帅（兴登堡——笔者注）的遗嘱，并且不违背我对保证军队为国家唯一武力的承诺"④。这一天不仅是贝克、勃洛姆堡"最为黑暗的一天"，也是国防军"最为黑暗的一天"。自此国防军被誓言所束缚，彻底丧失了"国中之国"的独立地位，匍匐在希特勒脚下，成为纳粹专制制度的重要支柱。

三　纳粹政府的经济政策

恩格斯曾说，"暴力的胜利是以武器的生产为基础的，而武器的生产又是以整个生产为基础，因而是以'经济力量'，以'经济情况'，以可

---

① 〔联邦德国〕卡尔·迪特利希·埃尔德曼：《德意志史：世界大战时期（1914—1950）》，第 422 页。

② Samuel W. Mitcham Jr. , *The Rise of the Wehrmacht*: *The German Armed Forces and World War II*, p. 30.

③ Robert J. O'Neill, *The German Army and the Nazi Party*, *1933 – 1939*, p. 55.

④ Robert J. O'Neill, *The German Army and the Nazi Party*, *1933 – 1939*, p. 58.

供暴力支配的物质手段为基础的"①。德国大规模重整军备自然需要雄厚的经济为基础，因此有必要回顾一下两次大战之间的德国经济发展状况。

第一次世界大战期间，德国"最高统帅部"为达到战争目的曾大规模干预经济，政府为筹措军费发行了大量债券，马克的购买力开始下降。战争结束后，德国又背负上沉重的战争赔偿，即刻出现了严重的通货膨胀，"从战争开始到大约五年半以后，马克与战前相比贬值约十分之一，而以后仅在两年半以内又贬值了十分之一，而随后仅用 108 天，1923 年 10 月，每隔 8 到 11 天就贬值十分之一"②。马克大幅贬值引起协约国强烈不满，认为德国政府是蓄意放任货币贬值，进而逃避支付战争赔款。法国联合比利时出兵占领鲁尔，引发了"鲁尔危机"。为稳定战后局势，必须解决困扰欧洲的战争赔偿以及欧洲与美国之间的战争债务问题，经过一系列协商、谈判，最后由美国出面制定、实施了《道威斯计划》和《杨格计划》。

利用美国提供的国际贷款担保，德国进行货币改革，按 1:1000000000 的比率，收回全部旧马克发行新马克，迅速稳定了货币，平衡了财政收支。德国优质、廉价的劳动力，对外国资本特别是对美国资本有着比较强烈的吸引力，在高利息、高股息的吸引下，外国资本源源不断流入德国。1924—1929 年，德国经济出现了"世界经济史中最壮观的一次经济复兴"。经济繁荣发展自然有利于魏玛共和国的政治民主，整个欧洲也稳定下来。

德国的工业实力一直很雄厚，第一次世界大战期间国土没有遭到破坏，其重工业基础、科学实验室、卡特尔体系基本保持原封未动；同时拥有大批廉价而训练有素、技术水平较高的劳动力。国际资本注入后，德国大规模更新机器设备、购置原料，引进先进的技术和科学管理方法，普遍开展"产业合理化运动"，经济得以迅速恢复和发展。1925 年，德国工业生产呈现高涨势头，1927 年，工业生产已接近第一次世界大战前的水平。1929 年，电力、煤炭、钢铁、机器制造、汽车、纺织等工业部门都达到了历史最好水平，国民收入比 1913 年增长 70.1%。1928—1929 年，德国生产的工业品占全欧洲（除去苏联）的 1/3、电力占 1/3、炼钢占 2/5、化学产品占 1/2、机器制造业占近 2/3。③ 远远超过英、法，仅次于美国，重返资本主义世界第二位。但德国的复兴是建立在对外资本，特别是对美国资

---

① 《马克思恩格斯选集》（第 3 卷），人民出版社 2012 年版，第 546 页。
② 〔德〕卡尔·哈达赫：《二十世纪德国经济史》，杨绪译，商务印书馆 1984 年版，第 21 页。
③ 〔苏〕梅尔尼珂夫：《为统一和平民主的德国而斗争》，第 373 页。

本严重依赖基础之上的，美国全国制造商协会主席约翰·艾杰顿曾说："德国的某些工业集团完全是靠我们的金钱恢复起来的。"[1]

《道威斯计划》本身也有致命缺陷，凯恩斯从一开始就提出疑问，认为该计划没有创造任何真正的价值。"美国贷款给德国，德国把同样数值的钱转给协约国，协约国又把它还给美国。没有任何实际的东西在转手，没有人失去一个便士。但是一旦这个人为的平衡被打破时，不可避免要出现政治问题，在这种情况下美国投资者要说话了，因为美国公众要寻找解决办法。"[2] 凯恩斯的预言随着经济大危机的到来得到了验证。经济危机严重打击了美国的对外贸易和资本输出，危机期间的出口和进口总值都减少了 70% 左右，资本输出一落千丈，最后几乎完全停止。

极度依赖美国资本的德国在金融灾难的冲击下，自然是首当其冲不能幸免。其实早在 1928 年 11 月，斯特莱斯曼就曾提醒过德国人："我必须请你们时刻记住，在过去几年中，我们是靠借贷过日子的。如果一旦发生经济危机，美国要求偿还其短期贷款，那我们就要面临破产的危险。"[3] 大危机使得经济繁荣几乎在一夜之间化为乌有，从 1929 年 4 月到 1930 年 4 月，中央政府的财政赤字达 16 亿马克，如果再加上各邦和城市的财政赤字，整个国家的赤字则高达 32 亿马克，这个数字超过了净国民生产总值的 3%[4]，经济面临崩溃的边缘。

布吕宁执政后实行的紧缩经济政策进一步恶化了局势。随后索性放任国内经济恶化发展，试图以此迫使协约国彻底放弃战争索赔，然后再来挽救国内经济。但岌岌可危的局势没有给予布吕宁喘息的机会，虽然他成功迫使协约国放弃战争索赔，兴登堡总统却抛弃了他。随后的巴本政府和施莱歇尔政府都没能挽救经济形势，但两者都制定了经济计划，前者制定了《一揽子劳动就业纲领》，后者则利用刚获取的军备平等权利制定了拨款用于基础建设的法令。这些努力与尝试为后来纳粹政府的经济政策奠定了基础。

纳粹政府上台后，积极推动重整军备，不仅满足了德国人的荣誉感，也增加了就业、刺激了经济发展，并逐步建立起"总体战争经济体制"。1933 年 7 月 15 日，成立"德国经济委员会"作为经济的最高机关，由 55

---

[1]　〔苏〕C. ю. 维戈兹基：《外交史》（3 卷），第 687 页。

[2]　Margot Louria, *Trumph and Downfall, American Pursuit of the Peace and Prosperity 1921 – 1933*, London：Greenwood Press，2001，p. 77.

[3]　〔美〕科佩尔·S. 平森：《德国近现代史——它的历史和文化（下）》，第 601 页。

[4]　William C. Mcneil, *American Money and the Weimar Republic：Economics and Politics on the Eve of the Great Depression*, NewYork：Columbia University Press，1986，p. 257.

名纳粹党人和 12 名大资本家组成。1934 年 2 月 7 日，国防会议通过了从经济上备战的决议。7 月 30 日，国家银行总裁沙赫特兼任经济部部长。1935 年 5 月，成立"战时经济全权总办"，沙赫特任"战时经济全权代表"，主持经济备战。沙赫特强调，迅速而充分地实现军备计划，是德国政治的唯一问题，其他一切都应当从属这一目标。纳粹政府采取如下措施，逐步实现经济军事化，为战争奠定了比较雄厚的物质基础。

哈耶克在《通往奴役之路》一书中曾说过："走向极权主义的推动力主要是来自两大既得利益集团，即有组织的资本和有组织的劳工。其中最大的威胁可能是这一事实，即这两个最强大的集团的政策都指向同一个方向。"[①] 打着社会主义旗号发迹的纳粹政府一方面深知争取劳工的重要性；另一方面，也极力拉拢资本集团，试图协调两者之间的矛盾，使其成为纳粹国家的驯服工具。首先，强化资本集中于垄断，在工业界推行卡特尔化、康采恩专业化。德国经济一直比较集中，资本高度垄断，1922 年有卡特尔 1000 多家，到 1930 年增加至 2100 多家，辛迪加有 2500 多个。1933 年 7 月，纳粹政府颁布《卡特尔条例》，迫使大批中小企业或加入所谓的"义务共同体"，或者组成新的卡特尔。政府用巨额订单喂养垄断企业，整合出几个高效又听话的巨型战争齿轮，当时德国有三家卡特尔，分别是：德国通用电力（A. E. G）、联合钢铁、I. G. 法本，它们分别控制了电力、钢铁和化工行业，把握了德国的工业命脉。到 1937 年，联合钢铁和 I. G. 法本生产的爆炸物加起来占全国总量的 95%，著名的克虏伯军火公司也在其控制之下。

其次，加强对劳动者控制。希特勒大规模重整军备还有一个原因，即减少失业、扩大就业。1933 年 6 月 1 日，《第一项莱茵哈特纲领》拨款 10 亿帝国马克，将 100 万失业者吸收到生产过程中。9 月，《第二项莱茵哈特纲领》拨款 5 亿帝国马克，用于维修住宅、农业用房屋；3.6 亿帝国马克用于修建居民点，增加铁路、邮局的投资。[②] 此外，纳粹政府大力扩大国家和纳粹党的官僚机构，吸收失业者，并敦促企业主增加人员，或者雇佣半天劳动者。减少失业人数的目标很快实现，1933 年 1 月，失业人数达到 600 万，1934 年 12 月，失业人数就下降到 250 万。1935 年 3 月，实行普遍兵役制，到 1936 年，德国基本实现充分就业，甚至出现了劳动力短缺。希特勒因此得到国内民众的广泛支持。

---

① 〔英〕弗里德里希·哈耶克：《通往奴役之路》，第 185 页。
② 〔德〕卡尔·哈达赫：《二十世纪德国经济史》，第 59—60 页。

为更有效地控制劳动者，1933 年 5 月，政府强行解散各级工会，要求雇主建立"德国劳工阵线"，目的是取消公开的阶级对抗。劳工阵线的下层组织"愉快带来力量"为当时的劳动者提供大量价格低廉的疗养和度假。1934 年 1 月 20 日，政府颁布《国民劳动条例》。为强化对工人的管理和使用，5 月 15 日颁布法令严禁工人自由调换工作。1935 年 2 月，德国颁布执行《工作簿制度》法令。法令规定，凡没有工作簿的工人一律不能就业。工作簿记载着他们的技能和就业情况。《工作簿制度》在于保证企业主和德国扩军备战必需的行业和部门获得充足的劳动力。工人如果希望离职寻找其他工作，雇主可以扣住他们的工作簿，使其不能擅自离职。为补充备战出现的劳动力不足，6 月 26 日，新颁布的《国家劳动服役法》规定，18—25 岁的男女青年必须参加义务劳动。

三是积极准备战略物资。战略原料与物资是影响现代战争的重要物质基础。德国战略资源比较贫乏，除了煤炭外，几乎所有重要原料，如石油、铝土、橡胶、金属矿石等都依靠进口。1936 年 9 月，希特勒宣布实施新的扩军备战的《四年计划》，将实现战略原料自给列为首要任务，希特勒说道："四年内，将在所有可以由德国的才能、我们的化学和机器工业以及我们的矿山自给来提供的原料方面完全摆脱对外国的依赖。"① 为此，采取了几个措施：1. 大力发展人工合成原料代用品。德国化学工业发达，生产出大量化工代用品，如合成纤维、人造橡胶、代替金属的电木等。2. 寻找和开发国内新矿藏。3. 大量购买外国原料充实库存。上述措施虽然没有完全解决战略物资短缺问题，但德国的战略物资生产量几乎是同时期英、法两国总和的两倍。

四是垄断对外贸易，争取国际资本。沙赫特实行《新计划》，扣下全部外汇用于政治和军事领域，私藏外汇者将被送到集中营接受劳动改造。控制国际贸易和支付，禁止用外汇向美国偿付债务。沙赫特对此解释道，德国的对美债务是为了政治目的而负担的，因此根本不是债务，这些措施是由于外汇缺乏而不得不采取的。美国人反驳说，德国人在用据说不存在的美元来购买军用物资。工业和公用事业的重建是靠美国贷款的实收金额来资助的。②

纳粹政府还积极争取国际资本的投资。1933 年 5 月，希特勒派沙赫特

---

① 〔德〕瓦·巴特尔：《法西斯专政时期的德国（1933—1945）》，肖辉英、朱忠武译，中国社会科学出版社 1979 年版，第 118 页。

② FRUS, 1934, Vol. 2, pp. 356 – 363、369 – 373.

访问美国。6 日，罗斯福、赫尔与沙赫特进行了会谈。罗斯福总统并不喜欢纳粹政权，但美国资本已经深陷德国，双方有着太多的利益纠缠。同时，德国重整军备、扩大进口可以很好地刺激美国恢复经济。华尔街资本对德国的资助虽然是秘密进行的，但坊间还是有一些传闻，以至于出现了"西德尼·沃伯格"之谜。[1] 无论其真假，美国，其实还有英国出于各自的利益考虑，都曾与纳粹政权进行过经济合作却是不争的事实。

　　五是筹措重整军备经费，控制投资方向。重整军备自然需要大量经费支持，纳粹政府除了使用增加税收、通货膨胀、挪用福利保险金、掠夺犹太人财产[2]等手段筹措经费之外，还发行"米福"（mefo）军用券，即冶金研究所期票。[3] 1933—1939 年，该期票支付了大约 1/5 的军事开支。除了价值 120 亿帝国马克的米福券以及 15 亿其他短期贷款外，德国还有总计 80 亿帝国马克的中长期债务，长期债务由保险公司、储蓄所等投资机构发行。纳粹政府为扩军备战，大力推动资本流入同军事工业有直接关系的重工业部门。从 1932 年到 1939 年，德国重工业生产增加近 2 倍，军火生产更猛增 11.5 倍。1939 年德国直接从事军工生产的工人达 240 万，约占整个工业部门就业人数的 20%；军工生产在整个工业生产中所占比重更是高达 25%。[4]

　　1936 年 10 月 18 日，德国成立"四年计划全权总办"，戈林被任命为负责人，直接负责战争经济动员和组织军工业的生产，有权发布命令，统一调动全部武装力量，领导机构下设工业油脂、工业原料、原料分配、劳

---

① 1933 年 11 月，荷兰出现了一本小册子，描写银行家西德尼·沃伯格与希特勒的对话，披露了华尔街的金融家，通过 J. P. 摩根、洛克菲勒银行集团向希特勒提供了 3200 万美元资助的事实。该书很快被查禁，所影射的公司以及相关人员也矢口否认，遂成为疑云。参见 Antony C. Sutton, *Wall Street and the Rise of Hitler*, Calif.' Press, 1976, pp. 136 – 149。

② 为筹措军事开支、弥补财政赤字，纳粹政府大肆掠夺犹太人财产。1. 实现经济雅利安化。1938 年 4 月，戈林主持会议，宣布"将犹太人财产转变为国家所有，将犹太人从经济生活中彻底清除出去"。强制犹太人将所有财产向财政部门申报，只要财产超过 5000 帝国马克。2. 强制犹太人购买"赎罪金"。纳粹政府为完成 10 亿帝国马克"赎罪金"的目标，将犹太人的财产税从 20% 上调到 25%。纳粹财政通过"赎罪金"得到了 11.26 亿帝国马克，通过其他渠道又获取了 12 亿帝国马克。3. 攫取犹太人不动产。纳粹政府很轻易地就攫取了犹太人的房地产、企业财产等不动产，总计 48 亿帝国马克。参见〔德〕格茨·阿利《希特勒的民族帝国：劫掠、种族战争和纳粹主义》，刘青文译，译林出版社 2011 年版，第 47—51 页。

③ 冶金研究所是 1933 年 5 月由四家军备康采恩建立的假公司，其成员为帝国银行工作人员，银行和国防部各派一名领导。"米福"券由国家保证，专门支付军火商，银行秘密贴现，不入财政报告。参见〔德〕卡尔·哈达赫《二十世纪德国经济史》，第 65 页注释。

④ 郑寅达、梁中芳：《德国纳粹运动与纳粹专政》，北京师范大学出版社 2018 年版，第 132 页。

力使用、农业、价格制定及外汇管理等工作委员会。此后，军工产品在工业中的比重迅速增长，1936 年为 8%，1939 年则增长到 23%。军费开支也逐年增长。1932—1933 年度为 30 亿帝国马克，1933—1934 年度为 55 亿帝国马克，1934—1935 年度为 60 亿帝国马克，1936—1937 年度为 125 亿帝国马克，1937—1938 年度为 150 亿帝国马克，1938—1939 年度为 170 亿—180 亿帝国马克，军费开支约占国民收入的 1/4。希特勒在 1939 年的一项声明中自称，军费开支达到 900 亿帝国马克。[①]

重新占领莱茵区后，发展经济成为一个更加紧迫的问题。1936 年 10 月 29 日，希特勒在《四年计划备忘录》的结尾提出如下任务：1. 德国军队四年内必须具有作战能力；2. 德国经济四年内必须为战争做好准备。[②] 从此，德国进入全面备战阶段。12 月 17 日，戈林动员扩军备战，宣称"我们已经处于动员阶段，只是尚未开火而已"。德国的战争机器虽已注满燃料，蓄势待发，但其自然资源、经济资源以及人力资源都有限，它只能打一场速战速决的"闪电战"。

第三节　德国纳粹政府重整军备政策的影响

德国从要求军备平等权利到退出裁军会议，直至公开大规模重整军备自然会引发英、法、美的关注。只要《凡尔赛和约》对德国的军事限制条款没有废除，重整军备问题"在很大程度上来说，就是一个外交问题"[③]。面对德国重整军备的挑战，英、法、美等大国一方面试图安抚，另一方面，它们也开始着手重整军备。德国利用大国间的内部矛盾纵横捭阖、拉拢分化，不仅实现了重整军备，摆脱了外交孤立，而且铤而走险重新占领了莱茵非军事区。

一　英、法、美等国应对德国重整军备的政策

德国或秘密或公开的重整军备行动自然逃不过英、法的眼睛，两国政府都曾收到大量相关情报。早在 20 年代，英、法已经预料到德国不会心甘情愿地履行裁军义务，为此专门成立了 IMCC 对德国裁军情况进行监督、

---

① 〔法〕夏尔·贝特兰：《纳粹德国经济史》，商务印书馆 1990 年版，第 199—200 页。

② Roderick Stackeberg and Sally A. Winkle, *The Nazi Germany Sourcebook*, *An Anthology of Texts*, p. 200.

③ Wilhelm Deist, *The Wehrmacht and German Rearmament*, p. 22.

监察，IMCC 曾多次汇报德国的违规行为。1925 年，法国报界以这些报告为基础，报道了德国阻止 IMCC 监察的行为，描述了德国生产战争物资的能力，国防军从短期服役的志愿兵、警察以及准军事组织中培养"军队干部"的手段。①

到了 30 年代，英、法、美得到了更多关于德国秘密重整军备的情报。其中，德国军费开支的增长是最明显的信号。1931 年 7 月，英国驻柏林武官以及财政代表都向伦敦汇报，尽管经济危机降低了武器价格，但德国购买武器的预算却没有相应减少。1932 年 2 月，法国参谋部在分析完从德国传回的情报后向塔迪攸总理汇报道：德国军队的规模只有 1913 年的 1/5，但德国以牺牲生活水平为代价，军费预算却多出一倍。②

纳粹上台后，美国对于德国重整军备的动向比较关注。美驻柏林使馆的武官乔治·史密斯曾多次警告国内外交官，希特勒在发表和平宣言后将采取仇恨的行动。1933 年 4 月 28 日，他向赫尔汇报，德国正在所有阶层中激起极端的军国主义，采取各种方法进行军事训练，甚至对小孩子的训练都在不正常地快速增长。③ 与此同时，总统外交顾问布里特也警告说，纳粹需要五年的和平时间是为了更好地准备最终的战争。国务院官员们认为，对于德国重整军备和法国裁减军备，美国应该施加同等压力。罗斯福总统采纳了上述建议，指示驻德外交官告知希特勒，"美国坚持认为，德国应保持军备现状，同时支持其他国家将进攻性武器减少至德国水平的任何努力"④。

法国政府比较了解德国秘密重整军备的程度。1933 年 9 月 25 日，在与英国会谈时，法国人向他的英国同事展示了相关卷宗。但英国并不打算对德国进行制裁，为此，法国只好提出比《麦克唐纳计划》更严格的要求。⑤ 希特勒断然拒绝法国的要求。9 月 30 日，希特勒告诉牛赖特说，他准备以《麦克唐纳计划》为基础进行谈判，"尽管我们的要求没有得到全部满足，在接下来的几年之内，由于技术、财政以及政治方面的原因，该计划的要求超出了我们的能力。"⑥

————————————

① Edward W. Bennett, *German Rearmament and the West, 1932 – 1933*, p. 80.
② Edward W. Bennett, *German Rearmament and the West, 1932 – 1933*, p. 80.
③ Patrick J. Hearden, *Roosevelt Confronts Hitler: American's Entry into World War II*, Dekalb: Northern Illinois University Press, 1987, p. 55.
④ Patrick J. Hearden, *Roosevelt Confronts Hitler: American's Entry into World War II*, p. 55.
⑤ E. M. Robertson, *Hitler's Pre-War Policy and Military Plans, 1933 – 1939*, p. 22.
⑥ E. M. Robertson, *Hitler's Pre-War Policy and Military Plans, 1933 – 1939*, p. 23.

英国此时对德国采取了安抚政策，默许其重整军备。10月24日，英国驻德国新任大使埃里克·菲普斯爵士拜会希特勒。希特勒提出，德国在八年内将建立一支30万人，服役期限为一年的军队。依据协定，德国军队将不增加重型武器，并承诺对平民不使用毒气弹。[①] 为了进一步表明其维护和平的决心，希特勒采取了一系列外交行动。首先，他对法国政府说，德国对阿尔萨斯—洛林没有任何企图。接下来，希特勒提出将与波兰、捷克斯洛伐克签署互不侵犯条约。

11月24日，法国大使佛朗索瓦－蓬塞拜会希特勒。会谈主要讨论德国军备、准军事组织两个问题。大使说，是否允许德国恢复一定程度的武装仍然是一个可以探讨的问题，因此，他将提出一些个人建议，并要求严格保密。1. 德国要求的坦克、飞机的数量是多少？希特勒没有给出具体数字。法国大使说，估计飞机有400架，坦克400辆。参加会谈的国务秘书插话说，数字没有那么大。希特勒表示，对于任何一支30万人的军队，这是一个正常的装备水平。接着，谈到了冲锋队和党卫队问题。法国大使非常担心这些准军事组织，因为它们可以组成30万人的军队，而且它们还拥有各类武器。德国领导人回答说，冲锋队不会变成军事组织。[②]

12月5日，希特勒与英国大使进行会谈。希特勒再次强调，德国将扩军30万人，服役期限为一年。关于空军，希特勒表示德国空军将达到法国、波兰、捷克斯洛伐克空军力量的20%。至于海军计划，希特勒说1935年前，德国海军力量不会超过《凡尔赛和约》的规定。菲普斯大使询问，德国与法国是否进行了直接会谈。希特勒解释说，由于法国内阁软弱，目前还存在很多困难。但如果英国、意大利都不反对德国的计划，那么，法国赞同与德国直接会谈的力量将会加强。[③] 德国在18日致法国的备忘录中又重申了上述建议。[④]

1934年1月1日，法国对德国备忘录作出答复：在进行任何讨论以前，德国首先必须重新回到日内瓦。这个条件一旦实现，法国将同意把法国军队和德国军队改编为同等类型的短期服役的民兵部队。德国军队人数和法国本国部队人数相等。然后再逐渐统一两国的兵种。[⑤]

19日，德国作出答复，它不接受军备的不平等，不同意再回到国联，

---

① DGFP, C, Vol. 2, p. 39 Memorandum by the Foreign Minister.
② DGFP, C, Vol. 2, pp. 174 – 175. Memorandum by the State Secretary.
③ DGFP, C, Vol. 2, pp. 173 – 174. Memorandum by the Foreign Minister.
④ 〔法〕让－巴迪斯特·帝罗塞尔：《外交史（1919—1984年）》，第173页。
⑤ 〔法〕让－巴迪斯特·帝罗塞尔：《外交史（1919—1984年）》，第173页。

也不能接受因保持法国殖民地过多的部队人数而造成的不平等。德国仍然坚持12月18日的立场，并明确指出，要建立一支30万人的军队，炮兵部队武器的口径最大为150毫米，坦克6吨，空军为法国空军部队规模的1/2或者法国和同盟国的空军部队规模的1/3。2月14日，法国答复照会的口气变得更加坚决。[①]

英国担心法、德谈判失败，试图进行调解。自2月17日开始，艾登往来穿梭于各大国之间，他首先到柏林拜会希特勒。21日，希特勒到英国大使馆与艾登共进午餐，希特勒表示，德国可以接受《麦克唐纳计划》，但条件是必须接受德国提出的空军建议，他还主动提出将缩减冲锋队和党卫军的数量。26日，艾登又拜见了墨索里尼，意大利领导人表示基本接受《麦克唐纳计划》。此时，法国的态度最为关键。外交部长路易·巴尔都和驻德大使佛朗索瓦-蓬塞都倾向于接受德国的建议，虽然他们不太相信希特勒的诺言，但签订一个协议至少对德国有所约束，否则更无法限制德国重新武装了。而法国总理杜梅尔格、陆军部长贝当元帅则极力反对签订协议，他们认为希特勒将马上下台，同其继承人进行谈判会容易很多。4月17日，法国政府发出的照会声称，法国正式拒绝承认德国重新武装的合法性，由于德国重新武装，谈判无法进行，法国今后将通过自己的手段保障自己的安全。[②] 照会的口气虽然强硬，其实已经默认了德国重新武装的事实。

希特勒对他的部长们说，"政治局势正像预料的那样发展着，没有一个国家有所动作，德国也无需做什么。关键时刻差不多已经过去，愤激情绪大概将在一个短时期内自行平息"[③]。到了11月，裁军大会决定，等待萨尔公投结果公布之后，大会再继续努力达成共识。其实，正如赫尔所说，"裁军已名存实亡"。

此时，德国扩编军队、重整军备已经成为公开的秘密。但希特勒还不得不谨慎行事，因为萨尔地区公民即将公投。1935年1月13日，结果公布后希特勒无所顾忌了。16日，希特勒下令加快重整海军军备的速度，这表明"他已不打算以讨价还价来扩充军备，而是以扩充军备来更好地讨价

---

① 〔法〕让-巴迪斯特·帝罗塞尔：《外交史（1919—1984年）》，第173页。
② 〔法〕让-巴迪斯特·帝罗塞尔：《外交史（1919—1984年）》，第174页。
③ 〔美〕阿诺德·A.奥夫纳：《美国的绥靖政策：1933—1938年美国的外交政策与德国》，第66页。

还价了"①。

2 月 1 日，法国外交部长皮埃尔·赖伐尔出访伦敦，与英国政府一道向德国提出了包括军备平等和缔结东方公约的"全面解决"建议，企图以军备问题上的对德让步，换取希特勒同意签订保证欧洲安全的公约。2 月 22 日，牛赖特表示同意在柏林举行双边谈判，并邀请英国外交大臣西蒙访德。

3 月 4 日，麦克唐纳发表了《关于国防声明的白皮书》，叙述了英国由于单方面裁军所蒙受的"和平冒险"的记录，"我们曾率先单独作出裁军的榜样，但是，这样做并没有提高我们在日内瓦讨论裁军时讨价还价的地位"。政府现在"不能再无视这一事实，即：适当的防务依然是安全所必需的"②。与此同时，法国人说，由于战争年代出生率降低，合格的应征入伍人员的数目下降，不得不延长服役期限。随后，国会通过了把军队服役期限从 18 个月延长到两年的新征兵法令。

希特勒抓住此事做文章，但对于英、法、美等国会作出何种反应还是没有把握，他先得试试英、法的决心。3 月 10 日，戈林会见英国《每日邮报》记者瓦德·普莱斯，告诉他"德国已经有了一支空军"。英、法却没有任何反应。15 日上午，希特勒指示副官发布将重新征兵和扩充武装力量的消息。当晚，将军们在国防委员会召开的会议上对各大国可能作出的反应表示关切。里宾特洛甫表示，没有什么可忧虑的。17 日是德国的英雄纪念日，政府组织了隆重的军事典礼。希特勒在唯一尚存的帝国陆军元帅奥古斯都·冯·麦肯森将军以及其他军官的簇拥下登上了阅兵台，为军旗佩上十字勋章。"表面上这是一个纪念阵亡将士的仪式，实际上却是庆祝《凡尔赛和约》死亡和德国军队复活的欢乐典礼。"③

法国提出了严重抗议，并向国联发出了呼吁，要求行政院举行特别会议，以便考虑德国重整军备造成的形势，却没有采纳佛朗索瓦－蓬塞提出的召回驻德大使，并从速签订东方和多瑙河条约的建议，更没有采取任何军事行动。相反还发表声明表示，法国愿意寻求和解的方法来消除已经产生的紧张局势。英国同样提出了抗议，但随即表示原定的外交大臣访问德国仍将继续。美国总统和国务卿在记者招待会上都拒绝对德国公开重整军备一事发表评论。21 日，赫尔指示驻法国大使，目前没有必要采取任何行

①　〔美〕阿诺德·A. 奥夫纳：《美国的绥靖政策：1933—1938 年美国的外交政策与德国》，第 142 页。

②　〔英〕约翰·惠勒－贝内特：《慕尼黑——悲剧的序幕》，第 262 页。

③　李巨廉：《希特勒的战争谋略——乖戾的军事天才》，第 29 页。

动。第二天，赫尔在记者招待会上发表了支持英国安抚德国的声明。[1]

国联行政院无法拒绝法国的请求，决定4月初召开会议研究德国重整军备问题。此时，各大国也展开了外交活动。艾登先赴巴黎，3月25日，他会同西蒙一起到柏林，与希特勒进行了会谈。希特勒宣称，德国要武装起来反对苏联；德国反对关于建立欧洲集体安全的任何协定。西蒙表示对签订一个海军建设计划感兴趣，将对舰只的数目和规模以及大炮口径加以绝对的限制。希特勒则赞成以前会议所规定的各国海军的比例，说德国愿意把它的海军限制为英国海军规模的35%以内。[2]艾登在其日记中记录了与希特勒会晤时的感受：他谈话时"没有犹豫，不用看笔记，是一个很清楚知道自己往哪里走的人"[3]。第二天上午，西蒙邀请希特勒参加即将在伦敦举行的海军会议，后者欣然同意。希特勒使得英国来访者确信，他代表了德国公众的共识，没有侵略的意图。其后，艾登又相继访问了莫斯科、华沙和布拉格。

墨索里尼向国联行政院建议，等意大利、法国和英国会晤之后再召开会议。4月11日，英国、法国、意大利三国领导人齐聚意大利的斯特莱沙，商讨德国重整军备以及法国欲提交国联的备忘录。14日，会议发表联合公报声称，三国将在国际联盟范围内维护集体和平，并声明要采取联合行动。英、法、意结成了维护欧洲集体安全的"斯特莱沙阵线"。

15日，国际联盟理事会召开特别会议，讨论德国实施普遍义务兵役制问题，提出关于德国的决议案。[4]17日，国联通过一份抗议照会，谴责德国单方面废除《凡尔赛和约》，重整军备的行为。国联决定委托特别委员会负责起草有关对德国实行经济和财政制裁的提案。20日，德国政府就国联的抗议照会向英国政府提出抗议，宣称国联绝对无权成为"德国的法官"，将继续重新武装。对此，华尔脱斯感叹道，"像从一开始就可以断言

---

① FRUS, 1935, Vol. 1, pp. 204 - 205, The Secretary of State to the Charge in the United Kingdom (Atherton).

② 〔美〕阿诺德·A. 奥夫纳：《美国的绥靖政策：1933—1938年美国的外交政策与德国》，第117页。

③ Jonathan Wright, *Germany and the Origins of the Second World War*, p. 59.

④ 彻底尊重一切条约义务是国际生活中的首要原则和和平的必要条件；德国破坏了这个原则，从而威胁了欧洲的安全；德国的这个行动应该予以谴责；英国、法国和意大利三国政府应当继续努力以确保欧洲安全、军备限制和德国返回国联；将来应对拒绝履行条约义务而危害欧洲和平的任何国家实施经济制裁和财政制裁。参见〔英〕华尔脱斯《国际联盟史》（下卷），第170页。

的那样，行政院对德国重新武装的谴责没有产生丝毫影响"①。

5月21日，德国秘密通过了《国家防御法》，将国防军正式改组为武装力量，希特勒任最高总司令，勃洛姆堡由国防部长变为战争部长，贝克将军的头衔是总参谋长，德国的军事战略由防卫转向战争。晚上，希特勒在帝国议会发表长篇演说。他显得心情舒畅，反复强调德国没有一丝侵略的意图，其他国家都误解了德国，然后，提出了维护和平的13项建议，并声称尊重《凡尔赛和约》的非军事化条款。至于裁减军备，希特勒承诺如下，德国政府同意能导致取消最重型武器的任何限制，特别是适用于侵略的武器，如最重型的大炮和最重型的坦克……德国同意对大炮口径、战舰、巡洋舰和鱼雷艇的任何限制。同样，德国政府同意对潜水艇吨位的限制，或者完全取消潜水艇。最后，希特勒谴责法国、苏联违背了《洛迦诺公约》。② 演讲充满了宽容与和解的精神，丝毫没有不满、愤怒的情绪。《泰晤士报》评论说，讲话合理、直率而全面。

6月1日，德国外交部向法国递交一份备忘录，说明5月2日法国与苏联签订的《法苏条约》与《洛迦诺公约》不相容之处。4日，里宾特洛甫在伦敦与英国政府初步达成了一项《关于限制海军军备的换文》，即《英德海军协议》。根据该协议，德国的水面舰只数量被限制在英国的35%，德国的潜水艇可以与英国具有一样的规模。③ 英国从而宽恕了三个月前德国公开破坏《凡尔赛和约》的一切军事条款的行动。阿诺德·A.奥夫纳对此评价道，希特勒得到的不只是一支海军。在过去的两年中，他在外交方面所取得的成就，主要是使德国陷于孤立作为代价的。现在，他打破了孤立，并且得到了英国对德国重整军备的承认，这标志着"绥靖政策第一个划时代的事件"，并为进一步修改《凡尔赛和约》的政策以及最终的政策铺平了道路。④ 刚刚缔结的"斯特莱沙阵线"失去了意义，而且，英国事前未同法国商量此事，法国人得知后大发雷霆。意大利人也被触怒了，英国人也没有理会它。苏联的反应也很强烈，认为英国统治阶级内的某些分子，包括王位继承人，帮助德国加强其波罗的海的海军力量以便向苏联发动进攻。言辞虽然激烈，随后苏联还是与德国签订了贸易协定，希特勒将

① 〔英〕华尔脱斯：《国际联盟史》（下卷），第174页。
② Samuel W. Mitcham Jr., *The Rise of the Wehrmacht: The German Armed Forces and World War II*, p. 48.
③ 《国际条约集（1934—1944）》，第41—43页。
④ 〔美〕阿诺德·A.奥夫纳：《美国的绥靖政策：1933—1938年美国的外交政策与德国》，第155页。

对苏贷款提高至 2 亿帝国马克，并承诺在十年内，将数字增至 5 亿。

　　8 日，美国决策者的态度在备忘录中表达得很清楚，虽然其认为单方面废除条约义务不合适，但认为英、德达成协议"从某种意义上讲，无疑地在欧洲和世界的绥靖方面，是一个建设性的因素"。同时，指示驻英国大使，对英、德达成的初步协定"表示一种不偏不倚和超然的但却是友好的态度"①。德国驻美国大使汉斯·路德在发给国内的电报中写道："除了那些完全怀有敌意的人外，今天人们都把我们的方针看作是公平的方针，但并不总是赞同我们的办法。最后，人们对德国军事力量的恢复十分重视，把这看作是一个事实，别的国家实际上对此毫无办法。"② 阿诺德·A. 奥夫纳对政府的表现不无惋惜地说道，在人们愈来愈怀疑美国要卷入国际纠纷中去的情况下美国却退却了，罗斯福和他的顾问们不但没有在争取准许总统只对侵略国家实行禁运的立法上斗争到底，反而在 8 月对卷入战争的所有国家实行禁运的这种临时措施感到心安理得。③

　　与此同时，世界裁军大会举行最后一次会议。会前，劳合·乔治写道："人们普遍认为，裁军会议很快要从病床上被装进棺材了。医生们正在进行最后一次会诊。"④ 各国代表依然争吵不休，会议时续时断。6 月 11 日，大会宣布无限期休会。"裁军大会死了，却没有任何人打算为它签署死亡书，既没有确定下次开会的具体日期，也没有宣告会议正式解散。"⑤ "15 年的努力白费了"，⑥ 历史上最大规模的裁军运动从此偃旗息鼓。

二　英、法两国的重整军备政策

　　第一次世界大战结束后，饱受战争之苦的欧洲民众掀起了和平主义运动，实现普遍裁军是该运动的最主要目标。各大国之间签订协议，裁减本国军备一时间成为世界潮流。1922 年 2 月 6 日生效的《五国海军条约》是大国之间签订的第一个裁军协议。接着，各大国陆续签订了《日内瓦议定书》《非战公约》。迟至 1936 年 3 月，英、法、美三国还签订了《限制

---

① 〔美〕阿诺德·A. 奥夫纳：《美国的绥靖政策：1933—1938 年美国的外交政策与德国》，第 156 页。

② 〔美〕阿诺德·A. 奥夫纳：《美国的绥靖政策：1933—1938 年美国的外交政策与德国》，第 159 页

③ 〔美〕阿诺德·A. 奥夫纳：《美国的绥靖政策：1933—1938 年美国的外交政策与德国》，第 169 页。

④ 〔苏〕C. IO. 维戈兹基：《外交史（第三卷）》（下册），第 774 页。

⑤ George Scott, *The Rise and Fall of the League of Nations*, p. 294.

⑥ Jari Eloranta, *Why Did the League of Nations Fail?* p. 33.

海军军备条约》。裁军大会期间，除德国外，各大国的军备一直在缩减，直到 1936 年才陆续恢复到 1932 年的水平。英、法重整军备的步伐与德国相比严重滞后。

1919 年 8 月，英国内阁决定，作为经济节约运动的一部分，各军事部门在编制预算时应根据这个假定："不列颠帝国在今后的十年内不会进行任何大战，不需要派出远征军。"① 该决议也被称为《十年规划》（Ten Year Rule）。签订《洛迦诺公约》后，英国虽然负有援助被侵略方的义务，但它并没打算建立远征军，在英国看来，"《洛迦诺公约》标志着英国在 1914 年 8 月以来承担的欧洲义务完全解除了"②。

1926 年度的国防政策评估认为，当前的国际局势总体是和平的，《洛迦诺公约》减轻了英国在欧洲的防务，建议缩小本土防卫军的规模，并将海岸防卫和地面防空的任务交给本土防卫军，战略重点要放在帝国的防卫和海上交通线的安全上。在国联英国也严格履行《国际联盟盟约》的裁军义务，"想以英国单方面的正直行为，带动别的国家起而效法，……把英国的军备裁减到许多人都认为已不再适应国防要求"③。1927 年，陆军部建议，1919 年的决议，单就陆军方面而论，应该延长为"从现在的日期起"的十年之内。④ 直至 1932 年 3 月，内阁才通过了取消《十年规划》的决定。

英国军备落后的原因之一是军方被国家的防务政策所困扰。第一次世界大战后英国只保留了一支包括军官在内的 20 万人的军队，却必须完成三个层次的防御任务：大英帝国、英伦本岛、海外地区。《十年规划》明确规定，英国不再组建赴欧洲大陆作战的远征军，55% 的军队驻防国内，45% 的军队则遍布各个殖民地。将军们不得不花费大量精力训练殖民地的军队，或者费尽心机与帝国政策相适应。这不仅直接影响了将军们对世界

---

① 〔英〕温斯顿·丘吉尔：《从战争到战争：丘吉尔第二次世界大战回忆录 01》，吴泽炎、万良炯、沈大靖译，译林出版社 2012 年版，第 46 页。

② A. J. Taylor, *English History*, *1914 - 1945*, London: Oxford University Press, 1992, p. 222.

③ 英国军费从 1926—1927 年度的 1.16 亿英镑降低到 1930—1931 年度的 1.1 亿英镑。当 1931—1932 年度军费预算仅仅再降低 66200 英镑时，工党政府还对他们未能将军费降低得更多一些表示歉意。由于 1931 年经济危机引起的持续压力，麦克唐纳和鲍德温的国民内阁将 1932—1933 年度的军费削减到 1.027 亿英镑，已处于反对党地位的工党还认为下降幅度比预期要小得多。这时，所有党派都认为财政危机所带来的危险要比某个强大敌国的威胁大得多。参见〔英〕约翰·惠勒 - 贝内特《慕尼黑——悲剧的序幕》，第 246 页。

④ 〔英〕温斯顿·丘吉尔：《从战争到战争：丘吉尔第二次世界大战回忆录 01》，第 46 页。

的看法以及对武器的认识，而且帝国、英伦本岛、海外地区三层防务相互叠加，[①] 将军们得不到明确、一致的信息，以至于他们无法向政治家解释清楚未来的战争需要什么样的武器以及需要多少经费预算。

军备落后的原因之二是受限于财政压力。《十年规划》出台后，英国依然极力保持其海军优势，但对新出现的海军军备竞赛却是力不从心，1920 年 3 月被迫宣布放弃"两强标准"。经济危机爆发后，英国财政状况更加紧张，军费开支进一步削减。同时，英国受当时的一个观念影响，即重整军备要在自由健康的资本主义经济框架下进行和完成。正如著名经济史学者卡尔·波拉尼所说，"英国的战略和外交政策被保守主义的财政观点所限制，……军备松弛主要是它坚守金本位的结果。"[②] 第一次世界大战后英国的经济、财政状况对军事战略、重整军备政策产生了重大影响，财政甚至被称为英国的"第四个军种"。

1933 年 10 月，德国宣布退出裁军大会和国际联盟，开始公开大规模重整军备。11 月，英国内阁决定在国防委员会下成立"国防需要委员会"（DRC），委员会草拟了一份弥补国防缺陷的计划。1934 年 7 月，内阁批准了委员会提交的报告，要求五年内增加军费 7100 多万英镑，由于财政大臣张伯伦坚持削减军费，内阁最后批准的数额为 5030 万英镑。该报告受到坚持和平主义的工党攻击，但总算走出了重整军备的第一步。

虽然开始重整军备，进程却比较缓慢，主要有三个原因：一是军方领导人争论哪个军种应该得到多少钱，按照什么比例分配以及该如何花掉。一开始海军比较受重视，得到的经费多一些，陆军和空军的经费比较少，后来空军的地位日益突出，经费超过了海军和陆军。二是军队内部保守主义盛行，"两次大战之间的英国军队被普遍认为是墨守成规、黔驴技穷"[③]。其中，骑兵军官最为保守。早在 1927 年，英国军队曾经把坦克、装甲步兵混合，并使用无线电通讯以及炮兵支援。但是到了 30 年代，军方却没

[①]　20—30 年代，直至 1939 年，大英帝国的防务都被视为第一要务。20 年代，伊拉克、埃及、印度、中国都需要英国派兵驻守。到了 30 年代后期，又开始向巴勒斯坦派兵，1936年夏，英国向巴勒斯坦派出一个步兵师维持秩序。英国本岛防务排在第二位，海军、空军自然要承担更多的防卫任务，但这也恰恰反映了防守的思想是决策者以及军方的主流思想。海外地区，包括欧洲大陆的防务被视为是最后一个防务任务。

[②]　James P. Levy, *Appeasement and Rearmament*, *Britain*, *1936 – 1939*, Rowman & Littlefield Publishers, Inc, 2006, p. 57.

[③]　James P. Levy, *Appeasement and Rearmament*, *Britain*, *1936 – 1939*, p. 61.

有进一步发展、完善这种现代化的多兵种联合作战思想。① 很不幸，该学说被以古德里安为代表的德国军人吸收、借鉴，并最终形成了"闪电战"战术。三是受政治因素影响，政治家们不同的战略选择，或者个人的动机都影响了重整军备的进程。1935 年大选年，保守党领导人鲍德温接替麦克唐纳出任首相。他并不打算重整军备，因为这将增加税收、削减社会开支，他曾向选民允诺，本届政府没有大规模重整军备的计划。当然，重整军备进程并没有完全停止。

1936 年 3 月 3 日，英国政府公布了《国防白皮书》。11 日，提交议会的军费预算是 1.5821 亿英镑，年底追加到 1.8816 亿英镑。其中，分配给海军的是 7000 万英镑。5 月，又追加了 1000 万英镑。于是，海军立即着手一项为期三年的扩建计划。② 因加入《华盛顿海军军备限制条约》《伦敦海军军备条约》等条约，英国海军曾一度受到削弱，经费削减、军队数量减少，但直至 30 年代中期，海军仍被普遍视为是保卫本土的必要手段，只有海军力量能遍布全世界，能有效保卫本岛以及帝国的殖民地免受侵略。

长期以来，重整海军军备在张伯伦以及大多数内阁成员看来不是建造新舰船的问题，而是保养、维护现有舰船的费用问题。张伯伦和很多人都担忧为防御德国和日本入侵而建造新舰船，最终很可能演变成一项长期负担，需要高额的、不断增加的维护费用。规模太小的海军不足以保卫英国，规模太大又可能拖垮英国，张伯伦政府想在两者之间寻求一个适度的中间点很困难，但"张伯伦处理得相当有效果"③。直至 1939 年，皇家海军依然是世界上规模最大、训练最有素、战绩最佳的海军。

到了 30 年代后期，英国空军的地位越来越重要，空军一直力图在数量上追赶德国空军，但有两个问题难以克服：一是无人确切知道德国空军的真正实力。希特勒和戈林大力吹嘘德国空军，经常夸大其词，目的是威慑英、法领导人，阻止他们可能对德发动一场先发制人的战争。丘吉尔为了增加飞机的生产反复强调德国空军的数字，但情报部门汇报说德国空军并没有那么庞大，结果决策者有了轻敌之意。到了 1936 年，情报部门对

---

① 第一次世界大战后期，英国军官、军事理论家约翰·富勒对战争中出现的新型武器——坦克很感兴趣。第一次世界大战结束后继续潜心研究，并提出了"装甲战"基本构想，即组织几路强大的快速坦克纵队，在航空兵强有力的掩护下，深入敌军纵深，直捣敌军司令部，使敌陷于瘫痪。但富勒的装甲战思想不受英国军方重视。

② James P. Levy, *Appeasement and Rearmament, Britain, 1936–1939*, p. 69.

③ James P. Levy, *Appeasement and Rearmament, Britain, 1936–1939*, p. 83.

德国空军又作出了过高评估，决策者的信心开始滑落，态度日益悲观。二是英国空军与德国空军不容易进行比较。英国应该生产、配备与德国空军同等数量的轰炸机炸弹，还是配备一定比例的炸弹？英国的飞机制造业能竞争过德国吗？重整陆军、海军军备需要花费几何？这些问题都很重要，最后，英国决定优先发展飞机制造业。

1937 年底，内阁考虑到飞机对于保卫英国的重要性，决定增加空军的经费预算。从 1937 年开始，空军的军费达到 8200 万英磅，超过了陆军的7700 万英磅。1938 年，空军经费达到了 1.338 亿英磅，超过了陆军的1.22 亿英磅和海军的 1.27 亿英磅。① 英国空军飞机的设计、生产达到领先地位。飞机的速度主要由发动机的马力决定，1938 年，英国空军工程师们已经能够生产出超过 1000 马力的引擎发动机。英国空军的人数也不断扩编，1934 年为 3.1 万人，到第二次世界大战爆发前夕，增加至 8.3 万人。可见，英国重整军备的重点放在了海军和空军，陆军军备一直比较薄弱，因为英国并不打算向欧洲大陆派出太多的士兵。

此时，作为欧洲大陆的军事强国，法国的战略态势、重整军备状况如何呢？如前文所述，为解决欧洲安全问题，欧洲国家曾签署了《洛迦诺公约》，该公约只划定了德国西部边境，对其东部边境却没有作出相应规定。法国的安全还得依靠英、意保护，东方盟国被弃之不顾。为此，法国的盟国纷纷脱离同盟体系另寻出路，比利时率先宣布在未来的战争中将保持中立。法国因此不能借用比利时的兵力，也无法直接出兵比利时缓解边境压力，只能在法比边境修建防御工事。法国不仅先去了一个重要盟友，在战略上也先失一局。

第一次世界大战后法国的军事组织相对保守落后，最高军事机构是军事委员会，由陆军部长出任主席。军队没有总司令，指挥权由兼任军事委员会副主席的总监和总参谋长共同掌握。法国军方领导人——福煦、霞飞、贝当以及马其诺、甘末林等人或者垂垂老矣，或者思想保守，或者只想消极防御，都缺乏对战争的整体思考，对战后军事的新发展、新战术、新武器也都不感兴趣，认为步兵、炮兵仍是战斗的主力，装甲部队和空军只起辅助作用。

法国为保持其军事强国地位，只能尽可能多地裁减德国军备，尽可能少地裁减自己的军备。但裁军效果并不如意，国际局势越来越恶化，法国政府因此意识到重整军备的必要性。1934 年 4 月 17 日，法国政府声明停

---

① James P. Levy, *Appeasement and Rearmament*, *Britain*, *1936 – 1939*, p. 69.

止裁军谈判，并宣称将依靠自己的人力、物力、财力确保法国的安全。但当年的军备开支的拨款却从 6 亿法郎削减到 4 亿法郎，1935 年拨款才增至 8 亿法郎。① 法国因为财力有限，所以官兵的军饷一直比较低，加上战后人口出生率低，导致征兵很困难。

20 年代法国曾拥有世界上最大规模的空军，但到了 30 年代中期，恰逢飞机制造业出现日新月异的革新，单翼飞机代替了第一次世界大战的双翼飞机，引擎动力急遽提升。而法国空军被大量过时的需要彻底革新的机器所困，它的工业和技术已经远远落后了。法国需要投入大量时间、金钱才有可能在数量上、质量上与其对手德国相竞争，直到 1940 年 6 月沦陷之时，法国只有 500 架战斗机和 90 架轰炸机是现代化的新机型，而此时德国新型飞机的数字是 7000 架。陆军也存在着同样的问题，充斥着各种第一次世界大战时期的武器装备。1921 年，法国为了研制战斗型坦克提出五套方案，并成立了专门委员会负责研发工作。最后，委员会依据第一次世界大战经验决定开发两种坦克：重型坦克、战斗坦克。五年后，法国军方才与雷诺公司签订合同。由于缺少经费，法军无力研发新型坦克，只能在旧坦克上修修补补。1924 年，陆军决定使用一种新型轻机枪，并统一步兵所用的枪弹。但直到 1936 年能用同样枪弹的步枪还没有定案。到 1939 年，这种新步枪每月的生产量只有 1 万支，一共生产出了 10 万支，而法国陆军有几百万人。结果第二次世界大战初期，法国陆军被迫将一些本该淘汰的武器投入战场，例如旧式的 75 毫米和 155 毫米大炮。正如美国学者约翰·斯坦布鲁纳所说："先进的技术可以使突然袭击取得决定性结果。第二次世界大战的教训不是侵略者最终被打败，而是他们在最初阶段几乎取得胜利。"②

法国对德国重整军备一事虽然忧心忡忡，自己却没有明确的军事战略规划，不同军事派别以及军方与政府之间相互扯皮旷日持久，制定的战争计划也前后不一，变动不居。③ 法国决策者还没有摆脱第一次世界大战的

① 〔英〕阿诺德·汤因比：《国际事务概览·第二次世界大战：1939 年 3 月的世界》，第 253 页。
② 〔美〕约翰·斯坦布鲁纳：《全球安全原则》，贾宗谊译，新华出版社 2010 年版，第 16 页。
③ 20—30 年代，法国军方针对德国制订了一系列战争计划：1921 年 6 月，法国军方通过 P 计划。鲁尔危机后，A 计划取代了 P 计划。1929 年因开始修建"马其诺防线"，A 计划被 B 计划代替。1931 年 5 月，由于法军撤出莱茵非军事区，军方开始实施 C 计划。两年后，即德军进驻莱茵地区的 1936 年，C 计划被 D 计划取代。1937 年，因为比利时宣布为中立国，E 计划又取代了 D 计划。

经验，加之人口、工业实力都处于劣势，打持久战被视为最好的战略选择，防御成为主导的战略思想。英、法的海军优势将确保实现对于德国的海上封锁，陆地上在法、德边界修建一条可以坚守数月之久的防线就被提上日程，特别是在法国军队即将提前从莱茵地区撤军的情况下。1929年，安德烈·马其诺出任陆军部长，其在任期内积极推动防线的建设，因此，该防线也被称为"马其诺防线"。1940年，一条长达400公里的永久性军事工程基本建造完成。马其诺防线耗资50亿法郎，钢筋铁骨，固若金汤。

德国出兵占领莱茵非军事区时，法国的军备仍有一定的优势，军队仍被认为是欧洲最有战斗力的部队，空军是世界上最强大的空军，拥有能作战的飞机2375架，尽管这些飞机已过时了。[1] 德国空军刚刚组建，装备不全。陆军方面，德国虽然扩军速度很快，由10万猛增至48万，但训练不足，而且没有建立起预备役部队。相反，法国陆军人数稍微少一些，也有40万，但能动员的预备役兵源可以达到300万。[2] 时任总参谋长的莫利斯·甘末林将军在战后的回忆录中写道，"如果法国决心战斗的话，德国'是会后退的'，法国放过了'可以制止战争'的最后一次机会"[3]。其实，希特勒自己也说过，"如果当时法国人也进军莱茵兰，我们就只好夹着尾巴撤退，因为我们可资利用的军事力量，即使是用来稍作抵抗，也是完全不够的。"[4] 但法国此时已经丧失了单独对抗德国的坚强决心。

英、法两国重整军备的力度不能说不够大，做到了民主国家和平时期的最大可能性。为筹措重整军备的费用，张伯伦政府增加税收，发行了8亿英镑的特别国债，并在1939年实行了义务征兵制，当年的军费开支占国民生产总值的12.5%。[5] 为与德国竞争，法国同样投入了大量血本，修建防线、更新武器装备。但它们重整军备的力度、速度还是不够，还是落后，"结果是在不到10年的时间内，大国关系的整个格局发生了彻底的改变；这种变化的根本原因在于德国的相对军事力量的巨大增长，主持其事的政治领导人准备迟早要将这一力量用于战争。"[6] 但英、法决策者还在幻想，试图通过绥靖政策拖延甚至避免战争。张伯伦在1938年1月的一封

---

① 〔英〕约翰·惠勒-贝内特：《慕尼黑——悲剧的序幕》，第248页。
② 齐世荣：《绥靖政策研究》，第124页。
③ 齐世荣：《绥靖政策研究》，第129页。
④ 齐世荣：《世界通史资料选辑（现代史部分）》（第一分册），第106页。
⑤ James P. Levy, *Appeasement and Rearmament*, *Britain*, *1936 – 1939*, p. 160.
⑥ 〔英〕阿诺德·汤因比：《国际事务概览·第二次世界大战：1939年3月的世界》，第606页。

信中写道："在重整军备完成之前，我们必须调整外交政策使之适应环境。我们甚至不得不以极大的忍耐精神甘愿容忍我们所不愿意容忍的那些行为。"①

第二次世界大战爆发前各大国的军费开支也能反映出各国重整军备的力度，以 1938 年为例，将各大国的军费开支都换算成英镑，以百万英镑为单位，各大国的数字如下：英国 391，法国 207，美国 231，德国 1170，苏联 924。② 面对德国的挑战，1937 年，英国内阁"不得不训令陆海军大臣将意大利与德国和日本一起列入可能是侵略国的名单，并相应地制定防御准备的计划。"③ 英国虽然奋起直追，但其重整军备的速度已经严重滞后。

对比英、法、德三国重整军备的过程可以发现，德国具有更多的比较优势：1. 德国经济更为强大。经济基础是重整军备、军备竞赛最主要的决定性因素。20 年代，德国工业开展了现代化、合理化运动，生产能力迅速提高。30 年代虽然遭受经济大危机，但希特勒通过各种手段不仅克服了经济危机，而且实现了国民经济为军事服务的目标。2. 德国人口众多、科技发达。德国不仅拥有大量高素质的熟练工人、工程师、设计师，而且拥有最先进的科学仪器设备、机器、工具。英、法两国在和平时期不能直接命令个人，或者公司投资军工企业增加生产。后来虽然增加了培训工人、购买新机器的支出，但这需要一定的时间才能转化成生产力。3. 纳粹政府不受民主制度约束。希特勒虽然是通过民主选举上台，但执政后逐步废弃了魏玛民主制，建立了纳粹独裁专制制度。在德国几乎没有任何势力能够阻止重整军备，而且还得到了军方以及绝大多数民众的支持。4. 重整军备的目的十分明确。德国重整军备的目的就是重建一支最强大的军队，打破凡尔赛体系，拓展日耳曼人的生存空间。刀剑在手，希特勒跃跃欲试，剑锋首先指向了莱茵非军事区。而英、法重整军备落后反过来进一步强化了绥靖政策，这在德国出兵占领莱茵非军事区时表现得最为明显。

---

① 〔英〕伊恩·麦克劳德：《张伯伦传》，西安外语学院英语系译，商务印书馆 1990 年版，第 195 页。

② 〔英〕阿诺德·汤因比：《国际事务概览·第二次世界大战：1939 年 3 月的世界》，第 635 页。

③ 〔英〕阿诺德·汤因比：《国际事务概览·第二次世界大战：1939 年 3 月的世界》，第 635—636 页。

三　德国重新占领莱茵非军事区与战争策源地的出现

泽克特将军曾为德国制定过两条战略原则：1. 在德国军事力量足够强大之前，要不惜任何代价避免与西线作战。2. 在东方筑一道防卫屏障，为了对抗波兰必须与苏联保持友好关系。① 泽克特将军吸取第一次世界大战教训，极力避免两线作战。该战略一直被国防军视为行动准则。希特勒在 1933 年 3 月处理但泽问题时采取了和解政策。1934 年 1 月，德国与波兰签订为期十年的《德国和波兰互不侵犯和谅解宣言》，东部安全问题暂时得以解决。

德国开始重新武装已是路人皆知的事实，英国的坦珀利将军曾建议，协约国应该重新占领莱茵地区。莱茵地区面积为 3.3 万平方公里，占德国领土的 18.5%，人口为 154 万人，占德国人口总数的 24%。它比奥地利面积还大，人口则是奥地利的两倍。重新占领莱茵地区对于德国的战略意义不言而喻，一方面可以防范法国，保护鲁尔工业区；另一方面可以打碎身上的最后一个枷锁，从莱茵地区征召大量兵源。因此，德国制定的任何一个军事计划都包括重新占领该地区。到了 1935 年，德国扩军至 21 个师的计划已经完成，基本扫除了《凡尔赛和约》对军队规模、组织和武器的限制。总参谋部开始将注意力转向《凡尔赛和约》最重要的军事性限制：禁止德国在莱茵兰河东地区五十公里的地带驻军和设置军事设施。

1935 年 3 月，当德国公开挑战军事条款时，国联没有采用法国提出的"切断任何承担着国际安全的国家的武器和战争物资的供给"的建议，而是通过了一个决议：如果德国再次违规，国联将采取经济和财政措施。② 国联的决议对德国没有任何威慑力，反而坚定了希特勒的决心。在战后的纽伦堡审判中，阿尔弗雷德·约德尔将军供认，从 1935 年 6 月希特勒已经开始研究重新占领莱茵地区的可能性了，③ 11 月 1 日，在总参谋部会议上正式提出将在西部部署军事力量的计划。希特勒不想通过谈判重新占领莱茵地区，但很清楚突然行动要冒极大的风险。他一直在寻找进军占领莱茵兰的借口。

11 月 21 日，法国大使佛朗索瓦－蓬塞拜会希特勒，通告他《法苏互助条约》马上就要提交议会表决了。希特勒说，批准条约将导致共产党在

---

① Robert J. O'Neill, *The German Army and the Nazi Party，1933－1939*, p. 118.
② W. M. Jordan, *Great Britain，France，and the German Problem 1918－1939，A Study of Anglo—France Relations in the Making and Maintenance of the Versailles Settlement*, p. 84.
③ E. M. Robertson, *Hitler's Pre-War Policy and Military Plans 1933－1939*, p. 58.

法国当权，德国将会受到严重的威胁。据此，佛朗索瓦－蓬塞提醒赖伐尔，他认为希特勒将采取行动，建议抢先一步，像英国签订海军协定那样，允许希特勒在莱茵地区驻扎几支守卫部队，但不准建造工事；如果这个政策无法接受的话，法国就向德国政府正式宣布，法国准备用武力反对德国重新占领莱茵地区。① 大使的建议具有可操作性，但赖伐尔拒绝作出如此坚决的决定。

1936 年 1 月 20 日晚，英国国王乔治五世逝世，爱德华八世继位。新国王在当王储时曾多次对德国表示同情，加上国联通过的对意大利入侵埃塞俄比亚侵略行为所采取的软弱无力的制裁措施，都增强了希特勒的信心。2 月 12 日，希特勒召见驻巴黎代办，试探法国对重新将莱茵地区变为军事区会作何种反应。同日下午，希特勒询问陆军参谋长弗立契将军，后者对此并不热心，警告说，只要有一点战争危险，就不该采取行动。希特勒说，他只想搞个象征性行动，将 9 个步兵营及一些炮队开进莱茵兰。14日，希特勒对德国驻意大利大使冯·哈塞尔说，重新占领莱茵兰从军事上来说十分必要，但他不知道"心理上的适当时机是否已经到来"②。

27 日，法国议会以 353 票对 164 票通过了《法苏互助条约》。意大利因受到国联制裁，墨索里尼宣布"斯特莱沙阵线"不复存在。戈培尔日记显示，希特勒还在自语，"好像有点太早"。29 日，希特勒仍在纠结。③ 当天，美国大使多德拜见了牛赖特，牛赖特说，如果其他国家归还德国的殖民地并准许德国军队进入莱茵兰，德国可能会重新回到国际联盟。多德提出警告，单方面废弃《洛迦诺公约》将会给德国带来自毁性的冲突。美国不会听之任之，将对德国实行严厉的制裁。④ 但多德的警告并没有阻止德国采取行动。同一天，贝克将军下令总参谋部、10 个步兵集团军司令以及装甲部队司令到柏林开会，制定重新占领莱茵兰的作战计划。

3 月 1 日，希特勒下定决心，戈培尔在日记中写道，"他的脸极度平静与坚决"⑤。2 日，勃洛姆堡遵照希特勒的旨意，向陆军总司令、海军总司令、空军总司令秘密下达了代号为"训练"的进军莱茵非军事区的作战计划。他强调，一旦执行，必须以闪电般的奇袭来完成这一作战行动。

---

① 〔法〕让－巴迪斯特·帝罗塞尔：《外交史（1919—1984 年）》，第 200 页。
② Jonathan Wright, *Germany and the Origins of the Second World War*, p. 67.
③ Jonathan Wright, *Germany and the Origins of the Second World War*, p. 68.
④ 〔美〕阿诺德·A. 奥夫纳：《美国的绥靖政策：1933—1938 年美国的外交政策与德国》，第 176 页。
⑤ Jonathan Wright, *Germany and the Origins of the Second World War*, p. 68.

　　5 日，牛赖特向德国的各驻外使馆发出了有关这次紧急军事行动的指示和说明。同时，谣言开始在柏林流传开来。6 日，一位美国记者询问德国外交部，德国是否就要占领莱茵兰。德国新闻司长一直"断然否认"，并坚持说，这样做"将意味着战争"①。

　　同一天，牛赖特、沙赫特以及一些德军将领向希特勒提出反对意见，表示法国人可能进行干涉，法国和它的两个盟国可以马上动员 90 个师，而德国根本无力抵抗。但希特勒相信自己的直觉，没有理睬外交官以及将军们的意见，他打算走一着险棋。勃洛姆堡给德国军队又下达了"反措施"的密令，一旦法国进行干涉，军队就马上撤出。

　　7 日凌晨，一支由 3 个营和 12 个炮兵连组成的"象征性的小分队"进入莱茵非军事区。小分队受到当地居民热烈欢迎，其他部队也在欢呼声中迅速开进莱茵地区。上午 10 点，牛赖特召见佛朗索瓦－蓬塞以及作为《洛迦诺公约》缔约国的英、意大使，宣布废除《洛迦诺公约》，因为德国"象征性的小分队"正在进入莱茵地区。随后，牛赖特提出了新的和平方案。②

　　两个小时后，希特勒在国会发表演讲："德国不断地、反复地提出和法国保持友好关系和保障和平，而法国却拿法苏军事同盟来回答我们，这个军事同盟是专门对付德国的，这是对莱茵条约的破坏。《洛迦诺公约》也从此失去了它的实质意义，实际上已经不存在了。因此，德国认为它不应该再受这个失效的公约的约束了。"③ 600 名议员集体起立，伸出右臂高呼，"嗨，希特勒！"演讲十分精彩，但希特勒的内心却很紧张，正如他自己所说，进军莱茵兰以后的 48 小时，"是我一生中神经最紧张的时刻"④。勃洛姆堡和大多数高级军官被希特勒的冒险行为吓坏了，要求撤回已经越过莱茵河的三个营。希特勒却认为，此时不是法国人"能不能"的问题，而是法国人"想不想"的问题。希特勒知道，英国不会因莱茵兰卷入一场战争，而没有英国支持法国不会单独行动，他断然拒绝了将军们的建议。

---

① 〔美〕阿诺德·A. 奥夫纳：《美国的绥靖政策：1933—1938 年美国的外交政策与德国》，第 179 页。

② 建议包括，德国与法国、比利时签订为期 25 年的互不侵犯条约，该条约由英国、意大利保障。法、德国境线实现非军事化等。参见 Samuel W. Mitcham Jr., *The Rise of the Wehrmacht: The German Armed Forces and World War II*, p. 63。

③ Roderick Stackeberg and Sally A. Winkle, *The Nazi Germany Sourcebook, An Anthology of Texts*, p. 193，另参见〔法〕让－巴迪斯特·帝罗塞尔《外交史（1919—1984 年）》，第 201—201 页。

④ Jonathan Wright, *Germany and the Origins of the Second World War*, p. 69.

此时，法国的态度至关重要。依据《洛迦诺公约》第二条规定，只要德军进驻莱茵兰，就已构成对《凡尔赛和约》第四十二条、第四十三条的明显违犯。① 法国有权立即采取军事行动，并迫使英国和意大利给予援助，然后提交国联行政院批准。但法国决策者们犹豫了，他们估计德军在莱茵区的数量可能有 26.5 万人。总参谋长甘末林将军说，法国不得不召集退役的后备役军人，如果德国军队抵抗，必须进行总动员，这将是一次持久战。总参谋长立刻向马其诺防线增派了 13 个师加强防御。8 日，法国召开内阁会议，外交部长皮埃尔·佛兰亭对局势作出了说明，把事实的严重性说得清清楚楚，但没有给出任何建议。阁员们开始询问三军部长，陆军部长穆伦将军说道："法国陆军的现状不容许我们冒险。"空军部长、海军部长也表达了同样的保留意见。② 最后，坚持立即采取军事行动的只剩下四人。晚上，萨罗总理在广播演说里的态度虽然比较强硬，"我们不准备把斯特拉斯堡暴露在德国大炮炮口下"，但他并不打算单独采取行动。同一天，佛兰亭在紧急会见美国驻法大使施特劳斯时说道，法国不愿意采取单方面行动，目前也没有进行军事动员，只是加强了要塞的防御。外交部长希望，美国政府能够对德国重新占领莱茵区的行为给予公开谴责。③ 同时，佛兰亭给秘书长发电报，要求行政院召开紧急会议。

9 日，内阁再次开会。穆伦将军声明，要进行军事干涉，必须先颁布总动员令。穆伦、甘末林和其他将领不只担心，而且相信德国武装部队对法国部队占有优势，因为法国部队仅仅是防御性的，认为必须得到英国的支持。而部长们在会议期间收到了艾登的电报，电报劝告法国保持冷静，不要做不能弥补的事。④ 将军们就此摆脱了采取军事行动的责任。此时，法国大选即将开始，"人人觉得重占莱茵兰会在内政引起影响选举的复杂局面"⑤。极右派和极左派都倾向于凭天由命，政府也就放任自流了。

同一天，艾登在下议院发表演说，"德国武装部队占领莱茵兰，对公约的神圣不可侵犯原则是一个严重的打击。"随后，他又说道："幸而没有

---

① 《国际条约集（1917—1923）》，第 89 页。

② 齐世荣：《世界通史资料选辑（现代史部分）》（第一分册），第 105 页。

③ FRUS, 1936. vol. 1, pp. 216 – 0217. The Ambassador in France（Straus）to the Secretary of State.

④ 〔法〕让－巴迪斯特·帝罗塞尔：《外交史（1919—1984 年）》，第 203 页。

⑤ 齐世荣：《世界通史资料选辑（现代史部分）》（第一分册），第 104 页。

任何理由可以假定德国现在的行动构成战争威胁。"① 很多英国人也认为，希特勒只不过是"走进自己的后院"。同一天，美国驻日内瓦的总领事吉尔伯特说，以为国联会投票通过制裁的任何想法都是极其"荒唐的"，几乎所有国家的外长都对他说过，制裁"完全行不通"，因为他们国家和德国的经济是紧密地交织在一起的。② 美国驻柏林的武官史密斯则认为，德国只是想打破法国对欧洲大陆的控制。德国总参谋部"不想进攻……阿尔萨斯和洛林"，希特勒"在外交棋盘上只走了一着大胆的棋，就把法国战后的一系列同盟的军事基础整个砍掉了"。"《凡尔赛和约》已经名存实亡。德国可能会再带来一场大灾难，然后再签订一项新的《凡尔赛和约》，但是它将不会像 1920 年以来一直笼罩在欧洲上空的一片乌云那样的《凡尔赛和约》。"③

就连对希特勒持比较怀疑态度的美国大使多德也劝导法国大使说，法国也许应该展开谈判，取消已决定的任何形式的军事预防性措施，通过"象征性的占领"允许德国享有"平等待遇"的权利。④ 与此同时，德国驻美国大使路德在 3 月 9 日向国内汇报说，美国国务院"认为德国采取的步骤原在意料之中，实际上是可以理解的，因为所涉及的领土归根结底是德国的领土，而且德国已经答应要使欧洲的气氛缓和下来"⑤。

10 日，巴黎召开《洛迦诺公约》缔约国会议。艾登竭力打消法国派遣军队的念头，比利时首相的态度也是如此。《洛迦诺公约》缔约国只得立即把该问题提交国联行政院。11 日，佛兰亭赶赴英国征求其意见。英国政府答复道，实行军事的或经济的制裁是绝不可能的。德国人只是"到他们的后花园去罢了"，切不可冒战争的风险。它相信希特勒提出的"和平建议"是真诚的。⑥ 12 日，英、法、比、意、美发表声明，谴责德国违反《洛迦诺公约》出兵占领莱茵地区。

---

① 〔法〕让 - 巴迪斯特·帝罗塞尔：《外交史（1919—1984 年）》，第 203 页。

② 〔美〕阿诺德·A. 奥夫纳：《美国的绥靖政策：1933—1938 年美国的外交政策与德国》，第 183 页。

③ 〔美〕阿诺德·A. 奥夫纳：《美国的绥靖政策：1933—1938 年美国的外交政策与德国》，第 184 页。另参见 FRUS, 1936, Vol. 1. pp. 258 – 260. Report by the Military Attache in Germany（Smith）。

④ 〔美〕阿诺德·A. 奥夫纳：《美国的绥靖政策：1933—1938 年美国的外交政策与德国》，第 185 页。

⑤ 〔美〕阿诺德·A. 奥夫纳：《美国的绥靖政策：1933—1938 年美国的外交政策与德国》，第 186 页。

⑥ 〔美〕阿诺德·A. 奥夫纳：《美国的绥靖政策：1933—1938 年美国的外交政策与德国》，第 183 页。

　　14 日，国联在伦敦开会，大会辩论纠缠于该如何对待希特勒的和平建议。19 日，宣布德国违背国际义务，谴责它进军莱茵地区的行为。法国要求《洛迦诺公约》各缔约国履行诺言，迫使德国从莱茵地区撤军，但没有哪个国家打算采取军事行动。国联的抗议根本阻挡不住希特勒的行动，他继续向莱茵地区增派军队，巩固已经占领的地区，第一次军事行动成功了。为了表明占领莱茵地区的"合法性"，希特勒解散了国会，将这一政策交给公民投票表决。3 月 29 日，当地举行全民表决，4400 万人投票赞成，占投票人的 99％。[①] 莱茵兰事件进一步巩固了希特勒在德国国内的威望与权力。4 月 1 日，希特勒向英、法等国又抛出一个宏大的和平计划。[②]

　　法国政府坚持以德军撤出莱茵地区作为谈判的先决条件，希特勒断然拒绝，并在莱茵地区修筑防线，将战线直接推到法、比边界。法、比失去了军事防御的缓冲区，西方国家在其军事力量还处于优势之时失去了最后一次能够阻止纳粹进攻的时机，英、法、意、波等国被迫调整政策。从此，德国的军事威慑力成为决定欧洲格局最重要的一个因素，凡尔赛体系崩塌在即。"欧洲又转回了 1914 年前存在过的那种体制，或者说没有任何体制。每一个主权国家不论大小，都不得不再次依靠武装力量、外交手腕和结盟来维护自身的安全。"[③] 一些学者甚至认为，德国出兵占领莱茵非军事区标志着战争策源地开始在欧洲出现。

　　7 月，西班牙爆发内战，德国向佛朗哥将军输送了大量武器和装备。德国的军事专家利用西班牙作为多种武器和军事计划的试验场，经过这次实际应用，德国武器得到检验，"闪电战"理论也逐步成熟，并初显威力。1937 年底，德国重整军备的工作基本完成，其经济已适合严格的配给制度和战时生产。希特勒估计，"即使和平时期再延长一段时间，它也不会再得到什么了"[④]。

---

① 〔法〕让‐巴迪斯特·帝罗塞尔：《外交史（1919—1984 年）》，第 202 页。

② 1. 为了表示诚意，德国在 4 个月内不增加它在莱茵地区的兵力；2. 德国、法国和比利时签订一个为期 25 年的互不侵犯条约和一个航空条约。德国还要和它的东欧和东南欧邻国签订条约；3. 德国准备重新加入国联。希特勒还建议减少民族主义宣传，建议战争人道化，避免使用窒息瓦斯、燃烧弹并且禁止轰炸城市。参见让‐巴迪斯特·帝罗塞尔《外交史（1919—1984 年）》，第 204 页。

③ 〔英〕A. J. 泰勒：《第二次世界大战的起源》，何抗生、林鲁卿等译，商务印书馆 1992 年版，第 115 页。

④ 〔英〕约翰·惠勒‐贝内特：《慕尼黑——悲剧的序幕》，第 242 页。

第五章　结语

结语部分试图对两次大战之间的德国军备问题进行比较全面的归纳与总结。首先，论述、分析国际社会处理德国军备问题失败的诸多原因；其次，论述第二次世界大战后军备竞赛与裁军运动的发展、演变，分析国际政治、新军事革命对军备竞赛、裁军运动的影响；最后，揭示两次世界大战之间德国军备问题的启示，及其对中国实现国防现代化的借鉴意义。

第一节　国际社会处理德国军备问题失败的原因

两次世界大战之间国际社会为解决德国军备问题作出了一系列努力，最终却以失败告终，究其原因主要包括：1. 调整国际军备力量本身存在着难以解决的悖论。2. 第一次世界大战后构建的国际和平体系存在重大缺陷。3. 两次大战之间的社会思潮、社会运动影响德国军备问题的解决。

一　调整国际军备力量的悖论

近代以降，国际竞争越来越激烈，为赢得一席之地，各国大多将军备力量作为衡量国家实力的最重要标准，争相增强各自的军备实力。在特殊的国际形势下，调整国际军备力量，无论是裁减军备，还是重整军备都有可能打破国际军备力量的平衡，削弱防止战争的力量。更主要的原因是，调整国际军备力量本身也存在着诸多难以解决的悖论。

1. 战争目的与战争手段之间的悖论

以克劳塞维茨为代表的西方军事理论家对战争的本质、重要性曾进行过深刻探讨，明确指出，"战争不仅是一种政治行为，更是一种真正的政治工具，是政治交易的延续，是用其他手段来执行的同样的工作"①。战争

---

① 〔德〕卡尔·冯·克劳塞维茨：《战争论》，钮先钟译，广西师范大学出版社2003年版，第14页。

就是为了实现和平手段无法实现的政治目标，"这种工具主义的态度是深藏于人们的主观心理层次上的战争根源，也正是这种观念，使本来不应该发生在人类社会生活中的暴力和战争具有了价值的合法性"①。那么，为达成政治目标，战争就可以不择手段吗？答案是不可以，战争必须有其边界、有其限度，其边界与限度应由政治目的所划定。众所周知，战争的军事目的即"保存自己，消灭敌人"。军备的重要性不言而喻，它是保存自己，消灭敌人的最佳利器，但战争的政治目的又决定了军备发挥的作用不应超出政治目标所划定的范畴。

科学技术的发展、对工具主义的过度崇拜导致军备越来越先进，武器的杀伤力越来越大，而人与战争、战场上人与人的关系却越来越疏离、抽象。到了19世纪末20世纪初，民族国家更加成熟，各民族普遍充满了集体意识，"总体战"成为一种必然的战争形态，战争规模越大、手段越先进，杀戮就越容易。武器成为决定胜败最主要的手段，其杀伤力超出了人类身体、心理所能承受的程度，乃至第一次世界大战后很多欧洲人患上了战争恐惧症，宣称永不再战。西方军事理论历来信奉武器决定论，而过度强调武器、军备导致悖论，违背了发动战争的初衷，战争只是为了达成一定的政治目的，并不是毁灭人类，手段的极端化反而阻碍了目的的实现。据此，第一次世界大战后国际社会大张旗鼓倡导裁减军备。调整国际军备力量的目的就是通过裁减军备，使国际军备力量处于基本平衡，从而维护和平。可以说，调整国际军备力量既包括预防战争、维护和平的政治目的，同时也是一种达成该目的的手段，是目的与手段的统一。但作为战争的最主要利器，军备本身就包含了战争目的与手段的悖论，调整国际军备力量自然难以克服上述悖论。因此，有时会出现主观目的是维护和平的裁军手段不仅没有阻止战争，反而加速了战争爆发的现象，造成客观事实与主观目的相违背。

2. 追求安全感与军备力量的困境

关于战争爆发的原因，可以简单归纳为两个观点：一是兵器魔鬼论。"身怀利器，杀心自起"，强大的武器很容易导致战争，尤其是专制国家更易于发动战争；二是人性魔鬼论，认为是好勇斗狠的基因促使人类发明了武器，战争难以避免。其实，上述两种观点都有同一个心理，即追求安全感。不安全感是人类与生俱来的一种心理状态，无论是个人还是国家都有

---

① 〔英〕巴里·布赞、埃里克·海凌：《世界政治中的军备动力》，薛利涛、孙晓春等译，吉林人民出版社2001年版，第9页。

追求安全感的基本需求与权利。在国际社会处于无政府，尚未达到和谐共处、太平盛世的理想状态时，追求安全、预防威胁成为民族国家安身立命的最主要诉求。安全感是一种主观心理状态，民众的心理状态千差万别，很难用统一的军备水平衡量、满足，因此可能出现此国安全感即为彼国不安感的现象。普法战争后，法国民众一直生活在德国武力的恐惧之下。第一次世界大战后的法国拥有欧洲最强大的军队，却没有多少安全感，极力要求裁减德国军备。对安全的过度追求束缚了法国的外交政策，当国联试图解决裁军问题时，法国与他国代表就"是裁军能带来安全，还是安全先于裁军"① 争论不休。

安全感是人类的一种主观判断，而国际军备力量却是一个客观现实，是各国军备相互竞争的结果，调整国际军备力量既是一种主观愿望，同时又受各国军备水平制约。对安全感的判断成为裁军，或者重整军备的行动准则，很容易进入为了军备而军备的怪圈，出现为了追求安全感增加军备，反而更加不安全；或者一国打破军备平衡，其他国家就必须跟上，否则就有可能爆发战争；或者调整军备失败，只有通过一场战争才能重新达成国际军备力量平衡等一系列主观调整军备，结果却导致客观的军备力量进一步失衡的悖论。

3. 理想主义与现实主义之间的矛盾

理想主义与现实主义既是国际关系理论中最重要的两个学派，也指决策者的两种思想观念及其落实到外交上的政策、措施。具体到调整国际军备力量问题，实现普遍裁军，维护永久和平被视为理想主义；为防止战争，重整军备其实也是理想主义的具体表现；同样，无论是裁减军备，还是重整军备都是基于现实主义的考量，以及采取的一种现实主义政策、措施。因此，在调整国际军备力量时，理想主义与现实主义本就互为表里，共同发挥作用。

19 世纪末 20 世纪初的欧美是启蒙运动、理性主义开花结果的时代，和平主义、国际仲裁、理想主义等思潮方兴未艾，各国民众普遍积极乐观，对未来充满希望。第一次世界大战虽然不期而至，战后以威尔逊总统为代表的理想主义者高举道义的旗帜，开和会、建国联、缔和约，一时间理想主义达到顶峰。国际社会处理德国军备问题时，实现普遍裁军是其理想主义目标，但裁军毕竟事关战后和平与发展，决策者们不得不理性、现实地对待之。为此，《凡尔赛和约》罗列出一系列裁军条款，关于德国陆、

---

① Zara Steiner, *The Lights that Failed: European International History, 1919 – 1933*, p. 382.

海、空三军的裁军目标，更是大篇幅详细规定之。为保障实施、监督各项裁军条款的落实情况还设置了专门的裁军委员会。随后的国联、裁军委员会、世界裁军大会相继提出一系列裁军计划。总之，国际社会既有实现普遍裁军的理想主义目标，又有一系列现实主义的政策、措施，为何裁军以失败告终，世界重燃战火呢？

我们还得回归调整军备力量的本质，军备力量既是各个国家实力的表现，也是各国军备彼此竞争，追求国际权力与地位的结果。调整军备的初衷很好，充满了和平发展、合作共赢的理想主义理念，但各国的经济实力、军事潜力差距巨大，都不甘放弃追求国际地位与权力的野心。裁减军备，特别是在没有实现普遍裁军的情况下，单独裁减某一国家的军备自然会引发该国的强烈不满，因为这意味着其失去了追求国际地位的权利。第一次世界大战后德国虽然被迫裁军，但其军事潜力巨大，洗刷耻辱的欲望强烈，在裁军的同时重整了军备，打破了国际军备平衡。英、法、美等大国在对德国裁军失败后，被迫增强自己的军备力量试图达成新的平衡，但军备力量失衡的现实一旦形成，短期内难以逆转。试图拖延、妥协的绥靖政策也没能避免第二次世界大战的爆发。总之，试图调整军备力量是一种理想主义，各国具备军备潜力却是一个无法改变的现实，调整军备的理想主义必须以相应的实力为基础。第二次世界大战后盟国对德政策的全面成功，包括将西德纳入西方阵营后重新武装化，成为北约的一支重要军事力量却没有再次发动战争即证明了这一点。

4. 调整军备内容的复杂性

裁减军备问题本身十分复杂，包括裁军的内涵、范围、种类、规模、期限等一系列军事、技术、法律等相关问题。第一次世界大战后，国际社会对德裁军曾作出详细规定，但在实施过程中陆续出现了一些难题。首先，裁军的内涵不清楚，裁军的顺序难判断。裁减军备、军备控制、军备管制等概念的内涵、外延都比较接近，各国的理解也不尽相同，具体到裁减某一国家军备时，可能出现各种歧义乃至混乱。另外，裁军只是实现永久和平的一个过程，是先单独裁减某一国军备，还是先实现普遍裁军的顺序安排很重要。《凡尔赛和约》规定，对德裁军是实现普遍裁军的前提，目的是"使所有各国之军备可以普遍限制起见"。据此，德国强烈要求其他国家也有同等裁军的义务，如果其他国家不裁军，那么德国就有平等的军备权利。英、法、美等国为兑现普遍裁军的诺言，不仅默认了德国具有平等的军备权利，更严重的是废弛了自己国家的军备。

其次，裁军的规模与现实需求之间的矛盾。例如，《凡尔赛和约》规定德国战后只允许保留 10 万人的军队，但这个数字显然无法满足新生的共和国政府的现实需求。为此，各种合法的、非法的准军事组织得以存留，不仅成为滋生军国主义、法西斯主义的温床，而且是日后德国扩军备战最主要的兵源。

最后，裁军的范围、种类很难界定。现有的武器、弹药比较容易销毁，但 IMCC 在裁撤德国军工厂时发现很难界定裁军的范围和种类。一方面难以界定军工产品与民用商品的划分标准；另一方面，难以限制军工企业的生产潜力，特别是克虏伯之类的传统军事企业，打着生产民用商品的旗号生产军工品。国联主导对德裁军后，裁军代表们又陷入了各国军队的规模及其装备的飞机、大炮、坦克、舰船的具体数量、类型等诸多细节问题，彼此争论不休，相互攻击，多个裁军议案、计划因此都没有通过。这些问题遗留到世界裁军大会，美国提出《质量裁军计划》，将武器区分为进攻型武器、防御型武器，并且将限制各国军事预算作为一项裁军手段，被视为"军备控制"的观念萌芽。但质量裁军将坦克、移动式重炮列为进攻型武器、机关枪列为防御型武器引发了争议，丘吉尔表示反对，"几乎每一种可以想象到的武器，既可以用作进攻，也可以用作防御；既可以由侵略者来使用，也可以由被侵略的无辜的受害者来使用"[1]。

这里暂且不讨论武器的使用者是侵略者还是被侵略者。进攻型武器与防御型武器的关系即矛与盾的关系，二者不仅是此消彼长的竞争关系，而且对战争与和平也产生影响。武器持有者大多希望自己手中的矛是世界上最锋利的矛，可以刺穿所有的盾；同时手中的盾是世界上最坚固的盾牌，可以抵御所有矛的进攻。矛与盾竞相发展，都想克敌制胜，打败对方。历史经验表明，当大多数军队争相发展进攻型武器时，进攻者的获胜概率就会提高，此时爆发战争的可能性相应变大。冷兵器时代骑兵更具有攻击性，因此游牧民族更愿意发动战争。为了对抗游牧民族的进攻，中国修筑长城，欧洲国家则修建了越来越坚固的城堡，防御型武器也越来越完善，进攻者的优势不再突出。盾牌的力量逐渐占上风，爆发战争的概率也随之下降，和平更容易维护。当新型武器或者新战术出现打破矛与盾的平衡时，则会再次开启新一轮战争与和平的循环。当然，世人对两者的判断有时会出现失误，例如，第一次世界大战期间的机关枪，开始大多认为是一种进攻型武器，端着机关枪的战士奋勇冲锋。几次会战后，战场上所有人都认识到它更是一种防御型武器，躲在战壕后面的机关枪可以杀死更多的

---

[1] 〔英〕温斯顿·丘吉尔：《从战争到战争：丘吉尔第二次世界大战回忆录01》，第 65 页。

人。因此，国际社会无论是进行裁减军备，还是重整军备，首先区分进攻型武器、防御型武器很有必要，因为它直接关乎战争与和平力量的角逐。

二 第一次世界大战后国际和平体系存在的重大缺陷

两次世界大战之间只有短短的 20 年，作为从和平到战争的过渡阶段值得深入研究。决策者们为构建战后和平体系也曾殚精竭虑，呕心沥血，为何只维持了 20 年和平？两次世界大战存在什么内在关联？这些追问成为研究第二次世界大战的一个主要视角，并进而演化为几个学派。无论哪个学派，大多数学者认为，凡尔赛体系存在的重大缺陷是引发第二次世界大战的主要原因。国际社会没有构建起稳固、有力的集体安全体系，直接导致了国际社会处理德国军备问题的失败，进而导致第二次世界大战爆发。

首先，凡尔赛体系对于战后经济问题关注不多。巴黎和会上，战胜国主要关注政治问题，极力攫取战后的统治地位，对经济方面考虑较少。[①]欧洲最具经济发展潜力的国家是德国，战前其经济占比已是欧洲第一，战后它不仅无法发挥火车头的带动作用，而且还背负上沉重的债务。德国经济发展受挫，严重阻碍了整个欧洲经济的发展与合作，在美国调解下，英、法暂时承认德国的经济地位，战胜国与战败国终于在经济上达成谅解，签订了《道威斯计划》《杨格计划》。大量美元流入德国，为其东山再起提供了经济基础，但德国并不满意，它依然需要支付战争赔偿，经济管制依然存在。其他欧洲国家的经济也不健康，高度依赖国际贸易与外部资本。突如其来的经济大危机击垮了凡尔赛体系的经济基础，各国工农业生产急速下降、贸易停滞、生活水平大幅下滑。各国政府的应对措施大多不力，社会普遍陷入动荡混乱，绝望之中的民众急切寻找新出路。[②] 英、法、美等国政府忙于解决国内经济危机无暇他顾，更缺乏雄厚的经济实力来应对法西斯的挑战。

其次，凡尔赛体系结构不完整，集体安全机制有缺陷。第一次世界大战

---

① 参加和会的英国代表经济学家凯恩斯已经认识到战后的经济问题，反对战胜国掠夺德国。和会结束后不久，即出版了《〈凡尔赛和约〉的经济后果》，但其建议在和会期间并没有得到认可。参见〔英〕约翰·凯恩斯《〈凡尔赛和约〉的经济后果》，李井奎译，中国人民大学出版社 2017 年版。

② 1930 年之前，《我的奋斗》一书总共出售了 6000 余本，而 1930 年当年就卖出了 54086 本。参见约翰·托兰《从乞丐到元首——希特勒一生》，郭伟强译，国际文化出版公司 2010 年版，第 367 页。

爆发前，欧洲列强主导整个国际社会的秩序。但"欧洲各国没有能力对它们彼此竞争的利益作出和平妥协，除非欧洲放弃在世界上的领导地位。它们本身之间的斗争结果，就是这种地位落入了美国人之手，尽管在那些艰难时世中也曾险些落入俄国之手。"① 战后构建的凡尔赛体系、建立的国联根基不稳固，结构不完整。美国、苏俄两个日后最重要的国家都缺席，战败的德国被排斥在外。此时欧洲已经衰落，传统的欧洲均势必将逐步被世界均势体系所取代，欧洲事务将由域外的势力所主导，英、法却还沉于往日的迷梦之中。

欧洲局势随着法西斯的兴起、扩散而日益恶化，世人自然求助于集体安全，试图利用集体威慑的力量制止战争，维护和平。关于集体安全（Collective Security），目前学术界还没有统一的标准和定义。从形式上说，集体安全是理想状态下的一种设计精巧的国际机制，以集体的威慑力量制止个别国家蓄意挑起的战争。国联是历史上第一个全球性集体安全机制，充满了威尔逊理想主义精神。裁减军备、最终实现普遍裁军是国联集体安全体制的一个重要目标，但该体系却存在一些先天缺陷，例如，没有完全摒弃战争，各国依然保有"战争权"；对何谓"侵略""侵略者"没有作出明确的界定；对侵略行为应采取的制裁措施也没有作出具体规定，却限制了可以合法使用武力的正当诉求。到了30年代，国联的权威多次受到公开挑战，它虽然公开反对日本侵华、意大利入侵埃塞俄比亚的侵略行动，却没有采取任何强有力的制裁措施，最终粉碎了世人对凡尔赛体系抱有的幻想。集体安全不仅没有实现对德裁军，最终也没有维持和平。第二次世界大战爆发后，国联随之寿终正寝。

战胜国缺乏担当与合作致使集体安全体系失效。任何体系的构建都是一种国际契约的结果，需要战胜国在享用权利的同时，也要密切合作承担起更多的国际义务，从而维护它们的权威与权利。第一次世界大战后的世界却看不到这种担当与合作，几乎所有国家对战后世界、对自己的权利地位都不满意。法国作为凡尔赛体系的构建者、受益者，却也是比较早显示出其软弱无力。出于自身安全考虑，法国寻求与东欧国家构建集体安全同盟。但英国决策者对于构建集体安全体系不积极，其原因如下：（1）英国坚持欧洲均势政策。战后初期实行"扶德抑法"政策，对德国一系列违反《凡尔赛和约》的行为采取默许态度，直至姑息、甚至纵容的绥靖政策。（2）对于法国不信任。特别是在法国成立了左翼的人民阵线政府之后，越发感觉欧洲可能有

---

① 〔德〕沃尔夫冈·J. 蒙森：《马克斯·韦伯与德国政治（1890—1920）》，闫克文译，中信出版集团2016年版，第157页。

"赤化"的危险。（3）英国对社会主义苏联没有好感，认为其危险甚至超过法西斯。而其他欧洲小国也只会给大英帝国添麻烦。英国舍弃集体安全体系，又无力单独对抗法西斯的挑战，只好采取拖延妥协的、损人不利己的绥靖政策，妄图通过牺牲其他国家换取法西斯国家的谅解，从而保住自己的利益。

苏联是对纳粹的本质认识得比较清醒的国家。为支持集体安全体系，主动加入了国际联盟，积极主张裁减军备，公开谴责侵略行为，要求国联行使制裁权等。当法国建议缔结互助条约时，苏联积极响应，随后与法国、捷克分别签署了互助协定。面对越来越严重的战争威胁，英、法、苏三国终于开始谈判，试图建立集体安全体系。但捷克危机期间，英、法继续推行绥靖政策，并有意把苏联排斥在外。苏联构建集体安全的努力落空，转而寻求自身安全。希特勒为破坏可能出现的集体安全体系，避免再次出现两线作战的不利局面，火速与苏联签订了互不侵犯条约。30年代欧洲外交争斗的焦点之一就是构建集体安全的努力与法西斯破坏之间的竞赛，这说明集体安全是国际社会利用集体威慑的力量预防战争、维护和平的有效手段。如果出现诸如希特勒之类的战争狂人，需要进一步强化集体安全体系，而不是弃之不用。凡尔赛体系没有发挥集体安全体系应有的作用，这一点至今为世人所诟病。

再次，凡尔赛体系没有处理好"德国问题"。自德国统一之后，欧洲即出现了"德国问题"，即欧洲的政治结构如何安置已经崛起的德国？而从德国方面看，第一次世界大战前政府的战略选择余地越来越小，它一方面承受着民众日益高涨的追求国家声望的压力；另一方面，面对强敌环伺、盟国牵绊的困境，最后好像只剩下手中的枪炮才能解决这一切挑战和威胁。第一次世界大战后"德国问题"依然存在，战胜国本应将德国纳入战后和平体系之中，一方面发挥其经济潜力，为战后欧洲经济发展作贡献；另一方面，利用凡尔赛体系约束德国，从而维护欧洲和平。后世不该苛求彼时的政治家，他们在和会期间已经意识到《凡尔赛和约》、国联都需在日后逐步修正，以便更加公正合理，进而达成永久和平。20年代中后期，欧美政治家不仅允许德国发展经济，还力图彻底解决欧洲和平问题。德国虽重返大国地位，但因战争赔偿、裁减军备两大枷锁没有废除，成为右翼势力扰乱社会、攻击政府的口实。更严重的是，为执行两大条款，英、法、美等国不仅作出重大让步，甚至还资助德国，后者因此复兴，军备得以重整，再次拥有了枪炮。当德国欲通过暴力手段修改凡尔赛体系的危险越来越显著之时，其维护者——英、法却没有力量，更没有决心进行针锋相对的斗争。

最后，凡尔赛体系缺乏道义原则。拿破仑战争后，"正统主义"成为维也纳体系的共识与理念，维护了近百年和平。第二次世界大战是反法西斯战争，战后虽然开始了冷战，但无论是反法西斯还是冷战都包含一定的道义原则，从而对体系具有一定的协调、约束作用。第一次世界大战末期，威尔逊总统提出理想主义理念，和会期间又创建了国联，但曲高和寡，理想主义并没有成为战后的主流意识形态，无论是英国实用主义的均势政策，还是法国民族主义色彩的打压德国政策都缺乏相应的感召力。单方面判定德国负有战争罪责，以及《凡尔赛和约》的强制性使其在德国失去了道义形象，后者极力摆脱之。在国际社会上《凡尔赛和约》也备受抨击与批判，其构建的和平自然脆弱无力，无法让人对其产生信心。第一次世界大战后欧洲社会没有达成比较统一的意识形态，缺少道义原则的约束、协调，第一次世界大战前已出现的一些社会思潮和社会运动，在两次大战之间特殊的国际背景下进一步获得极端化发展，极大冲击着脆弱的凡尔赛体系，进而直接影响了德国军备问题的走向及其最终结果。

三　两次大战之间的社会思潮、社会运动的影响

19世纪末20世纪初，各种社会思潮、社会运动风起云涌，各领风骚，彼此激荡。其中既有启蒙运动的精神成果，也有进入新世纪出现的一些新思想、新观念。传统思想与新观念并存使得人们一方面对新世纪充满了期待，另一方面，又让人感觉前途未卜，有些惴惴不安，因此更积极地投身于一系列思想研究、理论创新之中，并跃跃欲试，试图付诸社会实践。世纪之交带来的一系列不确定性、骚动和不安不可避免地要对当时的国际社会，一些国家的政治、经济、社会以及普通民众产生重大影响。前文已经分析过国际法及国际条约、科技进步、各国军方势力等因素之外，还有一些社会因素也对德国军备问题产生了重要影响，例如，第一次世界大战前已经存在的社会达尔文主义、和平主义运动，以及第一次世界大战后新出现的法西斯主义、绥靖政策等诸种社会思潮、社会运动。社会思潮、社会运动很大程度上代表了"人心所向，大势所趋"，直接影响着各国政府，包括德国历届政府的外交决策，进而影响了德国军备问题的走向。

社会达尔文主义是将达尔文进化论中的"生存竞争""自然选择"等思想应用于人类社会的一种社会理论，其思想理论源于达尔文在1859年发表的《物种起源》。达尔文认为，在有机的自然界，物种或生命体存在着进化过程，主导进化的是"自然选择"这一规律。生物进化论的诞生不

仅促进了自然科学发展，也沉重打击了神权统治的根基，极大改变了人类的世界观，并影响了社会科学的发展。与达尔文同时代的英国社会学家赫伯特·斯宾塞在《物种起源》发表前七年，就已在其著作《社会静力学》中提出了社会进化的观点，认为进化是一个普遍规律。生物进化论进一步启发了斯宾塞，他将"生存竞争""自然选择""适者生存"等生物学概念以及物理学的能量守恒定律移植到社会理论之中，认为宇宙间有一种不可知的"力的永恒性"，它不仅是自然界进化的主宰，而且也是人类社会进化的主宰；社会的进化过程同生物进化过程一样，也是优胜劣汰，适者生存。斯宾塞因此被视为社会达尔文主义的创立者，尽管他本人多次否认。[①] "社会达尔文主义"一词虽然在 1944 年才正式提出，但学术界大多认为，其思想在 19 世纪后期已出现，影响力直至 20 世纪上半期还存在。[②] 下面，我们着重分析社会达尔文主义的内容及其对德国军备问题的影响。

《物种起源》发表后不久，许多社会理论家们便皈依了达尔文主义，以自然科学成果来改造社会科学。法国社会学家古斯塔夫·勒庞宣称，正是因为社会进化论被纳入进化的一般规律之下，社会科学才成为可能。经过社会理论家们的一系列论证、推演，生物进化论的一些观点、结论被移植到社会领域，得出了一些貌似"科学"的理论。[③] 社会达尔文主义者将物种之间的生存竞争引入人类社会，认为在人类历史上，竞争、争斗无处不在。罗耶在 1870 年出版的《论人类社会的起源》中写道：竞争、战争而不是和平，是无可逃避的生命法则，不仅物种之间彼此相斗，在每一物种内部、社会群体、部族、家庭、个人之间也都彼此相斗。[④] 社会达尔文主义者皮尔逊认为，在世界历史上，竞争成为人类进步的源泉。斯宾塞认

---

① 现在也有学者认为，其实，斯宾塞并不赞成社会达尔文主义的一些观点，系被误读。参见潘德重《被误读的严父之爱——对斯宾塞社会进化思想的若干辨析》，《历史教学问题》2004 年第 3 期。

② "社会达尔文主义"一词最早出现在 1944 年美国历史学家理查德·霍夫斯塔特的《社会达尔文主义与美国思维》一书中，用"社会达尔文主义"一词来指称之前的思潮并不确切。

③ 诸如，个人、种族、国家的命运完全取决于其先天的生物学禀赋，即遗传属性；"自然选择"纯粹是一种强权问题，与"正当"无关；凡是有助于"生存竞争"的都是善的，凡是不利于"生存竞争"的都是恶的；生物进化阶梯上存在许多过渡性的"等级"，社会政治秩序也应在自然关系的基础上重构等。

④ Mike Hawkins, *Social Darwinism in European and American thought*, *1860 - 1945*: *Nature as Model and Nature as Threat*, New York: Cambridge University Press, 1997, p. 126.

为，大大小小的人类社会之间的对抗，会促使双方发展出相应的智力。①

19世纪中后期西方国家处于资本主义迅速发展、自由竞争日趋激烈、对外殖民扩张达到高峰之际，社会达尔文主义的出现恰逢其时。在国内，社会达尔文主义可以被用来反对人人平等、大众民主；在国际上，优秀民族可以掠夺、统治乃至任意宰割劣等民族。《物种起源》其实还有一个副标题——在生存竞争中使优势物种得到保留，其含义不言自明。社会达尔文主义进一步延伸，自然会出现优生学、优等民族论、种族主义等一系列所谓的"科学"理论，认为种族（race）也是进化的单位，是指通过遗传、选择行为而得以秉有某些特定生理和心理禀赋的人类群体。② 人种存在高低、贵贱之分。达尔文本人受到当时关于人类种族争论的影响，在1871年出版的《人类的由来与选择》一书中就发出了一些种族主义的论调。社会达尔文主义者在将所谓的野蛮人、土著人置于人种等级序列最低端的同时，他们几乎都将白种人放在人类进化阶梯的最顶端，再辅以"物竞天择""适者生存"的法则，社会达尔文主义者得出的结论就是，白种人注定要统治世界，而低等种族注定要走向毁灭。③ 社会达尔文主义成为论证殖民政策合法性最得力的思想武器，一时间广泛流传，甚至获得了一种类似宗教的地位。

赤裸裸的生存竞争为战争提供了合理性。美国哲学家威廉·詹姆斯宣称："如果进化和适者生存是真实的，那么掠杀和人类对抗可能正是人类原始本性的最重要组成，追捕和战斗的本性可能是根深蒂固的……由于人类的嗜血性是我们的原始性状，因此它难以根除，尤其是在那些战斗和猎杀已经被认定为一项乐趣的地方。"④ 勒庞则认为，战争是人类主要关注的问题之一，野蛮人与文明人一样，反对同类的战争是一种自然状态。人们接受的文明程度越高，竞争就越激烈，虽然武装冲突并不是为了生存而斗争的唯一途径。⑤ 社会达尔文主义者在赞美竞争、战争的巨大进化作用的

---

① 〔英〕赫伯特·斯宾塞：《社会学研究》，张红晖、胡江波译，华夏出版社2001年版，第167页。

② Mike Hawkins, *Social Darwinism in European and American thought*, *1860 – 1945*: *Nature as Model and Nature as Threat*, p. 184.

③ Jerry Bergman, *Hitler and the Nazi Darwinian World View*: *How the Nazi Eugenic Crusade for a Superior Race Caused the Greatest Holocaust in World History*, Kitchener: Joshua Press, 2012, p. 2.

④ Mike Hawkins, *Social Darwinism in European and American thought*, *1860 – 1945*: *Nature as Model and Nature as Threat*, pp. 121 – 122.

⑤ Mike Hawkins, *Social Darwinism in European and American thought*, *1860 – 1945*: *Nature as Model and Nature as Threat*, p. 187.

同时，对平等、慈善、博爱等思想大加鞭挞，认为其是一种错误的多愁善感、可笑的道德；并反对启蒙运动时期追求的"永久和平"的人道主义。

民族主义在德国统一的政治动员过程中曾发挥过重要作用，但其进一步发展很容易演变成种族主义、沙文主义等极端思想，不幸的是它们在德国传播得比较广泛。1905 年，阿尔弗莱德·普洛茨教授成立了"德国种族卫生协会"。动物学家恩斯特·海克尔进一步扩展了达尔文主义的观点，公开宣扬德意志民族沙文主义，他在《永久》中写道："每个教育良好的德国战士……在智慧和道德价值上要比上百个英国、法国、俄国和意大利所能提供的原始的自然人要高。"[①] 关于国际社会，海克尔认为，国际社会处在缺乏法律权威、类似动物王国的自然状态之中，因此，物竞天择、适者生存的丛林法则同样适用于国际社会，每个民族、国家本身就像一个生物体，必须为生存而斗争。第一次世界大战并没有消除社会达尔文主义再次生发的社会基础，它所宣传的种族优越论、夺取生存空间等理论在战后的德国依然存在，而且受战败以及《凡尔赛和约》刺激进一步得到极端化发展。例如，海克尔在战前成立了致力于向青年宣扬德意志民族主义和扩张主义的组织——"一元论同盟"，该组织在 1918 年解散，但其后继的"阿塔姆"等激进组织继续宣扬德意志血统高贵论，该组织成员大多参加了纳粹运动，并成为骨干分子。

希特勒通常不是直接从诸如达尔文之类的哲学家、理论家那里获得知识，而是从报纸、小册子、通俗刊物的报道中获取知识，这些报道不断重复那些时髦作者的观点。希特勒的达尔文主义和反犹主义思想大多源于此，[②] 因为这是当时非常流行的话题。生存竞争使得最具适应力的个体生存和繁衍，而其他个体则被淘汰。据此推论，在希特勒的生物主义世界观中，遗传理论成为人类社会、民族、种族的道德律。不仅是希特勒，几乎所有纳粹领导人都被达尔文思想和理论所奴役。奉种族优越论、夺取生存空间为圭臬的纳粹党上台后大力扩军备战，走上战争之路是符合其理论逻

---

① 黄正柏：《德意志民族思想文化与纳粹主义的兴起》，《历史教学问题》1998 年第 5 期。

② 希特勒的思想比较庞杂，是当时各种思潮的大杂烩，不成体系。诸如，法西斯主义、极权主义、民族优越论、生存空间论、民众共同体、军国主义、反犹主义、反社会主义、反民主等一系列思想、理论都能在其著作、讲话、政策、措施中表现出来。不同时期、面对不同听众，希特勒讲话的重点也不断变化，在 1927—1929 年讲话中几乎占 1/3 内容的是"争取生存空间"，明确提出要占领东欧和俄国的土地。经济大危机之后，这一论调已代之为"扩军备战"和"战争"。1932 年希特勒在杜塞尔多夫会议上的讲话，就是用这两点打动了垄断资本家的心。参见许琳菲、丁建弘《希特勒的上台与德国法西斯专政的实质》，《世界历史》1985 年第 6 期。

辑的一个必然结果。

两次大战之间国际社会最显著的一个现象是出现了法西斯主义思潮和运动，军国主义传统比较浓厚的意大利、德国、日本、西班牙等国因多种矛盾叠加，特别是在大萧条的冲击下纷纷陷入全面的政治、经济、社会危机之中，为摆脱危机陆续走上法西斯道路。可以说，法西斯主义是军国主义在这些国家全面危机时期的极端表现。下面，以德国为例，梳理它如何从军国主义演变为法西斯主义，并为侵略战争打上种族主义色彩的。

德国的军国主义传统一直比较浓重，第一次世界大战期间，军事将领曾进行过军事专制统治。第一次世界大战后德国军队被缩减到 10 万人，军国主义受到打压。但魏玛共和国初创，需要军队镇压革命、稳定局势，政府与军队很快达成合作协议，军队不仅不受政府控制，还逐步凌驾政府之上，成为左右政治的决定性势力。此时的军国主义属于隐形状态，军队表面上还受《魏玛宪法》控制。但"20 世纪 20 年代，普遍流行的大众军国主义以各种方式表现自己，最明显的就是魏玛时期准军事政治的发展。"[1] 大量准军事组织与国防军、军官团有着千丝万缕的关系，并试图打破其军事垄断地位，虽然没有成功，但为重整军备奠定了广泛的社会基础。准军事政治的另一表现是，第一次世界大战后德国的各种政治运动、各政党的发展与准军事组织密切相关，很容易受到民族主义、军国主义思想的影响。

随着政局发展，特别是兴登堡当选总统，被视为民族主义和军国主义的胜利，共和国和议会制度的失败。到了 1927 年，军国主义重新复活的危险已经很明显，和平主义者[2]弗里德里希·弗尔斯特写道："使我毫不怀疑的是……力图重新夺权的那些有关集团正通过取之不竭的物质资源、占有的武器、传统的势力和思想意识以及通过 300 年之久的德国人立正和阅兵操练等方式受到支持；如果国内外不能及时认识这种危害并且全力向这些集团表明不会让他们的突然袭击得逞的话，那么看来他们在内政上的最

---

[1] John W. Wheeler—Bennett, *The Nemesis of Power*, *The German Army in Politics 1918 – 1945*, 序言 XXI。

[2] 和平主义在第一次世界大战后的德国也有过昙花一现，20 年代早期，倡导和平主义运动者大多数是社会民主党人，他们强烈反对德国重新武装。但讽刺的是，社会民主党倡导和平主义运动却加速了自己的衰败，他们在议会中阻止一切军事准备工作，拒绝必要的行政合作，结果军方将"消灭社会主义势力视作必要的爱国主义行为"。参见 Edward W. Bennett, *German Rearmament and the West*, *1932 – 1933*, p. 12。

终胜利无疑是有绝对的把握。"① 遗憾的是，国内外的政治家或者没有认识到其危害，或者认识到了也无能为力，对日渐兴盛的军国主义大多视而不见。

与此同时，德国军费开支逐年增加。少壮派军官代表施莱歇尔成功排挤了泽克特将军后，国防军开始有组织、有步骤地重整军备。共和国晚期，施莱歇尔不仅掌控了军队，还积极干涉外交、插手政治，军方势力操纵政治达到顶峰。军国主义公开化，在国家社会生活中成为一种显性存在，为法西斯主义兴起奠定了政治条件和社会基础。

法西斯作为一种国际性的历史现象在第一次世界大战后才出现。法西斯（fascism）的本义是"束棒"，在古罗马是权力和威信的标志。第一次世界大战后，德国被判定负有战争罪责的惩罚性措施、1300 万讲德语的人口被划出德国和奥地利，成为一些新生民族国家中的"少数民族"，都导致民众积怨很深；国内革命与反革命斗争激烈，社会动荡不安，民生艰难；魏玛共和国先天不足、根基不牢，应对危机不利，因而成为众矢之的。面临即将失去社会地位的小资产阶级中的不满分子不断极端化，各种群众组织大量出现，群众运动越来越激进，习惯于国家主义的德国人普遍希望采取强权政治手段，期盼出现强权人物来改变现状，为此不惜出让自由与权利。

意大利共产党领导人安东尼奥·葛兰西曾评论道，"法西斯主义的独创性是在于它为一个被现代生产体系驱逐而出的小资产阶级找到了合适的组织形式"②。为增加吸引力，法西斯运动的早期纲领大多具有一定程度的左倾思想，③ 但运动的领导权很快被诸如墨索里尼、希特勒之类的"领袖人物"所攫取。为夺取政权，法西斯运动逐步舍弃了小资产阶级，开始寻

① 〔瑞士〕埃里希·艾克：《魏玛共和国史（下卷）——从洛迦诺会议到希特勒上台（1925—1933 年）》，第 132 页。

② 〔意〕安东尼奥·葛兰西：《葛兰西文选（1916—1935）》，中共中央马克思恩格斯列宁斯大林著作编译局国际共运史研究所编译，人民出版社 1992 年版，第 210 页。

③ 纳粹党的前身德国工人党是一个只有 50 多人的小党，希特勒作为陆军部派出的密探原本负责监督该党，加入后对其进行改造。1920 年 2 月，纳粹党通过了《二十五点纲领》，为吸引工人、小资产阶级，《二十五点纲领》打着批判资本主义的社会主义旗帜，作出了一些要求与允诺。为适应振兴民族的愿望，《二十五点纲领》又提出一些民族主义色彩比较浓重的要求。纳粹党在吸引大批群众加入之后，开始逐步降低党纲中关于"社会主义"的要求，在 1928 年修改党纲时，又大幅降低了关于"社会革命"的要求。希特勒发表声明，诸如"没收土地""打倒食利阶层"的口号是针对犹太人。在杜塞尔多夫俱乐部的讲话中，希特勒向大企业家们承诺，纳粹党关于取消托拉斯、打破利息奴役制度等不过是用于选举的废话。

求与大资产阶级进行合作。自下而上的纳粹革命成功夺权之后，立即对国家进行了自上而下的法西斯主义改造，包括政治、经济、文化、社会以及军队的全方位改造。很多军官未必认可法西斯主义，但服从命令、尊崇荣誉和誓言的军国主义传统促使他们在法西斯道路上越走越远，成为对内实行极权专制，对外发动侵略战争的最主要帮凶。

各国法西斯主义的内涵、表现形式虽不完全一致、影响力也不同，但它们都信奉如下几个思想理论，这决定了法西斯主义比军国主义更加极端，对内实行极权统治，对外发动带有种族色彩的战争，争夺所谓的生存空间。

一是种族优越论。种族优越论是法西斯主义的核心思想，于此纳粹党表现得尤为突出。世界上第一个正式的反犹主义和优生学组织是成立于1881年的"德国学生协会"，该协会的许多成员后来成为教授，他们向其学生，包括许多未来的牧师、教师灌输种族主义、优生学方面的思想。"正是这些思想种子导致德国最终成为纳粹德国，……希特勒关于雅利安种族的概念是为了回应进化论的伦理含义而发展起来的。"[1] 希特勒坚信雅利安民族，特别是其中的日耳曼民族是世界上最优秀的民族，理所应当地应征服其他民族的土地，并会得到被征服民族的拥护。希特勒在阐述种族观点时，非常依赖达尔文主义，特别是弗里茨·伦茨教授、海克尔教授的论述，认为人类基因库可以通过采用类似农民培育优良奶牛的育种方法来改良。希特勒虔诚地相信，进化论为国家政策提供了唯一的真正的基础，要使用"进化的心态"来解决"进化的问题"。作为优生学的信徒，其目标包括，"防止最大的种族罪恶、种族融合、消灭所有低等人种"，在他看来，进化及其最终目标——一个优越的种族——证明了一切现有手段都是正当的。"德国领导人（希特勒）不仅在理论上是一个进化论者，而且正如数百万深知其代价的人所知的那样，他在实践上也是如此""有据可查的事实，德国元首是一个进化论者，他有意识地寻求使德国的实践符合进化论。"[2]

进化论为希特勒建立超阶级的种族共同体提供了"科学"依据与社会蓝图。"只有在一个有完美社会的设计并通过有计划且持续不懈的努力来实施

① Jerry Bergman, *Hitler and the Nazi Darwinian World View*: *How the Nazi Eugenic Crusade for a Superior Race Caused the Greatest Holocaust in World History*, p. 10.

② Jerry Bergman, *Hitler and the Nazi Darwinian World View*: *How the Nazi Eugenic Crusade for a Superior Race Caused the Greatest Holocaust in World History*, pp. 1 – 2.

这个设计的环境当中，种族主义才能盛行起来。"① 纳粹攫取政权后开始逐步推行"完美社会的设计"，并使用各种术语来掩盖其真实目的，例如，"机构护理""转移病人""T4"代号等。"最终解决方案"则是计划谋杀犹太人的委婉说法，该方案灭绝了六百万犹太人以及上百万波兰人和其他民族。纳粹政权大规模屠杀犹太人，除了种族主义原因外，还有掠夺犹太人的巨额财富以弥补军费开支、转移国内矛盾等原因；另外，由于犹太人遍布全世界，大多倡导国际主义、和平主义以及社会主义，在纳粹分子眼里都是十恶不赦的罪孽。② 除了屠杀犹太人，纳粹运用优生学理论判定，还要驱逐几个来自人类基因库的劣等种族，如斯拉夫人（尤其是波兰人和俄罗斯人）、吉卜赛人、亚洲人、蒙古人以及残疾人。这些人被贴上低劣的标签，不仅进化程度低下，而且对社会有腐蚀影响，必须彻底清除之。

　　二是"生存空间论"。"18 世纪以来，被称为'历史的眼睛'的地理学研究已经引起了足够的重视，处于欧洲心脏地带的地理位置也使德国成为地缘政治学家的摇篮。"③ 德国的历代政治家、学者都比较关注边疆问题、地理问题，极力避免陷入东西两线夹击的危险境地。海克尔的同事弗里德里希·拉茨尔深受其达尔文主义影响，于 1897 年出版《政治地理学》，创立了"国家有机体"学说，并最早使用"生存空间"一词。拉茨尔认为，国家有机体如同生物有机体一样受自然法则支配，由于国家是活的有机体，其领土空间没有固定的明确区域，领土的成长与收缩取决于它的能量及其居民的伟大。"国家有机体"学说的出现恰逢其时，成为威廉二世"世界政策"的最佳注释，两者遥相呼应，吸引了大批信众。第一次世界大战中德国战败的主要原因之一就是陷入了东西两线作战的不利境地，地缘位置的先天缺陷再次暴露无遗。

　　第一次世界大战后，拉茨尔的学生卡尔·李希霍芬进一步充实了地缘

① 〔英〕齐格蒙·鲍曼：《现代性与大屠杀》，杨渝东、史建华译，译林出版社 2002 年版，第88—89 页。

② 西方学术界关于第二次世界大战期间犹太人被屠杀的学术研究比较充分，其中，有代表性的中译本著作包括：美国著名的政治哲学家汉娜·阿伦特女士的《艾希曼在耶路撒冷：一份关于平庸的恶的报告》，阿伦特认为大屠杀是"极端的恶"，但在很多德国人身上却表现出"恶的平庸性"。美国法学教授戴维·M. 克罗的《大屠杀——根源、历史与余波》一书详细叙述了纳粹政权的种族灭绝政策从思想起源、制度认可到实施的整个过程。英国社会学教授齐格蒙特·鲍曼的《现代性与大屠杀》认为大屠杀并不是偶然的历史事件，而是与现代性的发展有着密切关系。英国历史学教授杰里米·M. 布莱克的《大屠杀——历史与记忆》详细分析、论证了德国对同盟国的战争与希特勒对犹太人的战争两者之间的关系。

③ 〔英〕杰弗里·帕克：《二十世纪的西方地理政治思想》，李亦鸣等译，解放军出版社1992 年版，第 17 页。

政治理论，将其发展成"生存空间论"，视生存空间的扩展为天赋权利与神圣的目的。据此，李希霍芬指出，由于东欧小国林立的"破碎地带"属性，德国不可避免地要吸收东欧那些政治能力不足且妨碍大国成长的小国。1924年，李希霍芬在慕尼黑创办《地缘政治杂志》，集合了一批追随者。李希霍芬通过他的学生，纳粹党二号人物鲁道夫·赫斯与希特勒建立联系，极大影响了后者关于生存空间的阐释。[①]《我的奋斗》一书明确指出："1914年的边境，对于将来的德国没有什么用处。……一切边境不过是世人的自由更改罢了，只有强力，才有获得的权利。"[②] "现在领土政策唯一成功的希望，是限于欧洲，并不要扩张到坎麦伦那种地方去。为生存而奋斗是我们天赋的定见。……德国实施领土政策的唯一希望，就在于在欧洲本部占取新领地。"[③] 德国的东部地区历来是一个矛盾多发地，政府对该地区的防御比较困难，向东扩张还可以阻止可能来自东方的入侵之敌。因此，希特勒的新领地、新边疆就是要牺牲东方邻国，矛头直指波兰和苏联。

纳粹党上台即宣布，李希霍芬的地缘政治学说为国家学说，其著作《德国人民及其生存空间》被列为国民普及读物。李希霍芬出任德国科学院院长，直接对元首负责。"生存空间论"成为纳粹党制定内政外交的主要理论依据之一，内政方面，一是试图建立自给自足的战备经济体系，两个《四年计划》就是该理论的具体表现；二是安抚国内民众，转移国内矛盾。为此，纳粹政府外交政策的主要任务就是为日益增长的人口寻找生存空间。希特勒提出要将德国的领土扩张至所有讲德语的民族地区。随后又进一步扩大，凡是日耳曼文化区、德国的贸易区都要进入第三帝国的版图。可以说，德国的地缘政治理论"不仅仅是一种认知体系，为其他国际关系理论研究提供了一个可资借鉴的范式，更是一套行动纲领，还为政治家和决策者提供了一张决策时可依循的政治地图"[④]。

其他几个法西斯国家也都有各自的对外扩张计划。意大利侵略扩张的最终目标是建立"地中海帝国"，即在环地中海建立起庞大的意大利帝国，将地中海变成"意大利湖"。日本夺取生存空间的理论可以追溯至开国之

---

① 在希特勒被捕入狱期间，李希霍芬每周三都前往探视，与希特勒长谈，为其写作《我的奋斗》提供资料。

② 〔德〕希特勒：《我的奋斗》，第346—347页。

③ 〔德〕希特勒：《我的奋斗》，第72—73页。

④ 李家成：《西方地缘政治研究中的德国系决定论传统》，《党政干部学刊》2010年第10期。

前的"大陆政策"，对外侵略的矛头直指朝鲜半岛和中国大陆。从甲午战争直至九一八侵华战争，日本的生存空间从日本本岛扩大到朝鲜半岛、中国台湾、东北、山海关沿线，乃至中国腹地。心理学家国际委员会于1935年得出结论，"战争是达尔文理论的必然结果"[①]。可以说，与以往的战争相比，法西斯国家发动的对外侵略战争都带有比较浓厚的种族主义色彩。种族优越论进一步推演的结论是，为了优秀民族的生存，必须夺取"生存空间"，唯其如此才能巩固法西斯国家内部的极权统治。强大的军备自然是对外侵略的最主要利器，军备政策与夺取生存空间的需要形成互为因果的循环关系。夺取生存空间的需要提供了军备政策的动因；同时，因军备政策造成军费开支巨大，国民经济发展不平衡，为缓和国内矛盾又进一步强化了对于夺取生存空间的需求与迫切性。

除了上述几个法西斯国家外，英、法、美等民主国家也曾出现了不同程度的法西斯主义思潮与运动，尽管没有攫取政权，一时间也岌岌可危。法西斯运动在国内大肆破坏传统民主制度，建立独裁专制；对外叫嚣战争，导致国际社会停止裁军运动，各国政府被迫重整军备，民众心里也是草木皆兵，战争疑云再次降临。因此说，法西斯主义即意味着战争并不为过。

对此，英、法、美等西方国家没有进行针锋相对的斗争，反而采取了妥协、安抚退让的绥靖政策，[②]"绥靖"（Appeasement）一词的意思是"安

[①] Jerry Bergman, *Hitler and the Nazi Darwinian World View: How the Nazi Eugenic Crusade for a Superior Race Caused the Greatest Holocaust in World History*, p. 2.

[②] 西方学术界关于 20 世纪 30 年代"绥靖政策"的研究比较全面，成果也很丰富，但西方学者在批评该政策的同时，更多的是为其辩解，认为该政策的出现难以避免。我国学术界对"绥靖政策"的研究比较深刻，着重对其本质、产生的原因及其影响进行了比较深入的论述与分析。相关成果参见齐世荣《绥靖政策研究》，首都师范大学出版社 1998 年版。徐蓝：《国外绥靖政策研究述评》，《光明日报》2015 年 7 月 18 日。钮松、张璇：《泰勒论英国绥靖政策之因：体系与国家的双重视角》，《系统科学学报》2018 年第 2 期。张艳婧：《两战期间英国和平主义与绥靖政策》，《世纪桥》2017 年第 1 期。李怀顺：《论英国绥靖政策的错误和教训——兼论二战的不可避免》，《石河子大学学报》2015 年第 5 期。王卓：《对绥靖政策的辩证评析》，《牡丹江大学学报》2016 年第 9 期。李秉正：《二战前夕英法对德绥靖政策形成分析》，《长春工业大学学报》2013 年第 4 期。黄玉军：《英法对德国的绥靖政策及第二次世界大战的全面爆发》，《济宁学院学报》2013 年第 1 期。胡莉：《从英国 20 世纪二三十年代的和平主义运动看绥靖政策的形成》，《安徽广播电视大学学报》2012 年第 1 期。程诚：《两战期间英国对德绥靖政策原因的新视角》，《江苏科技大学学报》2009 年第 3 期。周卫新：《社会思潮与绥靖政策的产生》，《读与写》2009 年第 2 期。夏洪亮：《简论法国绥靖政策出台的缘由》，《沧桑》2009 年第 1 期。岳澎：《从英国的和平主义运动看其绥靖政策》，《运城高等专科学校学报》2001 年第 2 期。

抚、平息"。作为一种外交政策，绥靖政策主要是指一种对侵略者姑息迁就，用牺牲他国以至本国领土、主权等利益，乞求和平的政策。[①] 该政策在两次大战之间曾兴盛一时，有着比较复杂的政治、经济、社会心理等多方面原因。这里简单分析一下绥靖政策产生的社会心理及其负面影响。

英、法虽然赢得了第一次世界大战，战后却患上了一系列恐惧症，丧失斗志、畏惧战争。首先，恐惧战争，视战争为最可怕的敌人。第一次世界大战是历史上第一场现代化战争，其造成的伤亡、恐怖程度超过了历次战争。战后一些亲历者撰写的回忆录及以第一次世界大战为背景的小说在欧美国家十分畅销，广大民众对战争造成的伤痛难以忘却，和平主义思潮、和平主义运动[②]再度兴起。和平主义者们消极地反对一切战争，宣称永不再战，试图达成永久和平。"在法国国内充满了厌战的心理，许多人宁愿忍受任何的屈辱而不想拼死一战。"[③] 恐惧战争，甚至敌视战争的社会心理势必影响各国政府的决策，因此当张伯伦、达拉第拿着《慕尼黑协定》归国时，受到国内民众的顶礼膜拜也就不足为怪。和平主义运动以及畏惧战争的社会心理为绥靖政策提供了广泛的社会基础和民众心理。

其次，英、法等战胜国恐惧失败，害怕失去既得利益，丧失国际地位。法国"是战胜国，但是它在许多方面具有战败国的心理"[④]。英国在第一次世界大战中遭受的损失虽比法国少一些，但也元气大伤。为保住摇摇欲坠的国际地位，英、法先是利用《凡尔赛和约》打压德国。当德国再度崛起之后，英、法又深感力不从心，不敢进行针锋相对的斗争，害怕牺牲，害怕失败，是老牌帝国主义国家患得患失的心理在作祟。英、法决策

---

① 钱其琛：《世界外交大辞典》（下），世界知识出版社 2005 年版。第 1958 页。

② 和平主义思潮、和平主义运动在西方的历史比较久远，基督教教义中有"荣誉归于上帝，和平属于世人"的说法，为西方民间反战提供了神圣理由。1852 年，欧洲第一个和平主义组织——"和平协会"在伦敦成立。"和平主义"（pacifism）一词首次出现于 1901 年在格拉斯哥召开的第十届"世界和平大会"，法国和平组织领袖阿诺德（Emile Aranud）首次将"pacifism"一词用于广义上的国际和平运动，表示反对战争、保障和平的思想和政策，从而把和平运动提升到"主义"的哲学高度。而那些所有为阻止战争、保障和平而奋斗的人则自称为"和平主义者"（pacifist）。历史学家马丁·西戴尔把和平主义区分为两种类型：一种是绝对和平主义，认为战争或暴力永远是错误的，不应该以任何形式参与战争；另一种是有条件的和平主义或实用和平主义，认为战争不合理、不人道，防止战争永远都是首选政策，但有时战争也是必要的。参见刘炳香《历史的另一面：欧洲和平主义思想（1889—1914 年）》，《历史教学》2011 年第 3 期。

③ 钮先钟：《第二次世界大战的回顾与省思》，广西师范大学出版社 2003 年版，第 75 页。

④ 〔美〕特尔福德·泰勒：《慕尼黑：和平的代价》，石益仁译，新华出版社 1984 年版，第 163 页。

者认为，最重要的事情是先抓住眼前的既得利益。因此，国内经济利益被视为第一要务；国际上面对希特勒的试探、挑战，一次次地丧失底线和原则，试图通过牺牲他国来满足希特勒的野心，从而保住自己的既得利益。但英、法牺牲他国的政策损人不利己，并没有保全自己的利益，德国军队先是向西方发动了进攻。当然，英国也有明智之人，丘吉尔曾对张伯伦说道，"让你在战争与耻辱之间作以抉择，你选择了耻辱，而将来还得进行战争。"①

最后，英、法等西方国家惧怕革命，"恐赤症"超过惧怕法西斯。第一次世界大战后，各国人民革命运动高涨，布尔什维克在俄国建立起第一个社会主义国家。英、法等西方国家统治者十分恐慌，视社会主义为洪水猛兽，"恐赤症"甚至超过惧怕法西斯。英、法虽然也不喜欢法西斯德国，但他们幻想不仅可以将其纳入掌控的体系之内，而且还能利用法西斯德国对抗社会主义苏联。希特勒也投其所好，极力讨好、迷惑英国，大肆宣传布尔什维克对西方的威胁，将德国装扮成抵挡"红色恐怖"的第一道防线。英、法的如意算盘是将法西斯祸水东引，让德国与苏联两强相斗、两败俱伤。为此，英、法无视德国一系列违反《凡尔赛和约》的行为，姑息甚至是纵容其向东方侵略，目的就是要坐收渔翁之利。但英、法低估了法西斯德国的野心，绥靖政策的些许让步只能进一步助长其侵略气焰，坚定其发动战争的决心。

总之，在当时英、法决策者看来，绥靖政策是一种不得已而为之的唯一选择。除了其经济实力衰落之外，一系列恐惧症也是重要的社会因素，它们丧失了斗志，在心理上已经未战先输。绥靖政策为德国带来诸多利益，希特勒在东西方之间纵横捭阖、左右逢源，不仅摆脱了《凡尔赛和约》的束缚，实现了重整军备，更避免了第二次世界大战初期两线作战的不利局面。英、法政府将绥靖政策置于重整军备战略之前，幻想如果绥靖政策失败，再重整军备阻止战争爆发，却不想绥靖政策导致了战略思想上实行消极防御，并直接影响了第二次世界大战初期的战争态势。

防御只是一种手段，被当成目的时必将失败。拿破仑曾经说过，"躲在堑壕后面的人终究会被击败"。伟大的战略家毛泽东对于消极防御战略的认识最为深刻，曾明确指出："只有最愚蠢的人，或者最狂妄的人，才捧了消极防御当法宝。然而世上偏有这样的人，做出这样的事。"② 英、法

① 〔美〕特尔福德·泰勒：《慕尼黑：和平的代价》，第 1518 页。
② 《毛泽东选集》（第 1 卷），人民出版社 1991 年版，第 199 页。

决策者一心想绥靖德国，极力避免战争的思想必然导致英、法实行消极防御战略。"随着它的神奇结构和防御力量的向外透露，在法国的军事思想和政治思想上发展了一股潜伏的神秘主义。……马其诺防线具有一种神秘的防御性能，就像许多英国人认为他们的'银海具有城墙般的防御性能'一样。"这种思想"继而又发展为幻想，认为在神奇的防线后面法国已如此安全，以致可以允许德国扩充军备甚至取代法国在中欧和东南欧的霸权地位。"① 法国军队的防御性装备和马其诺防线产生的心理因素，使得先发制人的策略无法实现，进而丧失了制止战争、维护和平的有利时机。直至德国大军横扫大半个欧洲，法国不到两个月即亡国，英、法的决策者及民众才从绥靖政策的迷梦中清醒过来。

第二节　第二次世界大战后军备竞赛与裁军运动的发展

第二次世界大战结束后，军备竞赛与裁军运动进入一个全新的发展阶段。军备竞赛主要在美、苏之间进行，裁军运动则是美、苏、联合国以及其他热爱和平的国家广泛参与，共同推动发展。下面重点论述、分析冷战期间军备竞赛与裁军运动的发展，试图揭示国际政治、新军事革命对军备竞赛、裁军运动产生的重大影响，以及它们之间的相互作用。

一　冷战期间美、苏之间的军备竞赛

第二次世界大战结束后不久，美、苏即开始冷战，极大影响了军备竞赛与裁军运动的内容、特点及走向。据此，一些学者将冷战的开始与结束作为划分战后军备竞赛、裁军发展阶段的标准：一是冷战期间美、苏之间的军备竞赛与裁军谈判；二是冷战结束后至今，国际军备竞赛与裁军发展。自核武器出现之后，因其灭绝性的杀伤力，以及"核威慑"理论的影响，军备普遍被划分为核武器、常规武器两大类。一些学者以此为依据，将第二次世界大战后军备竞赛、裁军划分为两个阶段：一是核武器出现之后的阶段（50年代—80年代末），军备竞赛与裁军大多表现为核军备竞赛与核裁军；二是新军事革命驱动下常规武器大发展的阶段（80年代末至今）。两个标准各有其理，有时相互重叠，有时又独领风骚，并行不悖，例如，原子弹的出现既是军事革命的重大突破，同时也是冷战开始的强化

---

① 〔英〕约翰·惠勒 - 贝内特：《慕尼黑——悲剧的序幕》，第248页。

剂；海湾战争被普遍视为一场新型战争，同时它与冷战结束的时间又恰巧大致重合。国际政治与新军事革命本就彼此作用，对军备竞赛、裁军谈判产生了重大影响。

第二次世界大战期间，战场上武器的重要性日益凸显，交战双方都致力于研制出能够克敌制胜的法宝。1939 年末，法国最先启动研制原子弹的"合作发展综合计划"，由物理学家约里奥·居里负责。半年之后，巴黎即被德军占领，法国的核计划胎死腹中。德军入侵波兰后，军备规划局很快成立了"铀协会"，入侵比利时掠夺到 1200 吨铀矿石，入侵挪威后很快占领了泰勒马克的一家工厂，因为那里有重水。美国情报部门得此消息向罗斯福总统建议，到敌占区搜捕德国科学家，搜集研制原子弹的技术、战争物资。与此同时，移居美国的德国科学家爱因斯坦、匈牙利科学家利奥·西拉德等人也建议总统加紧研制原子弹。1940 年 6 月，总统批准成立国防研究委员会，专门指导研制原子弹。太平洋战争爆发后，美国秘密启动了"曼哈顿计划"，该计划直属总统，由陆军部长史汀生负责，力图赶在纳粹德国之前造出原子弹。1943 年 8 月，罗斯福与丘吉尔达成两国合作研制原子弹的协议，英国选派 28 名科学家参加"曼哈顿计划"。该计划的规模（参与人员多达 15 万），耗费的资金（20 亿美元）史无前例。1945 年 7 月 16 日 5 时，一朵巨大的蘑菇云在新墨西哥州试验场冉冉腾起直达 8000 米高空，大地在颤抖，整个西南部的美国人大多听到了爆炸声，但其在战场上的效果还有待检验。

8 月 6 日 8 点 16 分，美军三架飞机掠过广岛上空，投下一颗代号为"小男孩"的铀弹，伴随着一道强烈白光，在距地面 600 米的半空中出现了一个直径 150 米的火球，随后一朵黑色的蘑菇云慢慢升起，爆炸产生的冲击波荡平了所有建筑物，当场炸死、烧死 7 万余人，近 7 万人受伤，广岛瞬间成为人间地狱。第二天，杜鲁门总统向全世界宣布，"16 小时前，一架美国轰炸机在日本的重要军事基地广岛投掷了一颗炸弹，这颗炸弹的威力相当于 2 万吨 TNT"。9 日，美军在长崎又投下了一颗代号为"胖子"的钚原子弹，4 万人当场死亡，2.5 万人受伤。原子弹的杀伤力、破坏力彻底击垮了日本人的抵抗意志，8 月 15 日，日本宣布接受《波茨坦公告》，无条件投降。原子弹不仅结束了第二次世界大战，同时也宣告人类进入了核时代，从此，核武器成为悬在人类头上的达摩克利斯之剑。

美国在投放原子弹之前曾预计过其威力，科学家们深感责任重大，联名反对在战争中使用原子弹。原子弹造成的实际危害远远超出了科学家的想象，爆炸产生的强烈光波亮瞎了千万人的双眼，被灼烧成两个黑窟窿。

蘑菇状烟云变成几百根火柱，爆炸产生的高温把一切化为灰烬。原子云柱带上的水蒸气在高空凝结成雨，广岛下起了黑雨（含有近 200 种同位素的放射性尘埃和蒸汽），沾染上黑雨，或者受到核辐射的人陆续死去。一些孕妇流产，一些婴儿出现畸形。数万幸存者在日后饱受白血病、皮肤病、癌症等后遗症的无尽折磨。

第一颗原子弹爆炸实验成功后不久，苏联即获知消息，随后又见证了它的巨大威力。苏联奋起直追，1949 年 8 月 29 日，原子弹"南瓜"爆炸成功，打破了美国的核垄断。从此，美、苏之间展开了逐步升级的核军备竞赛，并成为双方冷战的重要内容之一。俄罗斯学者认为，不管如何解释冷战开始的起因，冲突的过程在很大程度上取决于从性质来说是一些新因素——核武器的发明，然后是运载工具的发明，史无前例的军备竞赛首先表现为核军备竞赛。① 一些美国学者也认为，美国使用原子弹不仅为了击败日本，更是为了阻止苏联参战，避免它在远东扩张势力，并向其炫耀威力，进而提出"冷战开始于美国在广岛和长崎使用原子弹"的观点。② 可以说，核武器与冷战彼此强化，围绕核武器展开的竞争与合作是美、苏冷战的一个重点内容之一。

核武器产生的灭绝性威力远超出人类肉体与心理所能承受的程度，因此它不仅是军事武器，更是恐怖武器，进而成为一种政治工具，以致出现了"核威慑理论"。得知第一颗原子弹爆炸的消息后，美国民间战略家伯纳德·布罗迪惊呼：过去的所有战争规律都将重写。笠年，布罗迪的《绝对武器：原子力量与世界秩序》出版，标志着"核威慑"理论的诞生。③ 威慑（deterrence），原意为"吓阻"，是指一种通过恐吓和威胁来阻止潜在敌人采取侵略行为的行动战略。"核威慑"，是指核国家基于核武器的威力实现国家利益和政治目的的行为，其目标是保持核优势，冒最小的战争

---

① 〔俄〕B. M. 库拉金：《国际安全》，刘再起审校，武汉大学出版社 2009 年版，第 24 页。

② 李胜凯：《美国史学界对杜鲁门政府"原子外交"的研究述评》，《历史教学》2004 年第 3 期。

③ 布罗迪阐述的核威慑理论的主要内容有三：1. 核武器的出现将从根本上改变现代战争的性质和意义，传统意义上的战争性质、目的与手段在核时代已不适用。2. 对战争的威慑是核时代唯一理性的选择。核战一旦爆发，两败俱伤或俱亡不可避免。战略设想的中心不再是"如何战胜对方，而是如何威慑对方不敢发动战争"。3. 谋求或维持这第一次世界大战略威慑效应的主要手段，是双方都具有能够"确保摧毁"对方的核杀伤力。重要的不是第一次核打击力，而是承受第一次和打击后给予还击的能力。因此，"双方的确保摧毁"是核威慑成立的必要条件。参见刘德斌《核时代、核威慑与"核和平"——战后历史的奇遇》，《史学集刊》1995 年第 3 期。

风险，获得最大的威慑效果。"核威慑"理论是战后最主要的军事理论和军事战略，并在此基础上演化出一系列军事战略。"军事理论和战略产生于客观与主观的相互运动的过程之中。美、苏两家的军事理论和战略自然与军备竞赛有着密切的联系。军备竞赛的不断发展导致新的军事理论和战略的提出，而后者又决定了前者的方向和过程。"[1] 冷战时期，美、苏两国的军备竞赛在很大程度上推动了军事战略以及外交战略的发展、深化；反过来，军事战略的演变也影响了军备竞赛的走向，使其呈现出阶段性特征。

战后初期，美国因其垄断核武器，采取了以核讹诈为主要内容的"原子外交"战略。美国前总统胡佛公开宣称："目前，我们，只有我们掌握着原子弹，我们能够把自己的政策强加给世界。"美国加速发展核武器，并制订了一系列核战争计划。[2] 这些计划将核武器作为与苏联争斗的工具进行军事威胁、外交讹诈，因此被称为"原子外交"。为继续垄断核武器，对于原子能的国际控制成为美国"原子外交"的重要内容。在联合国原子能委员会成立大会上，美国代表伯纳德·巴鲁克提出了原子能国际控制计划。"巴鲁克计划"被苏联代表视为核垄断计划，强烈反对。苏联当时还没有核武器，面对核讹诈，只能以常规军事力量抵消美国的核讹诈。

50年代，美、苏军备竞赛的核心就是核军备竞赛，竞相发展热核武器和远距离运载手段。美国虽然在朝鲜战争中失利，但它拥有的核武器在质量和数量上都远超苏联。据此，艾森豪威尔政府提出"大规模报复战略"，并在欧洲布置导弹基地。面对咄咄逼人的"核包围"，苏联利用火箭技术方面的领先优势，提出"火箭核战略"，成立战略火箭军。苏联领导人多次宣称，未来战争将是一场火箭核战争，公开鼓吹一旦遭受核袭击将实施报复性核反击。

进入60年代，随着战争形式的多样化、局部化，美国决策者认识到"大规模报复战略"的目标、手段、方式都过于单一。为此，国防部将战争划分为核大战、有限核战争和特种战争三种类型，进而提出了"灵活反应战略"，其核心是用不同的方式对付不同的威胁，准备打各种类型的战

---

① 俞行：《战后美苏军备竞赛的不断升级及其原因和影响》，《苏联东欧问题》1987年第2期。

② 1945年10月，美国国防部在《俄国在遭受有限空袭时的脆弱性》研究报告中设想，一旦美、苏开战，可使用20—30枚原子弹对苏联20座城市进行有限核打击。1946年6月，美国制订了"铁钳计划"，用B-29轰炸机携带60枚原子弹摧毁苏联20座城市。1948年的柏林危机期间，美国制订了使用原子弹摧毁苏联城市的相关计划。

争。该战略还改变了以核武器为"剑",以常规为"盾"的做法,将常规军事力量作为"剑",核力量作为"盾"。[①] 这是美国作出的一次重大战略调整,以后历届政府的军事战略都有所改变,但只是局部微调,具体战略内容不再赘述。70 年代,美国军事战略虽有所收缩,一度出现苏攻美守的态势,其实美国依然保持着战略优势。

面对美国的战略攻势,苏联采取了"核战争制胜战略",认为核战争的破坏力虽然惨绝人寰,但也不是世界末日,主张打击对方的城市和经济目标,慑止对方可能发动的侵略战争。与此同时,苏联比较重视对于常规战争的准备,1962 年出版了《苏联军事战略》。70 年代,苏联的军事理论家预测了新军事革命,"首先接受新作战方式的那些军队将获得决定性的优势"[②]。可以说,苏联的军事战略与美国相比并不落后,但核军备和常规军备大发展耗费了苏联大量的人力、物力、财力,并刺激美国在 80 年代初重整军备,双方的军备竞赛再次升级。

与美、苏两国军事战略演变相伴相生、彼此促进、相互强化的是两国间逐步升级的军备竞赛。包括原子弹数量、质量及种类的竞赛,原子弹之后又相继出现一些新式武器:氢弹、中子弹、集束弹等;原子弹的投射需要发射平台和超远程的运载工具,导弹成为美、苏军备竞赛的一个新焦点,尤其是古巴导弹危机极大地刺激了苏联大力发展导弹;当核武器技术发展到极限,美、苏核军备达到均势后,常规武器技术得到迅猛发展,军备竞赛出现新态势;美、苏军备竞赛的空间和领域还延伸至外层空间、月球。到 70 年代末,美国拥有核武器的数量、质量,洲际导弹的射程、数量,以及海外军事基地、战斗机、航空母舰的数字都远超苏联。

苏联入侵阿富汗后,国际局势日益紧张。罗纳德·里根上台后对军事战略进行大幅调整,提出"星球大战计划",确立攻防兼备的战略优势。据说,苏联曾秘密研制了一套"边缘系统",又被称为"死亡之手"的战略与之对抗。戈尔巴乔夫上台后,开始调整苏联外交政策和军事战略,主张实施以核力量为基础和后盾的常规战争,避免和制止核战争,公开承诺不首先使用核武器;否定核战争可以打胜的观点;谋求同美国保持低水平的核均势。

总之,争夺军事优势是美、苏冷战期间霸权争夺战的主要内容。"军

---

① 张峰主编:《谈兵论战——重要军事理论遗产》,科学普及出版社 2001 年版,第 119 页。

② 〔美〕安德鲁·克雷佩尼维奇、巴里·沃茨:《最后的武士:安德鲁·马歇尔与美国现代国防战略的形成》,张露、王迎晖译,世界知识出版社 2018 年版,第 225 页。

备竞赛的政治意义不仅表现在未来战争的结果上，而且主要表现在战争的准备过程之中。军事实力越强大，政治资本越雄厚。"① 为此，美、苏展开了激烈的军备竞赛，但他们的目的并不相同。冷战结束后解密的一些文件披露，"星球大战计划"在很大程度上就是一个精心设计的局，目的是引诱苏联参与军备竞赛，阻止其国民经济健康、均衡发展，最终把它拖垮，乃至拖死。美国的军事战略基本达到了目的，冷战期间，苏联一直处于比较被动的战略反制状态，军备竞赛也显得力不从心，捉襟见肘，并最终受其所累。

冷战期间，美、苏之间除了军备竞赛外，还争相拉拢盟友，向他们提供军事训练、援助、出售了大量武器、装备。各种先进的武器、装备由此流散到世界各地，一些落后国家一夜之间实现了所谓的军事现代化。冷战结束后，国际军备贸易异常活跃，一些国家、组织、武装集团甚至私人都试图拥有最先进的武器，不惜重金争相购买，军火商大发其财，大规模杀伤性武器扩散是影响地区安全、世界和平与发展的一个不稳定因素。

二 冷战期间美、苏之间的裁军谈判

美、苏在进行军备竞赛的同时，为避免两败俱伤，维护两国的军事优势和垄断地位，双方举行了一系列裁军谈判与军控对话。裁军与军备竞赛同步进行。50年代中期后，美、苏逐步形成了相互威慑、互为人质的战略局面，两国领导人认为有必要进行有限的"缓和"。赫鲁晓夫提出"三和"路线，艾森豪威尔提出"和平取胜"，主张与苏联对话、谈判。双方开始在裁军、军控领域寻找共同利益，试图通过裁军谈判进行利益的争夺、分配乃至垄断，因此出现了所谓的"军控外交"，② 并成为冷战期间美、苏关系缓和的主要风向标。

为有效控制战后国际军备力量发展，美国相继设置了一些专门负责裁军事务的组织、机构。1947年成立的国家安全委员会对最终的裁军决策具有审批权。艾森豪威尔政府设立了总统裁军特别助理，全面负责裁军相关事务。1958年，杜勒斯接管了裁军事务，将其纳入国务院，并组建了一个

① 俞行：《战后美苏军备竞赛的不断升级及其原因和影响》，《苏联东欧问题》1987年第2期。

② 目前，学术界关于"军控外交"没有明确、统一的界定。有的学者认为，"军控外交"特指在军控领域（包括军控、裁军和防扩散）为维护国家主权和安全利益，从事的谈判、缔结条约、出席国际会议、参与国际组织等外交活动。参见宋丹卉《军控外交的功能性分析》，硕士学位论文，外交学院，2010年，第6页。

多部门、跨机构的决策咨询委员会。1961 年 9 月，美国国会通过《军备控制与裁军法》，指出军控与裁军政策是外交政策的一个重要方面，作为一个整体必须同国家安全政策保持一致，① 随后，成立了"军备控制与裁军署"，全面负责研究并准备军控与裁军的多边、双边谈判。

斯大林去世后，苏联领导人开始改变其外交政策，试图缓和国际局势，减少军费开支，集中力量加快国内经济建设。美、英、法、苏四国日内瓦首脑会议后，1955 年 8 月，苏联开始大规模裁减武装力量和人员。随后，裁军还扩大至除民主德国之外的东欧国家。② 但好景不长，古巴导弹危机不期而至，美、苏剑拔弩张，全世界都被带到核战争的边缘。这场危机让美苏领导人、世界人民认识到，核战争对任何人都没有好处，核战争中没有胜利者，因为谁都不可能消灭对方所有的核武器，而对方的回击也会让自己难逃厄运。③ 危机过后，美、苏再次寻求缓和两国的紧张关系。1963 年 6 月 10 日，肯尼迪总统发表讲话强调，在核时代爆发战争是不可想象的，在制止军备竞赛方面，美、苏有着共同利益，并宣布美国将不再进行大气层核试验。④

60 年代末至 70 年代中期，美、苏两国的战略核武器基本形成了均势状态，都具有实施"三位一体"的第二次核打击能力。此时，美国身陷越战泥潭无法抽身，极大削弱了对抗苏联的实力；而苏联与中国的关系不断恶化，以致在珍宝岛上兵戎相见，虽没有引发大战，却也急需稳定局势。美、苏再次拿起"军控外交"这个武器，举行了多次裁军谈判。首先，为防止军备竞赛失控，制订一定的竞赛规则。1969 年 11 月，美、苏在赫尔辛基举行谈判，双方就限制进攻性战略武器的范围、是否同时对进攻性战略导弹和反弹道导弹采取限制措施等争论不休。其次，分阶段限制进攻性战略武器。1972 年 5 月，美、苏两国首脑在莫斯科签署《美苏第一阶段限制战略武器条约》《关于限制进攻性战略武器的某些措施的临时协定》以及《补充议定书》，标志着美国承认了苏联的平等地位。1974 年 11 月，

① 刘华秋主编：《军备控制与裁军手册》，第 73 页。
② 沈志华主编：《苏联外交档案选编》（第 26 卷），第 589—596 页。
③ 1962 年 10 月，美国政府应急计划办公室下属的国家资源评估中心利用计算机模拟系统，就苏联对美国发动大规模核打击的后果进行过分析。同时，国家安全委员会的研究小组根据模拟分析也得出结论：如果美、苏两国发生全面核冲突，不论是谁首先发起攻击，双方都将遭受严重破坏，人员伤亡惨重。参见赵学功、陈红《肯尼迪、赫鲁晓夫与美苏核军备竞赛》，《南开学报（哲学社会科学版）》2013 年第 5 期。
④ 〔美〕小阿瑟·施莱辛格：《一千天》，仲宜译，生活·读书·新知三联书店 1981 年版，第 641—642 页。

福特总统与勃列日涅夫在海参崴举行的首脑会议再次取得重大突破，签署了《美苏关于限制进攻性战略武器的联合声明》，美国放弃了坚持苏联削弱"重型"导弹的要求；苏联也放弃了美国前沿核武器系统和英、法两国核武器必须受到第二阶段协定限制的要求。① 最后，集中力量谈判限制反弹道导弹系统的永久性条约。1971 年 5 月，美、苏宣布双方达成谅解：集中力量谈判限制反弹道导弹系统的永久性条约，但同时制定出一个总的对进攻性武器的限制措施并继续谈判关于进攻性导弹的更全面和长期的协定。随后，美、苏签订《美苏反导条约》，无限期有效。

这一阶段，美、苏两国还进行了一些其他的裁军谈判，不再赘述。双方进行裁军谈判的目的、侧重点虽不相同，但还是取得一定的谈判成果，推动了裁军运动的发展。当然，美、苏在某些问题上也曾狼狈为奸，联手签订一些有损他国利益的裁军条约。总之，美、苏在 70 年代的裁军谈判取得了一定成效，并推动国际局势产生连锁反应，出现了缓和态势。1979 年 6 月，美、苏首脑在维也纳签订《美苏第二阶段限制战略武器条约》，最高苏维埃主席团很快就批准了该条约。卡特总统回国后敦促国会尽快通过并正式批准该条约，但国会借口古巴战斗旅问题一直在拖延。1979 年联大宣布，80 年代为第二个"裁军十年"，世界人民对和平充满了希望。圣诞节之际，苏联突然大举入侵阿富汗。美国国会更有理由拒绝批准《美苏第二阶段限制战略武器条约》，卡特总统迫于形势，只好要求国会无限期推迟批准，条约最终没有生效。

80 年代，美、苏之间的军备竞赛形势再次逆转，呈现出美攻苏守的态势。美、苏虽大张旗鼓，但囊中却都日渐羞涩，双方被迫再次回到谈判桌前。1982 年 6 月，美、苏就削减战略武器举行谈判，几经周折，历时 9 年。谈判初期双方存在严重分歧，没有达成任何协议。苏联为表示抗议，于 1983 年 12 月退出了谈判。戈尔巴乔夫上台后，谈判出现转机。1986 年 10 月，两国首脑在冰岛会晤，达成各自削减战略核武器 50% 的原则协议。1987 年美、苏签署《中导条约》，进一步推动了谈判进程。1989 年 9 月，美、苏外长会晤取得突破性进展，苏联放弃削减战略武器与限制"战略防御计划"挂钩的立场，美国则放弃了禁止陆基机动洲际导弹的主张。

海湾战争的不期而至以及苏联国内局势出现动荡，美、苏首脑会议被推迟。到 1991 年，随着美、苏在欧洲常规裁军问题上达成一致，裁军谈

① 刘华秋主编：《军备控制与裁军手册》，第 127 页。

判进程加速，1991 年 7 月，双方终于签署了《美苏削减战略武器条约》。①冷战期间美、苏之所以能签署一系列裁军条约，主要原因如下：一是确定某一类武器数量的上限，避免其无限增长，防止打破双方的军备平衡。二是利用裁军条约、协议限制对方发展，发挥己方优势。三是热爱和平的国家越来越多，第三世界在国际舞台上地位的日益增强推动着国际裁军运动向前发展。四是树立热爱和平的良好形象。美、苏对抗不仅限于军事对峙，还包括意识形态争斗，树立顺应民心，热爱和平的形象对美、苏来说都是不可或缺的选项。

总之，美、苏主导的裁军谈判既取得了一定成效，也有许多不尽如人意的方面，其成败既受国际军备力量自身发展程度、阶段的影响，也有各自国内政治的作用，更有国际局势的制约因素。总的来说，双方的裁军谈判一定程度上制止了军备竞赛的无限度发展，推动了国际裁军运动，有利于世界和平与稳定，其影响一直持续到后冷战时代。

三 第二次世界大战后联合国倡导的国际裁军运动

联合国作为战后最具普遍性、权威力的国际组织一直致力于实现反对军备竞赛、裁减各国军备的理想。联合国的裁军思想源于第二次世界大战期间，反法西斯同盟认识到法西斯国家战前大规模重整军备是导致战争的一个重要根源，为避免悲剧重演，战后必须裁军，控制军备发展。1941 年6 月，罗斯福与助理国务卿谈论和平的条件时说道，裁军是当前国际形势的症结。随后，罗斯福派遣迈伦·泰勒作为总统代表前往梵蒂冈时强调，战后世界要做的第一件事就是裁军。② 同年发表的《大西洋宪章》第八条写道：两国相信，在广泛而永久的普遍安全制度未建立以前，此等国家军备之解除，实属必要。同时，两国为帮助与鼓励其他一切实际可行的措施，以减轻爱好和平人民对于军备的沉重负担。③ 1943 年 10 月 30 日，中、苏、美、英等国在莫斯科签订了《中苏美英四国关于普遍安全的宣言》，④并提出建立国际安全组织的问题。

---

① 刘华秋主编：《军备控制与裁军手册》，第 132 页。
② 赵志辉：《罗斯福外交思想研究》，安徽大学出版社 2009 年版，第 98 页。
③ 朱贵生、王振德、张椿年：《第二次世界大战史》，人民出版社 2005 年版，第 277—278 页。
④ 第三条中提到了禁止使用武力。第七条指出，与联合国家中的其他国家合作，以便对战后时期的军备调节获得一实际可行的普遍协议。参见王铁崖编著《联合国基本文件集》，中国政法大学出版社 1991 年版，第 3 页。

1945 年 6 月 25 日，50 个国家代表一致通过了《联合国宪章》。第一条即联合国的主要宗旨是，"维持国际和平及安全"。第十一条，大会被授权考虑"关于裁军及军备管制的原则"，并向"会员国或安全理事会或兼向两者提出对于该项原则的建议"。第二十六条，"以尽量减少世界人力及经济资源之消耗与军备"。第四十七条，安全理事会应负责在军事参谋团的协助下，拟定"方案提交联合国会员国，以建立军备管制制度"①。裁军、发展、非殖民化问题并列为联合国的三大任务。

《联合国宪章》签订后不久，第一颗原子弹在日本爆炸。为应对新问题，联合国大会于 1946 年 1 月 24 日通过第一号决议，设立原子能委员会，"其迫切任务是作出关于从国家军备中取消原子武器和一切其他主要的大规模毁灭性武器的具体建议"②。核武器因其巨大的杀伤力，自联合国成立之初即成为焦点问题。6 月 14 日的原子能委员会成立大会上，美国代表伯纳德·巴鲁克提出一项计划，建议成立国际原子发展总署，负责有关原子能发展和使用的各项工作。③ 苏联驻联合国大使葛罗米柯看出，美国计划的主要目的是限制其他国家发展核武器，因此在第二次会议上他提出一项公约草案，规定禁止生产和使用原子武器，并规定在公约生效三个月内销毁原子武器。④ 美、苏双方各执己见，僵持不下，裁军运动伊始就蒙上了美、苏对抗的阴影。

1946 年冬，第一届联合国大会复会时，苏联倡议成立两个委员会，一个监督裁军决议的执行，另一个监督关于禁止原子能用于军事目的决议的执行；提议把禁止生产和使用原子武器作为实施普遍裁军方案的第一步。⑤ 12 月 14 日，联合国大会一致通过决议：1. 依照《联合国宪章》第十一条的规定，并为了遵照联合国的宗旨和原则以增强国际和平与安全起见，大会认为有及早地普遍调整和裁减军备核武装部队的必要。2. 大会

---

① 联合国裁军事务处编：《联合国与裁军》，北京大学法律组译，商务印书馆 1974 年版，第 1 页。

② 联合国裁军事务处编：《联合国与裁军》，第 1—2 页。

③ 1. 对一切可能危及世界安全的原子能活动的经理式监督或所有权。2. 对一切其他原子能活动行使监督、视察和颁发执照的权力。3. 鼓励原子能的有利使用的职责。……监督和制裁制度一旦获得有效实施，原子武器将停止继续生产，现有储存将予销毁，一切技术情报就将报送总署。参见联合国裁军事务处编《联合国与裁军》，第 12—13 页。

④ Paolo Foradori, *Arms Control and Disarmament: 50 Year of Experience in Nuclear Education*, Palgrave: Macmillan, 2018, pp. 6 – 7. 另参见联合国裁军事务处编《联合国与裁军》，第 13 页。

⑤ 联合国裁军事务处编：《联合国与裁军》，第 28 页。

建议安全理事会迅速考虑，按照次序制定为规定普遍调整和裁减军备和武装部队……9. 促请联合国全体会员国给予安全理事会和原子能委员会以各种可能的协助，以尽量减少世界人力和经济资源转用于军备，而促进国际和平与集体安全的建立和维持。① 联合国大会倡导的集体和平、普遍安全、裁减军备赢得了普遍赞誉。

在联合国大会推动下，常规军备委员会于 1947 年 2 月成立。与此同时，原子能委员会积极活动，试图调和美、苏两个计划，但苏联及东欧国家一直在投反对票。到 1949 年，僵局依然存在，讨论越深入分歧越多。8 月 29 日，第四届联合国大会召开之际，苏联爆炸了一颗原子弹，打破美国的核垄断。原子能委员会不再举行会议。1950 年朝鲜战争爆发，两个委员会都陷入困境。1952 年 1 月，两个委员会解散合并成一个裁军委员会，负责制定全面而协调的各项计划，在国际监督下调整、限制和均衡地裁减一切武装部队和一切军备，取消一切大规模毁灭性的主要武器。随后的几年内，裁军委员会虽然继续推进裁军运动，但依然没有取得实质性进展。

1953 年，苏联第一颗氢弹爆炸成功，西方国家的核优势不再。1954 年，联合国在裁军委员会之下成立了一个五国（美、英、法、加、苏）裁军小组。苏联在随后的小组谈判中态度有所松动，破例接受了西方提出的裁军方案。但很快因苏联对西方国家出现反复而不满，退出了裁军小组，裁军谈判再次陷入僵局。

面对日益激烈的军备竞赛，1958 年 1 月 15 日，科学家们向联合国秘书长提交了一份有 9235 人签名的请愿书。受此促动，美、苏、英三国在日内瓦就《全面禁止核试验条约》进行谈判，虽然没有立即达成协议，但谈判得以保持，并逐步演变成《部分禁止核试验条约》的谈判。同时，肯尼迪总统宣布，美国将于 1959 年暂时停止大气及地下核试验。

1959 年，第十四届联大宣布，"全面彻底裁军是联合国在这方面的基本目标"。美、苏、法、英提出自己的裁军计划，基本都赞同分阶段裁军，进而实现全面彻底裁军，但美、苏之间就外国在欧洲驻军、防止突然袭击、停止核武器试验等问题无法达成共识。联合国鉴于原来的裁军委员会已经解散，决定成立一个新的"十国裁军委员会"代替之。1961 年 12 月 13 日，"十国裁军委员会"扩大为"十八国裁军委员会"。委员会后来又相继扩大为 26 国、40 国，但世人将它们都简称为"裁军委员会"。

1962 年 3 月 15 日，苏联向裁军委员会提交了一份《在严格国际监督

---

① 联合国裁军事务处编：《联合国与裁军》，第 29—31 页。

下的全面彻底裁军条约》。4月18日，美国提出了《关于在和平世界中实现全面彻底裁军条约的基础规定的大纲》。裁军委员会就双方提出的"对均衡原则的解决方法""阶段和时限，过渡和生效""常规军备和武装部队""核裁军""监督""维护和平""联合国的作用"等一系列问题进行了讨论。美、苏双方分歧比较大，会议难以协调，裁军陷入停滞。

联合国鉴于一时难以实现全面彻底裁军目标，开始转向对于一些专门武器的裁军运动，主要是不扩散核武器、停止核试验、禁止发展化学和生物武器等。1967年5月18日，裁军委员会召开了史上最长的一次会议，到12月14日会议才结束，主要议程就是美、苏谈判不扩散核武器问题。1968年4月24日，委员会向第二十二届联大提交了谈判报告及条约草案。6月12日，联合国正式批准了《不扩散核武器条约》，秘书长吴丹声称："不扩散条约之应博得普遍支持，符合于国际社会的最高利益。"[1] 秘书长呼吁所有国家都加入该条约。

1969年，第二十四届联大宣布，20世纪70年代为第一个"裁军十年"，并将裁军委员会从18国扩大为26国。在国际裁军运动的推动下，美、苏军备竞赛形势有所缓和，裁军谈判成为两国"首脑外交"的主要内容。因第二次世界大战后的上百场局部战争基本都发生在第三世界，它们强烈要求召开裁军特别联大会议。1978年5月，联合国举行了第一届裁军特别大会，146个国家代表参会，通过了《最后文件》，并将裁军委员会扩大为40个成员国，这次大会被视为联合国裁军史上的一个里程碑。1979年联大宣布，80年代为第二个"裁军十年"。联合国正准备大力推动裁军运动之际，苏联突然入侵阿富汗，美国随后提出"星球大战"计划。世界军费开支大幅增加，1981年，每一分钟耗费100万美元用于武器，该年就进行了49次核试验。[2] 国际局势再度紧张。

联合国继续致力于推进裁军运动，1982年6月，召开第二届裁军特别会议。各国代表提出了60多项建议，涉及核裁军、禁止化学武器、核查、裁军与发展的关系、裁军机构、向公众传播裁军新闻等一系列问题。1990年12月，联合国通过第三个《裁军十年宣言》，呼吁各国必须拿出政治决心，进行对话和谈判，促进国际合作，包括采取旨在缓和各国紧张局势和军事对抗危险的信任措施。但冷战期间各国立场相距甚远，特别是美、苏针锋相对，操纵和控制国际裁军，联合国难以采取切实行动，它所倡导的

---

① 联合国裁军事务处编：《联合国与裁军》，第370页。
② 李铁成：《联合国的历程》，北京语言学院出版社1993年版，第540页。

裁军目标无法全面实现。

冷战结束后，美国及西方国家更多地主导了裁军运动，裁军谈判取得了一些成绩。例如，1995年4月，在《核不扩散条约》生效25年后，缔约国召开《核不扩散条约》审议及延长大会。与会国一致决定无限期延长该条约，并通过了相关决议，加强对防止核扩散核裁军活动的监督。联合国历经31年努力，在1996年9月召开的第五十届联大终于通过了《全面禁止核试验条约》，禁止在任何时候、任何地点进行核爆炸，并建立了比较严密的核查制度，从而弥补了《核不扩散条约》不具备执行力的重大缺陷。此外，联合国还积极推动常规军备以及其他大规模杀伤性武器的裁军运动。1991年12月，第四十六届联大通过决议，要求成员国对相互间常规武器贸易进行登记；要求成员国从1993年起每年定期向联合国秘书长提交一年的常规武器进出口的数据资料。总之，联合国作为战后最主要的国际组织为实现普遍裁军的目标作出了长期艰苦的努力，大会每年通过的决议有1/4是针对裁军问题，但军备竞赛仍然盘旋上升，军费开支逐年膨胀，世界军备水平并没有真正降下来。有学者对联合国所倡导的裁军运动效果不显著的原因，曾做过比较深入、细致的分析。[1] 这里不再赘述。

国联、联合国都曾倡导、推动过国际裁军运动，共同点是它们都为裁军谈判提供了舞台与场所，并向有关国家提出裁军建议，发布一些达成共识的宣言、裁军协议；国联、联合国在裁军领域都缺乏足够的权威性，监督、执行力不强。两者相比较，笔者认为联合国推动的裁军运动呈现出新特点，并取得一些新成就。

1. 发挥大国在裁军、军备控制中的关键作用

《联合国宪章》第四十七条规定，安全理事会应负责在军事参谋团的协助下，拟定"方案提交联合国会员国，以建立军备管制制度"。安理会即中、美、苏、英、法五大国，当然，基本是美、苏两大国主导了第二次世界大战后的国际裁军与军备控制。虽然由大国主导乃至操纵有悖于主权平等原则，但其责任更加明确、更有针对性和可操作性，特别是冷战时期，美、苏达成的一系列裁军、军控协议不仅对两国有约束力，还能进一步影响、扩大到它们各自的阵营、盟国。

---

① 1. 裁军的进展受国际局势变化的制约，联合国无法控制国际局势的发展。2. 裁军是一个国家的外交政策，联合国无法改变一个国家的外交政策。3. 联合国缺乏推行国际裁军所必需的保证力量，即足够的维护世界和平的能力。4. 由于技术因素的制约，联合国对各国的军备规模和质量缺乏统一科学的监控。参见孙建社《试析联合国的裁军作用》，《南京师大学报》1994年第3期。

2. 划分武器类别，针对专门武器进行不同程度的裁军，并划分不同类型国家和地区

原子弹出现后，联合国立刻将武器划分为核武器、常规武器两大类，后来又划分了化学武器、生物武器、外层空间武器等。对不同类别武器有针对性地采取全面禁止试验、大规模削减、防止扩散、全面禁止等手段。在 1966 年召开的第二十一届联大上，不拥有核武器的国家提出召开无核武器国家会议。1967 年 2 月，14 个拉丁美洲国家签订《拉美及加勒比禁止核武器条约》。随后，南太平洋无核区、东南亚无核区、中亚无核区、非洲无核区、蒙古无核区相继宣布签约，并得到国际社会承认。

3. 分阶段、有重点地推进裁军运动

联合国将十年作为一个裁军阶段，曾于 1969 年、1979 年、1990 年分别发表了《裁军十年宣言》，将裁军目标阶段化、具体化。冷战时期，联合国推进裁军的侧重点一是防止美、苏之间爆发核战争；二是防止欧洲发生大规模常规军事冲突。后冷战时代，裁军运动的重点则转向防止大规模杀伤性武器的扩散。

4. 促进多边裁军合作，并与双边、区域裁军相结合

联合国一直致力于促进多边裁军合作，历届联大都通过了裁军决议。冷战期间国际裁军运动在很大程度上受美、苏所左右，为此，联合国大力促进美、苏间的谈判与缓和，进而推动国际裁军。第二次世界大战后人们的区域意识开始萌发，区域裁军成为国际裁军的一个重要组成部分，鼓励地区性对话，建立地区信任机制。1993 年，联合国裁军委员会通过了地区性裁军方法的原则和建议。

5. 联合国认识到裁军与社会、经济发展、环境保护、人权等问题的相互关联

1960 年 12 月，第十五届联大通过《裁军的经济和社会后果》的决议，指出裁军对于各国国民经济和社会的影响；将裁军节省下来的资源用于经济与社会发展，特别是用于不发达国家的经济与社会发展。[1] 联合国采取了一些措施加强裁军与发展之间的相互促进关系。

6. 联合国动员国际舆论，推动非政府组织甚至是个人促进国际裁军运动

联合国应该"加强有关军备竞赛信息的传播，并加强努力制止和扭转

---

[1]　联合国裁军事务处编：《联合国与裁军》，第 154 页。

军备竞赛"①。1986 年被联合国定为"国际和平年",每年 10 月 24—30 日为"裁军周"。同时,非政府组织在处理全球和平与安全问题上也发挥了作用,例如,美国的"争取核冻结"运动、"和平网络"等群众性妇女组织呼吁销毁核武器,结束核战争,并为各国妇女组织交流提供了平台。联合国还致力于教育世界人民,宣称裁军与防扩散教育(DNPE)的主要目标是"向个人传授知识和技能,使他们能够作为国家和世界公民,为实现具体裁军和不扩散措施以及在有效的国际监督下实现全面彻底裁军的最终目标作出贡献"②。越来越多的人开始关心和支持裁军运动,进而拓宽了实现裁军目标的途径。

　　1990 年 8 月至 1991 年 12 月是一个多事动荡的阶段,先是海湾战争不期而至,随后苏联自行崩溃。前者被视为第一场高科技战争,开启了新军事革命;后者则标志着冷战的终结。冷战结束后,国际军备竞赛、军备控制都出现重大变化,俄罗斯为了得到经济援助,作出更多的妥协、让步,美国与西方国家基本主导了国际裁军与军备控制谈判。进入新世纪,国际局势出现一些有利于裁军运动的新形势、新变化。但冷战思维依然存在、霸权主义愈演愈烈、地区热点此起彼伏、恐怖主义、人道主义危机、大规模杀伤性武器扩散等非传统安全威胁日益显著,各国之间既合作又争斗,国际竞争更加激烈、复杂。军备竞赛依然存在,裁军与军备控制成为一个更广泛的国际政治与军事斗争领域,国际裁军运动任重而道远。

第三节　两次世界大战之间德国军备问题的启示

　　众所周知,战争的根源不在于战争本身,更不在于军备,战争与和平不是一个非黑即白的状态,有一个灰度递进的过程。无论是在战争期间、和平阶段,还是在二者渐变转换过程中,裁军、军备控制都发挥了重大作用。两次世界大战之间的德国军备问题距今已有近 80 年的时间,已经逐渐被淡忘,成为历史上的文字、图片,但它留给世人的启示却颇多,值得借鉴一二。

---

① 潘振强:《国际裁军与军备控制》,第 388 页。
② Paolo Foradori, *Arms Control and Disarmament: 50 Year of Experience in Nuclear Education*, p. xix.

一 拓展认知，积极推进裁军与军备控制深入发展

随着时代发展，裁军、军备控制的内涵、外延及其在实践中的地位、作用都发生着改变，需要世人与时俱进地拓展认知，从而推动裁军、军控深入发展。首先，有必要区分裁减军备与军备控制两个概念。第一次世界大战后，战胜国大多强调裁减德国等战败国的军队数量、削减其武器装备，主要体现了裁军的思想。美国在裁军大会期间提出的《质量裁军计划》中军备控制理念初现端倪，却没有得到普遍认可。第二次世界大战后，关于应该强调裁军还是应该强调军备控制，各国曾有过争论。潘振强教授对此分析道："中国等发展中国家强调裁军，强调超级大国只有把它们各自超过防御需要的军事力量削减下来，并且停止军备竞赛，才能为世界的稳定和和平提供牢固的基础。美、苏及其盟国都强调军备控制，认为裁军是一个不现实的口号，只有军备控制才切实可行。为此，西方学者曾经提出不少军备控制理论，强调保持美、苏军备竞赛中的稳定性，军备控制实际上就是有控制的军备竞赛。"① 可以说，"裁减军备"与"控制军备"不仅存在词义上的分歧，更反映了战略利益上的差异。

笔者根据学术前辈们的分析，试图总结如下：1. 军备控制比裁军的范围更广泛，出现的时间晚一些。2. 军备控制将重点放在了对武器的控制上，包括对武器的研制、实验、部署或使用等各方面进行限制，抓住了问题的实质。3. 从军备控制到裁减军备只能是一个逐步实现的过程，有利于把握裁军的程度，从而更容易取得实际的裁军效果。可见，与理想主义的铸剑为犁的裁军理念相比，军备控制理念更多地体现了现实主义色彩，是用一种军事稳定措施来对军备竞赛进行管理和控制。在学理上对两者进行一定程度的区分，有利于把握裁军、军备控制的发展趋势，拓展认知的广度与深入。在实践中，裁军与军备控制并不矛盾，经常融合使用，"不仅是要对军备进行控制和裁减，还要限制武器的使用，降低其危害性作用，维持战略稳定"②。

其次，正确认识科技进步、军事变革对裁军、军备控制的影响。第一次世界大战末期，以坦克、飞机为代表的新型武器初露锋芒。战后协约国对新军事变革毫无兴趣，固守原有的军事优势，裁军也只是销毁了德国大量过时的武器、弹药，却无法遏制科技进步对其军事潜力的提升。第二次

① 潘振强：《国际裁军与军备控制》，第7页。
② 王群主编：《当代中国战略安全与军控外交》，世界知识出版社2018年版，第1页。

世界大战末期，原子弹横空出世，这是人类战争史上最重大的军事变革，成为衡量各国军事力量的最主要标准。冷战期间，无论是军备竞赛，还是裁军、军控都以核武器为中心，直接受制于核武器自身的发展变化。在美、苏军备竞赛高峰阶段，双方都不愿意，其实也无法把这场竞赛停止下来，因此，两国都强调军备控制，而不是裁减军备更符合它们的利益。到了冷战后期，激烈的军备竞赛使美、苏在经济上难以支撑下去，同时军火库中一大批武器已经老化，面临退役。此时，裁减军备自然提上日程，双方终于签订了《中导条约》。冷战结束后，科技进步、军事革命的作用更加凸显，人们更应该时刻对其给予关注，既重视现代战争形态的发展变化，同时也重视军事革命对裁军、军控的影响，力图把握战争与和平的发展规律。

再次，积极主动参加裁军与军控谈判。裁军协议、军控条约大多是有关国家经过多次艰苦的谈判才能达成。从第一次世界大战后到冷战后的一系列裁军、军控谈判可知，各国的态度、政策、主张千差万别，虚虚实实，亦真亦假，是一场激烈的外交争斗与博弈。参与裁军、军控谈判时既不能把国家安全完全寄托于谈判，抱有不切实际的幻想，也不能彻底否定、抵制谈判，因为后者更不利于维护国家利益。裁军、军控谈判需要有关国家积极参与，相互合作与妥协，各国既坚持原则，同时也要作出一定的让步。"一项有生命力的裁军、军控协议只有在所有缔约各方在共同需要和共同遵守的基础上才能达成。"① 冷战后，很多国家都认识到裁军与军控谈判的重要性，积极主动参与其中，并将其作为宣传本国国防政策，争取国际舆论，服务国家利益的一个重要外交手段与军事措施。

最后，构建多层次、多渠道安全机制，推进裁军、军控深入发展。两次世界大战后，无论是国联、联合国等国际组织倡导解决裁军问题，还是协约国、美苏等大国主导解决裁军问题，其效果都不尽如人意。一个重要的原因就是很多战争是因地区冲突而起，各地区的安全诉求千差万别，但国际社会缺乏强有力的安全机制，特别是有针对性的地区安全机制。随着时代发展，世界越来越复杂化，多样性、不平衡性凸显，需要国际社会有针对性、精准地解决各种问题。第二次世界大战后，人们的区域意识开始萌发，区域一体化为大势所趋，欧安会、亚信会议、上海合作组织、东盟防长扩大会等区域性安全机制应运而生。

目前，裁军、军控和国际政治、安全机制的关系越来越密切。一方面

---

① 潘振强：《国际裁军与军备控制》，第 8 页。

联合国积极推进维和行动，战火纷飞处蓝盔部队在行动；另一方面，一些地区性的安全机制开始承担起维持或者缔造和平行动倡导者、实施者的职责。各地区官方、半官方，甚至非政府的机构频繁举行本地区安全对话，探讨建设各种层次、多个渠道的安全机制。"这些活动与传统的裁军和军备控制概念并不完全一致，它包含了政治、经济合作等更加丰富的内容，但又确实与限制和削减各国军事力量的能力和活动密切相关，甚至难以区别。"① 裁军、军备控制自然成为地区安全机制的一个重要组成部分，在维护地区稳定、世界和平方面继续发挥积极作用。

二 充分发挥裁军、军控在制止战争、维护和平与发展方面的作用

裁减军备、军备控制一直是国际政治、外交关系、军事斗争的重要内容之一。潘振强教授认为，和平时期，"国家间的军事关系往往通过裁军和军备控制活动加以调节，借以增进相互的了解，稳定军事态势，规范对方的军事活动，以确保自己的安全利益。因此，裁军和军备控制的斗争是和平时期实现国家军事战略目标的一个主要途径。即便在战争和武装冲突时期，军备控制也往往用来稳定或缓和已经恶化的形势，不使危机进一步升级。"② 将其分析具体化，裁军、军控在防止战争、维护和平方面的作用表现如下：

一是增进相互了解，稳定国际军备态势。如前文所述，各国增加军备很多时候是出于一种不安全感，而不安全感在很大程度上源于相互之间缺乏了解、误解，乃至出现战略误判。同时，一国增加军备的行为很容易引发连锁反应，各国竞相发展，国际军备平衡水平有可能被打破，军事态势不再稳定。为此，国际社会倡导通过裁军谈判、军控外交等途径，协调各国立场，达成裁军和军控协议，从而维持军备水平相对稳定、平衡。历史经验表明，裁军谈判、军控外交虽是各国外交的争斗场，但彼此在争斗的同时也增进互相之间的了解，很大程度上避免了战略误判，有利于稳定军备态势。卡特总统在维也纳谈判时曾说道："如果没有这次峰会，美苏缓和进程以及国际局势的稳定程度将受到打击，而且会变得更糟。"③ 冷战期间的美、苏裁军谈判、军控外交曾多次协调双方立场，有效避免了战略误判，没有引发新的世界大战。

---

① 潘振强：《国际裁军与军备控制》，第 5 页。
② 潘振强：《国际裁军与军备控制》，第 1 页。
③ 安竣谱：《〈第二阶段限制进攻性战略武器条约〉与美苏缓和关系研究》，《邢台学院学报》2016 年第 2 期。

二是规范对方的军事活动，降低军备竞赛的激烈程度。战争结束后，战胜国对战败国军事力量的能力、活动大多会进行比较严格的削减、限制与规范。第一次世界大战后，协约国对德国与奥匈等国实施了比较严厉的军事削减与限制。第二次世界大战后，盟国对法西斯国家进行了更加彻底的非军事化。冷战时期，美、苏举行多次裁军谈判、军控外交的主要目的之一就是规范对方的军事活动，制订竞赛规则，降低军备竞赛的烈度。为此，美、苏签订了一系列削减、限制进攻性战略核武器，防止核武器扩散，禁止外空武器，禁止化学、生物等大规模毁灭性武器，禁止某些滥杀滥伤的常规武器等相关协议。另外，通过裁军和军备控制，可以将对方的军事活动限定在可以预知、可防控的范围之内。现在的国际惯例是，各国相互通知军事演习，互派观察员观看军事演习，公开本国军事预算，提高各国发展军备的透明度等。这些行为在很大程度上规范、约束了各国的军事活动与军事发展，有利于维持世界和平与稳定。

三是确保本国安全利益。各国维护各自的国家安全一方面需要加强国防；另一方面也需要国际社会调整、平衡各国军备水平。为此，各国积极参与裁军、军控谈判，试图通过协调各国的国防政策，平衡各国军备水平，确保本国的安全利益。第一次世界大战后，协约国试图通过裁减德国军备来确保本国的安全利益，但问题是安全与裁军哪个更重要？是先实现德国裁军，还是先实现普遍裁军？英、法、美、德国以及东欧小协约国们为此争论不休，法国最缺乏安全感，其对德裁军的态度也最为强硬。冷战期间，美、苏基本把持、操纵了战后的裁军和军控谈判，目的都是通过裁军与军控谈判，给对方的军备竞赛设置一个上限，阻止其军备无限发展，从而确保自己的安全利益。后冷战时代，国际裁军与军控谈判的内容、范围、类别更加复杂多样，议题也从单纯的裁军、军备控制扩大到政治、经济、社会、环境保护、跨国犯罪、人权等一系列问题。当然，议题再多，最主要、最根本的问题还是安全问题，因为它是解决其他问题的前提与基础，各国都将确保本国的安全视为最重要的国家利益。

四是在从和平到战争的转换过程中，甚至在战争阶段，裁军、军备控制可以用来稳定或缓和已经恶化的形势，不使危机进一步升级。两次大战爆发前，国际社会、交战双方都曾进行过多次关于裁减各国军备的外交谈判，虽然没有达成阻止战争爆发的目的，但裁军谈判还是发挥了拖延时间、限制军备无限度发展、一定程度上降低战场上烈度的作用。两次世界大战期间，交战国一方面要遵守国际法的相关规定，同时也进行过军备控制方面的谈判，它们通过各种渠道，进行过或公开或秘密的军事谈判。优势一方的目的是稳定、缓和局势，保持战场上的成果；劣势一方也想缓和局势，赢得喘息的时间。冷战期间，美、苏虽然没有直接兵戎相见，但在一系列代理人的局部战争期间，双方频频接触，指责对方的军事行动，试图将危机控制在可控的范围之内。可以说，即便在战争期间，军备控制谈判也有可能降低冲突的烈度、广度，发挥一定的缓和作用。

五是有利于促进经济社会发展。激烈的军备竞赛，过度的军费开支占用、浪费了大量资源，对经济社会发展产生不利影响。为此，世界人民一直呼吁裁军、军备控制，将有限的资源用于发展经济，促进社会进步。第十五届联大要求审议"裁军对于具有不同经济制度和处于不同经济发展阶段的各国的国民经济和社会后果，特别是用可供选择的公私非军事开支代替军事开支，……将裁军节省下来的资源用于经济与社会发展的目的，特别是用于不发达国家的经济与社会发展的目的"①。从此，历届联大都把裁军与经济社会发展作为一个重要议题，第十七届联大通过了题为《关于把裁军节省下来的资源用于和平需要宣言》，第二十四届联大专门审议了"把一天的战争开支用于和平"这一议题的有关事宜。冷战结束后，联合国以及热爱和平的世界人民继续致力于裁军运动，反对军备竞赛，减少军费开支，促进经济社会发展。

六是有利于树立反对战争、热爱和平的理念。人类历史上有文字记载的最早的一次裁军谈判应该是公元前546年，晋、秦、楚、齐等14个诸侯国参加的"弭兵之盟"会议。参加会议的诸侯大多认为，"晋楚许之，我焉得已。且人曰弭兵，而我弗许，则固携吾民矣，将焉用之？"② 两千年前的诸侯尚且知道，大家都说停止战争，如果我们不允许，则必将遭受民怨。反对战争、维护和平历来是各国民众的共同心声，各国政府也将裁军、军备控制视为争取国际舆论、赢得民心的一个重要手段与选项。单纯从军事入手，和平难以维持，将"反对战争，热爱和平"的理念深入人心，并落实到行动上是一项最困难，但也是最持久、最有生命力的任务。

三 中国政府裁军与军控政策的演变

中国政府对裁军、军备控制问题的态度、政策经历了一个从排斥、批判到接受、选择性参与，再到积极全面参与的演变过程。20世纪50—60年代，中国政府的裁军与军控主张、政策主要集中于核政策、核裁军方

① 联合国裁军事务处编：《联合国与裁军》，第154页。
② 左丘明：《左传（春秋经传集解）》，上海古籍出版社1997年版，第1076页。

面。1946 年 8 月，毛泽东针对新式武器原子弹，提出了"原子弹是纸老虎"的著名论断。新中国成立之初国家安全即受到威胁，朝鲜战争、台海危机期间，美国曾多次进行核威慑。在中国拥有原子弹后，美、苏都曾制订过试图对中国核设施进行外科手术式打击的计划。为此，中国政府和人民对美、苏两大国主导的国际裁军、军控谈判自然难有好感，基本持排斥、批判的态度。但对于各国广泛参加、有利于世界和平的军控条约，中国在重新审议后还是积极加入，并严格执行。① 1955 年 4 月召开的万隆会议上，周恩来总理首次阐明了中国政府的裁军立场和基本原则。60 年代初，在外交部下设裁军事务科，1963 年，改为裁军处。1964 年 10 月 16日，在成功试爆第一颗原子弹后，中国政府发表声明："中国发展核武器，不是由于中国相信核武器的万能，要使用核武器。恰恰相反，中国发展核武器，正是为了打破核大国的核垄断，要消灭核武器。"并郑重承诺，"中国在任何时候、任何情况下，都不会首先使用核武器。"② 中国是核国家中第一个公开承诺不首先使用核武器的国家，并始终恪守之。

进入 70 年代，随着国际形势发展，特别是重返联合国后，中国政府初步调整政策，开始参与部分裁军与军控谈判。此时，中国政府采取的政策、措施主要包括：（1）主张全面禁止和彻底销毁核武器。（2）对美、苏间"假裁军、真扩军"的裁军与军控谈判依然持批判态度，提出"两超率先"原则。（3）在联合国、世界裁军会议上积极推进裁军运动。在第二十六届联大召开的世界裁军会议上，刚刚恢复合法席位的中国代表团阐述了自己的立场与主张。（4）与发展中国家密切合作，推进裁军与军控运动。（5）签署了《拉丁美洲禁止核武器条约》等军控条约。此时，中国政府、人民以及学术界依然认为帝国主义是战争爆发的根源，对于通过裁军、军控可以减少战争乃至消灭战争的观点并不十分认可，但态度已经有所转变。

80 年代，因安全环境大为改善，国家发展战略转移到以经济建设为中心上，中国政府的裁军与军控政策、措施随之进行了比较大的调整，重视组织、制度建设，内化军控体系规范，采取的措施主要包括：（1）参加裁军谈判委员会、国际原子能机构等国际裁军、军控组织。1980 年 2 月，中国正式加入了日内瓦裁军谈判委员会，并提出一系列建议、主张。1984 年，中国政

---

① 例如，国民政府曾于 1929 年 8 月加入了《日内瓦议定书》。1952 年 7 月，周恩来总理授权对议定书作出如下声明：予以承认，并在各国对于该议定书互相遵守的原则下，予以严格执行。参见王群主编《当代中国战略安全与军控外交》，第 83 页。

② 《我国第一颗原子弹爆炸成功》，《人民日报》1964 年 10 月 17 日。

府向国际原子能机构递交了接受《规约》的申请书，成为正式成员国。（2）重新审议以前没有加入的军控公约。中国先后加入了《南极条约》《外层空间条约》《禁止生物武器公约》《南太平洋无核区条约》等一系列军控条约。（3）成立裁军与军控机构，主办相关国际会议。1985年6月1日，"中国人民争取和平与裁军协会"成立，简称"和裁会"，是中国最大的民间和平组织。随后，又成立了"国际和平年组织委员会"。1986年3月，北京举行"中国人民维护世界和平大会"，阐明了中国政府的裁军、军控立场和主张。1987年3月，联合国与中国政府共同举办了"世界裁军运动"区域谈论会。（4）停止核试验，防止核扩散。1981年，中国停止大气层试验。1984年，中国政府提出核不扩散（不主张核扩散、不搞核扩散、不帮助其他国家发展核武器）的"三不政策"。1986年中国政府宣布，不在大气层进行核试验。1988年，中国政府与国际原子能机构签订自愿保障监督协定。（5）单方面大规模裁军。1985年6月4日，中央军委主席邓小平宣布：人民解放军裁减员额100万。1986年是"国际和平年"，中国基本完成了百万大裁军的战略任务，受到世界舆论的普遍赞誉。这一时期，中国政府对裁军、军控的态度转为正面肯定，不仅重视裁军、军控在防止战争、维护和平方面的作用，而且采取行动参与其中，推动其发展。

冷战结束后，国际形势发生重大变化，中国战略安全的内涵、外延不断丰富、扩大，中国政府更积极主动地参与到裁军与军控进程之中，主要采取的政策、措施包括：（1）全面参与防止核扩散进程，推进核大国之间的合作。1992年，中国正式签署《核不扩散条约》，核大国地位得到国际承认。1996年，签署《全面禁止核试验公约》。2004年，加入核供应国集团。在《2006年中国的国防》白皮书中，将核战略定义为"自卫防御"，这是官方文件中首次明确阐述的核战略。中国政府一直主张美、俄、中、英、法五个合法拥有核武器的核国家通力合作，深化核武器的裁减与控制，1994年1月，中国向四大国提出《互不首先使用核武器条约》草案。2000年5月，五大国发表联合声明，宣布其核武器不瞄准任何国家。在伊朗核问题、朝鲜半岛核危机等问题上，中国政府与相关国家密切合作，发挥了不可替代的重要作用。（2）签署一系列裁军、军控条约，推动和平与发展。冷战结束后，中国加入"桑戈委员会"，又陆续加入了《禁止化学武器公约》《核不扩散条约》《非洲无核武器区条约》等一系列军控条约。至今，中国政府签署了几乎所有的国际裁军与军控条约，并严格遵守。2015年，中国政府宣布设立为期10年、总额10亿美元的中国—联合国和平与发展基金，并于2016年正式投入运行。（3）积极构建区域安全机制，推动本地区裁军与军控。1990

年，中国与苏联签订《关于在边境地区相互裁减军事力量和军事领域信任的指导原则协定》。1996 年 4 月，与俄、哈、吉、塔签署《关于在边境地区加强军事领域信任的协定》。第二年，又与上述四国签署《关于在边境地区相互裁减军事力量的协定》，这是亚太地区第一个多边裁军协定。(4) 全面阐述裁军、军控政策。1995 年，中国政府第一次发表《中国的军备控制与裁军》，全面系统地阐述了裁军与军控政策。 (5) 继续单方面大规模裁军。1997 年 9 月，军委主席江泽民提出：在裁军 100 万的基础上，三年内将再裁减 50 万。2015 年，中央军委主席习近平在中国人民抗日战争暨世界反法西斯战争胜利 70 周年纪念大会上宣布：中国将裁减军队员额 30 万。总之，冷战后中国政府在裁军、军控问题上更加灵活务实，提出一些建设性建议，倡导构建区域安全机制，为推进国际裁军、军控深入发展担当起了大国责任，用实际行动彰显了中国人民热爱和平，维护国际秩序的诚意与决心。

新时代在总体国家安全观、人类命运共同体等新思想的指导下，中国政府和人民对裁军与军控的认识都不断丰富与深化，军控外交逐步成为中国双边和多边外交的重要组成部分。目前，中国政府参与了双边、地区、全球三个层次的军控领域，其军控政策得到国际社会普遍认可；非政府的裁军组织、团体与多个和平组织、学术团体进行各种形式的交流与合作，为推动国际裁军与军控进程作出了举世瞩目的贡献。

四 德国军备问题对中国国防现代化的借鉴意义

1. 确立军备在国防建设体系中的基础性地位，实现国防和军队现代化

中华大地自古以来战火频仍，冲突不断，政治家、军事家们却一直比较轻视武器装备在战争中的作用。笔者试图探究其原因：一是重道轻器的传统价值观取向；二是防御性军事思想，很少对外发动战争；三是封建王朝军队的主要任务是镇压国内的农民起义；四是复杂的地形与水文、多变的天气、丰富的人力、物力资源可以弥补，甚至部分替代武器的作用。因此，中国人虽然最早发明了火药，但军备却依然停留在冷兵器时代，没有率先实现军事技术突破。鸦片战争的坚船利炮终于打破了千年迷梦，屡战屡败的屈辱经历让中国人付出了沉痛的代价：落后就要挨打，军备落后就要任人宰割，军备先进与否直接关乎民族的生死存亡。

在战火中洗礼、成长的中国人民逐步认识到军备的重要性。洋务运动建立的第一个近代工厂就是湘军的军械所，李鸿章呕心沥血建立的北洋水师也曾煊赫一时。军阀混战期间，大小军阀都积极训练军队，争相购买新式武器。中国共产党人在反思大革命失败的教训时得出了"枪杆子里面出

政权”的论断，在建立人民军队之初就很重视军备，走过了一条从敌人手中夺武器、"小米加步枪"到逐步现代化的中国特色的强军之路。进入新时代，国际军事竞争更加激烈，各大国都在调整安全战略，谋求军事优势。中国国防、军队的现状正如 2019 年 7 月国务院发布的《新时代的中国国防》白皮书指出，"中国特色军事变革取得重大进展，但机械化建设任务尚未完成，信息化水平亟待提高，军事安全面临技术突破和技术代差被拉大的风险，军队现代化水平与国家安全需求相比差距还很大，与世界先进军事水平相比差距还很大"[1]。

有鉴于此，在实现国防和军队现代化过程中更要突出武器装备的基础性地位，通过武器装备的现代化来推进国防和军队的现代化。国防和军队现代化是一个比较复杂、系统的体系，包括军事理论现代化、军队组织形式现代化、军事人员现代化、武器装备现代化。武器装备现代化虽然位列第四，但它是前三者的前提基础和物质保障，没有武器装备的现代化，军事理论、军队组织形式、军事人员的现代化都是空中楼阁，纸上谈兵。军事战略家毛泽东曾说过："军事家不能超过物质条件许可的范围外企图战争的胜利。"[2] 毛泽东同志虽然不赞同西方的"武器决定论"，但作为一个身经百战的唯物主义者，深知战争中物质基础，特别是武器装备的重要性。

人类最新的科技发明、产业革命的最新成果很多是在战争中产生，并最先应用于军事领域。目前，"武器装备远程精确化、智能化、隐身化、无人机趋势更加明显，战争形态加速向信息化战争演变，智能化战争初现端倪"[3]。据此，《新时代的中国国防》白皮书明确指出，"新时代中国国防和军队建设的战略目标是，到 2020 年基本实现机械化，信息化建设取得重大进展，战略能力有大的提升。……力争到 2035 年基本实现国防和军队现代化，到本世纪中叶把人民军队全面建成世界一流军队"[4]。总之，武器装备是科技进步在战争中的物化成果，武器装备的更新换代推动了战争形态的变革、军事理论的创新发展、军队的作战能力以及军事人员的军事水平。只有拥有先进的威慑性的武器装备，才能做到以武止戈，以战止战。

---

[1] 《新时代的中国国防》白皮书，中华人民共和国国防部网站，http：//www. mod. gov. cn/regulatory/2019 – 07/24/content_ 4846424. htm。

[2] 《毛泽东选集》（第一卷），人民出版社 1991 年版，第 182 页。

[3] 《新时代的中国国防》白皮书，中华人民共和国国防部网站，http：//www. mod. gov. cn/regulatory/2019 – 07/24/content_ 4846424. htm。

[4] 《新时代的中国国防》白皮书，中华人民共和国国防部网站，http：//www. mod. gov. cn/regulatory/2019 – 07/24/content_ 4846424. htm。

中国现在的综合国力比两次大战之间的德国强大很多，国际环境却更复杂，竞争更激烈，实现国防现代化的目的也截然相反，但德国重整军备、参与裁军谈判的经验依然有其借鉴意义。就重整军备而言，德国因时刻关注武器装备的最新发展，率先实现了军队机械化，从而掌握了第二次世界大战初期的主导权。就裁军谈判而言，德国虽是被迫参加，但它通过裁军谈判，不仅迫使协约国承认其军备平等权利，而且还延缓了其他国家重整军备的进程。目前，中国一方面必须实现武器装备的现代化；另一方面，在广泛参与国际裁军与军控的同时，还要防止一些西方国家可能会通过裁军、军控遏制中国国防现代化的图谋。

2. 倡导世界和平与全民性的国防教育相结合

众所周知，中国的传统文化是一种农业文化，地大物博、物产丰饶、自给自足的小农经济使得中国人无须向外索求即可获得生产、生活资料。因此，中国人天然具有保守性，眷恋故土、安土重迁。中国文化本质上是一种和平的文化，强调"和为贵"，"和合"的天下观使得中国数千年来一直处于世界领先水平，但几乎没有发动过对外战争，在处理与周边国家关系时建立起独有的宗藩体系，通过册封、羁縻、朝贡等手段维系与周边国家的和平关系，可以说，中华民族厌恶战争、热爱和平的理念自古有之，深入骨髓。由此，在军事上形成了固土自守、"人不犯我，我不犯人"的防御性战略思想，抵御北方游牧民族军事入侵的万里长城就是这种防御思想的典型标志物。

目前，国人承平日久，对战争的印象日渐模糊，甚至有人认为，战争已经远离，天下永久太平。历史已经多次警告：好战必亡，忘战必危。为此，对国民进行基本的国防教育显得尤为必要，接受国防教育的对象不仅包括军队和其他从事国防工作的人，对每一个公民都应该进行基本的国防教育。我国学术界对国防教育的内涵、地位作用、形式内容、时代特征、国防教育法制化等方面都进行了比较全面、系统的研究，其中，将国防教育的功用归纳、总结为如下几点：一是国防教育维系着国家安危和民族兴衰；二是国防教育可以增强国家和民族的凝聚力和向心力；三是国防教育对经济建设起促进作用；四是国防教育能提高部队的战斗力；五是国防教育能起到维护世界和平的作用。[①] 可见，我国国防教育的出发点是维护世界和平。反面例证是两次大战之间的德国，在短时间内就实现了举国一致的军事化，组建起庞大的军队，由其

---

① 张自勉：《中国特色国防研究 30 年·国防教育篇》，《军事历史研究》2008 年第 3 期。

军国主义传统、法西斯主义好战的本质所致，但也说明了国防观念深入国民的思想、心理能够形成巨大威力。

进入 21 世纪，面对新形势，中央军委主席习近平指出，"我们的国防是全民的国防，推进国防和军队建设改革是全党全国人民的共同事业。"[1]中国人民解放军要履行巩固党的领导和社会主义制度，捍卫国家主权、领土完整，维护国家海外利益，促进世界和平与发展的神圣使命。全体国民要在总体国家安全观指导下，培养和践行"大国防观"，人人关心国防，建设国防，共同维护国家利益，保障国家总体安全。

3. 正确处理军备与国民经济的关系，推进中国特色的军民融合发展战略

受工业革命的影响以及各方利益驱动，各国的国防建设、军队的军备与国民经济的联系日益紧密。第一次世界大战前，西方大国基本都拥有军工厂。战争结束后，协约国虽然将德国军工厂列为裁军的监控对象，并拆除了一些生产军火的机器设备，但它在短时间内还是重整了军备。其原因就是德国拥有雄厚的经济基础、科技发达、工人素质高、工业潜力巨大。第二次世界大战前，美国作为"民主国家的兵工厂"，国有兵工厂的产能无法满足军备需求，民营企业开始承担起补充的任务，并逐渐成为军工生产的主力。第二次世界大战后，"军事凯恩斯主义"[2]在美国兴起，80 年代进入顶峰。与此同时，美国政府也开启了军民融合的早期尝试，1984 年，政府首先在采办制度上为军民融合奠定了基础。美国通过大规模军备竞赛，花费 13 万亿美元，最终拖垮了苏联，但自己也背负上了沉重的经济负担。而苏联输掉冷战的原因之一是，军、民发展彼此分离、相互隔绝，占比过高的国防和军事支出挤占了巨额资金，阻碍了国民经济的健康、均衡发展。

冷战结束后，美国国防的目标是建设"强大的、经济可承受的国防"。随着信息技术的迅猛发展，军工科技越来越需要依托民间高科技的技术支持和人才的智力支持，"军民融合（即军民一体化）"成为各大国寻求富

---

[1] 习近平：《准确把握世界军事发展新趋势 与时俱进大力推进军事创新》，《人民日报》2014 年 8 月 31 日。

[2] "军事凯恩斯主义"是由波兰经济学家卡莱茨基于 1943 年提出的。第二次世界大战期间，卡莱茨基流亡英国。他用"军事凯恩斯主义"一词来解释纳粹德国在克服"大萧条"和实现"充分就业"方面所取得的成功。美国军事经济学家休·莫斯利认为，依靠增加政府军事支出创造需求，政府对军事工业产品的研发实行津贴，促进民用产品的技术革新。

国强军之路的必然选择。1994年，美国国会技术评估局发布的《军民一体化的潜力评估》报告首次将"军民融合"①战略作为国家战略，明确了武器装备生产与国民经济建设协调发展的总要求。军民融合战略为美国国防部节省了大笔资金，实现了军民资本与技术的双向渗透和扩散，促进了国防建设与经济发展的良性互动。②俄罗斯、日本、以色列等国出台的军民融合发展战略名称虽各不相同，但都采用"军民结合、民技军用"发展武器装备的做法。

中国共产党领导的军队自成立之初即是人民子弟兵、军民团结，受当时条件所限，主要突出其政治意义、发挥人力方面的作用，较少从技术层面、装备发展层面考虑军民融合。新中国成立后，陆续出现过"军民结合""寓军于民""军民融合""军民一体化"等术语，"这是国家在经济建设与国防建设不同发展阶段的产物，是由低级到高级、由简单向综合、由局部到全局的发展形式和实现途径。"③2015年，军民融合发展被确立为国家战略，2017年，成立了中央军民融合发展委员会。在庆祝中国人民解放军建军90周年大会上，习近平总书记指出："把军民融合发展上升为国家战略，是我们党长期探索经济建设和国防建设协调发展规律的重大成果，是从国家发展和安全全局出发作出的重大决策，是应对复杂安全威胁、赢得国家战略优势的重大举措。"④军民融合发展战略的重要意义不言自明。国防科技和武器装备领域是军民融合发展的重点，也是衡量军民融合发展水平的重要标志。军民融合发展战略不仅对武器装备的科研、生产、应用等具有积极作用，而且可以有效化解诸多矛盾。一是有利于降低

---

① 1994年，《军民一体化的潜力评估》报告认为，军民融合是把国防科技工业基础同更大的民用科技工业基础结合起来，组成一个统一的国家科技工业基础的过程。1996年，美国国家科学技术委员会在《技术与国家利益》的政策文件中，首次提出军用和民用工业基础的融合问题，强调"必须形成一个同时满足军用和民用两方面需求的工业基础"。军民融合战略成为国家战略后，美国开始正式进入军民一体化建设。参见《一文看懂美国军民融合发展历程及经验》，http://dy.163.com/v2/article/detail/EFMK4928051198M2.html.

② 美国军民融合成效显著，军民品结构协调。2016年美国军工企业军品收入占其总收入比例为35.7%，而民品收入占比为64.3%；2007年以来，美国主要军工企业的民品总收入占比超过60%，民品收入成为军工企业的重要收入支撑，体现出明显的军民融合效果。参见《一文看懂美国军民融合发展历程及经验》，http://dy.163.com/v2/article/detail/EFMK4928051198M2.html.

③ 何永波：《军民结合、寓军于民、军民融合、军民一体化区别与联系》，《中国科技语》2013年第6期。

④ 习近平：《在庆祝中国人民解放军建军90周年大会上的讲话》，《人民日报》2017年8月2日。

武器装备的科研、生产、应用的成本。军民兼容是现代高新科技发展深入军品的一个必然选择，武器装备在科研、生产、应用上实现军民兼用，可以充分、有效地利用现有的人、财、物等资源，达到缩短科研周期、节省成本、提高使用效率的目的。二是有利于降低国防采办费用。通过减少军用规格和标准的使用，利用民用产品和工艺；或者采用民用高新技术成果研制高新技术武器装备；或者直接采用经过民用考验而且符合军事需要的"货架产品"，促进武器装备军民一体化，大幅度降低军品的采办费用，提高军费的使用效益。① 三是有利于实现社会经济资源在国防和经济领域的合理配置。"在一定时期内一国资源的价值总量、实物总量及结构是既定的和有限的，这就形成了国防与经济对资源需求的矛盾。"② 资源都是有限的，大炮与黄油难以兼得。社会资源配置上既要避免某一方单独占用过多资源，更要防止出现国防建设与经济发展"两张皮"。通过军民融合发展，逐步建立起国防与经济共用的工业基础，做到"一份投入，两份产出"。四是军民融合发展成为经济转型的新引擎。充分发挥军工对接、人才、设施向经济社会领域开发、溢出和转化，催生新经济、新产业、新动能，对于经济结构调整和发展方式转变具有重要意义。五是有效化解诸多矛盾。目前，我国军民融合发展程度不高，问题较多。③ 问题也是机会，要紧密对接"科技强国""制造强国""一带一路"倡议等，积极推进军民融合发展战略更充分、更深度发展，在实施过程中逐一化解矛盾、解决问题。

总之，中国人民不仅热爱和平，更清楚维护和平与发展需要有强大的实力为后盾。实现军队现代化历来是我党我军的奋斗目标，特别是进入 21 世纪，实现国家统一，维护国家安全，顺应时代军事变革成为实现国防现代化的主要目标。在一个和平与战争并存的时代，如何确保国家安全、促进世界和平与发展是一个需要思考、探索的理论问题与现实问题。

历史不老，精神永存！

---

① 张远军：《构建军民融合武器装备科研生产体系的必要性及政策建议》，《军事经济研究》2008 年第 10 期。

② 王宝坤：《资源合理配置到国防与经济的政策措施》，《中国军转民》2006 年第 9 期。

③ 军工体系相对封闭，开发程度不高；自主创新能力不足，军民协同创新机制尚不健全，国防科技民用转化内在驱动力不足；对经济发展引领带动作用未充分释放；军民科技人才、知识成果、设备等科技创新资源互通共享不畅，国家科技和工业基础支撑作用尚未充分发挥。参见潘平《加快推动国防科技和武器装备军民融合发展》，《国防科技》2017 年第 4 期。

参考文献

档案文件

Alma Luckau, *The German Delegation at the Paris Peace Conference*, Columbia Uni. Press, 1941.

Arnold Toynbee, *Survey of International Affairs 1920 – 1923*, London：Oxford University Press, 1925.

DGFP（Documents on Germany Foreign Policy）, 1918 – 1945, London：H. M. Stationery off, 1959,

FRUS（Foreign Relations of U. S.）, University of Wisconsin Digital Collections, 1917 – 1935.

Http：//www. feldgrau. com.

Roderick Stackeberg and Sally A. Winkle, *The Nazi Germany Sourcebook, An Anthology of Texts*, London and New York：Routledge, 2002.

Yuri Dyakov, *The Red Army and the Wehrmacht：How the Soviets Militarized Germany, 1922 – 1933, and Paved the War for Fascism*, Prometheus Books, 1995.

回忆录、传记

Bernard V. Burke, *Ambassador Frederic Sackett and the Collapse of the Weimar Republic, 1930 – 1933*, New York：Cambridge Uni. Press, 1994.

Henry L. Stimson, *On Active Service in Peace and War*, New York：Harper & Brothers, 1947.

Robert H. Ferrell, *The American Secretaries of State and Their Diplomacy*, New York：Cooper Square Publishers, Inc. 1963.

专　著

A. J. Taylor, *English History, 1914 – 1945*, London：Oxford University Press, 1992.

Aleksandr M. Nekrich, *Pariahs*, *Partners*, *Predators*: *German-Soviet Relations*, *1922 – 1941*, New York: Columbia University Press, 1997.

Antony C. Sutton, *Wall Street and the Rise of Hitler*, Calif. ' Press, 1976.

Arnold A. Offner, *The Origins of the Second World War*: *American Foreign Policy and World Politics*, *1917 – 1941*, New York: Praeger Publishers, 1975.

Arthur Marwick, Bernard Waites, *Europe on the Eve of War*, *1900 – 1914*, Buckingham: Open University Press, 1990.

B. J. C. Mckercher, *Arms limitation and Disarmament Restrains on War*, *1899 – 1939*, London: Praeger Publish, 1992.

Carolyn J. Kitching, *Britain and the Geneva Disarmament Conference*: *A Study in International History*, Palgrave Macmillan, 2003.

Christopher, J. Lamb, *How to Think About Arms Control*, *Disarmament*, *and Defense*, New Jersey: Prentice-Hall, Inc, 1988.

Edward Carr, *German—Soviet Relations between the Two World Wars*, *1919 – 1939*, Oxford University Press, 1952.

Edward Mandell House, *What Really Happened at Paris*: *The Story of the Peace Conference*, *1918 – 1919 by American Delegates*, N. Y. Charles Scribner's Sons, 1921.

Edward W. Bennett, *German Rearmament and the West*, *1932 – 1933*, Princeton University Press, 1979.

E. M. Robertson, *Hitler's Pre-War Policy and Military Plans*, *1933 – 1939*, Longmans, 1963.

F. S. Northedge, *The League of Nations*: *Its Life and Times*, *1920 – 1946*, Leicester Uni. Press, 1986.

George Scott, *The Rise and Fall of the League of Nations*, London: Hutchinson, 1973.

Gordon A. Craig and Felix Gilbert, *The Diplomats*, *1919 – 1939*, New Jersey: Princeton University Press, 1981.

Haigh, et al, *German—Soviet Relations in the Weimar Era*: *Friendship from Necessity*, Gower: Publishing Company Limited, 1985.

Harvey Leonard Dyck, *Weimar Germany and Soviet Russia 1926 – 1933*, *A Study in Diplomatic Instability*, London: Chatto and Windus Ltd, 1966.

James P. Levy, *Appeasement and Rearmament*, *Britain*, *1936 – 1939*, Rowman & Littlefield Publishers, Inc, 2006.

Jerry Bergman, *Hitler and the Nazi Darwinian World View: How the Nazi Eugenic Crusade for a Superior Race Caused the Greatest Holocaust in World History*, Kitchener: Joshua Press, 2012.

John L Gaddis, *The United States and the Origins of the Cold War, 1941 – 1947*, New York: Columbia University Press, 1972.

John. W. Wheeler—Bennett, *Disarmament and Security since Locarno, 1925 – 1931*, London: Oxford University Press, 1932.

John. W. Wheeler—Bennett, *The Disarmament Deadlock*, London: George Routledge and Sons, LTD, 1934.

John W. Wheeler—Bennett, *The Nemesis of Power, The German Army in Politics 1918—1945*, London: the Macmillan Press Ltd, 1953.

Jonathan Wright, *Germany and the Origins of the Second World War*, New York: Palgrave Macmillan, 2007.

Kurt Rosenbaum, *Community of Fate, German-Soviet Diplomatic Relations, 1922 – 1928*, New York: Syracuse University Press, 1965.

Margaret E. Burton, *The Assembly of the League of Nations*, Chicago: The Uni. Press, 1941.

Margot Louria, *Trumph and Downfall, American Pursuit of the Peace and Prosperity1921 – 1933*, London: Greenwood Press, 2001.

Martyn Housden, *The League of Nations and the Organization of Peace*, Pearson Education Limited, 2012.

Michael E. Haskew, *The Wehrmacht, 1935 – 1945, The Essential Facts and Figures for Hitler's Germany*, London: Amber Book, 2011.

Mike Hawkins, *Social Darwinism in European and American thought, 1860 – 1945: Nature as Model and Nature as Threat*, New York: Cambridge University Press, 1997.

Paolo Foradori, *Arms Control and Disarmament: 50 Year of Experience in Nuclear Education*, Palgrave: Macmillan, 2018.

Patrick J. Hearden, *Roosevelt Confronts Hitler, American's Entry into World War II*, Dekalb: Northern Illinois University Press, 1987.

Philip Noel-Baker, *The First World Disarmament Conference 1932 – 1933 and Why It Failed*, Oxford: Pergamon Press, 1979.

P. H. Vigor, *The Soviet View of Disarmament*, Palgrave Macmillam, 1986.

R. H. Haigh, et al, *German—Soviet Relations in the Weimar Era: Friendship from*

Necessity, Gower: Publishing Company Limited, 1985.

Richard J. Shuster, *The Diplomacy of Disarmament: Allied Military Control in Germany, 1920 – 1931*, Clark University, PH. D. , 1988.

R. J. Q. Adams, *The Great War, 1914 – 1918*, London: the Macmillan Press Ltd, 1990.

Robert J. O'Neill, *The German Army and the Nazi Party, 1933 – 1939*, London: Cassell, 1966.

Robert. P. Grathwol, S*tresemann and the DNVP: Reconciliation or Revenge in German Foreign Policy, 1924 – 1928*, Lawrence: The Regents Press of Kansas, 1980.

Roger Chickering, *Imperial Germany and the Great War, 1914 – 1918*, Cambridge University Press, 2014.

Samuel W. Mitcham Jr. , *The Rise of the Wehrmacht: The German Armed Forces and World War II*, London: Praeger Security International, 2008.

Tim Riplet, *The Wehrmacht: The German Army of World War II, 1939 – 1945*, New York: Fitzroy Dearborn, 2003.

Vasilis Vourkoutiotis, *Making Common Cause, German-Soviet Secret Relations, 1919 – 1922*, New York: Pallgrave Macmillan, 2007.

Walther Hubatsch, *Germany and the Central Powers in the World War, 1914 – 1918*, Lawrence: University of Kansas Publication, 1963.

Wilhelm Deist, *The Wehrmacht and German Rearmament*, St Antony's, 1981.

William C. Mcneil, *American Money and the Weimar Republic: Economics and Politices on the eve of the Great Depression*, NewYork: Columbia University Press, 1986.

W. M. Jordan, *Great Britain, France, and the German Problem 1918 – 1939, A Study of Anglo—France Relations in the Making and Maintenance of the Versailles Settlemant*, Oxford University Press, 1943.

W. N. Medlicott, *British Foreign Policy Since Versailles*, London: Methuen & Co. Ltd. 1938.

Wolfram Wette, *The Wehrmacht: History, Math, Reality*, Harvard Uni. Press, 2006.

Zara Steiner, *The Lights that Failed: European International History, 1919 – 1933*, Oxford Uni. Press, 2005.

中文档案

方连庆、杨淮生、王玖芳：《现代国际关系史资料选集》（上），北京大学
　　出版社 1987 年版。

国际关系学院编：《现代国际关系史资料选辑（1917—1945）》（上册），
　　高等教育出版社 1958 年版。

齐世荣主编：《世界通史资料选辑：现代部分》（第一分册），商务印书馆，
　　1980 年版。

沈志华主编：《苏联外交档案选编》，社会科学文献出版社 2002 年版。

世界知识出版社：《国际条约集（1917—1923）》《国际条约集（1924—
　　1933）》，人民出版社 1961 年版。

王绳祖等编选：《国际关系史资料选编（17 世纪中叶—1945）》，法律出版
　　社 1988 年版。

王铁崖选译：《世界史资料丛刊（近代史部分），一九一四——九一八年的
　　第一次世界大战》，商务印书馆 1982 年版。

〔苏〕C. IO. 维戈兹基：《外交史》，大连外语学院俄语系翻译组译，生
　　活·读书·新知三联书店 1982 版。

〔英〕阿诺德·汤因比：《国际事务概览·第二次世界大战：1939 年 3 月
　　的世界》，郑玉质、关仪译，上海译文出版社 2007 年版。

回忆录、传记、个人著作

〔德〕埃里希·冯·鲁登道夫：《总体战》，戴耀先译，解放军出版社 2014
　　年版。

〔德〕希特勒：《我的奋斗》，董霖、佩萱译，黎明书局 1934 年版。

〔美〕约翰·托兰：《从乞丐到元首——希特勒一生》，郭伟强译，国际文
　　化出版公司 2010 年版。

〔英〕艾伦·帕麦尔：《俾斯麦传》，高年生译，商务印书馆 1982 年版。

〔英〕温斯顿·丘吉尔：《从战争到战争：丘吉尔第二次世界大战回忆录
　　01》，吴泽炎、万良炯、沈大靖译，译林出版社 2012 年版。

〔英〕伊恩·麦克劳德：《张伯伦传》，西安外语学院英语系译，商务印书
　　馆 1990 年版。

〔英〕约翰·洛尔：《皇帝和他的宫廷》，杨杰译，北京大学出版社 2004 年
　　版。

中文著作（包括译著）

陈从阳：《美国因素与魏玛共和国的兴衰》，中国社会科学出版社 2007 年版。

邸文选译：《一九一八年德国十一月革命》，商务印书馆 1990 年版。

丁建弘、李霞：《普鲁士精神和文化》，上海社会科学院出版社 2003 年版。

樊亢、宋则行：《外国经济史：近代、现代》，人民出版社 1990 年版。

华东师范大学历史系主编：《第二次世界大战起源研究论集》，华东师范大学出版社 1986 年版。

李伯杰：《德国文化史》，对外经济贸易大学出版社 2002 年。

李巨廉、潘人杰：《第二次世界大战——专题评述》，华东师范大学出版社 1990 年版。

李巨廉：《希特勒的战争谋略——乖戾的军事天才》，上海人民出版社 2003 年版。

李巨廉：《战争与和平——时代主旋律的变动》，学林出版社 1999 年版。

李铁成：《联合国的历程》，北京语言学院出版社 1993 年版。

李元明：《世界近代国际关系史》，中共中央党校出版社 1987 年版。

联合国裁军事务处编：《联合国与裁军》，北京大学法律组译，商务印书馆 1974 年版。

刘成：《和平学》，南京出版社 2006 年版。

刘华秋：《军备控制与裁军手册》，国防工业出版社 2000 年版。

马继东：《生化武器与秘密战争》，解放军文艺出版社 2002 年版。

《马克思恩格斯选集》，人民出版社 1975 年版。

钮先钟：《第二次世界大战的回顾与省思》，广西师范大学出版社 2003 年版。

潘振强：《国际裁军与军备控制》，国防大学出版社 1996 年版。

齐世荣主编：《国际法辞典》，世界知识出版社 1985 年版。

齐世荣主编：《绥靖政策研究》，首都师范大学出版社 1998 年版。

邱震海：《德国：一个冬天之后的神话》，复旦大学出版社 1997 年版。

日本国际法学会编：《国际法辞典》，世界知识出版社 1985 年版。

〔瑞士〕埃里希·艾克：《魏玛共和国史（上卷）——从帝制崩溃到兴登堡当选（1918—1925 年）》，高年生、高荣生译，商务印书馆 1994 年版。

〔瑞士〕埃里希·艾克：《魏玛共和国史（下卷）——从洛迦诺会议到希

特勒上台（1925—1933 年）》，王步涛、钱秀文译，商务印书馆 1994
　　年版。

〔瑞士〕约瑟夫·戈德布拉特：《军备控制导论》，中国战略学会军控与裁
　　军研究中心编译，军事谊文出版社 2004 年版。

〔苏〕梅尔尼坷夫：《为统一和平民主的德国而斗争》，陈用仪译，人民出
　　版社 1953 年版。

〔苏〕伊·费·伊瓦辛：《苏联外交简史》，世界知识出版社 1960 年版。

滕建群：《国际军备控制与裁军概论》，世界知识出版社 2009 年版。

王群主编：《当代中国战略安全与军控外交》，世界知识出版社 2018 年版。

王绳祖主编：《国际关系史》（第四卷）（第五卷）（第七卷），世界知识出
　　版社 1995 年版。

王绳祖主编：《国际关系史》，武汉大学出版社 1983 年版。

王铁崖编著：《联合国基本文件集》，中国政法大学出版社 1991 年版。

吴征宇：《〈克劳备忘录〉与英德对抗》，广西师范大学出版社 2014 年版。

徐弃郁：《脆弱的崛起：大战略与德意志帝国的命运》，新华出版社 2014
　　年版。

于琳琦：《国际联盟的历程》，黑龙江人民出版社 2003 年版。

张峰主编：《谈兵论战——重要军事理论遗产》，科学普及出版社 2001
　　年版。

赵志辉：《罗斯福外交思想研究》，安徽大学出版社 2009 年版。

郑寅达、梁中芳：《德国纳粹运动与纳粹专政》，北京师范大学出版社
　　2018 年版。

中国人民解放军军事科学院：《马克思恩格斯军事文集》（第二卷），战士
　　出版社 1981 年版。

朱贵生、王振德、张椿年：《第二次世界大战史》，人民出版社 2005 年版。

〔德〕阿柏特·诺尔登：《德国历史的教训》，矛弓译，生活·读书·新知
　　三联书店 1958 年版。

〔德〕弗里德里希·迈内克：《德国的浩劫》，何兆武译，商务印书馆 2013
　　年版。

〔德〕格茨·阿利：《希特勒的民族帝国：劫掠、种族战争和纳粹主义》，
　　刘青文译，译林出版社 2011 年版。

〔德〕卡尔·冯·克劳塞维茨：《战争论》，钮先钟译，广西师范大学出版
　　社 2003 年版。

〔德〕卡尔·哈达赫：《二十世纪德国经济史》，杨绪译，商务印书馆 1984

年版。

〔德〕罗伯特·格瓦特：《战败者：两次世界大战间欧洲的革命与暴力（1917—1923）》，朱任东译，译林出版社 2017 年版。

〔德〕塞巴斯蒂安·哈夫纳：《从俾斯麦到希特勒》，周全译，译林出版社 2016 年版。

〔德〕塞巴斯提安·哈夫纳：《不含传说的普鲁士》，周全译，北京大学出版社 2016 年版。

〔德〕瓦·巴特尔：《法西斯专政时期的德国（1933—1945）》，肖辉英、朱忠武译，中国社会科学出版社 1979 年版。

〔德〕瓦尔特·戈利茨：《德军总参谋部（1650—1945 年）》，戴耀先译，海南出版社、三环出版社 2004 年版。

〔德〕沃尔夫冈·J. 蒙森：《马克斯·韦伯与德国政治（1890—1920）》，闫克文译，中信出版集团 2016 年版。

〔德〕伊曼努尔·康德：《永久和平论》，何兆武译，上海人民出版社 2005 年版。

〔俄〕B. M. 库拉金：《国际安全》，刘再起审校，武汉大学出版社 2009 年版。

〔法〕里昂耐尔·理查尔：《魏玛共和国时期的德国（1919—1933）》，李末译，山东画报出版社 2000 年版。

〔法〕让 - 巴迪斯特·帝罗塞尔：《外交史（1919—1984 年）》，上海译文出版社 1981 年版。

〔法〕夏尔·贝特兰：《纳粹德国经济史》，商务印书馆 1990 年版。

〔法〕夏尔·卢梭：《武装冲突法》，张凝等译，中国对外翻译出版公司 1987 年版。

〔加〕卡列维·霍尔斯蒂：《和平与战争——1648—1989 年的武装冲突与国际秩序》，王浦劬等译，北京大学出版社 2005 年 8 月版。

〔加〕马丁·基钦：《剑桥德国史》，赵辉、徐芳译，世界知识出版社 2005 年版。

〔加〕玛格丽特·麦克米伦：《缔造和平：1919 巴黎和会及其开启的战后世界》，邓峰译，中信集团出版社 2018 年版。

〔联邦德国〕弗里茨·费舍尔：《争雄世界：德意志帝国，1914—1919 年战争目标政策》（上册），何江、李世隆等译，商务印书馆 1987 年版。

〔联邦德国〕卡尔·艾利希·博恩等：《德意志史：从法国革命到第一次世界大战》（上册），张载杨等译，商务印书馆 1991 年版。

〔联邦德国〕卡尔·迪特利希·埃尔德曼：《德意志史：世界大战时期（1914—1950）》，高年生等译，商务印书馆 1986 年版。

〔美〕安德鲁·克雷佩尼维奇、巴里·沃茨：《最后的武士：安德鲁·马歇尔与美国现代国防战略的形成》，张露、王迎晖译，世界知识出版社 2018 年版。

〔美〕C. E. 布莱克、E. C. 赫尔姆赖克：《二十世纪欧洲史》，黄嘉德译，人民出版社 1984 年版。

〔美〕G. J. 梅尔：《一战秘史——鲜为人知的 1914—1918》，何卫宁译，新华出版社 2013 年版。

〔美〕R. R. 帕尔默、乔·科尔顿、劳埃德·克莱默：《两次世界大战——西方的没落?》，陈少衡、周熙安、周鸿临等译，世界图书出版公司 2009 年版。

〔美〕W. F. 汉里德、G. P. 奥顿：《西德、法国和英国的外交政策》，徐宗士等译，商务印书馆 1989 年版。

〔美〕阿诺德·A. 奥夫纳：《美国的绥靖政策，1933—1938 年美国的外交政策与德国》，陈思民、玉昌楷译，商务印书馆 1987 年版。

〔美〕彼得·博斯科：《美国人眼中的第一次世界大战》，孙宝寅译，当代中国出版社 2006 年版。

〔美〕格哈特·温伯格：《希特勒德国的对外政策（1933—1936 年)》，何江、张炳杰译，商务印书馆 1992 年版。

〔美〕汉斯·摩根索：《国家间政治：权力斗争与和平》，徐昕译，北京大学出版社 2006 年版。

〔美〕亨利·基辛格：《大外交》，顾淑馨等译，海南出版社 1998 年版。

〔美〕科佩尔·S. 平森：《德国近现代史——它的历史和文化》，范德一译，商务印书馆 1987 年版。

〔美〕肯尼思·华尔兹：《人、国家与战争：一种理论分析》，信强译，上海世纪出版集团 2012 年版。

〔美〕罗伯特·达莱克：《罗斯福与美国对外政策（1932—1945)》，伊伟等译，商务印书馆 1984 年版。

〔美〕迈克尔·怀特：《战争的果实：军事冲突如何加速科技创新》，卢欣渝译，生活·读书·新知三联书店 2018 年版。

〔美〕入江昭：《20 世纪的战争与和平》，李静阁等译，世界知识出版社 2005 年版。

〔美〕塞缪尔·亨廷顿：《军人与国家：军政关系的理论与政治》，李晟译，中国政法大学出版社 2017 年版。

〔美〕特尔福德·泰勒：《慕尼黑：和平的代价》，石益仁译，新华出版社 1984 年版。

〔美〕托德·桑德勒、〔英〕基斯·哈特利：《国防经济学手册——全球化进程中的国防》（第二卷），姜鲁鸣等译，经济科学出版社 2011 年版。

〔美〕威廉·兰格：《世界史编年手册·现代部分》，生活·读书·新知三联书店 1978 年版。

〔美〕威廉·曼彻斯特：《克虏伯的军火：德国军工巨鳄的兴衰》，姜明新等译，社会科学出版社 2012 年版。

〔美〕西恩·麦克米金：《一战倒计时：世界是如何走向战争的》，何卫宁译，新华出版社 2013 年版。

〔美〕悉·布·费：《第一次世界大战的起源》（上册），于熙俭译，商务印书馆 1959 年版。

〔美〕约翰·斯坦布鲁纳：《全球安全原则》，贾宗谊译，新华出版社 2010 年版。

〔美〕约翰·伊肯伯里：《大战胜利之后：制度、战略约束与战后秩序重建》，门洪华译，北京大学出版社 2008 年版。

〔美〕詹姆斯·多尔蒂等：《争论中的国际关系理论》，阎学通、陈寒溪等译，世界知识出版社 2003 年版。

〔民主德国〕P. A. 施泰尼格尔：《纽伦堡审判》，石奇康等译，商务印书馆 1985 年版。

〔英〕A. J. 泰勒：《第二次世界大战的起源》，何抗生、林鲁卿、闵光沛译，商务印书馆 1992 年版。

〔英〕艾瑞克·霍布斯鲍姆：《帝国的年代》，贾士蘅译，江苏人民出版社 1999 年版。

〔英〕E. H. 卡尔：《两次世界大战之间的国际关系（1919—1939）》，商务印书馆 2010 年版。

〔英〕巴里·布赞、埃里克·海凌：《世界政治中的军备动力》，薛利涛、孙晓春等译，吉林人民出版社 2001 年版。

〔英〕菲利普·史蒂文斯：《第一次世界大战史》，许宗瑞译，时代文艺出版社 2014 年版。

〔英〕弗里德里希·哈耶克：《通往奴役之路》，王明毅、冯兴元等译，中国社会科学出版社 1997 年版。

〔英〕赫伯特·斯宾塞：《社会学研究》，张红晖、胡江波译，华夏出版社

2001 年版。

〔英〕华尔脱斯：《国际联盟史》，封振声译，商务印书馆 1964 年版。

〔英〕杰弗里·帕克：《二十世纪的西方地理政治思想》，李亦鸣等译，解
　放军出版社 1992 年版。

〔英〕李德·哈特：《战略论——间接路线》，钮先钟译，上海人民出版社
　2010 年版。

〔英〕齐格蒙·鲍曼：《现代性与大屠杀》，杨渝东、史建华译，译林出版
　社 2002 年版。

〔英〕约翰·惠勒 - 贝内特：《慕尼黑——悲剧的序幕》，林书武等译，北
　京出版社 1987 年版。

〔英〕约翰·凯恩斯：《凡尔赛和约的经济后果》，李井奎译，中国人民大
　学出版社 2017 年版。